La défense des intérêts de l'État devant le prétoire étranger

Sous la direction de
Joseph Francis ZOCK ATARA À NGONN

La défense des intérêts de l'État devant le prétoire étranger

Préface d'Alain Didier Olinga

L'Harmattan
Cameroun

Du même auteur

Le contentieux judiciaire et arbitral des contrats internationaux du Cameroun, L'Harmattan, 2018.

Ouvrage publié avec le concours partiel de
l'Agence des Normes et de la Qualité (ANOR) du Cameroun.

5-7, rue de l'Ecole-Polytechnique, 75005 Paris

http://www.editions-harmattan.fr

ISBN : 978-2-14-030825-3
EAN : 9782140308253

« Nous, ces Hauts Juges, qui avons le privilège de voir les États sur le banc des accusés ».

Mohamed Bedjaoui[1]

[1] Juge à la cour internationale de justice 1982-2001 ; président de l'auguste cour de 1994 à 1997 ; déclaration au cours d'une conférence à l'université de Paris Sud XI (France) en marge du cinquantenaire de la convention des Nations-Unies sur le crime de génocide, décembre 1998.

DÉDICACE

À la mémoire du Docteur Michel Mahouve, Magistrat Hors-Hiérarchie, ancien directeur des Affaires non répressives et du Sceau au ministère camerounais de la Justice et son épouse Madame Julienne Mahouve, arrachés à notre affection le 02 janvier 2019.[2]

[2] Le docteur Michel Mahouve et moi avions partagé le projet commun de publier un ouvrage sur la représentation de l'État devant le prétoire étranger. Cette publication se justifie bien.

REMERCIEMENTS

Le superviseur et le co-directeur du présent ouvrage, dont le Professeur Alain Didier Olinga et le Docteur Joseph Francis Zock Atara à Ngonn, remercient les structures ci-après de leur soutien et leur participation à la réalisation du séminaire tenu les 21 et 24 avril 2009 à l'Institut des Relations internationales du Cameroun (IRIC) à Yaoundé au Cameroun :

- L'organisation internationale pour le Droit du Développement (IDLO) ;
- L'Association des anciens Participants de l'IDLO (API-Cameroun) ;
- L'Institut des Relations internationales du Cameroun (IRIC) ;
- L'Agence des Normes et de Qualité (ANOR) du Cameroun ;
- La Société camerounaise de Contentieux international (SC2I) ;
- La Cour pénale internationale (CPI) ;
- Le ministère de l'Agriculture et du Développement rural ;
- Le ministère du Commerce ;
- Le ministère de la Défense ;
- Le ministère de l'Élevage, des Pêches et de l'Industrie animale ;
- Le ministère des Finances ;
- Le ministère de la Forêt et de la Faune ;
- Le ministère de la Justice ;
- Le ministère des Travaux publics ;
- Le ministère du Tourisme ;
- Le ministère des Relations extérieures ;
- Le Port autonome de Douala (PAD) ;
- Le Cabinet d'Avocats Me Yolande Ngo Minyogog & *Partners* ;
- Le Cabinet d'Avocats Tang *Lawyers Firm*.

Ils remercient également les personnalités ci-après :

- Pr *Alain Didier Olinga*, professeur titulaire des universités, chef de département de Droit international à l'IRIC, superviseur du séminaire ;
- Dr *Joseph Francis Zock Atara à Ngonn,* président d'API-Cameroun, enseignant associé à l'IRIC ;
- Monsieur *Booto à Ngon Charles*, Directeur Général de l'ANOR ;
- Monsieur *Eboa Henri,* Magistrat Hors Hiérarchie, Avocat Général au Parquet de la Cour Suprême au Cameroun ;
- Dr *Eugen Ndzegham Fai*, Specialist settlement of international disputes – Lecturer University of Duala ;
- Madame *Booto à Ngon Colette,* Ingénieure Agro zootechnicienne, spécialisée en Développement Rural Intégré ;
- Maitre *Darna Bernard*, avocat au Barreau du Cameroun, secrétaire général d'API-Cameroun ;
- Monsieur *Tchana Joseph*, conseiller principal de Jeunesse et d'Animation, secrétaire général adjoint d'API-Cameroun ; secrétaire général du ministère des Petites et Moyennes Entreprises et de l'Artisanat (MINPMESA) ;
- Maître *Ndjodo Bikoun*, avocat au Barreau du Cameroun ;
- Maître *Yolande Ngo Minyogog*, avocate, trésorière API-Cameroun ;
- Maître *Mireille Bella Etoundi*, avocate au Barreau du Cameroun, commissaire aux comptes API-Cameroun ;
- Maître *Teguia Kounga William Aurélien*, avocat au Barreau du Cameroun, secrétaire administratif d'API-Cameroun ;
- Dr *Ngonn à Ngonn Cyrille Didier Nathanaël*, Docteur en droit public, inspecteur des douanes, membre du secrétariat ;
- Maitre *Rael Bidias Kos épse Lidam,* doctorante en Droit, spécialiste du contentieux international, assistante-juriste à la Société camerounaise du contentieux international (SC2I), avocate stagiaire ;

- Maître *Sophie Djoumessi Kenfack épse Kamga,* assistante-juriste à la Société camerounaise de contentieux international (SC2I), avocate stagiaire, spécialiste de contentieux international, diplômée de Sciences politiques, Paris ;
- Monsieur *Jean Daniel Bassong,* écrivain sportif auteur d'*Albert Roger Milla l'Immortel, Les Encyclopédies de la CAN, la Coupe du Monde, du CHAN etc.,* pour ses soutiens multiformes ;
- Monsieur *Ekité Dieudonné à Don* ;
- Madame *Chantal Elombat Mbedey,* directrice du Bureau de mise aux normes ;
- Mesdames *Antoinette Mengue Etoundi et Madeleine Nadège Keyake* du Programme national de Transfusion sanguine (PNTS) pour leurs soutiens multiformes ;
- Madame *Benyomo Belomo Enouga Marie Joseph,* secrétaire opérationnelle grâce à qui toutes les communications ont été mises en forme.

SOMMAIRE

DÉDICACE 7

REMERCIEMENTS 9

ABRÉVIATIONS 15

PRÉFACE
Alain Didier Olinga 21

INTRODUCTION GÉNÉRALE
Joseph Francis Zock Atara à Ngonn 31

CHAPITRE PRÉLIMINAIRE : LE CADRE GÉNÉRAL DU CONTENTIEUX DE L'ÉTAT
Joseph Marie Bipoun Woum 41

PREMIÈRE PARTIE LES JURIDICTIONS INTERNATIONALES 105

CHAPITRE 1 : LES INSTANCES JURIDICTIONNELLES INTERNATIONALES
Marcellin Nguele Abada *107*

CHAPITRE 2 : LES INSTANCES NON JURIDICTIONNELLES INTERNATIONALES
Joseph Francis Zock Atara à Ngonn 135

CHAPITRE 3 : LA COUR PÉNALE INTERNATIONALE : ÉVOLUTION ET BILAN ACTUEL
Amady Ba 179

DEUXIÈME PARTIE : LES ACTEURS DU PRÉTOIRE INTERNATIONAL . 239

CHAPITRE 4 : L'AGENT DIPLOMATIQUE ET LA REPRÉSENTATION DE L'ÉTAT CAMEROUNAIS DEVANT LE PRÉTOIRE INTERNATIONAL 241
Martial Tchienzette *241*

CHAPITRE 5 : LES ACTEURS ADMINISTRATIFS, TECHNIQUES, JUDICIAIRES ET PARA JUDICIAIRES
Michel Mahouve 261

TROISIÈME PARTIE : L'EXÉCUTION DES DÉCISIONS INTERNATIONALES 275

CHAPITRE 6 : LES IMMUNITÉS DE L'ÉTAT EN DROIT INTERNATIONAL
Alain Didier Olinga 277

CHAPITRE 7 : L'EXÉCUTION DES DÉCISIONS DE JUSTICE ET DES SENTENCES ARBITRALES
Boniface Banamba 285

QUATRIÈME PARTIE : LA PRATIQUE À L'INTERNATIONAL 309

CHAPITRE 8 : LE RAPATRIEMENT DES FONDS D'ORIGINE ILLICITE GARDÉS DANS LES PAYS ÉTRANGERS
Ibrahima Sambe 333

CHAPITRE 9 : LA PRATIQUE DES ACTES DE JUSTICE
Emmanuel Tang et Anne Yolande Ngo Minyogog 333

CHAPITRE 10 : ACTE DE MISSION
Annie Laure Zang 337

CONCLUSION GÉNÉRALE
François Mballa Mekongo 347

ANNEXES : 353

ANNEXE 15 TYPOLOGIE DES JURIDICTIONS INTERNATIONALES ET RÉGIONALES
Jacqueline Noëlle Soppo Ekame 387

LISTE DES CONTRIBUTEURS 419

ABRÉVIATIONS

AAA : Association américaine d'arbitrage

ADR : *Alternative disputes resolution*

ADR CCI : Centre international des modes alternatifs de résolution des différends de la CCI

AID : Association internationale de Développement

AIEA : Agence internationale de l'Énergie atomique

API CAM : Association des anciens participants de l'IDLO au Cameroun

ARS : Armée de résistance du Seigneur

Art. : Article

AU : Acte uniforme

AUA : Acte uniforme sur l'Arbitrage

AUPSCVE : Acte uniforme OHADA portant organisation des procédures simplifiées de recouvrement et des voies d'exécution

BDP : Bureau du Procureur à la CPI

BEAC : Banque des États de l'Afrique centrale

BIRD : Banque internationale pour la Reconstruction et le Développement

BM : Banque mondiale

C. Civ. : Code civil

CAB/PM : Cabinet du Premier ministre

CADBE : Charte africaine des Droits et du Bien-être de l'Enfant

CADEG : Charte africaine de la Démocratie, des Élections et de la bonne Gouvernance

CADHP : Charte africaine des Droits de l'Homme et des Peuples

CADHP : Cour africaine des Droits de l'Homme et des Peuples

CADHPDF : Charte africaine des Droits de l'Homme et des Peuples sur les Droits de la Femme en Afrique

CAMTEL : *Cameroon telecommunications*

CAPA : Certificat d'Aptitude à la Profession d'Avocat

CCA-CNO : Chambre de Conciliation et d'Arbitrage du Comité national olympique du Cameroun

CCFD : Comité catholique contre la Faim pour le Développement

CCI : Chambre de Commerce internationale

CCJA : Cour commune de Justice et d'Arbitrage

CDI : Charte démocratique interaméricaine

CDI : Commission de droit international

CE : Conseil de l'Europe

CEDEAO : Communauté économique des États de l'Afrique de l'Ouest

CEDH : Convention européenne de sauvegarde des Droits de l'Homme

CEDH : Cour européenne des Droits de l'Homme

CEMAC : Communauté économique et monétaire des États d'Afrique centrale

CIDH : Cour interaméricaine des Droits de l'Homme

CIJ : Cour internationale de Justice

CIRDI : Centre international pour le Règlement des Différends relatifs aux Investissements

CIRDI : Convention pour le Règlement des Différends relatifs aux investissements entre États et ressortissants d'autres États

CJ-CEDEAO : Cour de Justice de la Communauté économique des États de l'Afrique de l'Ouest

CJ-CEMAC : Cour de Justice de la Communauté économique et monétaire des États de l'Afrique centrale

CJUA : Cour de Justice de l'Union africaine

CJUE : Cour de Justice de l'Union européenne

CMAG : Centre de Médiation et d'Arbitrage du GICAM

CNIC : Chantiers navals et industriels du Cameroun

CNIC : Chantiers navals et industriels du Cameroun

CNR : Caisse nationale de Réassurance

CNR : Caisse nationale de réassurance

CNU : Charte des Nations-Unies

CNUDCI : Commission des Nations-Unies pour le Droit commercial international

CNUDM : Convention des Nations-Unies sur le Droit de la Mer

COBAC : Commission bancaire de l'Afrique centrale

CPI : Cour pénale internationale

CPJAH : Cour permanente de Justice e d'Arbitrage de la Haye

CREDHO : Centre de Recherche en Droits de l'Homme

CSA : Charte sociale des Amériques

CSNU : Conseil de Sécurité des Nations-Unies

CTE : *Cameroon Tea Estates*

DCCC : Division de la Compétence, de la Complémentarité et de la Coopération à la CPI

DDHCI : Direction des Droits de l'Homme et de la Coopération internationale au ministère camerounais de la Justice

EUIPO : *European Union for Intellectual Property Office* /Office de l'Union européenne pour la Propriété intellectuelle

FAO : Organisation des Nations-Unies pour l'Alimentation et l'Agriculture

FIDA : Fonds international de Développement agricole

FMI : Fonds monétaire international

FPLC : Forces patriotiques pour la Libération du Congo

G20 : Groupe qui rassemble les 19 pays parmi les plus puissants au monde, plus l'Union européenne

G24 : Groupe de pays émergents

GICAM : Groupement inter-patronal du Cameroun

IDLO : Organisation internationale pour le Droit du Développement

INTELCAM : Société des Télécommunications internationales du Cameroun

IRIC : Institut des Relations internationales du Cameroun

MHH : Magistrat Hors-Hiérarchie

MINADER : Ministère de l'Agriculture et du Développement rural

MINEPIA : Ministère de l'Élevage, des Pêches et des Industries animales

MINFI : Ministère des Finances

MINFOF : Ministère de la Forêt et de la Faune

MINREX : Ministère des Relations extérieures

MINTOUR : Ministère du Tourisme

MLC : Mouvement pour la Libération du Congo

MONUC : Mission des Nations-Unies en RDC

NOBRA : Nouvelles Brasseries du Cameroun

OACI : Organisation de l'Aviation civile internationale

OCAM : Organisation commune africaine et malgache

OCDE : Organisation de Coopération et de Développement économiques

OCVV : Office communautaire des Variétés végétales

OEA : Organisation des États américains

OHADA : Organisation pour l'Harmonisation en Afrique du Droit des Affaires

OIT : Organisation internationale du Travail

OMI : Organisation maritime internationale

OMM : Organisation météorologique mondiale

OMPI : Organisation mondiale de la Propriété intellectuelle

OMS : Organisation mondiale de la Santé

ONG : Organisation non gouvernementale

ONU : Organisation des Nations-Unies

ONUDC : Office des Nations-Unies contre la Drogue et le Crime

ONUDI : Organisation des Nations Unies pour le Développement industriel

OUA : Organisation de l'Unité africaine

PAD : Port autonome de Douala

RCA : République centrafricaine

RDC : République démocratique du Congo

SC2I : Société camerounaise du Contentieux international

SFI : Société financière internationale

SITABAC : Société industrielle des Tabacs du Cameroun

SNH : Société nationale des Hydrocarbures

SOCAME : Société camerounaise des Engrais

SONARA : Société nationale de Raffinage

TCS : Tribunal criminel spécial

TIDM : Tribunal international du Droit de la Mer

UA : Union africaine

UCAC : Université catholique d'Afrique centrale

UE : Union européenne

UEMOA : Union économique et monétaire ouest-africaine

UIT : Union internationale des Télécommunications

UNESCO : Organisation des Nations-Unies pour l'Éducation, la Science et la Culture

UPC : Union des Patriotes congolais

UY2 : Université de Yaoundé II (Soa)

PRÉFACE

Alain Didier Olinga[3]

« De la représentation de l'État devant le prétoire étranger », tel pourrait être le titre d'un sujet de dissertation juridique ; auquel cas et pour une bonne démarche méthodologique, on devrait procéder à une définition préalable des termes pour bien cerner le contenu et la forme, mais aussi les enjeux.

Qu'est-ce que l'État ? C'est une entité juridique formée de la réunion de trois éléments constitutifs, à savoir une population, un territoire et une autorité politique ; et à laquelle est reconnue la qualité de sujet du droit international. En d'autres termes, un État est un « groupement d'individus fixé sur un territoire déterminé et soumis à l'autorité d'un même Gouvernement qui exerce ses compétences en toute indépendance [tout] en étant soumis directement au droit international »[4].

Ainsi que l'indique le premier paragraphe de notre définition, l'État est un sujet de droit international qui jouit de droits et d'obligations. Dès lors, l'État comme toute personne morale de droit international peut passer des accords, signer des traités, des contrats commerciaux en tant que sujet de droit. Au rang des compétences normales découlant de ces engagements internationaux, l'État peut engager sa responsabilité internationale. À ce titre, il peut être amené à en répondre devant les tribunaux ou encore dans le cadre de procédures extra juridictionnelles. De même, l'État peut attraire ses cocontractants ou ses partenaires à répondre de leurs faits devant le prétoire.

---

[3] Professeur titulaire des universités, Chef de département de Droit international (IRIC).

[4] Gérard Cornu, *Vocabulaire juridique*, dernière édition mise à jour, Paris, PUF, 2011, p. 418.

Alors, qu'est-ce que le prétoire ? Du latin *praetorium*, c'est la salle d'audience des cours et tribunaux. Le mot *prétoire* est également entendu comme étant l'ensemble des juridictions judiciaires ou arbitrales, nationales ou internationales.

Toutes ces définitions données, notre sujet peut être compris comme portant sur la présence de l'État devant les juridictions internationales. L'État étant une personne morale, il ne peut exercer son droit qu'à travers des personnes physiques.

Ceci étant dit, que signifie représenter une personne morale en justice ? La fonction de représentation consiste pour une personne à agir en justice au nom d'une autre, en qualité de demandeur ou de défendeur. Les effets juridiques de l'instance se produisent au profit ou à la charge de celle-ci[5]. À ce titre, le représentant est habilité à poser des actes de procédure, à introduire des mémoires, à plaider pour le compte de l'État.

Si cela est vrai par devant les juridictions nationales, la représentation est plus que renforcée devant le prétoire international. En effet, les juridictions régionales ou internationales sont très spécialisées et leur fonctionnement obéit à des règles de procédure strictes et d'application très rigoureuse[6].

Pour toutes ces raisons, les différents acteurs du prétoire international doivent être formés et bien formés, notamment les agents officiels que l'État désigne pour défendre ses intérêts.

Ainsi, littéralement présentée, la représentation de l'État devant le prétoire international semble saisissable ; c'est sans intégrer l'entité complexe qu'est l'État. En effet, les États et leurs biens jouissent d'immunités juridictionnelles devant les tribunaux d'un autre État. Cela renforce de manière certaine « la prééminence du droit et la

---

[5] *Ibid.*, p. 895, *op cit.*

[6]- le Statut de la Cour Internationale de Justice ;
- le traité relatif à l'Harmonisation du Droit des Affaires en Afrique (OHADA) ;
- le règlement de procédure de la cour commune de justice et d'arbitrage
- le règlement d'arbitrage de la cour commune de justice et d'arbitrage ;
- l'Acte additionnel portant règles de procédures devant la cour de justice de la CEMAC, etc.

sécurité juridique, en particulier dans les rapports entre les États et les personnes morales »[7].

Dès lors, il se pose le problème de la présence effective de l'État devant les juridictions étrangères et/ou internationales. Par ailleurs, quand adviendrait une décision de justice, il faudrait maîtriser les règles appropriées pour la faire exécuter contre les biens de cet État[8] ainsi que toutes les autres modalités qui existent en matière d'implémentation des sentences internationales[9].

Fort de toutes ces considérations, j'ai le plaisir de préfacer l'ouvrage sur « La représentation de l'État devant le prétoire étranger », après avoir accepté de faire *tuteller* l'organisation d'un séminaire tenu les 21 et 24 avril 2009 à l'Institut des Relations internationales du Cameroun (IRIC) à Yaoundé au Cameroun autour de ce thème par le département de Droit international de l'IRIC. En effet, la problématique de la représentation de l'État devant le prétoire international est d'une constante actualité. Les États, aujourd'hui plus que par le passé, confrontés aux questions de développement, répondent de leurs engagements internationaux devant les tribunaux étrangers et internationaux. Il fallait donc consigner ces hautes communications d'éminents maîtres du droit et collègues dans un ouvrage qui sera encore consulté de nombreuses années durant.

Par ailleurs, tout le plaisir est le mien d'apporter mon soutien scientifique au Docteur Zock Atara, directeur scientifique de ce séminaire, puis de cet ouvrage. Il démontre par là son éminent et constant intérêt pour le règlement des différends internationaux. Connaissant son attachement pour un travail de recherche de qualité, je peux affirmer que cet ouvrage ne sera pas le dernier. Je souhaite à tous les familiers du prétoire international d'en tirer le meilleur pari.

---

[7]Préambule de la convention des Nations-Unies sur les immunités juridictionnelles des États et leurs biens.

[8] Article 30, Acte uniforme OHADA sur les procédures simplifiées et voies d'exécution : « L'exécution forcée et les mesures conservatoires ne sont pas applicables aux personnes qui bénéficient d'une immunité d'exécution ».

[9]Alain Didier Olinga, *L'Accord de Greentree du 12 juin 2006 relatif à la presqu'île de Bakassi,* L'Harmattan, 2009, 177 p.

DISCOURS D'OUVERTURE DE

Monsieur le Professeur Narcisse Mouelle Kombi[10]

au séminaire tenu les 21 et 24 avril 2009 à l'Institut des Relations internationales du Cameroun (IRIC) à Yaoundé au Cameroun.

[10] Directeur de l'IRIC en 2021, Monsieur Mouelle Kombi Narcisse occupe les fonctions de ministre des Sports et de l'Éducation physique après avoir occupé les fonctions de ministre de la Culture.

Monsieur le Directeur adjoint chargé des Études de l'IRIC,

Messieurs les représentants des administrations publiques et privées,

Monsieur le Président du Conseil d'administration d'API Cameroun,

Monsieur le Chef du département de Droit international,

Mesdames et Messieurs les membres du corps enseignant en vos grades, titres et qualités,

Mesdames, Mesdemoiselles et Messieurs les étudiants et stagiaires diplomatiques,

Mesdames, Messieurs, distingués invités,

C'est avec un réel plaisir que je prends la parole ce matin, dans cet auditorium pour présider, au nom du Pr Jean Tabi Manga, Recteur de l'université de Yaoundé II empêché, la cérémonie solennelle d'ouverture du séminaire international que L'IRIC co-organise avec l'API/Cameroun sur un thème d'importance majeure pour le commerce juridique entre sujets de la société internationale contemporaine à savoir : "La défense des intérêts de l'État devant le prétoire étranger".

À l'entame de mon propos, je voudrais à la suite du chef du département de Droit international de l'IRIC, remercier le président de l'Api/Cameroun des propos bienveillants qu'il a adressés à ma modeste personne ainsi qu'à l'IRIC, établissement dont il est un illustre produit. De même, permettez-moi de souhaiter à nos distingués participants et facilitateurs une cordiale et chaleureuse bienvenue au Cameroun et tout particulièrement à l'IRIC pour prendre part à ce banquet riche et nutritif organisé par l'IRIC, l'Api/Cameroun avec le soutien de la CPI et l'IDLO/Rome.

En effet, le choix du thème général de ce séminaire s'impose d'emblée avec autant d'enthousiasme que de conscience de ses écueils. Une raison majeure justifie ce choix : visiter, explorer, disséquer la pratique judiciaire, le contentieux international sous le prisme des modes de saisine des procédures et actes judiciaires à accomplir hors du territoire national.

Évaluer cette question pertinente en rapport avec les orientations de la politique étrangère semble en effet constituer un champ didactique, pédagogique idoine pour dégager une vision concrète et plus pratique qu'à l'accoutumée ; en confrontant à la vision du droit international tel qu'il se pense, une vision du contentieux international tel qu'il se vit devant les cours, tribunaux et organes d'arbitrage.

Aussi, convient-il de le rappeler, l'entreprise par elle-même semble ambitieuse. Phénomène polymorphe faisant appel à de nombreuses compétences, la pratique de la défense des intérêts de l'État devant le prétoire étranger n'a raisonnablement jamais fait l'objet d'une approche multisectorielle, du moment où elle combine joyeusement les éléments de la pratique camerounaise du droit international et de la politique juridique extérieure dont elle est l'expression véritable.

Fidèle à l'option cardinale de sa politique étrangère qui sacralise le droit international à travers le règlement pacifique des conflits, le Cameroun, artisan inébranlable de l'intégration économique en Afrique centrale et socle nécessaire pour le décollage économique, croit aux mécanismes juridictionnels énoncés par les juridictions internationales, qu'elles soient permanentes, *ad hoc*, ou encore arbitrales. C'est dans cette optique qu'il faut célébrer la décision sage de S.E. Paul Biya, président de la République de saisir la Cour internationale de Justice (CIJ), organe judiciaire principal des Nations-Unies, à l'effet de régler par voie judiciaire le différend terrestre et maritime entre le Cameroun et le Nigéria.

De même, afin d'internaliser cette volonté politique et en phase avec l'option de professionnalisation de l'université camerounaise, l'IRIC, établissement à vocation internationale, dispense des enseignements fondamentaux et généraux sur la Cour pénale internationale (CPI), la CIJ, l'avocat international, les modes alternatifs de règlements de différends.

Mesdames et Messieurs, distingués séminaristes,

La pertinence de vos thèmes constituera, j'en suis convaincu, une source pour l'enrichissement de vos compétences et à travers vous, une capitalisation des méthodes et procédures d'intervention de vos administrations respectives. Elles le seront surtout, grâce à l'expertise connue et reconnue des facilitateurs, couplée à l'approche méthodologique qui vous sera proposée.

En effet, les approches didactiques et participatives qui structureront vos échanges sont particulièrement suggestives, car elles permettent de mesurer et de confronter les différents acteurs publics et privés face aux enjeux d'une complexification doublée d'une plus grande sophistication des montages juridiques.

Aussi, me permettez-vous de saluer le partenariat fécond et mutuellement bénéfique que nous inaugurons ce jour entre l'API/Cameroun et l'IRIC, de même que j'exprime toute la gratitude du recteur de l'université de Yaoundé II aux illustres universitaires, magistrats, diplomates qui, pendant trois jours, partageront sur la colline d'Obili, de riches et denses moments de délectations scientifiques et professionnelles.

Mon espoir est que les réflexions conduites dans le cadre de cet atelier soient fécondes et que les actes dudit forum soient mis à la disposition non seulement de l'université, mais aussi, et surtout des acteurs institutionnels.

Tout a été dit, bien dit et sera encore dit sur ce thème.

Aussi, je déclare ouverts les travaux du séminaire international sur "La défense des intérêts de l'État devant le prétoire étranger".

Je vous remercie de votre bienveillante attention.

INTRODUCTION GÉNÉRALE

Par

Joseph Francis Zock Atara à Ngonn[11]

[11] Docteur en droit (thèse unique), Université de Paris-Sud XI, enseignant associé à l'Institut des relations internationales du Cameroun (IRIC) et l'Université catholique d'Afrique centrale (UCAC) ; spécialiste des relations internationales et du contentieux international diplômé de l'IRIC ; arbitre à la Cour commune de Justice et d'Arbitrage (CCJA), arbitre *ad hoc* ; président de l'Association des Anciens participants de l'IDLO au Cameroun ; secrétaire exécutif de la Société camerounaise de Contentieux international (SC2I).

L'ouvrage sur « La représentation de l'État devant le prétoire étranger » est une émanation d'un séminaire international tenu les 21 et 24 avril 2009 à l'Institut des Relations internationales du Cameroun (IRIC) à Yaoundé au Cameroun conçu et réalisé sous l'égide de l'Association des anciens Participants de l'IDLO au Cameroun, l'Api-Cameroun. Au rang de leurs activités, les Api de l'IDLO (Organisation internationale pour le Droit du Développement) dont le siège est basé à Rome en Italie, se doivent de mener dans leurs pays respectifs, des missions assignées à l'IDLO, à travers des activités visant « la promotion d'un État de droit, ainsi que la vulgarisation des normes juridiques ».

À cet effet, bien longtemps avant, soit vingt ans auparavant, notre association avait organisé un séminaire international bien couru sur « l'arbitrage comme mode alternatif de règlement des litiges commerciaux ». Pour la première fois, le traité OHADA et les Actes uniformes sur l'arbitrage étaient enseignés à un auditoire d'experts juristes, en même temps que le nouveau règlement d'arbitrage de la Cci de 1998. C'est l'occasion de rendre un hommage mérité aux précurseurs de ces formations, messieurs Gervais Okpwae[12], André Otti[13], Pierre-Henri Mackon[14], Francis Zock Atara à Ngonn[15] et madame Victoire Kouam[16]. Les actes de ce séminaire n'ont pas été publiés.

C'est pour faire œuvre utile et compte tenu de l'actualité d'un sujet qui porte sur « la représentation de l'État devant le prétoire étranger » que nous nous sacrifions à l'obligation de consigner et partager ces hautes connaissances. En outre, nouvellement Docteur en Droit[17], l'organisation de ce séminaire avait constitué pour nous notre premier exercice pédagogique d'envergure.

---

[12] Premier président de l'API-Cameroun, inspecteur principal des douanes.

[13] Président du Conseil d'administration du Bureau Exécutif de l'API-Cameroun.

[14] Secrétaire général de l'API-Cameroun, chargé d'études au comité national camerounais de suivi FMI/Banque mondiale, de regrettée mémoire.

[15] Spécialiste du contentieux international, expert en arbitrage.

[16] Chef de la cellule du contentieux au ministère camerounais de l'Agriculture ; trésorier de l'API-Cameroun.

[17] Zock Atara à Ngonn Joseph, Stella Francis Magloire, « Les contrats internationaux du Cameroun », Thèse de Doctorat (Thèse unique) soutenue le 17 mars 2008 à l'université de Paris Sud XI en France.

C'est dans ce contexte de la promotion de l'État de droit, de la vulgarisation des normes juridiques, bref autour de « la mondialisation du droit », pour reprendre cette expression chère à Éric Loquin et Catherine Kessedjian [18] que ce séminaire a été organisé. En effet, nous assistons à l'émergence d'une « gouvernance juridique mondiale »[19]. Face à la mondialisation du droit, à l'avènement d'une gouvernance juridique mondiale, à ce marché mondial du droit, l'Afrique en général, le Cameroun en particulier doit y prendre une part plus qu'active.

En effet, que ce soit devant la CIJ[20], la Chambre de commerce internationale[21], le CIRDI[22], la Cour commune de Justice et d'Arbitrage de l'OHADA (CCJA)[23] ou par-devant la cour de justice de la CEMAC[24] ou devant d'autres instances judiciaires ou arbitrales nationales ou étrangères, telles que le GICAM[25] ou la Cour d'appel de Paris[26], du tribunal de grande instance de Frankfurt[27] ou encore de la haute Cour britannique à Londres[28], l'État du Cameroun et d'autres

[18] Sous la direction d'Éric Loquin et Catherine Kessedjian, *La mondialisation du droit*, Travaux de recherche sur le droit des marchés des investissements internationaux, vol. 19, LITEC, 2000.

[19] Éric Loquin, Catherine Kessedjian, *La mondialisation du droit, op. cit.*, p. 8.

[20] CIJ : Affaire de délimitation des frontières terrestres et maritimes entre le Nigéria et le Cameroun ; Affaire du Cameroun septentrional.

[21] De nombreux arbitrages opposant l'État du Cameroun à des entreprises nationales ou étrangères :

[22] Les affaires KLÖCKNER c/ État du Cameroun-affaire *capital Financial Holdings* Luxembourg S.A. c. République du Cameroun (affaire CIRDI à Arb. /15/18).

[23] CCJA : affaires APC c. SONARA, HAZIM.

[24] Affaire Autorité monétaire du Cameroun–COBAC-Atlantique Banque c. AMITY Banque-Silienou Christophe et autres.

[25] Groupement inter patronal du Cameroun (GICAM) : centre d'arbitrage devenu depuis le 1er novembre 2019, le centre de médiation et d'arbitrage du GICAM à la faveur de l'adoption d'un nouveau règlement d'arbitrage, d'un règlement sur la médiation, d'un code d'éthique pour les arbitres et d'un code d'éthique pour les médiateurs.

[26] Cour internationale de Justice : Affaire de délimitation des frontières terrestres et maritimes entre le Nigéria et le Cameroun ; l'affaire du Cameroun septentrional.

[27] De nombreux arbitrages opposant l'État du Cameroun à des entreprises nationales ou étrangères.

[28] Les affaires KLÖCKNER c. État du Cameroun ; affaire *Capital financial Holdings* Luxembourg S.A. c. République du Cameroun (affaire CIRDI à Arb./15/18).

entités privées[29] des sociétés d'État[30], sont parties à des procédures judiciaires ou arbitrales.

En outre, les thèmes développés s'inscrivent dans une actualité dominée d'une part par la politique d'assainissement de la gestion des deniers publics[31], et d'autre part par les annales des juridictions internationales[32]. Par ailleurs, le sommet du G20 tenu à Londres en mars 2008 avait axé une bonne part de ses travaux sur la levée du secret bancaire et la publication des listes noires et grises des paradis fiscaux[33].

L'État du Cameroun est impliqué dans toutes ces procédures, comme beaucoup d'autres États ou entités juridiques dans le monde. Ainsi, ils sont appelés à défendre ses intérêts devant ces juridictions internationales, sans que ses plénipotentiaires soient toujours imprégnés des dédales juridiques et financiers dans un contexte de mondialisation et de multilatéralisation des échanges économiques ; avec pour corollaires, la complexification des montages juridiques y afférents, ainsi que les modes de règlements des différends qui les accompagnent.

Il s'agit dès lors, à travers cet ouvrage, d'aider le Cameroun à se différencier sur le plan international en matière de contentieux dans la logique de la devise de l'IDLO : « faire la différence par le droit » et de contribuer ainsi à l'amélioration de la gouvernance juridique et judiciaire au Cameroun[34].

À cet effet, cet ouvrage vise un double objectif à savoir :

- aider le Cameroun à mieux défendre ses intérêts dans le cadre des contentieux internationaux ;

---

[29] CTE, NOBRA, SITABAC.

[30] Société nationale de Raffinage (SONARA), Société nationale des Hydrocarbures (SNH), *Cameroon Telecommunications* (CAMTEL), etc.

[31] Juristes camerounais magistrats, avocats, juristes d'entreprises, conseillers juridiques des ministères, des sociétés d'État et des entreprises privées.

[32] L'assainissement de la gestion des deniers publics connu sous la dénomination « opération épervier » avec la création d'un Tribunal criminel spécial (TCS) qui connaît des infractions complexes.

[33] Les annales des juridictions internationales : *op. cit* (3) (4) (5) (6) (7) (8) (9) (10) (11) (12) (13).

[34] Juriste camerounais.

- renforcer les capacités des juristes institutionnels et privés camerounais, afin de mieux les outiller aux règles et procédures du contentieux international des intérêts de l'État et ses démembrements.

Au terme de la consultation de cet ouvrage, les lecteurs doivent être capables de cerner :

- les modes de règlement amiable des différends ;
- la saisine, les procédures et les voies de recours devant les instances juridictionnelles et non juridictionnelles internationales ;
- le statut du contentieux de l'État devant le for étranger ;
- les procédures et les instruments juridiques de rapatriement des capitaux déposés dans les banques à l'étranger ;
- le fonctionnement de la compétence internationale.

Il convient par ailleurs de rappeler que cet ouvrage s'inscrit dans la lignée d'imminentes initiatives, à l'instar des livres ci-après :

- *le Cameroun et le prétoire international* [35] ;
- *le Cameroun et le droit international* [36] ;
- *l'État africain dans l'arbitrage international* ;[37]
- *Droit du contentieux international africain – jurisprudence et théorie générale des différends africains (arbitrages OHADA, CIRDI, CIJ, droits communautaires, droits de l'homme, droit de la mer, droit de l'OMC, droit de la fonction publique internationale, droit international ;* [38]
- *Le recours à l'arbitrage par les organisations internationales*[39].

Ce faisant, l'État du Cameroun prend très au sérieux la fonction de « représentation de l'État devant les tribunaux ». Par diverses lettres-

---

[35] Alain Didier Olinga (dir.), *Le Cameroun et le prétoire international*, Afrédit, 2015, 420 pages.

[36] Jean Louis Atangana Amougou (dir), *Le Cameroun et le droit international*, Paris, Pédone, 2014, 376 p.

[37] Gaston Kenfack Douajni (dir.), *L'État africain dans l'arbitrage international*, 2018.

[38] Saidou Nouron Tall, *L'État africain dans l'arbitrage international*, Credila, L'Harmattan, 2019.

[39] Stéphanie Bellier, *Le Recours à l'arbitrage par les organisations internationales*, L'Harmattan, 2011.

circulaires, le Premier ministre, chef du Gouvernement, organise le fonctionnement des structures juridiques des départements ministériels [40], la défense de l'État en justice [41], réglemente la constitution des services des avocats professionnels dans le cadre de la défense des intérêts de l'État en justice[42]. En outre, un décret du président de la République fixe une indemnité au profit des agents publics chargés de la défense en justice des intérêts de l'État[43].

La circulaire n° 001/CAB/PM du 04 janvier 2000 relative au fonctionnement des structures juridiques des départements ministériels rappelle que « les textes organiques des différents départements ministériels ont institué sous forme de cellule, de division ou de directions suivant le cas, des structures juridiques »[44]. Entre autres missions, les structures juridiques des départements ministériels sont chargées d' « assurer la défense des intérêts de l'État en justice lorsque le ministère est impliqué dans une affaire »[45].

Or, au regret du Premier ministre, les structures juridiques sont marginalisées et cantonnées dans le circuit ministériel d'élaboration des textes, victimes de la méfiance, du cloisonnement des directions techniques et du recours de plus en plus développé et pas toujours justifié, aux expertises juridiques externes à l'administration[46]. En conséquence de cette marginalisation, il s'ensuit « ... un suivi peu satisfaisant des intérêts de l'État en justice »[47].

---

[40] Lettre circulaire n° 001/CAB/PM du 04 janvier 2000 relative au fonctionnement des structures juridiques des départements ministériels.

[41] Lettre-circulaire n° 001/CAB/PM du 04 janvier 2006 relative à la défense de l'État en justice.

[42] Lettre-circulaire n °002/CAB/PM du 20 avril 2009 relative à la constitution des services des avocats professionnels dans le cadre de la défense des intérêts de l'État en justice.

[43] Décret n° 2015/47 du 13 octobre 2015 fixant une indemnité au profit des agents publics chargés de la défense en justice des intérêts de l'État. Ce texte qui revalorise l'indemnité initialement versée aux agents publics, modifie le décret n° 78/527 du 15 décembre 1978 portant création d'une indemnité au profit des défenseurs de l'État en justice.

[44] Introduction (Paragr. 1er) de la circulaire n° 001/CAB/PM du 04 janvier 2000 relative au fonctionnement des structures juridiques des départements ministériels.

[45] Introduction, paragr. 1er (5) de la circulaire °001/CAB/PM du 04 janvier 2000, *op. cit.*

[46] Paragr. (4) circulaire n° 001/CAB/PM du 04 janvier 2006, *op. cit.*

[47] Paragr. (5) circulaire n° 001/CAB/PM du 04 janvier 2009, *op.cit.*

Le Premier ministre prescrit à cet effet qu'il soit mis à la disposition des structures juridiques des ministères, « des moyens humains et matériels adéquats, et à veiller à ce que n'y soient désignés que des **juristes chevronnés**[48], et que leurs personnels aient régulièrement accès à des sessions de formation permanentes »[49].

Le débat sur la constitution des avocats aux côtés des agents judiciaires de l'État mérite d'être cerné et clarifié. Au-delà des prétentions financières sur lesquelles on a tendance à s'arrêter[50], il convient de rappeler que le ministère de l'avocat est obligatoire devant certaines juridictions nationales (le tribunal de grande instance, la cour d'appel, la cour suprême et devant certaines instances internationales.

Nous pouvons citer çà et là, la CIJ, la cour internationale d'arbitrage de la Chambre de Commerce internationale (CCI), la CCJA de l'OHADA, le CIRDI. Devant la cour de justice de la CEMAC, l'article 8 de l'Acte additionnel portant règles de procédures devant la cour de justice de la CEMAC oblige les parties autres que l'État à se faire représenter devant cette juridiction en ces termes : « Les États, les institutions et organes de la Communauté sont représentés devant la Chambre par un agent nommé pour chaque affaire. Ils peuvent constituer un avocat soit pour assister l'agent, soit pour les représenter ».

En tout état de cause, si les circulaires du Premier ministre, chef du Gouvernement du Cameroun ne distinguent pas selon que l'affaire est appelée devant une juridiction nationale, étrangère ou internationale ; dans la pratique, l'État du Cameroun désigne habituellement des agents devant la CIJ ou par devant la cour de justice de la CEMAC[51].

---

[48] L'Institut des Relations internationales du Cameroun (IRIC) forme des spécialistes du contentieux international dans la filière *Contentieux international.* L'Université catholique d'Afrique centrale (UCAC) forme des spécialistes en Droit et contentieux des affaires ; de jeunes gens qui renforceraient très efficacement les différentes structures juridiques de l'État et des sociétés privées.

[49]Paragr. (12), circulaire n° 001/CAB/PM du 04 janvier 2009.

[50] Le Premier ministre, chef du Gouvernement, dans sa lettre circulaire n° 005/CAB/PM du 27 oct. 2009 relative à la constitution des services des avocats dans le cadre de la défense des intérêts de l'État en justice, relève que « les départements ministériels et certains organismes publics placés sous votre tutelle recourent de plus en plus aux services des avocats pour assurer la défense des intérêts de l'État et de ses démembrements en justice » (paragr. 1er).

[51] L'article 8 de l'Acte additionnel portant règles de procédures devant la cour de justice de la CEMAC oblige les parties autres que l'État à se faire représenter devant

Ces agents sont généralement désignés parmi des agents publics de l'État ou autres cadres juristes d'un démembrement de l'État. Cette désignation se conforme à l'article 3(3) de la Loi n° 90/059 du 19 décembre 1990 portant organisation de la profession d'avocat qui dispose : « les administrations publiques peuvent se faire représenter devant toutes les juridictions par un fonctionnaire désigné par l'autorité compétente ».

Toutefois, bien qu'ayant pour mission de défendre les intérêts de l'État en justice[52], cette catégorie socio-professionnelle n'est pas visée dans les dérogations de l'article 8(1)[53] de la loi n° 90/059 du 19 décembre 1990 portant organisation de la profession d'avocat au Cameroun ; notamment pour être admis en qualité d'avocat au terme du parcours professionnel d'un individu, bien nanti ou mieux, justifiant d'une expérience certaine des prétoires nationaux et internationaux.

En définitive, il sera exposé dans le présent ouvrage :

- le cadre général de la défense des intérêts de l'État devant le prétoire étranger ;
- la présentation des juridictions internationales ;
- les acteurs de la défense de l'État ;

---

cette juridiction en ces termes : « Les États, les institutions et organes de la Communauté sont représentés devant la Chambre par un agent nommé pour chaque affaire. Ils peuvent constituer avocat soit pour assister l'agent, soit pour les représenter ».

[52] Article 3(3) de la loi n° 90/059 059 du 19 décembre 1990 portant organisation de la profession d'avocat au Cameroun précitée : « les administrations publiques peuvent se faire représenter devant toutes les juridictions par un fonctionnaire désigné par l'autorité compétente », *op. cit.*

[53] Article 8(1) de la loi n° 059/90 du 18 décembre 1990 portant organisation de la profession d'avocat au Cameroun : « Par dérogation aux dispositions de l'article 5(5), sont dispensés du stage lorsqu'ils remplissent les autres conditions de l'article 5 :

a) les anciens magistrats titulaires du diplôme visé à l'article 5(3) ayant accompli dix (10) ans de service ès qualité ;

b) les avocats de nationalité camerounaise inscrits à un barreau étranger s'ils n'ont pas été radiés du tableau, ainsi que les avocats stagiaires titulaires du certificat de fin de stage obtenu dans un pays étranger après une durée d'au moins deux années ;

c) les anciens professeurs, maîtres de conférences ou chargés de cours de la faculté de Droit, ayant accompli dix (10) ans de service effectif ès qualité… ».

- les immunités de l'État en droit international ;
- l'exécution des décisions de justice et des sentences arbitrales ;
- la présentation de la Cour pénale internationale (CPI) ;
- le rapatriement des capitaux gardés dans les banques à l'étranger ;
- quelques actes de procédures à l'international.

CHAPITRE PRÉLIMINAIRE :

LE CADRE GÉNÉRAL DU CONTENTIEUX DE L'ÉTAT

Par

Joseph-Marie Bipoun Woum[54]

Dans son acception immédiate, la défense des intérêts de l'État devant le prétoire étranger invite sans doute à se pencher sur les divers problèmes que doit résoudre un Gouvernement décidé de son propre chef ou attrait malgré lui à se présenter devant un tribunal non soumis à sa juridiction. Le tribunal en question peut relever de la juridiction d'un autre État, auquel cas il sera considéré comme « étranger » ; dans le cas contraire, il s'agira d'un tribunal « international ».

Quel que soit le cas, le thème de la défense des intérêts de l'État doit, à l'évidence, être abordé dans une approche pragmatique ou si l'on veut, technique : d'une part parce que dans son essence, la question ne mobilise que très peu de considérations intellectuelles (compte non tenu des aptitudes professionnelles des défenseurs…) ; d'autre part, parce que selon les informations qu'on m'a données, la plupart des participants à ce séminaire sont ou peuvent être souvent amenés, de par leurs fonctions, à intervenir dans ce domaine. Ils souhaitent donc, sans doute, être outillés pour faire face à des situations auxquelles ils sont concrètement confrontés lorsqu'ils se trouvent devant le juge.

Toutefois, s'agissant de la présentation du cadre général dans lequel se déroule cette défense, on peut difficilement éluder toute incursion théorique en direction de deux référents conceptuels majeurs sans lesquels aucun mouvement n'est possible en direction de l'objectif formulé : il s'agit d'une part de l'État, terme central de la

---

[54] Professeur titulaire des universités, Professeur émérite, membre du Conseil constitutionnel du Cameroun.

problématique (Section 1), et d'autre part, de la notion de représentation considérée comme inhérence absolue à l'être étatique (Section 2).

Section 1 : L'État sujet de droit et l'État de droit

Paragraphe 1er : L'État sujet de droit

Ici, un rapide détour par un rappel de quelques éléments de droit général s'impose. En théorie juridique, l'État est une personne et, plus précisément, une personne morale de droit public. De ce fait, et comme toutes les autres personnes, il s'analyse comme un sujet de droit, c'est-à-dire un faisceau de droits et d'obligations. Corrélativement, il est investi de la capacité juridique nécessaire pour jouir de ses droits, les faire prospérer ou les aliéner[55] : il s'agit là d'une capacité active en quelque sorte.

En contrepartie de ces prérogatives, le sujet de droit expose sa responsabilité du fait des torts que pourraient causer à d'autres personnes ses agissements, son comportement ou ses négligences ; c'est l'origine ontologique de ses « obligations », origine consacrée formellement par l'article 1382 du Code civil[56]. Ces sanctions viennent en sanction de sa capacité « passive ».

Ce qu'il convient de noter à ce niveau, c'est que lorsqu'une personne est, de quelque manière que ce soit, lésée dans l'exercice normal de ses droits (cas de « trouble de jouissance ») ou subit un dommage de la part d'une autre, elle dispose d'un arsenal de moyens autorisés pour faire rétablir la normalité. Dans le jargon juridique, ces moyens s'appellent les voies de droit ; et la voie de droit royale parmi toutes, c'est la voie juridictionnelle et plus particulièrement la voie judiciaire. Elle est ouverte à toutes les personnes, individuelles ou morales, dans l'ordre interne aussi bien que dans le cadre de la société internationale.

S'agissant de l'État, bien que sujet de droit, sa qualité de justiciable ne s'est affirmée universellement de la même manière et selon des techniques identiques. À ce propos, plusieurs formules ont été

---

[55] Par exemple, le cas du patrimoine.

[56] Article 1382 du code civil camerounais : « Tout fait quelconque de l'homme qui cause à autrui un dommage, oblige celui par la faute duquel il est arrivé, à le réparer ».

observées, les plus courantes pouvant être schématisées de la manière suivante :

- L'État justiciable de droit commun au même titre que les particuliers ;
- L'État, ainsi que les autres personnes publiques, fonctionnelles ou territoriales, justiciables, mais devant des juridictions particulières, différentes de celles de droit commun ;
- L'État relevant à la fois de juridictions de droit commun et de juridictions spéciales, selon le litige ;
- Enfin, l'État non justiciable. Aujourd'hui surannée, cette hypothèse s'est vérifiée à l'époque monarchique de l'histoire des pays d'Europe, sur le postulat selon lequel « le Roi ne peut mal faire ».

Sujet de discussion : Existe-t-il de nos jours des situations susceptibles d'apparaître comme des survivances plus ou moins modernisées de ce postulat ?

Quoiqu'il en soit, l'idée d'une immunité de juridiction généralisée au profit de l'État ne peut plus prospérer de nos jours dans un monde imprégné de démocratisme. Celui-ci, qu'on y adhère par conviction ou par effet de mode, finit malgré tout par investir en profondeur les représentations collectives, entraînant forcément une laïcisation de l'esprit public, ce qui fait le lit à la réceptivité des valeurs telles que le constitutionnalisme et l'État de droit.

Paragraphe 2 : L'État de droit

Bref rappel de la notion dont l'effet le plus marquant est la soumission de l'État au droit, la règle de droit que lui-même édicte lui est opposable, suivant la maxime « patere regulam quam fecisti ». De là, vient l'adage « nul n'est au-dessus de la loi ». Enfin, l'État de droit vient conforter la base constitutionnelle du principe d'égalité dans divers domaines du droit, singulièrement du droit public.

Prenons le cas de l'égalité devant la loi : dans le socle de l'État de droit, il y a certes égalité de tous les citoyens devant la loi, mais il y a aussi égalité de l'État et du citoyen devant la loi, les fameuses « prérogatives de puissance publique » ne pouvant fonctionner en marge de la légalité et leur mise en œuvre devant être supervisée par le juge, surtout en cas de contentieux. Comme l'écrit Th. Debard,

« dans un État de droit, tout litige doit pouvoir trouver une issue devant un juge indépendant, ce qui devrait, par exemple, amener à exclure l'existence d'actes de Gouvernement, insusceptibles de recours : le droit au recours juridictionnel fait disparaître toute zone de non-droit. L'indépendance du juge, y compris à l'égard de l'État, est fondamentale, d'où la nécessité de garanties statutaires au profit des magistrats... »[57].

Le passage cité réunit les principaux éléments théoriques qui structurent l'environnement du contentieux de l'État devant le prétoire interne et international : l'obligation du recours au règlement pacifique des différends, l'égalité des parties devant la règle de droit, la protection du justiciable contre le déni de justice, l'indépendance du juge et du tribunal. Ils constituent en quelque sorte les conditions de base d'une instance normale impliquant l'État devant une juridiction internationale.

Quant au déroulement de l'instance proprement dite, il implique un minimum d'organisation conçue dans le cadre de la représentation de droit public au plan interne de l'État ; devant le tribunal international, l'État se présente conformément aux normes et usages en vigueur dans les relations diplomatiques.

Section 2 : La représentation de droit public, cadre organique de la défense de l'État sur le plan international

Paragraphe 1er : La représentation en général

On peut citer :

- la représentation de droit privé ;
- la représentation de droit public : les personnes morales de droit public et les modalités de leur fonctionnement ;
- la représentation internationale de l'État ;
- la représentation de l'État devant la CIJ :
    - le cadre juridique : l'article 42 du statut de la CIJ ;
    - l'application et la pratique de cet article par la cour.

---

[57] Th. Debard, in *Dictionnaire de droit constitutionnel*, 2e édition, Paris, Ellipses, 2007, p. 180.

Paragraphe 2 : Illustration pratique : la représentation du Cameroun devant la CIJ dans l'affaire de la frontière terrestre et maritime entre le Cameroun et le Nigéria (1994-2002)

A. L'équipe

L'article 42 du statut de la cour, base juridique de la représentation de l'État devant la CIJ « (1) Les parties sont représentées par des agents. (2) Elles peuvent se faire assister devant la Cour par des conseils ou des avocats. (3) Les agents, conseils et avocats des parties devant la Cour jouiront des privilèges et immunités nécessaires à l'exercice indépendant de leurs fonctions ».

B. Composition de l'équipe

Cet article fera l'objet d'un commentaire devant les séminaristes. En fait, il remonte au statut de la cour permanente de justice internationale, la devancière de l'actuelle cour. Dans la réalité, les dispositions plutôt sommaires de ce texte se traduisent dans de véritables équipes de défense, auxquelles s'étend le bénéfice de la convention du 13 février 1946 sur les privilèges et immunités diplomatiques des Nations-Unies.

C. L'équipe proprement dite

À la date du 10 octobre 2002, jour du prononcé de l'arrêt au fond, l'équipe de défense du Cameroun comprenait 57 (cinquante-sept) personnes. Ces personnes étaient réparties en une dizaine de titres, fonctions ou catégories. Ainsi, il y avait entre autres un agent, un agent-adjoint, deux co-agents, deux conseillers spéciaux, des conseils, des avocats, trois ambassadeurs, deux officiers généraux, des officiers supérieurs, des conseillers, des experts, des traducteurs, des assistants de recherche, etc. Tous les membres de l'équipe étaient désignés par le président de la République :

- un parallèle peut être établi entre une telle équipe et les délégations constituées en vue de la représentation du Cameroun dans de grandes conférences ou réunions internationales ; cf par exemple la formule des Pleins pouvoirs.

Sous l'autorité de l'agent, lui-même agissant au nom du président de la République, la conception, l'orientation, la production et la cohérence d'ensemble des prestations écrites et orales du Cameroun, devant la Cour étaient coordonnées par un animateur de l'équipe des conseils, professeur de droit international chevronné de son état.

Par-dessus tout, ce qui prédominait, c'est un rigoureux travail d'équipe.

Éléments biobibliographiques pertinents

Le *Professeur Joseph-Marie Bipoun Woum* enseigne à l'université de Yaoundé I depuis le 1er octobre 1969 (à cette date-ci Université Fédérale du Cameroun). Entre autres, il a été durant de nombreuses années, chef du département de Droit public, doyen de la Faculté de Droit et Sciences économiques. Il est président de la Chambre d'arbitrage et de conciliation du comité national olympique du Cameroun. Le *Professeur Bipoun Woum* est membre du Conseil constitutionnel du Cameroun.

Il a dirigé de nombreux travaux de recherche : mémoires de Licence au moment où celle-ci se faisait en quatre ans ; mémoires de Maîtrise, thèses de Doctorat portant sur les principales matières de droit public : droit constitutionnel, droit administratif, droit international public et relations internationales.

Le *Professeur Bipoun Woum* a également exercé des responsabilités dans l'administration académique et la gestion de l'enseignement supérieur. Il a publié un article sur « La représentation de l'État en justice au Cameroun ».[58]

---

[58] Bipoun Woum (Joseph-Marie), La représentation de l'État en justice, Revue camerounaise de droit, n° 28, 1984, pp. 17-57.

ANNEXE 1 :

LA REPRÉSENTATION DE L'ÉTAT EN JUSTICE AU CAMEROUN

Par

Joseph-Marie BIPOUN WOUM[59]

Le désarroi auquel conduit la recherche autour d'un sujet comme celui-ci, technique et presque inaperçu, nous pousse inexorablement à commencer par nous poser la question de savoir par référence à quoi on peut parler d'un droit africain et, au niveau de chaque État, d'un droit national. Sans doute, s'interroger encore sur l'existence de droits nationaux ne semble-t-il plus de mode aujourd'hui, un quart de siècle après l'accession à l'indépendance d'un grand nombre de pays africains, autrefois dépourvus de Gouvernement propre et de capacité internationale. Une telle question paraît bien téméraire, tant demeure forte la croyance léguée par les Romains selon laquelle il y a nécessairement un droit là où il y a une société : moyennant quoi l'avènement d'un État de type moderne dans chaque pays aurait entraîné la constitution d'une société politique à côté d'une (?) société civile, sociétés auxquelles correspondraient respectivement *grosso modo* un droit public et un droit privé.

Les programmes d'enseignements en vigueur dans les facultés et écoles nationales de Droit ont fini – ou sont en train – d'asseoir une telle présomption. Et que dire de l'incontestable impact provoqué par de nombreux travaux scientifiques, des centres de recherches ou de diffusion ayant pour cible les « droits africains » ? La récente « Encyclopédie juridique de l'Afrique » ne vient-elle pas de soustraire définitivement de l'ordre du doute l'existence d'un ordre juridique qui se voudrait compréhensible à partir de la réalité des États africains ? De tels efforts tendant à l'affirmation des droits africains ou, plus

[59] Bipoun Woum Joseph-Marie, maître de Conférences à la faculté de Droit et des Sciences économiques de Yaoundé, Revue camerounaise de droit n° 28, 1984, pp. 17-57.

prudemment, d'une « vie du Droit en Afrique »[60] contribuent certainement à une meilleure connaissance des institutions et des règles adoptées par les États ; en revanche, il est à craindre qu'ils n'incitent plus à s'interroger davantage sur la suffisance des ordres juridiques ainsi supposés. On risque d'en oublier que les droits dont il s'agit sont, fondamentalement, des *droits en formation* et non des droits définitivement assis.

Il y aurait aussi grand intérêt à aborder des droits africains actuels en focalisant la recherche sur leur pertinence systémique compte tenu des conditions concrètes de leur formation, et en partant moins du présupposé qu'ils existent nécessairement. Non point, certes, que des règles et institutions émanant formellement d'organes constitutionnels appropriés fassent défaut : on ne compte plus les codes en vigueur ou en cours d'élaboration dans les États d'Afrique subsaharienne. Mais la question qui se pose en ce qui concerne les disciplines de Droit public notamment, est de savoir si, par exemple, l'existence de règles camerounaises fixant l'organisation administrative, définissant le statut des agents de l'État, organisant la juridiction administrative, le statut des agents de l'État, organisant la juridiction administrative, le régime des marchés publics ou le recours pour excès de pouvoir permet de conclure à l'existence d'un droit administratif camerounais au moment même où l'on parle déjà du « déclin » de la fonction administrative contentieuse (mais quand s'est-elle alors formée ?) dans ce même pays[61].

Ne s'agirait-il pas dans ce cas d'un droit affirmé plutôt que d'un droit réellement consistant ? C'est que dans le droit ayant une vocation instrumentale, les règles ne suffisent pas, à elles seules, à constituer un ordre ; elles doivent être sous-tendues par un fond d'idées, de principes et de conventions publiques qui, exprimant une conception précise de l'État et de l'ordre politique en général (pour ce qui est du droit en tout cas), renforcent et finalisent ces règles. Voilà

---

[60] Suivant le titre d'une collection publiée par les éditions *Economica*, et qui vient de se faire remarquer par la publication d'un ouvrage collectif sur « Les Grands Services publics dans les États francophones d'Afrique noire », (Paris, Centre d'Études juridiques comparatives, 1984).

[61] A.-S. Meshériakoff, *Le Déclin de la fonction administrative contentieuse au Cameroun*, Rev. jurid. et pol., Indépendance et Coop, 3, Déc. 1980. À travers une approche sociologique des recours contentieux, l'auteur conclut à un « déclin qualitatif » (p. 833) de ladite fonction, du moins par comparaison avec son développement en France.

qui explique qu'un droit aussi technique en apparence que le droit administratif soit également l'un des plus denses en contenu idéologique et apparaisse en fin de compte comme le pilier normatif de l'État libéral français[62].

Le désarroi de l'analyse à propos d'un problème somme toute classique ne vient-il pas d'une brutale rupture de suite, d'une discontinuité due précisément au défaut d'arrière-fond légitimant, si ce n'est à l'incohérence intrinsèque du mécanisme de transposition de formules d'un système fini à un cadre en formation ? Car formellement, avons-nous dit, les règles existent bel et bien. Mais comme l'écrit si bien un auteur réfléchissant à un problème présentant quelque analogie avec l'état actuel des droits africains, « une collection de règles ne fait pas un droit : il faut encore que cette collection soit ordonnée, qu'elle présente une certaine spécificité et une certaine cohérence »[63].

Il est un fait que pour l'essentiel, les règles de droit public consacrées par les États d'Afrique subsaharienne sont directement inspirées par les anciennes puissances coloniales dont ils ont subi l'influence à travers la colonisation et la décolonisation. S'agissant de ceux où l'influence française était prépondérante, on aurait alors pu s'attendre à ce que, sauf lorsque l'orientation de base a amené le législateur à une option normative différente, les solutions apportées à

---

[62] D'une abondante – et suffisamment connue – littérature dans ce sens, on peut citer P. Legendre, *Histoire de l'Administration de 1750 à nos jours*, Paris, P.U.F. (Thémis), 1968, qui met successivement en relief les origines idéologiques du droit administratif (pp. 22 et s.), l'esprit de la justice administrative (pp. 276 et s.), la place du « composé juridique » dans le « modèle administratif français » (pp. 455 et s.). J. Chevalier, « Les fondements idéologiques du Droit administratif français », in *Variations autour de l'idéologie de l'intérêt général*, Vol. 2 (collectif), Paris, P. F (Publications du Centre universitaire de Recherches administratives et politiques de Picardie), 1979, pp. 3-57. Il écrit notamment : « Les notions fondamentales qu'il (le droit administratif) utilise ne sont pas le fait du hasard ou de nécessités seulement pratiques, mais l'expression de contrainte d'ordre idéologique : l'idéologie rayonne par contagion, par osmose, à travers le droit administratif tout entier et préside à la construction de son appareil conceptuel. Et les notions qui en sont le produit sont agrégées, articulées, de manière à former un système cohérent et stable de légitimation », p. 5.

[63] D. Truchet, « Réflexions sur le Droit économique public en Droit français », in *Revue du Droit public* ; 4-1980, p. 1010. L'analogie tient au fait que le droit économique public (ou le droit public économique) peut être considéré comme étant lui aussi un droit en formation.

des questions purement techniques puissent être facilement comprises à partir des réponses trouvées à ces mêmes questions par le droit public français. La réalité est souvent fort différente. Les droits en cours de formation se constituent beaucoup plus par la voie législative, la jurisprudence ne jouant qu'un rôle tout à fait secondaire : il en résulte alors des profils singuliers, parfois fort éloignés des schémas inspirateurs venus d'ailleurs[64].

Ainsi, ce qu'on peut appeler les droits nationaux résultent pratiquement d'emprunts sélectifs faits à des législations étrangères, ce qui pour chaque cas, aboutit moins à un ensemble cohérent qu'à un montage juridique difficile à interpréter (si ce n'est à appliquer) : parce qu'alors, la règle en présence ne se comprend qu'à travers une opération de reconstitution intellectuelle du système normatif d'où la règle a été plus ou moins arbitrairement détachée. C'est cette sorte de retour aux origines qui permet d'en connaître la portée, les insuffisances ou les omissions. Que par exemple la législation camerounaise n'ait pas doté le président de l'Assemblée nationale d'un vrai cabinet politique (distinct de l'administration courante de l'Assemblée) tranche manifestement avec les modèles connus en la matière : mais on ne peut que le constater, car il s'agit à l'évidence d'une situation qui découle d'un choix politique clair dans le sens de l'affaiblissement institutionnel de cette autorité constitutionnelle. La pratique camerounaise s'est alors délibérément écartée de la tradition, française par exemple[65].

Il en va de même pour certaines matières législatives particulièrement sensibles comme l'exercice des libertés politiques ou l'organisation de la participation populaire à l'exercice du pouvoir. Bref, on peut poser que la législation camerounaise a fortement tendance à s'écarter du moule référentiel à mesure que se trouve impliquée la nature profonde du système global largement orienté vers la défense de l'ordre établi : le caractère fortement autoritaire de l'État

---

[64] Voir nos observations sur la réception du droit administratif dans les États d'Afrique noire d'expression française : le cas du Cameroun, revue juridique et politique n° 3, 1972, Paris, pp. 362 et s.

[65] V. Int. Al. : Frankland, E/, « Parliamentary achievement » in *Britain and West Germany : a comparative analysis,* Legislative Studies quaterly, 2 (1977), pp. 137-154 ; Journès CL., *L'administration des assemblées parlementaires sous la Cinquième République*, Revue du Droit public et de la Science politique en France et à l'étranger, 1978, n° 2, pp. 321-360 (surtout pp. 355-357).

déteint alors sur la politique législative. Les normes de droit administratif, servant de point d'appui déterminant à une armature étatique non libérale, perdent du même coup toute filiation originelle avec le droit administratif français. Quoi qu'il en soit, cette orientation-là se comprend dans la mesure où elle trouve son unité dans l'incompatibilité entre des normes tendant à l'affaiblissement de l'État dans le cadre d'une société discutée, et la promotion d'un ordre social géré pratiquement en monopole par un État solitaire et tout-puissant.

C'est là la source principale de l'affaiblissement chronique de la fonction administrative contentieuse au Cameroun comme dans les autres États africains.

Plus difficiles à comprendre sont les cas où la solution originale recherchée par le législateur camerounais n'est visiblement pas commandée par des préoccupations d'ordre politique, sans que la solution en question puisse apparaître comme satisfaite. C'est ici que naît le désarroi, car si l'on ne peut discuter le droit du législateur (qui n'est en fait qu'une majorité parlementaire, un parti ou un chef de parti) de rechercher prioritairement les voies qui concourent le mieux à la protection de ses intérêts politiques alors confondus avec ceux de la nation (...), on ne peut plus nier que l'intégralité des institutions politiques d'un pays, vues sous le double aspect organique et normatif, ne saurait être contenue dans une approche uniquement circonstancielle. La réalité de l'État institué draine inévitablement un flux de contraintes et d'exigences auxquelles on ne répondra pas forcément par des recettes inédites, inconnues ailleurs dans le monde.

Tout au contraire, on ne peut bien partir de l'hypothèse selon laquelle dans la masse des questions à traiter au niveau d'un jeune État africain, certains se situent dans une zone d'indétermination législative laissant aux autorités en place une grande latitude quant aux orientations possibles à imprimer. À côté de celles-là, d'autres, parce que liées au dynamisme naturel de certains concepts juridiques qui sont à la base de toute organisation soutenue par le droit, pourraient être traitées par référence prioritaire aux outils ayant servi avec quelque bonheur ailleurs.

Si toutes les matières sont *légiférables*, toutes les solutions ne sont pas nécessairement imaginables. La politique législative peut parfaitement faire bon ménage avec la technologie juridique ; celle-ci constitue même un support indispensable de celle-là si un jeune pays veut réellement s'engager dans la voie de la constitution d'un véritable État moderne.

Il ne s'agit point de décourager l'innovation ou d'inciter à un quelconque mimétisme législatif qui serait plutôt un travers d'ordre psychologique de type postcolonial à l'instar de certains comportements observés dans le domaine administratif [66] . La résolution des problèmes auxquels se trouvent confrontés les États africains devrait simplement se faire de telle sorte que tout homme initié à la mécanique du droit puisse, à l'aide des instruments et techniques propres à cette discipline, comprendre telle ou telle innovation retenue en ne se servant que des seules ressources de sa formation juridique. Plus banalement encore, c'est de la richesse, de la ténacité et de la perméabilité de l'institution juridique qu'il s'agit[67]. Étant donné le *sélectivisme* de circonstance dont fait preuve le législateur dans l'élaboration de normes nationales propres ou la réception des règles d'origine étrangère, le profil des solutions juridiques aux questions essentielles d'organisation devrait être suffisamment clair et cohérent, de manière à permettre une identification facile de l'influence des facteurs subjectifs ou circonstanciels dans leur adoption. Ainsi, lorsqu'il n'y aura aucune raison apparente de croire à l'intervention de tels facteurs, à cause notamment du défaut de répercussion de la question concernée sur la protection de l'ordre politique établi, il y aura lieu d'interpréter la solution législative ou jurisprudentielle, y compris ses failles essentielles, par restitution au schème référentiel : c'est-à-dire par réinsertion systémique de l'ensemble des problèmes soulevés dans la mécanique de la technologie juridique.

Comment, dans le cas du Cameroun, ne pas considérer sous l'éclairage de la distinction ainsi opérée le problème de la représentation en justice de l'État et des services étatiques non

---

[66] V. G. Langrod, *Genèse et conséquence du mimétisme administratif en Afrique*, Revue internationale des Sciences administratives. Vol. XXXIX, 1973, pp. 119 et s. L'administrateur africain absorbe son incapacité par la reproduction théâtrale des schèmes et attitudes de son prédécesseur colon.

[67] Attributs grâce auxquels le droit a des styles de présence parfois inattendus. V.- D. Loschak, « Droit et non-droit dans les institutions totalitaires », in *L'Institution*, Coll. Paris, Presses Universitaires de France, 1981 (Centre universitaire de recherches administratives et politiques de Picardie), pp. 126 et s.

personnalisés ? Il n'y a aucune raison sérieuse de croire que le peu d'intérêt manifesté jusqu'ici par le juge et le législateur[68] à l'endroit de ce problème procède de considérations dictées par le « maintien de l'ordre » ou la sauvegarde des équilibres essentiels à la survie du régime. C'est au contraire, peut-on dire, son insignifiance politique qui lui rapporte peu de considération. Le juriste peut alors, à l'abri de cette innocuité, favoriser le libre jeu et l'entrecroisement des notions somme toute essentielles relatives à une question dont l'intérêt juridique apparaît d'emblée.

En tant que personne morale, l'État ne peut intervenir dans une instance judiciaire que par l'intermédiaire de personnes physiques agissant ou répondant en son nom. Il en va de même pour certains services publics nationaux qui, tout en disposant d'une organisation et de moyens administratifs propres, ne sont cependant pas dotés d'une personnalité juridique distincte de celle de l'État : c'est le cas au Cameroun, par exemple, de l'Assemblée nationale, du Conseil économique et social ou de certains services organisés sous la forme de délégation générale tels que la Sûreté nationale ou le Tourisme.

Ce recours aux personnes physiques, pour la résolution de droits ou d'obligations dont une personne morale se trouve être le centre, est de règle aussi bien pour les personnes morales de droit public que pour les personnes morales de droit privé ; les personnes physiques sont alors considérées comme les représentants des personnes morales[69].

La situation n'est guère différente en ce qui concerne les personnes publiques autres que l'État, les collectivités territoriales et les établissements publics par exemple. Mais alors que pour cette catégorie la représentation générale, y compris en justice, est

---

[68] La question n'a pas davantage intéressé la recherche universitaire, pas même un mémoire de Licence ou de Maîtrise ne lui a été consacré jusqu'ici à la faculté de Droit de Yaoundé.

[69] Voir entre autres, Solus et Perrot, *Droit judiciaire privé*, Paris, Sirey, 1961 « L'entité abstraite que constitue la personne morale (corpus *mysticum*) ne peut agir en justice que par l'entremise d'une personne physique ayant été investie du pouvoir de la représenter en justice », t. 1. p. 254 ; également en ce qui concerne spécialement les personnes morales de droit public, Sabourin (P), qui fonde cette situation sur l'idée (discutable, selon nous) d'incapacité d'action « Elles (les personnes morales) ont la capacité de jouissance, mais elles ne peuvent exercer leur droit qu'avec l'aide d'autres personnes physiques qui ne sont que des représentants », v. *Recherches sur la notion d'autorité administrative en droit français*, Paris, LGDJ (Bibl. de droit public), 1966, p. 244.

statutairement dévolue au sujet jouissant, au sein de l'entité considérée, de la qualité d'autorité suprême (maire, directeur général, président-directeur général...) l'intérêt spécifique de la représentation de l'État tient à la complexité de la structure administrative de ce dernier. Divisé en un grand nombre de services dont les ministères sont les plus connus, aucun d'eux n'a de personnalité juridique propre. Ils concourent tous à la personnalité juridique de l'État et participent diversement de l'unité de cette personnalité sinon en pratique, du moins en principe.

Dans ces conditions, comment se dégagera la personne physique appelée à agir ou à répondre au nom de l'État ? La question suscite d'autant plus de curiosité que les règles de droit constitutionnel propres au mécanisme de la représentation politique s'avèrent immédiatement d'une utilité très secondaire dans le cas présent : l'exercice de la souveraineté au nom du peuple et la gestion administrative de l'État ne se rencontrent pratiquement guère et on conçoit difficilement un député à l'Assemblée nationale ou le président de la République dans l'habit d'un défenseur de la cause de l'État devant les tribunaux. Ce n'est pas de manière adéquate la résolution judiciaire de droits et d'obligations appartenant ou incombant à la personne juridique État. Mais adéquation à quoi, par rapport à quoi, en fonction de quoi ?

Le recours au mécanisme de la représentation comporte beaucoup moins de risques, ou d'inconvénients potentiels dans les relations de droit privé que dans le cadre du fonctionnement juridique des personnes morales de droit public. En droit privé, le représentant agit pour le compte du représentant, celui-ci ayant la possibilité d'intervenir lui-même, d'une manière ou d'une autre, pour corriger dans le sens de ses intérêts d'éventuelles carences du représentant. En d'autres termes, sauf dans des cas particuliers, le rapport de représentation de droit privé relie deux sujets nantis chacun de la pleine capacité personnelle tant sur le plan de la jouissance que sur le plan de l'exercice. Ainsi détachable de la personne du représentant, la personne représentée dispose de la latitude de rétablir l'intégrité de ses droits mal assurés par celui qui était censé, par convention ou en vertu d'une loi, les défendre à sa place[70].

---

[70] C'est sur la base de préoccupations analogues que les sujets frappés d'incapacité d'exercice sont légalement prémunis contre ceux qui les représentent ou contre eux-

Au Cameroun pas plus qu'ailleurs, l'État, personne morale de droit public, ne bénéficie d'aucune distance subjective vis-à-vis de ceux qui le représentent et sans lesquels il n'a aucune volonté et ne peut protéger son actif juridique. C'est là une réalité dont la consistance transcende les contraintes politiques ou économiques des États et même les frontières nationales. La représentation de l'État dans les actes juridiques aussi bien qu'en justice, au-delà de son caractère technique, met donc pratiquement en cause la sauvegarde du patrimoine public d'un pays et, par-là, mobilise immédiatement la sensibilité civique de chaque citoyen. Le soin avec lequel le législateur traite ce problème et l'importance qu'il lui accorde peuvent être tenus pour révélateurs du degré de développement juridique auquel se situe un État ; d'où la nécessité de connaître et d'apprécier l'État des règles qui organisent le régime camerounais de représentation de l'État en justice. Leur étude révèle l'insuffisante élaboration qui caractérise encore le droit en la matière, la pratique en ne faisant ressortir aucun régime susceptible d'être en accord avec les notions de base de la représentation des personnes publiques. Nous nous trouvons donc en présence d'une représentation non structurée (I).

Cette situation fait partie d'un droit public d'ensemble dont l'élaboration, contrairement aux apparences, est loin d'être achevée. À cet égard, la pratique camerounaise en matière de représentation montre aussi que ce qui fait défaut, c'est la spécification d'un contenu uniforme de la notion de représentation elle-même. Il est dès lors normal, en l'absence d'une telle spécification législative, jurisprudentielle ou doctrinale, qu'il soit paré à la nécessité d'une représentation formelle de l'État en justice par des formules n'ayant pas forcément de lien les unes par rapport aux autres ou tout au moins, n'ayant qu'une filiation très lointaine avec la théorie générale de la représentation en droit public. Toutes les mesures prises par l'autorité compétente (ministres, président de l'Assemblée nationale, etc.) en vue d'assurer la défense des intérêts de l'État en justice montrent que chacune d'elles résout machinalement un problème ponctuel ainsi que la législation l'y habilite. Il ne s'en dégage guère le sentiment que

mêmes par un système de garanties, par exemple tout le système des nullités de protection, la restitution ou les rescisions pour lésion, les pouvoirs publics ayant par ailleurs le devoir de veiller à l'organisation et au bon fonctionnement des institutions tutélaires. V. par ex. J. Carbonnier, *Droit civil*, P.U.F (Thémis), Paris, t. 2, 9e édit. 192, pp. 462 et s. ; p. 413 ; G. Marty et P. Raynaud, *Droit civil*, 3e édit., *Les Personnes*, Paris, Sirey, 1976, pp. 840-845.

c'est une véritable institution qui fonctionne. On pourrait en arriver là si le législateur s'engageait dans la voie de l'unification de la représentation à partir de l'idée de fonction (II).

I. Une représentation non structurée

Si le principe de la représentation de l'État en justice est consacré en droit camerounais, celui-ci, en revanche, ne comporte pas de règles pertinentes permettant de dégager le régime juridique applicable à une telle opération. Étant donné qu'il n'existe pas de juridictions administratives à côté des tribunaux judiciaires, le problème se pose indistinctement aussi bien devant ces derniers que devant la Chambre administrative de la Cour suprême devant laquelle sont portés en première instance les litiges relevant du contentieux administratif. Mais l'unité de juridiction ainsi consacrée ne simplifie les questions qu'en apparence, puisqu'elle n'a permis jusqu'ici que d'éluder celle de savoir si les considérations qui président à la représentation de l'État devant la juridiction judiciaire sont les mêmes qui devraient soutenir l'organisation de cette même représentation devant la juridiction administrative.

Toujours est-il que la position législative sur cette matière est demeurée la même, par-delà les transformations constitutionnelles de l'État : aussi bien sous le régime de l'État fédéral que dans le cadre de l'État unitaire réinstitué à la constitution du 02 juin 1972, la représentation de l'État est abandonnée à l'exercice du pouvoir diffus des ministres et des chefs des services non personnalisés de l'État[71].

La représentation de l'État en justice semble avoir été associée, dans les premières années de la République fédérale[72] au contentieux administratif alors confié à la cour fédérale de justice, le soin en étant alors laissé à une même autorité : le ministre responsable de l'Administration territoriale (correspondant au ministre de l'Intérieur

---

71 Y compris le président de l'Assemblée nationale, considéré comme autorité administrative de cette chambre parlementaire. V. ordonnance n° 60-39 du 16 avril 1960 portant loi organique relative au fonctionnement de pouvoirs publics, toujours en vigueur (J. O. C. du 19 avril 1960, p. 565). Aux termes de l'art. 112 de ce texte, « l'État est responsable des dommages de toute nature causés par les services de l'Assemblée nationale » et dans les instances, « L'État est représenté par le président de l'Assemblée nationale ».

72 Cette tâche avait d'abord incombé au Premier ministre pour ce qui était du Cameroun oriental.

dans beaucoup de pays). En effet, le décret n° 64-DF-218 du 19 juin 1964 désignait le « Ministre délégué à la Présidence chargé de l'Administration territoriale et de la Fonction publique « pour » représenter la République fédérale à la cour fédérale de justice en matière administrative ». La mission ainsi instituée par ce décret [73] devait être transférée peu de temps après du ministre au ministère par le décret n° 65-DF-11 du 18 janvier 1965 portant organisation du ministère délégué à la Présidence chargé de l'Administration territoriale et de la Fonction publique [74]. Mais l'article 5 de ce texte, traitant du « service contentieux administratif fédéral », se contentait de renvoyer à ce texte ministériel d'application pour la « répartition des affaires » entre les bureaux dudit service[75].

C'est le décret du 05 août 1965[76] qui a défini les attributions de ce ministère en matière de représentation de l'État en justice : le service du contentieux fédéral (relevant de la direction des études et des affaires contentieuses) se voyait assigner entre autres tâches, « l'étude des recours gracieux préalables auprès du ministre délégué à la Présidence[77] et la défense des intérêts de l'État fédéral devant la cour fédérale de justice », ainsi que « les mesures propres à assurer la sauvegarde et la défense des intérêts de l'État devant les juridictions civiles et répressives » (art. 5). L'extension du rôle de ce ministère en matière de représentation au contentieux extra-administratif était ainsi opérée, d'autant plus que s'y ajoutaient « toutes questions relatives à la représentation de l'État fédéral en justice, à la désignation des défendeurs ou à la constitution d'avocats devant les diverses juridictions»[78].

En 1968, l'administration territoriale était détachée de la Présidence de la République, mais non seulement le titulaire (inchangé) du département était élevé au rang de ministre d'État, mais encore ses attributions en matière de représentation étaient maintenues et même mieux précisées, notamment en matière sociale (juridictions

---

[73] Curieusement, non publié au J.O. (du 1er juillet 1964, pp. 521-730).

[74] JORFPC, 1er février 1965, pp. 85-88.

[75] Loc. cit. p. 88.

[76] N° 65-DF-347, portant réorganisation du ministère délégué à la Présidence (sic) chargé de l'Administration territoriale et de la F. P. fédérale, JORFPC, 15 août 1965, pp. 839 et s.

[77] Il faut dire que le décret n° 64-DF-336 du 10 août 1964 avait déjà chargé ce même ministre de « recevoir les recours gracieux avant tout recours contentieux ».

[78] J.O. du 15 août 1965, déjà cité, p. 842.

du travail) et des accidents de la circulation mettant en cause l'État[79] et cela malgré l'érection de la Fonction publique en département autonome. Il faudra attendre les premières institutions gouvernementales de l'État unitaire pour assister à l'évolution de la réglementation. En effet, d'un partage de responsabilité entre le ministre de l'Administration territoriale et celui de la Fonction publique, [80] on est passé très vite à un éclatement pur et simple de cette charge de représentation entre tous les départements ministériels, chacun devant assurer la défense des intérêts de l'État dès lors que c'est son activité qui est à l'origine de l'enrôlement de ce dernier dans l'instance considérée[81].

Enfin, on relève que le décret du 18 avril 1984 instituant des « cellules juridiques » a prévu que celles-ci sont chargées, entre autres

---

[79] Décret n° 68-Dr-214 du 4 juin 1968 portant organisation du ministère d'État (sic) chargé de l'Administration territoriale fédérale, JORFPC, 15 juin 1968, pp. 1083 et s. L'art. 6§ B de ce texte reprend en les renforçant les dispositions du texte de 1965. Le décret 71-DF-02 du 18 juin 1971 ne modifiera pas cet état du droit. JORFPC, 15 octobre 1971. pp. 1518 et s., notamment art. 8 (p-1520).

[80] Le partage fut opéré par le décret n° 72-281 du 08 juin 1972 portant organisation du Gouvernement de la République unie du Cameroun (JORUC, 13 juin 1972) aux termes de l'art. 1er §4, le MINAT était « responsable du contentieux administratif, sous réserve des dispositions « relatives au « contentieux de la Fonction publique », celui-ci revenant au ministère de la Fonction publique (§13 du même article). Les décrets organisant respectivement ces deux départements devaient peu après préciser les termes du partage : décret du 30 août 1972 (JORUC du 1er sept. 1972, pp. 562-567) pour la Fonction publique, décret du 1er sept. 1972 (JORUC – 18 sept., pp. 570-579) pour l'Administration territoriale, particulièrement explicite. La direction des études et du contentieux de ce département se voyait confier le « contentieux mettant l'État en cause à l'exception des recours en annulation et des actions en indemnités dirigés contre un acte administratif individuel ou collectif ayant trait soit à l'accès à la Fonction publique, soit à la sortie de celle-ci, soit au déroulement de la carrière administrative de tout fonctionnaire » (p. 575).
Figurant plutôt dans le texte relatif au MINAT, ces dispositions s'analysent en fait moins comme un partage que comme une restriction délibérée des compétences de ce département en matière de représentation.

[81] Décret n° 73 du 10 février 1973, relatif à la défense de l'État en justice. Ce texte dispose en un article unique que la « la défense ainsi que la représentation en justice de l'État sont assurées dans chaque cas par le département ministériel directement intéressé » - JORUC, 13 février 1973, p. 450.

attributions, d'assurer « la défense des intérêts de l'État en justice » pour le compte des départements ministériels qui en sont pourvus[82].

Ce bref survol amène à quelques constatations dont un examen approfondi permet d'avoir une vue exacte du régime camerounais de la représentation de l'État en justice. Le lecteur aura d'abord été frappé par la responsabilité dévolue en cette matière à un ministère dont les attributions, à lui traditionnellement dévolues, ne désignaient pas particulièrement pour s'occuper de la procédure contentieuse devant les tribunaux de tous ordres dans un pays où il a toujours existé un ministère de la Justice. C'est sans doute une indication suffisante pour penser que le problème de la représentation de l'État en justice a été abordé au Cameroun comme un problème essentiellement politique (A). Sans doute, ne s'agit-il que d'une étape historique aujourd'hui dépassée par le dernier en date des décrets pris en la matière. Mais rien n'est encore venu montrer qu'on s'est départi d'une conception à partir de laquelle un ministre étant commis plus à la défense d'un régime qu'à celle de l'État, la protection judiciaire de ce dernier perd de son importance, la représentation fonctionnant alors comme une simple opération de routine administrative sans emprise réelle du droit (B).

A. L'approche essentiellement politique du problème de la représentation

1. L'imprégnation présidentialiste et les sources réglementaires du droit de la représentation

L'observateur n'aura pas manqué de constater que tous les textes mentionnés ci-dessus sont des actes réglementaires et plus précisément des décrets qui, au Cameroun, émanent du seul président de la République (aucune possibilité de contreseing ministériel n'étant prévue). La seule exception notoire, nous l'avons vu, concerne la représentation de l'État par le président de l'Assemblée nationale[83].

---

[82] Décret n° 84-162 du 18 avril 1984, JORUC du 1er mai 1984, p. 952. Le texte énumère les départements ministériels au sein desquels sont instituées de telles cellules.

[83] Voir ci-dessus Note 12. On peut d'ailleurs remarquer que cette ordonnance du 16 avril 1960 date d'une époque où le Cameroun politique était encore tout imprégné des mœurs et de l'esprit parlementaire. La loi 73.1 du 08 juin 1973 portant règlement intérieur de l'Assemblée nationale qui s'est pourtant inspirée de cette

On ne peut manquer de chercher à cette prépondérance réglementaire une explication d'ordre constitutionnel. Le caractère présidentialiste attribué aux régimes africains n'est pas inapplicable à celui du Cameroun. À la constitution française de 1958, on a fait des emprunts sélectifs visant des dispositions qui d'une part, affaiblissent l'organe législatif et d'autre part, renforcent considérablement l'exécutif. En fait, dans le contexte propre de l'Afrique, cette nouvelle architecture des organes constitutionnels aboutit à une sur-présidentialisation du système[84]. Et inutile de dire que parmi les instruments déterminants de ce nouvel équilibre, l'inversion des rapports traditionnels entre la loi et le règlement figure en bonne place ; le domaine du pouvoir réglementaire est indéfini, celui où la loi peut intervenir est minutieusement circonscrit[85].

Autant dire qu'ici aussi la législation par voie réglementaire est le principe, l'autre étant l'exception. Mais est-ce réellement une explication ou un simple alibi ? La question de la représentation de l'État en justice peut-elle, d'après la lettre de la constitution de 1972 et le droit public général, être considérée comme du domaine réglementaire ? La question est assurément vaste et nous ne l'évoquons ici que de manière sommaire.

On peut, pensons-nous, partir des incidences que l'action ou la défense judiciaire de l'État peuvent avoir sur la protection et l'intégrité du patrimoine de l'État dans son ensemble. Le patrimoine de toute personne comporte aussi certains droits dont l'existence implique, pour son titulaire réel ou présomptif, le pouvoir d'en appeler à l'autorité juridictionnelle pour en obtenir la sanction. Ce pouvoir général est en fait un élément de la personnalité patrimoniale des sujets juridiques ; c'est sur lui que repose l'action en justice[86]. Le soin de veiller aux droits et aux biens de l'État (et aussi à l'exécution des charges qui lui incombent) échappe-t-il au domaine législatif ? Certainement pas, puisqu'au nombre des matières qui sont du domaine

---

ordonnance sur beaucoup de points (v. articles 75 et s.), n'a pas repris la disposition relative à la représentation par le président de l'Assemblée. Mais elle ne l'a pas abrogée non plus.

[84] *Pour une vue d'ensemble assez récente. Les Pouvoirs africains* (Revue « Pouvoirs », n° 25), Paris, PUF, 1983, dix auteurs. Pour ce qui est du Cameroun, v. Gicquel (J), *Le présidentialisme négro-africain. L'exemple camerounais*. Mélanges Burdeau, Paris LGDJ, 1977, pp. 701-723.

[85] Articles 20. 21 et 22 de la constitution.

[86] V. Solus et Perrot, *Droit judiciaire privé*, *op, cit.*, pp. 95 et s.

de la loi, figurent certaines « questions financières qui sont du domaine de la loi, figurent certaines « questions financières et patrimoniales » parmi lesquelles « le budget » (art. 20§4 de la constitution). Le pouvoir en forme législative ne peut donc être tenu éloigné du régime 11 de la constitution et du recouvrement des créances ou des dettes de l'État dont certaines peuvent être précisément d'origine judiciaire : c'est un peu comme s'il pouvait être étranger aux recettes et aux dépenses de l'État qu'il peut seul autoriser[87].

En tout état de cause, le fait que la constitution de 1972 consacre expressément la compétence de la loi pour le développement des ressources fiscales et para-fiscales (« création, assiette, taux des taxes et impôts ») ainsi que pour la « législation domaniale » constitue en soi au titre d'habilitation de cette même loi pour disposer en ce qui concerne toutes les voies de droit tendant à la défense du patrimoine des personnes publiques, de l'État en particulier. Ceci n'affecte pourtant pas la régularité de l'intervention réglementaire en ce qui concerne la représentation de l'État en justice dans les termes que nous venons de voir.

De fait, tous les textes présidentiels mentionnés ci-dessus ont un effet purement indicatif ; ils désignent, en termes généraux, soit l'autorité ministérielle soit le département ministériel chargé de s'assurer qu'à l'occasion d'une procédure mettant en cause l'État, celui-ci est effectivement représenté. Ces décrets successifs ne sauraient être regardés comme instituant les ministres représentants de l'État en justice : ce serait superflu. En effet, ceux-ci tirent leur qualité de représentant de l'État en justice ou ailleurs, du titre qui leur confère les prérogatives d'autorité gouvernementale. En ce qui les concerne, la représentation s'analyse non comme un pouvoir, mais comme un état ; un acte les désignant pour représenter l'État en justice n'a aucun caractère constitutif : il est simplement dilatoire et lorsqu'il émane au

[87] Cette dimension patrimoniale de la représentation de l'État en justice explique largement l'institution par une loi en forme législative, de l'agent judiciaire du trésor dans certains pays, en France par exemple, pour les actions portées devant les tribunaux judiciaires et « tendent à faire déclarer l'État créancier ou débiteur pour des causes étrangères à l'impôt et au domaine ». Loi de finances n° 55-366 du 3 avril 1955 relative au développement des crédits affectés aux dépenses du ministère des Finances et des Affaires économiques, art. 38 – Réf. : Ch. Bryon, *De la représentation de l'État par l'agent judiciaire du Trésor public*, Gaz du Pal. 1955, 2e sem. doctrine, p. 32.

surplus du président de la République, il est théoriquement dépourvu de tout effet utile en dehors de l'organisation interne de pouvoir exécutif.[88]

C'est dire que les décrets antérieurs à celui du 10 février 1973 qui attribuaient la charge de représentation à un seul ministre, puis à deux étaient pour le moins contestables sur le fond, et il eût été intéressant de voir le juge judiciaire et surtout administratif et statuer sur une question de recevabilité ou de qualité mettant en cause l'application de ces textes[89].

Le décret du 10 février avait donc mis un terme à une véritable incohérence juridique. Mais il reste que la représentation de l'État en justice mériterait d'être véritablement dotée d'un minimum d'organisation et qu'à cet égard, l'intervention d'une loi en forme législative aurait pu être parfaitement régulière dès lors qu'elle n'empiétait pas sur le domaine réglementaire. Il s'agit en effet d'une matière largement ouverte au concours de compétences législatives et réglementaires puisque le Cameroun ignore l'existence de juridictions administratives proprement dites, un contentieux civil et répressif coexiste néanmoins avec un contentieux mettant en cause l'activité de l'Administration et le fonctionnement des Services publics notamment. Que le législateur ne soit pas intervenu ne s'explique donc que par des considérations liées au contexte politique et la

---

[88] Le titre général qui qualifie le ministre pour représenter l'État en justice est exactement le même en vertu duquel il ordonnance les dépenses publiques ou signe les contrats au nom de l'État par exemple. V. –A. de Laubadère, *Traité élémentaire de droit administratif*, Paris, LGDJ, 5e éd. T. I-P- 62, n° 79. Et les restrictions plus ou moins grandes pouvant frapper les compétences que le ministre exerce sur la base de ce titre sont simplement fonction de l'organisation propre à chaque Gouvernement, mais c'est un problème distinct. V. entre autres, Douence (J. ci), *Recherche sur le pouvoir réglementaire de l'Administration*, Paris, LGDJ, 1968. p. 2299-318 ; Wiener (c.), *Recherche sur le pouvoir élémentaire des ministres*, Paris, LGDJ (bibl. de droit public).

[89] Nous abordons ici un problème sur lequel nous reviendrons dans la deuxième partie de ce développement. Le droit camerounais et spécialement le droit public pourra-t-il se former en marge des concepts et principes qui constituent la trame même du raisonnement juridique ? La prudence (pour le moins) du juge n'étant pas, à cet égard d'une contribution irremplaçable, le rappel par la doctrine de tels concepts s'avère de temps en temps nécessaire. Comment, par exemple, ne pas se préférer ici à l'idée générale suivante de laquelle « les règles relatives à la représentation de l'État sont d'ordre public » (cf. infra.) ?

représentation que les élus ont fini par se faire de l'équilibre des pouvoirs, l'intervention de l'exécutif par ces textes ayant pu former en eux le sentiment qu'il s'agissait d'une matière échappant à leur compétence.

Mais ce n'est pas seulement par cet aspect plus ou moins diffus de la pratique constitutionnelle que la relative politisation de cette question a bloqué l'évolution vers une direction plus élaborée. De manière plus spécifique, il convient également de signaler le rôle qu'a pu jouer la consécration, jusqu'en 1973, du ministère de l'Administration territoriale.

2. La politisation à travers le ministère de l'Administration territoriale

Nous avons pu déjà noter le caractère quelque peu surprenant de l'utilisation préférentielle du ministère de l'Administration territoriale en vue de la représentation de l'État en justice. Il faut cependant relativiser l'étonnement en restituant l'origine de ce choix dans son contexte historique. Il apparaît alors qu'il s'agit d'un aspect particulièrement expressif d'une époque où toute l'action politique et administrative des pouvoirs publics était entièrement orientée vers la stabilisation d'un pouvoir encore mal assuré. Par ailleurs, un facteur circonstanciel, mais significatif contribue également à la compréhension du problème : il s'agit de la personnalité du titulaire de ce ministère pendant la période considérée.

La proclamation de l'indépendance du Cameroun le 1er janvier 1960, puis la réunification de la partie orientale et de la partie occidentale anciennement sous administration britannique intervenue le 1er septembre 1961 dans le cadre d'un État fédéral, ont coïncidé avec une phase particulièrement mouvementée du pays. Bien que durement frappée de 1955 à 1960 par la répression coloniale, l'opposition non seulement n'était pas liquidée, mais encore demeurait active à l'extérieur et à l'intérieur du pays où elle se manifestait notamment sous la forme d'actions de guérilla urbaine et rurale[90].

Le nouveau pouvoir, prolongeant le raidissement colonial, opta naturellement pour l'engrenage du cycle « répression-violence » et, outre les mesures proprement politiques, édicta une législation

[90] Pour l'exposé historique, v. par ex. M. Prouzet, *Le Cameroun*, Paris, LGDJ (Coll. « Comment ils sont gouvernés », 1974.

d'accompagnement d'une rigueur répressive particulièrement achevée[91]. Cette période a pratiquement duré jusqu'au début des années 70, le pays vivant alors dans une sorte de parenthèses légales, suspendu à une législation d'exception susceptible de s'abattre à tout moment sur les citoyens[92].

On peut facilement comprendre que la protection d'un ordre juridique aussi radicalisé ne pouvait être laissée aux seuls soins de techniciens et de magistrats ni non plus, au jeu automatique des règles de droit même militarisées. Comme partout en pareille période, le garant le plus sûr d'un tel ordre c'est encore la confiance politique, celle-là qu'inspirent au maitre du pouvoir les personnes auxquelles il est amené à confier, en des circonstances particulièrement agitées, la responsabilité de la défense, de la sécurité ou de l'administration du territoire. Comment analyser autrement l'importance prise en ce moment-là, au Cameroun, par le département de l'Administration territoriale en matière judiciaire et même en matière juridique en général ?

Le ministre de l'Administration territoriale ne recevait pas seulement tous les recours gracieux préalables. En plus, le service du contentieux de son département était chargé de la « coordination de l'action de tous les services s'occupant du contentieux fédéral dans les

---

[91] Et dont quelques fleurons ont été popularisés par l'option publique. Ainsi, l'ordonnance n° 62-OF—18 du 12 mars 1962 « portant répression de la subversion », qui frappait de lourdes peines quiconque aurait « porté atteinte au respect dû aux autorités publiques ou incité à la haine contre le Gouvernement » art. 2). Il devrait en être de même pour celui qui aurait « soit émis soit propagé des bruits, nouvelles ou rumeurs mensongers, soit assorti de commentaires tendancieux des nouvelles exactes, etc. » (art.) ou encore la loi n° 64-LF-16 du 26 juin 1964 qui déclarait irrecevable, nonobstant toute disposition législative contraire, toute action tendant à la réparation des dommages de toute nature occasionnée par les activités terroristes ou par la répression du terrorisme » ; Art. 1er al. 1.
Quelle qu'ait pu être la pratique de ces textes (toujours en vigueur du reste, mais frappés d'une certaine désuétude), ils témoignent suffisamment du climat général d'une époque qui a vu naître la réglementation en matière de représentation de l'État en justice.

[92] Laquelle a amené J. Owona à parler de « l'institutionnalisation de la légalité d'exception dans le droit public camerounais », RDC, 1973, n° 8, alors que nous l'avions qualifiée nous-mêmes de « législateur de peur », cf. nos « Recherches sur la réception du droit administratif en Afrique noire d'expression française », pp. avec mention de plusieurs textes analogues.

divers départements ministériels »[93], pendant que son service des Études générales s'était vu confier les « problèmes posés par l'application de la constitution, des lois et des règlements » de la République[94].

Enfin, pour couronner ce qui était véritablement la toute puissance politique de ce département, on ne saurait omettre le fait qu'il s'était même vu attribuer un droit de regard sur les questions touchant au droit international. La réorganisation de 1965 avait en effet confié à son service des affaires administratives le soin de s'occuper, entre autres, des « affaires internationales ou frontalières », entendant par-là l'application au Cameroun des principes de la charte des Nations-Unies et des résolutions des organismes internationaux »[95] ! Une telle concentration des tâches rendait finalement difficile la qualification administrative de ce ministère, mais relativement aisée l'identification de son rôle politique. Celui-ci était lié à l'évolution de l'importance du titulaire du département sur la scène nationale. Cadre de l'administration camerounaise, magistrat de son état ayant été appelé auprès du président de la République dans les toutes premières années de l'indépendance d'abord comme haut fonctionnaire ensuite, comme ministre délégué à la Présidence chargé de l'Administration territoriale (1964), il ne sera détaché de la Présidence qu'en 1968, mais pour conserver les mêmes fonctions, devenir ministre d'État et le rester jusqu'en… 1982 !

À l'évidence donc, il s'est produit au profit de cet homme un phénomène d'attraction personnelle des structures gouvernementales, focalisant vers lui toutes les attributions ministérielles que pouvaient justifier la confiance du chef, la définition organique de son département, ses compétences professionnelles et pourquoi pas de légitimes ambitions qu'aurait fini par lui inspirer une longue pratique de l'intimité présidentielle…

Toujours est-il que cette politisation semble avoir occulté le côté technique et procédural de la représentation. Celle-ci est perçue avant tout comme une question à laquelle *veille* un ministre et non comme une fonction qu'il lui *incombe* d'exercer. Elle relève de la banalité quotidienne et tombe de ce fait dans le domaine de l'administration

---

[93] Décret 71-DF 302 du 18 juin 1971, cité, art. 8.
[94] Décret 68-DF 214 du 4 juin 1968, cité, art. 9
[95] Décret 65-DF-347 du 3 août 1965, cité, art. 4 (J.O., 15 août, page 834).

courante au même titre que les permissions d'absence, la signature de bordereaux d'envoi ou les commandes de matériel, c'est-à-dire les tâches pour lesquelles le chef se décharge souvent sur les subordonnés. Un rapide examen de la pratique avant 1973 révèle les inconvénients et les insuffisances d'une telle conception. Et si la création, au mois d'avril 1984, de cellules juridiques dans certains ministères constitue sans doute l'amorce d'une orientation différente, le traitement du problème de la représentation de l'État en justice n'est pas encore dégagé de toute pesanteur administrative.

B. Le fonctionnement administratif de la représentation

1. Une opération intra-ministérielle

En l'état actuel de la pratique, la représentation de l'État auprès des tribunaux judiciaires et de la chambre administrative de la Cour suprême se ramène à une formule très simple : la désignation par le chef du département ministériel concerné par une affaire, d'une personne physique relevant de l'administration pour défendre les intérêts de l'État auprès de la juridiction devant laquelle l'affaire en question est portée. Cette formule est celle qu'appliquent les ministres et les chefs des services étatiques individualisés (par exemple le président de l'Assemblée nationale) ; elle s'est étendue aux personnes autonomes de droit public (collectivités et établissements publics). Lorsque le ministre de l'Administration territoriale assurait en monopole le fonctionnement de la représentation, l'opération présentait des caractères et comportait des inconvénients dont le système de restitution aux divers ministères atténue la gravité, sans que pour autant disparaissent certains problèmes de fond soulevés par un mécanisme plus ou moins *déjuridictionnalisé*. Un système techniquement cohérent de représentation de l'État en justice ne peut être formé sans que soient résolus au préalable de tels problèmes qui constituent autant d'écueils juridiques.

La désignation est effectuée par une décision de caractère individuel, indiquant les nom, titre, grade et, éventuellement, fonctions de la personne choisie, l'affaire concernée et la juridiction devant laquelle celle-ci est portée. L'agent est alors « désigné pour défendre les intérêts de l'État », « désigné en qualité de défenseur des intérêts de l'État » devant telle ou telle juridiction. Du temps du monopole de la représentation, le ministère de l'Administration territoriale publiait périodiquement ces décisions au journal officiel[96].

Un premier problème peut être celui de la nature du lien de fonction existant entre le ministre et le fonctionnaire ou l'agent qu'il commet ainsi à la défense des intérêts de l'État, surtout lorsque ledit agent ne relève pas de ses services et donc échappe statutairement à son autorité hiérarchique[97]. Doit-on supposer que la décision de désignation crée entre le ministre et l'agent commis[98] un rapport spécifique et, si oui, de quelle nature peut être un tel rapport étant donné que l'agent est censé représenter non pas le ministre, mais l'État ? À cet égard, les décisions de désignations contiennent toutes une formule identique par laquelle l'agent commis est invité à « rendre compte au ministre des résultats de l'audience », qui confère donc une certaine crédibilité à l'idée de subordination indépendamment de tout lien hiérarchique préexistant[99]. Encore faudrait-il que le ministre dispose lui-même d'un pouvoir suffisant lui permettant de créer un tel lien à son profit.

Or, un rapport de subordination, entre un ministre et un agent ne faisant pas partie du personnel placé sous ses ordres, ne peut découler que d'un acte législatif ou réglementaire qui n'est pas de sa compétence ; parce que la survenue d'un tel rapport est normalement étrangère aux effets qui s'attachent à la notion juridique de chef de

[96] Elles étaient souvent publiées en série. V par ex. : Décisions MDP/ATFP/DEAC/CX n° 535-541 du 20 déc. 1966, JORFPC 1er janvier 1967, p. 67, n° 164-173 des 5 et 7 juin 1972 « désignant des représentants de l'État devant certains tribunaux » - JORUC, 15 juin 972, pp. 44-47, etc. De telles décisions se font rares au J. O. depuis 1973 (…).

[97] Par ex. la désignation par le MINAT d'un chef de bataillon (Mben Mboua Ernest) pour défendre les intérêts de l'État devant le tribunal de 1re instance de Yaoundé, aff. ministère public c. Edoa Éric et l'État, décision MINAT/DEAC/CX °170 du 7 juin 1972, J.O., 15 juin ci-dessus.

[98] Pour le moment, ce terme est employé ici par simple commodité.

[99] La formule est ainsi conçue : « L'intéressé rendra immédiatement compte au ministre du résultat de l'audience » ; à l'Assemblée nationale, la formule est : l'intéressé « rendra effectivement compte au secrétaire général de l'Assemblée nationale du résultat de l'audience ». V. une récente décision n° 325/SG/DA/SP/AN/84 du 23 avril 1984, désignant Mme Adamu Navoma Veronica en qualité de défenseur des intérêts de l'État devant le tribunal de grande instance de Yaoundé (aff. Ngam à Gouiffe, éd.).

service. Cette analyse de droit public général[100] n'est certainement pas – c'est le moins qu'on puisse dire – restrictive que l'orientation qui semble être celle de la réglementation camerounaise en la matière[101]. Rappelons ici qu'un décret disposant qu'un ministre représente l'État ou assure la représentation de l'État en justice n'est pas véritablement un acte réglementaire parce qu'il ne modifie en rien l'état de droit existant. Un ministre ne peut donc pas s'appuyer sur lui pour émettre des actes secondaires générateurs de situations juridiques particulières ; un tel décret n'est pas non plus un acte individuel. Nous dirions que c'est un simple acte d'état dont peut se prévaloir toute personne physique à laquelle ont été conférés le titre et les attributs qualitatifs nécessaires, en l'occurrence par l'acte de nomination comme membre du Gouvernement.

La décision de désignation d'un agent pour défendre les intérêts de l'État ne peut en aucun cas opérer à son bénéfice un transfert de l'*état représentatif* que le ministre tient dudit acte de nomination. Dans cette hypothèse, la désignation ministérielle n'est donc pas suffisamment mobilisatrice de l'agent commis, lequel risque par ailleurs d'être beaucoup moins motivé encore s'il ne se sent pas réellement concerné par l'intérêt propre de l'État qu'il s'agit de défendre devant les tribunaux. La cause de l'État est alors confiée aux soins de quelqu'un qui n'est lié à elle ni par un intérêt personnel, ni au titre d'une obligation statutaire. Et la situation n'est guère très différente lorsque l'agent concerné fait partie du personnel soumis au pouvoir hiérarchique du ministre. Elle ne le serait que si pour cet agent, représenter l'État constitue une obligation de service au titre des devoirs qui lui incombent en application de son statut professionnel ou

---

[100] V. en partie Douence (J. C.), *op, cit.*, notamment p. 297/39 ; De Laubadère, Traité élém., t. 1, *op. cit.*, p. 2, *loc. cit.*, pp. 83, 116 et 118.

[101] Telle qu'elle résulte de l'instruction générale n° 4 du 18 avril 1984 sur l'organisation du travail gouvernemental. J.O. du 1er mai 1984, pp. 990-998. Le paragraphe 2 de ce texte dispose ; « Le président de la République est seul détenteur du pouvoir exécutif. Toutes les décisions relevant de l'exécutif qu'elles aient un caractère réglementaire ou individuel, ne peuvent être prises que par lui ou en vertu d'une délégation expresse de sa part ». Comme pour prolonger l'écho de cette disposition, le §3 confirme que les ministres et vice-ministres « ne disposent d'aucun pouvoir propre pour prendre des actes réglementaires ou des mesures individuelles. Ils ne peuvent dès lors agir que dans le cadre de pouvoirs qui leur sont délégués par le président de la République ».

à défaut, en exécution d'une charge ponctuelle ou permanente à lui confiée par l'autorité compétente[102].

Un autre problème concerne l'aptitude des personnes désignées à assurer la défense judiciaire de l'État. Il semble à cet égard que là non plus, l'approche technique n'ait pas toujours été déterminante. Il semble bien que ce soient les aptitudes de services (donc administratives) qui sont le plus souvent prises en considération, la personne désignée étant généralement choisie en fonction de ses responsabilités ou simplement de sa position dans le service mis en cause à travers l'État par le plaignant. C'est ainsi qu'ont été désignés (à titre indicatif) un inspecteur des télécommunications[103], un intendant de lycée[104], un capitaine de gendarmerie[105] ou un conducteur de travaux agricoles[106], c'est-à-dire des fonctionnaires qui ont sans doute une très bonne connaissance des questions relevant de leurs services respectifs, mais dont on attend pratiquement un véritable miracle pour parvenir à une bonne maîtrise des procédures et des connaissances juridiques nécessaires au développement d'un débat judiciaire.

Ici, se pose une question complémentaire de celle qui vient d'être soulevée à propos du lien entre l'agent commis à la défense de l'État et le ministre qui procède à sa désignation. Il s'agit, dans un système de représentation fonctionnant de cette façon, de savoir ce qu'on attend concrètement de l'agent commis et le rôle qu'on lui assigne. Car, si en tout état de cause, on ne peut parler d'obligation de résultat

---

[102] Au cours de nos recherches, nous n'avons pas rencontré de situation où un agent désigné pour représenter l'État en justice a refusé de le faire. En revanche, nombreux sont les cas d'absence injustifiée aux audiences, de non dépôt de mémoire ampliatif en appel et d'autres défaillances ponctuelles qui s'expliquent sans doute par le fait que la participation à la procédure judiciaire ne constitue pas la principale préoccupation pour les personnes désignées.

[103] Décision n° 212 du 3 août 1971, tribunal de 1re instance de Yaoundé, Affaire Ministère public c. Engbwang, JORFPC 15 nov. 1971, p. 2236.

[104] Décision n° 539 du 21 déc. 1966, tribunal de travail de Yaoundé, Affaire Essola Régine c. État du Cameroun, JORFPC 1er janv. 1967, cit, p. 68.

[105] Décision n° 173 du 7 juin 1971, tribunal du travail de Yaoundé, Affaire Njoya Ngoupayou c. État (Min. des Forces armées), JORUC 15 juin 1972, *op. cit.*, p. 47.

[106] Décision n° 709 du 22 juillet 1965, tribunal d'Ebolowa, Affaire Atangana Jean, c. État du Cameroun, J.O., 1er août 1965, p. 547.
(Suivant la logique du système, des professeurs de droit de l'université se sont parfois retrouvés professeurs des intérêts de l'État, mais uniquement pour assurer la défense de l'université et sur désignation du chef de cette institution).

dans de pareilles situations, du moins faudrait-il, au risque de voir l'ensemble de l'opération perdre toute consistance et échapper à tout raisonnement, que la formation de base, les qualifications professionnelles et le profil général de la personne choisie incitent à penser que le commettant a bien réuni le maximum de moyens pour le triomphe de la cause de l'État et du droit. De plus, à quelle catégorie juridique pourrait-on se référer pour caractériser la situation d'un agent public officiellement préposé à une prestation de service pour laquelle il n'est pas techniquement qualifié ? Aussi bien dans le cadre des relations de droit privé que dans le droit de la Fonction publique, le lien contractuel ou réglementaire de travail (y compris occasionnel) se traduit en fait, pour l'une des parties, par la mise de ses compétences techniques à la disposition de l'autre dans des conditions de contrepartie déterminées.

En définitive, la pratique actuelle, encore influencée par les habitudes d'une autre époque et malgré un cadre juridique en cours de rénovation, fait ressortir une prépondérance ministérielle qui affaiblit la représentation de l'État en justice. Celle-ci suppose de la part de celui qui l'assure un *pouvoir* que le ministre ne peut conférer d'après le régime administratif camerounais. Par ailleurs, les personnes préposées à cette tâche ne peuvent pas toujours, notamment, pour des raisons techniques, être considérées comme liées à l'État par une obligation déterminée. Dans ces conditions, la représentation en justice finit par perdre tout caractère contentieux et ne concourt plus suffisamment au développement qualitatif de la fonction judiciaire.

2. La *déjuridictionnalisation* du mécanisme de la représentation

a) Qualité pour agir et représentation

À la lumière des développements précédents, il semble bien que le système de représentation ait normalement fonctionné grâce au silence gardé, dans chaque cas, sur la question du titre en vertu duquel les divers intervenants figuraient dans la procédure engagée devant les juridictions saisies des litiges mettant l'État en cause. Les rares fois où une juridiction s'est attardée sur la qualité nécessaire à la représentation de l'État, ce n'était pas pour mettre en cause celle de la personne commise par un ministre. C'est plutôt pour la dénier à une autre autorité (non ministérielle) qui avait cru de son devoir statutaire d'actionner le juge pour faire respecter les droits de l'État (en l'occurrence, le procureur général près la Cour suprême). Il est pourtant difficile d'admettre que le juge ne s'est jamais posé la question puisque la recevabilité d'une action implique entre autres la prise en considération de la qualité du sujet qui l'engage.

C'est d'autant moins probable que si la question de la qualité pour ester en justice est sans incidence particulière sur la recevabilité « lorsque l'action est exercée par celui-là même qui se prétend titulaire du droit » dont on demande la sanction. En revanche, lorsque l'action est exercée par tout autre que le titulaire prétendu du droit litigieux « et spécialement par un représentant, la question du pouvoir, caractéristique de la notion de qualité, apparaît dans toute son autonomie. Dans ce cas, en effet, la question qui se pose est celle de savoir si le représentant a effectivement le pouvoir d'agir pour le compte d'autrui et si, par conséquent, il a la qualité requise »[107]. Par conséquent, il y a de bonnes raisons de supposer que le juge camerounais considère l'organisation de la représentation de l'État en justice comme une question relevant de l'aménagement interne du pouvoir exécutif dont il s'interdit de se mêler, et ne soulève plus le problème de la qualité pour agir à l'encontre d'un agent nanti d'une décision ministérielle de représentation.

Ce n'est que de cette façon qu'on peut comprendre l'absence dans la jurisprudence, de toute décision de principe sur la question. En droit judiciaire général, en effet, « le défaut de qualité en la personne du représentant est sanctionné par une **fin de non-recevoir** liée au fond qui peut être invoquée en tout état de cause »[108]. Et comme le soulignent par ailleurs ces mêmes auteurs, « pratiquement, c'est surtout à propos des actions par les personnes morales que le problème de la représentation a son importance »[109]. Y a-t-il une raison particulière pour qu'il en aille différemment dès lors que l'État est concerné ? Certainement pas. Peut-être alors, le juge camerounais en est-il venu à considérer la formule « le ministre ou son représentant », très utilisée dans le langage administratif courant, comme également valable dans la procédure judiciaire[110]. Toujours

[107] Solus et Perrot, *op. cit.*, p. 244, n° 262. Ces auteurs définissent la qualité comme « le pouvoir en vertu duquel une personne exerce l'action en justice », *ibid.*, eod.loc.

[108] Id., p. 245, n° 263. Le passage souligné l'est par les auteurs.

[109] Id., p. 254, loc. cit.

[110] C'est très souvent que cette formule apparaît dans des textes réglementaires relatifs à l'organisation ou au fonctionnement de certains services. Il en est surtout ainsi en ce qui concerne la composition d'organismes à caractère consultatif, qui

est-il que la situation des représentants de l'État en justice n'a donné lieu jusqu'ici à aucune décision susceptible d'éclairer sa position de principe sur la question.

La Cour suprême (chambre administrative) a plutôt eu à prononcer l'irrecevabilité d'une opposition formée par un ministre « pour défaut de qualité », estimant que c'est un autre ministre qui était qualifié en l'espèce et constatant la démarche frappée de forclusion[111], ce qui est un autre problème. De même, elle a considéré qu'un gouverneur de province n'a pas qualité pour représenter l'État devant la chambre administrative bien que le décret du 09 novembre 1978 fixant les attributions des chefs des circonscriptions administratives dispose (art. 3) que le gouverneur représente l'État en justice[112]. Si donc la condition de qualité ne constitue pas un élément important de la procédure en ce qui concerne la représentation de l'État dès lors que le « ministre concerné » a procédé à une désignation, rien ne s'oppose à ce que celle-ci puisse porter sur n'importe qui, y compris sur une personne n'ayant pas la qualité d'autorité du service étatique mis en cause. Dans ces conditions, les intérêts de l'État ont peut-être un défenseur, mais l'État, lui, n'est sûrement pas représenté.

---

n'ont précisément pas de vraies décisions à prendre. En fait rigoureusement entendue, elle signifie « le ministre… ou un autre représentant du ministre », ce qui renvoie à l'organisation interne du département, c'est-à-dire à la répartition du pouvoir de l'État et à l'identification des diverses autorités qui en sont investies au sein du ministère. Celui-ci ne peut alors être juridiquement représenté que par ces autorités et par le chef du département lui-même. En tous cas, on ne représente pas l'État en justice comme on « représente » un ministre à une réunion administrative dépourvu d'attributs délibératifs.

[111] Cour suprême, chambre administrative, Jugement n° 33/CS/CA du 22 fév. 1979, Affaire Mineli Elomo c. État, ined. 53.

[112] Cour suprême, Chambre administrative. Jugement n° 36/CA/CA du 6 mai 1982, Affaire Oyie Tsogo Joseph c. État. Par cette position, la cour suprême a tout simplement, semble-t-il, rappelé l'infériorité de ce décret vis-à-vis de l'ordonnance n° 72-6 du 26 août 1972 fixant l'organisation de la cour suprême et dont l'article 12 relatif au recours gracieux dispose que celui-ci doit être adressé « au ministre compétent », ce qui exclut les gouverneurs. D'autre part, dans ce même jugement, la C. S. déclare qu' « une chose est de représenter l'État en justice, autre chose est d'avoir compétence pour recevoir le recours gracieux », formule que la doctrine aurait sans doute eu intérêt à voir la haute juridiction développée au détail.

b) « Défense des intérêts » ou « représentation » de l'État ?

Il n'est pas possible, dans la rigueur des principes, d'appliquer aux personnes morales de droit public la notion de représentation de droit privé qui suppose pratiquement une transaction entre deux sujets juridiques indépendants l'un de l'autre, le sujet représenté pouvant notamment se passer de la médiation du représentant pour provoquer tel ou tel effet de droit[113]. À la lumière de la réglementation et de la pratique exposées précédemment, on peut se demander si le système camerounais ne s'est pas délibérément écarté du mécanisme – somme toute complexe – de la représentation proprement dite, pour celui de simple défense des intérêts. Il y a d'abord le fait que tous les textes intervenus en la matière portent beaucoup plus sur la défense des intérêts de l'État, la représentation proprement dite n'étant évoquée qu'à titre accessoire. C'est ainsi que le plus récent de ces textes, le décret du 18 avril 1984 portant création de « cellules juridiques », n'utilise point le terme « représentation » lorsqu'il énumère les missions dévolues à ces « cellules ».

D'autre part, une pratique constante indique que la représentation de l'État confiée aux divers ministres dans la procédure judiciaire est comprise comme se limitant « à la désignation de défenseurs ou à la constitution d'avocats devant les diverses juridictions », comme l'explicitait si bien le décret n° 214 du 4 juin 1968.[114] Et il semble bien que ce soit à défaut d'être assurée par les avocats de profession que la défense de l'État est confiée à des agents publics désignés par les ministres (et par les autorités compétentes pour les autres services publics personnalisés et non personnalisés). Tout se passe alors comme si, conçue pour suppléer au ministère d'un avocat privé, la représentation de l'État en justice était organisée suivant une formule pratiquement inspirée par les principes qui gouvernent ledit ministère. La loi du 23 mai 1972 portant organisation de la profession d'avocat[115] dispose en son article 1er que « la profession d'avocat consiste, contre rémunération, à : 1°) assister et représenter les parties

[113] Sous réserve des hypothèses de représentation légale.

[114] Cette précision accompagnait « toutes les questions relatives à la représentation de l'État en justice ». J.O. du 15 juin 1968, p. 1089, loc. cit.

[115] Loi n° 72-5, JORFPC du 27 mai 1972, n° Suppl. pp. 19 et s. Ce texte remplace en réalité une loi datant des premières années de l'indépendance, laquelle fondait les dispositions réglementaires relatives à la désignation des fonctionnaires chargés de défendre l'État.

en justice, postuler, conclure et plaider...». L'article 2 de cette loi organise des dérogations au principe posé à l'article 1er, de la représentation des parties en justice par un avocat professionnel. Or, c'est dans le cadre de cet article 2 qu'il est dit à l'alinéa 3 que « les administrations publiques peuvent se faire représenter devant les juridictions par un fonctionnaire désigné par l'autorité compétente ». Cette disposition légale a au moins une signification claire : elle délie les personnes publiques administratives de l'obligation de recourir aux services d'un avocat. Pour le reste, sa rédaction la rend certainement sujette à plusieurs interprétations ; et c'est sans doute à la faveur de l'une de celles-ci que les autorités administratives concernées ont instauré la pratique de la désignation ponctuelle de fonctionnaires isolés, au gré des circonstances.

Ainsi, il est difficile de méconnaître l'influence de cette loi sur le décret n° 78-527 du 15 décembre 1978 portant création d'une indemnité au profit des défenseurs de l'État en justice[116]. Si l'on peut encore discuter le point de savoir si l'institution d'une telle indemnité est ou non la traduction administrative de la « rémunération » contenue dans la définition légale de l'avocat, en revanche, la filiation dudit décret vis-à-vis de la loi en question éclate lorsqu'on s'aperçoit que celle-ci est expressément citée dans les visas précédant le texte du décret. Toujours est-il que dans la situation actuelle, l'agent désigné organise la défense des intérêts de l'État sous sa seule responsabilité. Les actes de procédure qu'il établit ne sont pas contresignés par le ministre à qui il rend seulement compte du « résultat de l'audience ». Il bénéficie d'une indemnité forfaitaire qui lui est due « après chaque jugement ou arrêt » à l'exception des jugements avant dire droit (art. 1er décret du 15 décembre 1978) et naturellement, il en perd le bénéfice s'il ne s'est pas acquitté de sa mission ou en cas de « corruption ou connivence avec la partie adverse » (art. 3).

Il apparaît donc que dans la tâche de défense de l'État, l'agent désigné est seul maître du sort des intérêts publics et à travers lui ne perce pratiquement aucune transparence ministérielle. La

[116] J. O. du 15 décembre 1978, p. 2501. Les responsables des services personnalisés attribuent une indemnité analogue sur la base de ce même décret régulièrement visé dans les actes de désignation qu'ils signent. Quant à l'Assemblée nationale, un arrêté du bureau n °21/AB/AN/79 du 23 juin 1979 a institué, en des termes semblables à ceux du décret de 1978, une indemnité « au profit des défenseurs de l'État (assemblée nationale) en justice ».

représentation de l'autorité gouvernementale est bien moindre encore que dans les instances de l'administration consultative ou le préposé du ministre ne peut s'engager que sous réserve de se référer ultérieurement à son chef. En somme, le fonctionnaire désigné et agissant dans ces conditions est beaucoup plus proche d'un défenseur indépendant que d'un porte-voix de l'organisation étatique. Certes, le décret créant l'indemnité de défense comporte-t-il une disposition incidente apparemment restrictive de la liberté de l'agent désigné vis-à-vis de la mission qui lui est confiée. Lorsqu'il n'exécute pas la tâche, il perd le bénéfice de l'indemnité « sans préjudice des poursuites disciplinaires qu'il encourt » (art. 3 al. 1). En d'autres termes, ce texte fait de la défense de l'État en justice une obligation statutaire pour le fonctionnaire, *sanctionnable* de ce fait par les soins de ses chefs hiérarchiques dans le cadre d'une procédure disciplinaire.

L'ouverture ainsi faite en direction de l'idée de subordination hiérarchique est, nous l'avons déjà suggéré, très contestable dans le contexte actuel du système camerounais de représentation parce qu'il s'agit de concepts de droit public général dont le sens ne peut être particularisé. En l'occurrence, « l'obligation hiérarchique n'existe pas en tant que telle parce qu'elle n'a pas de contenu propre. Son contenu se confond avec celui des différentes fonctions administratives »[117] : l'agent à qui on confie une mission doit, de par le lieu qui le rattache à l'autorité de commandement, se trouver intégré dans la structure hiérarchique et y remplir une fonction, car « l'obligation du fonctionnaire d'obéir aux ordres des supérieurs n'est au fond que l'obligation générale d'agir, conformément à la loi de fonction »[118]. Il devient dès lors, extrêmement difficile de soumettre aux règles générales de la Fonction publique (par le biais de l'obligation disciplinaire) la situation d'un agent préposé à une tâche ponctuelle n'ayant pas le caractère d'une fonction et évoluant en marge de toute structure organique ou normative contraignante[119].

---

[117] P. Di Malta, *Essai sur la notion de pouvoir hiérarchique*, Paris, LGDJ (Bibl. de droit public), 1961, p. 63.

[118] Georgin, *Le Statut du fonctionnaire*, cité par Di Malta, *op. cit.*, p. 71.

[119] De nombreuses conditions devraient être réunies pour qu'il en aille autrement : il faudrait notamment que la représentation en justice comme fonction soit dotée d'un statut, qu'il soit de la compétence d'un ministre de conférer une telle fonction, etc., ce qui est possible (cf. infra), mais n'est pas le cas pour le moment.

Et parce que la défense des intérêts de l'État ne constitue pas, en l'état actuel, une fonction organisée, il n'est pas non plus possible d'assimiler la situation juridique des agents publics y préposés à celle d'une réquisition au titre de la participation au fonctionnement d'un service public. La qualification professionnelle faisant défaut, on ne peut se référer ni à la commission d'office des avocats[120] ni à la réquisition de médecin, eu égard au caractère technique de l'objet de la prestation à fournir par le requis dans ces diverses hypothèses, si tant est qu'on puisse sérieusement songer à l'idée de réquisition[121].

En fait, si les textes s'attachent davantage à la « défense » des intérêts de l'État devant la justice, c'est peut-être aussi parce que dans la pratique, chaque fois que l'État s'est retrouvé impliqué dans un procès, c'était toujours en qualité de défenseur et jamais (jusqu'à la rédaction de cette étude en tout cas) en qualité de demandeur. Il s'agit donc d'un État constamment sur la défensive judiciaire, ce qui explique sans doute, en ce qui concerne ses interventions, le système de « barreau imparfait » sur lequel celles-ci sont conçues. Surtout, cette constatation révèle le caractère déficient du fonctionnement juridique des institutions publiques camerounaises, du fait de l'absence apparente d'un dispositif apte à actionner en permanence et à partir d'une initiative publique, le mécanisme de protection judiciaire des droits et prérogatives de l'État et de la légalité en général.

En tout état de cause, le problème de la représentation de l'État (et même des autres personnes publiques) serait abordé différemment si, en plus de la simple défense des intérêts, les pouvoirs publics étaient amenés à intenter des actions en justice au nom de l'État : d'une part, parce que sur le plan politico-administratif, il s'agirait d'initiatives importantes dont on verrait mal les ministres laisser des subalternes apprécier l'opportunité et recueillir la publicité ; d'autre part, parce que sur le plan technique, le problème de la représentation de l'État en justice soulève des questions différentes, non seulement en fonction des ordres de juridictions, mais aussi suivant que l'État est demandeur

[120] Au sens de l'article 25 de la loi du 23 mai 1972 susvisée.

[121] Ce qui n'est qu'une hypothèse d'école ici. V. J. P. Darly, *Les réquisitions personnelles*, Paris LGDJ (Bibl. ouvrage de droit social, Préface de R. Vouin) 1965, pp. 29-30, pp. 119 et s.

ou défendeur, créancier ou débiteur[122]. La représentation peut donc devenir un facteur déterminant de dynamisation de la fonction judiciaire et plus particulièrement du contentieux administratif dont toutes les études constatent l'immobilisme ou le déclin. Le droit retrouverait ainsi sa fonction régulatrice de l'activité des collectivités publiques et des organes de l'État.

Mais la représentation de l'État en justice ne peut jouer un tel rôle que si la première condition essentielle est réalisée : qu'elle soit véritablement institutionnalisée.

II. Éléments d'évolution vers une représentation institutionnelle

De l'examen de la réglementation et de la pratique exposées précédemment, on peut déduire que jusqu'ici, le Cameroun n'a pas suffisamment pris en considération le fait que la représentation de l'État est en tant que telle, une institution. Du point de vue juridique général, elle se résume en un jeu de déductions et de définitions qui échappent aux choix législatifs ; elles forment un contenu qui constitue une trame à partir de laquelle peuvent se concevoir telles ou telles modalités de fonctionnement pratique. C'est sur la base de ce caractère institutionnel de la représentation (A) que le décret du 18 avril 1984 peut être considéré comme une manière de pré-institutionnalisation de la représentation de l'État en justice (B).

A. Le caractère institutionnel de la représentation de l'État en justice

1. La représentation de l'État en justice, institution de droit public

Si la représentation de l'État aussi bien dans les actes juridiques qu'en matière judiciaire s'analyse comme une institution, celle-ci est de droit public dans la mesure où elle intéresse directement l'État. Cette présence de l'État au centre du phénomène de représentation impose le rattachement de toute analyse y relative aux règles découlant du régime général des personnes publiques considérées dans

---

[122] Sur cette question, v. entre autres, A. Mestre, *L'État partie civile* J.C.P., 1950, 1960 ; R. Meurisse, *La représentation de l'État devant les tribunaux judiciaires*, Gaz. du Pal. 1952, 1re Sem. Doctr., notamment pp. 55-56 ; A. Rossignol, *La représentation de l'État devant les tribunaux judiciaires,* Paris, 1952 (Préface de G. Vedel).

leur situation statutaire aussi bien que dans leurs relations avec les autres sujets de droit. Un tel rattachement s'organise normalement autour de deux notions : il existe une notion de représentation propre au droit public et subséquemment, la représentation de l'État en justice est considérée comme l'exercice d'une fonction de droit public.

a) La notion de représentation en droit public[123]

À la différence du droit privé dont les sujets peuvent être soit des personnes morales soit des personnes physiques, le droit public fonctionne exclusivement si l'on peut dire, sur la base du phénomène de représentation. Les personnes administratives ne peuvent vivre que par l'action de représentants. C'est donc peut-être mieux encore dans ce dernier cas qu'on peut affirmer que « s'il est une notion que l'on rencontre à chaque pas dans la vie juridique quotidienne, c'est bien celle de représentation. Un nombre incalculable d'actes juridiques en tous genres interviennent, non point entre les parties directement intéressées, mais bien entre les personnes qui représentent « les véritables intéressés ». Sans elles, pas de vie juridique possible »[124]. Malgré tout, la technique de la représentation est une technique civiliste qui a été « transportée » en droit public. Mais s'il a fallu transporter et adapter, c'est justement « parce qu'il ne s'agit plus de représenter une personne privée ou une personne morale privée, mais il s'agit bien de représenter une personne morale de droit public dans ses relations avec des personnes privées ou avec d'autres personnes publiques. L'adaptation de la notion est nécessaire. Il s'agit d'adapter la technique de la représentation à des considérations d'intérêt général »[125].

Quelques exemples permettent de mieux saisir la nécessité de cette adaptation exigée par la nature même des personnes publiques. « C'est ainsi que la compétence de l'autorité administrative, qui n'est que la

---

[123] V. essentiellement P. Saburi, *La théorie générale de la représentation en droit public* ; elle recherche sur la nation l'autorité administrative en droit français, *op. cit*., pp. 233-273. L'auteur a procédé à une remarquable synthèse de nombreux travaux et études, notamment ceux de Madray, « De la représentation en droit privé », Thèse, Bordeaux, 1931 ; travaux de l'association H. Capitant pour la culture juridique française, session française, session de la Haye et Leycie, 1948, sur « La représentation dans les actes juridiques » : Hauriou (M), *L'utilisation en droit administratif des règles et principes du droit privé*, Roc. en l'hon. F. Geny, 1934, T. III, Titre II, etc.

[124]Bonnecase, préface A la Th. Madray, *op. cit*., p. 245.

[125] Sabourin, *op. cit*., p. 253.

capacité d'exercice de la personne administrative, doit être exercée dans l'intérêt public ,et ceci à peine de nullité, alors qu'un particulier au moyen d'un mandat peut disposer de sa capacité, la conférer à autrui (sauf rares hypothèses légales). Alors qu'une personne privée peut s'engager à passer ou à ne pas passer tel ou tel acte juridique, l'autorité administrative ne peut prendre de tels engagements. D'autre part, la compétence est accordée par la loi à des autorités administratives peu nombreuses, alors que le Code civil accorde librement la capacité. L'aspect actif de la représentation est donc plus limité en droit public qu'en droit privé »[126]. D'une manière générale, les adaptations au droit public de la technique de la représentation, si elles apparaissent parfois comme restrictives de la latitude de l'autorité administrative, visent à permettre à cette dernière d'assurer, en tout état de cause, la primauté de l'intérêt général.

Il faut dire que sur la base de la transposition ainsi opérée, la théorie du droit public envisage surtout la notion de représentation dans le cadre de l'analyse des rapports juridiques existants « entre les ministres et la personne morale État, entre le maire, le conseil municipal et la personne morale établissement public »[127], en d'autres termes, dans le cadre du mécanisme des « liens de l'autorité administrative et de la personne morale de droit public »[128]. Pour beaucoup d'auteurs – dont M. Sabourin -, la notion de représentation rend mieux compte du mécanisme de ces liens que celle d' « organe » chère à la doctrine allemande[129]. Pour celle-ci, la théorie de la représentation légale présente un caractère autonome, c'est-à-dire qu'elle permet d'expliquer – et elle seule – la totalité « des relations juridiques qui s'instaurent entre la personne morale et ses autorités administratives »[130]. M. Sabourin invoque ainsi l'autorité de M. J. M. Auby, selon qui « on peut définir les autorités administratives : les individus ou les groupes d'individus qui ont le droit de prendre des

---

[126] Sabourin, *op. cit.*, p. 253.
[127] *Id.*, p. 244.
[128] *Id.*, p. 246.
[129] M. Sabourin fait une critique de cette théorie et de toutes celles qui fondent la situation juridique de l'autorité administrative sur autre chose que l'idée de représentation légale. Cf. *op. cit.*, pp. 208-242.
[130] *Op. cit.*, p. 257.

actes juridiques imputables à une personne administrative ou, en d'autres termes, de représenter cette personne administrative »[131].

Il s'ensuit que la notion de représentation est au centre de la définition du pouvoir administratif et des autorités administratives, celles-ci ne devant leur qualité qu'à la mesure dans laquelle elles sont habilitées à poser des actes engageant le patrimoine des personnes publiques, c'est-à-dire au pouvoir de représentation dont elles sont légalement investies. C'est bien là le sens de la définition que donne M. Sabourin en conclusion générale de son étude : « Sont autorités administratives, les individus ou les groupes d'individus, remplissant un certain nombre de conditions d'aptitudes et de qualification, investis par la loi du pouvoir de représenter une personne publique, leur permettant de prendre au nom et pour le compte de cette dernière, des actes juridiques dont les conséquences – droits et obligations – seront directement imputables à la personne publique »[132].

Il convient de noter ici que dans l'effort d'explication doctrinale de la situation juridique de l'autorité administrative, la notion de représentation constitue sans nul doute une hypothèse « minimaliste » par rapport à celle d'organe, parce que cette dernière réduit encore la « distance » ontologique, si l'on peut dire, qui « sépare » le représentant de la personne publique représentée. Ce qu'une explication fondée sur la notion de représentation consacre de droits et d'obligations à l'endroit de l'autorité administrative, ne peut donc que l'être également dans le cadre d'une explication fondée sur la notion d'organe[133]. Quoi qu'il en soit, l'essentiel des règles de droit public en

---

[131] *Op. cit.* p 256.

[132] *Op. cit.* p. 375.

[133] Le recours au mécanisme de la représentation pour expliquer les liens unissant l'autorité administrative et la personne morale de droit public part en fait de l'idée exprimée jadis par M. Hauriou, selon laquelle la personne publique est *« une perpétuelle mineure »* qui ne pourrait donc fonctionner juridiquement que par le biais de la représentation légale. *Précis de droit administratif*, 12e édit. ; p. 54, cf. Sabourin, *op. cit.*, pp. 275 et s. On peut pourtant ne pas approuver entièrement ce savant artificiel. Le droit civil d'où vient la technique de représentation ignore, pour ce qui est de la protection légale, cette idée de minorité perpétuelle qui de toute façon ne correspondrait à aucune réalité biologique. Elle aboutit à ériger en principe ce qui est dans la logique du statut juridique des personnes de considérer comme l'exception, à savoir l'incapacité d'exercice. Elle repose enfin toute la définition de la représentation exclusivement sur ses effets ou ses conséquences (c'est une opération en vertu de laquelle une personne accomplit au nom d'une autre un acte dont les effets se produiront directement sur la tête de cette dernière, Sabourin, p.

matière de représentation des personnes publiques se trouve dans la définition reproduite précédemment.

1. Une personne publique, l'État par exemple, ne peut être représentée que par un individu ou un groupe d'individus ayant la qualité d'autorité administrative.
2. Cette qualité ne peut être conférée que par un texte législatif au sens matériel incluant, dans un système constitutionnel comme celui qui prévaut au Cameroun, un texte réglementaire émanant du titulaire du pouvoir réglementaire. Ledit texte peut prévoir des cas de délégation ou de suppléance dans l'exercice du pouvoir de représentation[134].
3. L'accession au pouvoir de représentation nécessite, de la part de ceux qui y prétendent, des conditions particulières d'aptitude et de qualification. Cette «aptitude au pouvoir de représentation» s'apparente à la composante technique de la notion de compétence administrative avec laquelle elle fait d'ailleurs corps dans le cadre de la théorie générale du pouvoir administratif[135].
4. Enfin, les effets juridiques des actes accomplis par les représentants, directement imputables à la personne publique, se formulent en termes de droits et d'obligations. Cette vérité d'évidence découle de l'existence d'un bloc patrimonial de la personne publique. Tout ce qui concourt ou aboutit à créer, à

---

249) ; en laissant de côté le problème de l'application de la théorie des personnes au droit public. Celui-ci risque alors de s'en trouver un « droit à juger médiatisé », résultant d'un certain arbitraire doctrinal. Une position intermédiaire (à laquelle semble d'ailleurs se réaliser M. Sabourin lui-même, pp. 250-251), consisterait peut-être à parler d' « organes représentants » à propos des autorités administratives pour une explication non ancienne fondée sur la notion d'organe. V. Timsit (G.), *La nature et le rôle de la notion de fonction administrative en droit administratif français*, Paris, RGJ, Bibl. Dr publ. ; 1963 – très discuté par P. Sabourin, *op. cit.*, p.75.

[134] Ce sont les cas de « représentation complémentaire ». V. Sabourin, *op cit.*, pp. 288-295. Mais le pouvoir de représentation n'en conserve pas moins un caractère personnel.

[135] V. par ex. F. Vincent, « La Compétence », *in Le pouvoir de décision unilatérale des autorités administratives*, Paris, LGDJ, pp. 17 et s. P. Di Malta, *Essai sur la notion de pouvoir hiérarchique*, *op. cit.*, pp. 16 et s. Sabourin, *op. cit.*, pp. 331 et s. Di Malta fait de la « compétence technique » un des éléments qui entrent dans la définition de la fonction administrative, le pouvoir quant à lui étant constitué par « l'ensemble des fonctions d'une catégorie matérielle », p. 18.

modifier, à étendre ou à restreindre, à transformer ou à maintenir les droits et les obligations constitutifs de ce bloc, et pour autant qu'il s'agit de l'exercice de la capacité juridique de ladite personne, entre dans le cadre de la cité juridique de ladite personne, entre dans le cadre de la représentation de droit public. Ceci amoindrit considérablement l'intérêt de toute distinction, dans ce cadre, entre représentation dans les actes et représentation dans une procédure judiciaire. Dans les deux cas, il s'agit d'une même opération dont les efforts s'orientent vers le même destinataire, bénéficiaire ou perdant : la personne publique représentée. Le contenu de la notion de représentation de droit public ne varie donc pas et les règles dégagées restent valables aussi bien pour la représentation dans les actes que pour la représentation en justice. C'est le même pouvoir de représentation qui se manifeste tantôt par des actes modifiant immédiatement un certain ordonnancement juridique, tantôt par des actes et prestations de procédure prévus ou autorisés par la loi dans le cadre de la gestion des patrimoines juridiques[136].

b) La fonction de représentation de droit public

Si la personne État ne peut ainsi se passer de représentation, celle-ci s'analyse pour elle comme une nécessité, un besoin, c'est-à-dire ce que Durkheim appelait une « contrainte » de fonctionnement. Cette contrainte de fonctionnement, définie comme la «correspondance entre le fait considéré et les besoins de l'organisme social », c'est tout simplement la « fonction » [137]. Les nécessités de fonctionnement pratique de l'État déterminent ainsi une fonction représentative que peut exercer toute personne régulièrement investie du pouvoir de représentation de l'État. Le pouvoir, dans ce cas comme dans d'autres, est donc un phénomène juridique consistant dans l'habilitation

---

[136] M. Sabourin utilise d'ailleurs indistinctement, s'agissant de la représentation des personnes publiques, l'expression de « représentation des patrimoines publics » ou « d'exercice des droits et obligations des patrimoines publics », *op. cit.* pp. 234, 241, 279, 289, 375 entre autres. Cela couvre aussi bien les actes juridiques que la défense en justice.

[137] M. Sabourin utilise d'ailleurs indistinctement, s'agissant de la représentation des personnes publiques, l'expression de « représentation des patrimoines publics », ou « d'exercice des droits et obligations des patrimoines publics », *op. cit.*, pp. 234, 241, 279, 286, 289, 375 entre autres. Cela couvre aussi bien les actes juridiques que la défense en justice.

décernée à un organe individuel ou collégial pour prendre les actes ou réaliser les opérations nécessaires à l'animation d'une fonction déterminée. Mais fondamentalement, la fonction préexiste au pouvoir : celui-ci lui apporte simplement, bien que de manière décisive, la couverture opérationnelle que constitue la règle de droit. On peut exprimer ce lien entre pouvoir et fonction en disant de façon lapidaire que « le pouvoir est un phénomène fonctionnel assorti d'une obligation juridique »[138].

De manière plus générale, on peut dire que toute opération d'organisation, loin de se réduire à l'institution des « organes par lesquels s'exercent les fonctions » essentielles de l'entité sociale considérée, consiste d'abord à identifier lesdites fonctions essentielles : si bien qu'en fin de compte, « c'est le réseau de relations fonctionnelles qui précise la structure » organisationnelle de cette entité [139] . Lorsqu'une fonction identifiée et reconnue comme essentielle à la vie d'un organisme n'est pas prolongée par une structure juridique, il en résulte pour cet organisme une atrophie fonctionnelle aux conséquences particulièrement graves. Tel est le cas aujourd'hui, au Cameroun, en ce qui concerne la représentation de l'État en justice dont il apparaît qu'elle se trouve dans un état de fonction inorganisée. Et les formules de substitution utilisées jusqu'ici, encore peut-être discutables en droit, ne sont que les sous-produits de la contradiction entre la présence factuelle de la représentation perçue comme nécessité de fonctionnement de l'État et l'absence d'une organisation fonctionnelle de cette même représentation. Faute de confier le fonctionnement de la représentation à de véritables autorités publiques, on en est inéluctablement conduit à réduire cette institution à quelques tâches de figuration, susceptible à la limite, d'être confiée n'importe quand à n'importe qui.

L'idée juridique de fonction (ou fonction organisée) suppose au contraire la réunion de trois éléments : une compétence juridique, une

---

[138] G. Vergeron, *Fonctionnement de l'État*, Paris, Lib. A. Coli, 1965, p. 94 et p. 550, note 27. C'est ainsi qu'à partir de cette notion de nécessité de fonctionnement, la théorie des trois pouvoirs législatif, exécutif et judiciaire se mue en une différenciation des fonctions législatives, gouvernementales, administratives et juridictionnelles reliées entre elles par le concept de « contrôle », *ibid.* notamment pp. 144-234.

[139] G. Vergeron, *Fonctionnement de l'État*, *op. cit,* p. 101.

compétence discrétionnaire et une compétence technique. [140] Si la compétence juridique qui renvoie en fait à la notion de pouvoir [141] n'appelle pas de commentaire particulier, pas plus que la compétence technique déjà évoquée ci-dessus, en revanche, le côté discrétionnaire de la fonction signifie que l'autorité concernée conserve le libre choix du moment pour agir suivant les besoins de l'organisme ou, en termes juridiques, suivant la situation des droits et les obligations de la personne publique concernée. L'intérêt de ce caractère discrétionnaire de la fonction tient au fait qu'il implique une permanence de l'organe chargé de l'assurer « parce que la règle créatrice de compétence ne saurait prévoir l'ensemble de circonstances qui pourront se présenter à l'agent investi »[142]. La permanence de l'exercice de la représentation, associée à la faculté automotrice de l'autorité investie à cet effet, constitue ainsi le dernier élément essentiel d'une fonction institutionnelle de représentation de l'État, notamment en justice.

Ces éléments – nécessité, compétence, permanence – dégagent deux possibilités pratiques en ce qui concerne l'organisation de la représentation. Ou bien celle-ci est aussi assurée directement par les autorités administratives normales que sont les ministres, les chefs des unités administratives déconcentrées (les préfets surtout), les directeurs des établissements publics, les maires ; ou à défaut, cette représentation peut être confiée à des autorités spécialement instituées à cet effet et qu'on pourrait appeler « autorité de représentation », pourvu qu'elles correspondent aux éléments de définition réunis ici (à commencer par ceux nécessaires pour mériter la qualité d'autorité d'une personne publique). Mais en dehors des autorités administratives et des autorités de représentation, la représentation de l'État en justice ne peut être assurée que par des formules difficilement réparables à l'aide des catégories du droit public.

2. La représentation de l'État en justice, institution des droits judiciaires

Outre les éléments tirés de la théorie générale de la représentation en droit public, la manière dont l'État peut être valablement représenté en justice participe également du régime de l'action devant les tribunaux de l'ordre judiciaire et, accessoirement (pour ce qui est du

[140] Di Malta, *op.cit.*, p. 16.
[141] F. Vincent *op. cit.*, pp. 24 et s.
[142] Di Malta, *op. cit.*, p. 17.

Cameroun) devant ces mêmes juridictions statuant en matière administrative. Les règles de procédures, notamment toutes celles qui concernent l'organisation et le fonctionnement des juridictions, déterminent la manière dont les parties peuvent participer ou se faire représenter à l'instance et il appartient au juge saisi de dire si toutes les conditions préalables à l'examen au fond sont remplies. Ce pouvoir du juge sur les questions préliminaires, très étendues en théorie et en pratique[143], joue un grand rôle dans l'exercice des droits et obligations de l'État par la voie judiciaire parce qu'il lui permet de participer, par le biais du contrôle, à la sauvegarde des patrimoines publics. En effet, en veillant à ce que les droits et obligations de l'État soient exercés en justice conformément à l'ordre voulu par la loi, le juge contribue à sa manière à l'intérêt général qui est le fondement de la note des actions aussi bien que des biens des personnes publiques.

Si comme nous l'avons déjà signalé, le juge camerounais n'a pas fait preuve d'une hardiesse révolutionnaire sur ce plan, en revanche, la jurisprudence française, relayée par la doctrine, développe deux idées essentielles dont la valeur ne saurait se circonscrire à un contexte particulier parce qu'elle se rattache précisément au caractère institutionnel de la représentation de l'État en justice. D'une part, les règles relatives à la représentation de l'État en justice sont d'ordre public, d'autre part, le représentant de l'État en justice doit justifier d'un intérêt à agir au nom de l'État et le juge doit s'assurer de la réalité d'un tel intérêt[144].

a) Le caractère d'ordre public des règles relatives à la représentation de l'État en justice

La représentation de l'État en justice ne tient pas à la simple présence d'un agent désigné à cet effet devant les juridictions ; elle tient à une présence qualitative dont la nature relève de la souveraine appréciation du juge. En examinant si l'agent considéré est réellement habilité à parler au nom de l'État, c'est-à-dire à engager le patrimoine

---

[143] Solus et Perrot, *op cit.*

[144] Pour une étude de synthèse, B. Delcros, *L'unité de la personnalité juridique de l'État*, Préf.
R. Drago, Paris, LGDJ (Bibl. de Dr public, 1996, notamment *La représentation en justice des intérêts des services publics de l'État dépourvus des personnalités juridiques*, pp. 115-144. L'ouvrage (qui porte en sous-titre « Étude sur les services non personnalisés de l'État ») est d'un très grand intérêt pour les problèmes de droit public général abordés dans cette étude.

de ce dernier, le juge procède en fait à une opération de qualification de droit public, mais ce faisant, il ne commet aucune ingérence dans l'organisation des services publics administratifs. Il recherche simplement la conformité de cette organisation à la loi, ce qui est parfaitement normal, puisque c'est de la conformité à la loi que découle la qualité pour agir en justice au nom des personnes morales de droit public. On ne dira jamais assez qu'à la différence des personnes individuelles capables de discerner elles-mêmes leurs intérêts ou leurs bénéfices, la situation et l'activité des personnes morales de droit public dépendent entièrement des règles juridiques à l'application desquelles doivent par conséquent veiller non seulement les autorités desdites personnes, mais aussi, - fût-ce à l'encontre de ces autorités elles-mêmes – les gardiens ordinaires de la légalité, à savoir les juges compétents.

C'est le fondement élémentaire de l'idée d'ordre public dans la vie des sociétés organisées sur la base du droit. Tout le monde a intérêt à l'application d'une disposition présentant le caractère d'ordre public et personne (pas même ceux à qui elle profite éventuellement) ne saurait s'opposer ou renoncer à cette application. Voilà pourquoi, s'agissant plus particulièrement de l'exercice judiciaire des droits et des obligations, il est constant que « les règles relatives à la représentation de l'État sont d'ordre public et que le moyen tiré du défaut de qualité d'un mandataire de l'État doit être soulevé d'office, même la première fois devant la Cour de cassation »[145]. Il s'ensuit que la seule manière de prévenir cette rectification d'office de la part du juge, c'est de s'assurer au préalable que la personne agissant au nom de l'État est bien « habilitée à représenter ses intérêts », la notion de qualité étant prise « dans le sens de pouvoir d'agir au nom d'autrui ». Le juge, pour sa part, aura toujours à « déterminer l'autorité compétente à l'effet de représenter l'État »[146].

---

[145] V. I. Meurisse, *La représentation de l'État*, *op.cit.*, loc. cit. ; et abondante jurisprudence citée. Également, C. E., 13 juillet 1961, société d'entreprise générale, réf. Sabourin, *op.cit.*, p. 323. Cet arrêt du conseil d'État, qui déclare notamment que « les questions relatives à la compétence des autorités habilitées à passer des contrats au nom des collectivités publiques sont d'ordre public », confirme l'identité de nature de la représentation, dans les actes aussi bien qu'en justice sur la base de l'idée d'exercice des droits et obligations des personnes administratives.

[146] B. Delcros, *op. cit.*, p. 116. Insistance sur l'importance de la qualité du représentant de l'État qui ne doit pas surprendre, parce qu'en réalité, tout le système de l'action judiciaire des personnes morales, notamment de droit public, est bâti sur

Ce caractère d'ordre public contraint notamment toute autorité administrative. En particulier, il lui enlève la latitude de se décharger sur n'importe qui de la mission qui lui incombe de représenter l'État, c'est-à-dire de transférer un pouvoir qu'elle exerce, mais dont elle ne dispose pas, celui de la représentation. Enfin, tout ce qui touche au développement de ce pouvoir doit être ordonné conformément au régime général des compétences des autorités administratives, c'est-à-dire en fait, pour ce qui concerne le Cameroun, au pouvoir réglementaire de principe du président de la République.

b) L'intérêt à agir du représentant de l'État

Peut-être plus encore que la qualité pour entreprendre ou répondre au nom de l'État, l'exigence d'un intérêt de la part du représentant de l'État illustre la totale imprégnation de la question de la représentation par les règles du droit judiciaire. Cela est d'autant plus remarquable que les éléments de la notion de représentation de droit public devraient conduire, lorsqu'une autorité exerce en justice au nom de l'État, à une présomption d'intérêt général comme base de son action. Or, il n'en est rien : la qualité d'autorité administrative ou d'une manière générale, la qualité d'autorité publique doit s'accompagner en outre d'un intérêt ou d'un grief subi par un service de l'État pour que celui-ci puisse être considéré comme étant intéressé à l'action en justice. En effet, à la différence de la qualité, l'intérêt à agir s'apprécie principalement en la personne du sujet représenté, mais le lien de représentation de droit public qui entraîne pratiquement une substitution de l'autorité administrative à la personne publique dans l'exercice des droits dévolus à celle-ci, rend très malaisée une distinction entre l'intérêt de cette personne publique et l'intérêt de l'autorité représentative. C'est pourquoi « dans une action mettant en cause l'État, le juge recherche l'intérêt de la personne représentant l'État »[147].

Si, malgré l'unité de la personnalité juridique de l'État, n'importe quelle autorité publique ne peut exercer n'importe quelle action au nom de l'État, c'est manifestement que l'intérêt à agir dont il s'agit ne

---

une exception perpétuelle au principe traditionnel de procédure selon lequel « nul ne plaide par procureur » valable en droit civil, par eux. V. Cuche et Vincent, *Procédure civile*, Paris, Dalloz, 1977.

[147] Delcros, *ibid.*, p 121.

se confond nullement avec la notion d'intérêt général, aux contours combien imprécis[148].

Un ministre, par exemple, sera considéré comme ayant intérêt à agir ou à répondre si le litige porte sur une affaire en rapport avec ses compétences, ses attributions ou « sa propre sphère d'activités ». Il en sera notamment ainsi si celles-ci font l'objet d'empiètements de la part de ses collègues, car la répartition des compétences entre ministres a un caractère réglementaire. À ce titre, non seulement elle oblige l'administration elle-même[149], mais encore, elle est exposée au contrôle du juge comme toute autre situation réglementaire. Cela suppose évidemment que l'État ne se présente pas qu'en tant que défenseur devant le juge. Celui-ci doit pouvoir être mobilisé par les autorités administratives au besoin pour les litiges juridiques les opposant entre elles, non seulement pour la protection du patrimoine de l'État, mais pour la sauvegarde de la légalité.

Le Cameroun se relèverait certainement de la somnolence du contentieux administratif si les conflits de compétences ministérielles, latents ou déclarés, au lieu d'être discrètement escamotés par voie d'arbitrage administratif, étaient portés devant la juridiction administrative[150]. Le droit d'une manière générale, gagnerait incontestablement en vitalité dans un contexte d'effervescence judiciaire ayant la légalité pour centre et/ou, à la limite, on verrait un ministre engager un recours contre la décision d'un autre ministre ; éventualité sans doute révolutionnaire eu égard à la constatation faite dans les développements précédents ,et selon laquelle l'État camerounais ne s'est présenté aucune fois devant le juge en accusateur ou en plaignant, mais toujours en défenseur, en accusé. Le seul fait qu'une telle hypothèse soit juridiquement normale[151] prouve au moins que la représentation de l'État en justice, pourvu qu'elle soit dotée de structures adéquates, est loin de se réduire à une simple question de

---

[148] Cf. entre autres, M. Richevaux, « L'action en justice des syndicats et l'intérêt général », in *Variations autour de l'idéologie de l'intérêt général*, Vol. 2., *op. cit.*, pp. 9 et s.

[149] Suivant le principe « patere regulat quam fecisni » récemment rappelé en doctrine par G. Zalma, in RDP, 180, 4, déjà cité, pp. 1099 et s. L'auteur insiste d'ailleurs sur la vigilance du juge administratif français quant au respect de ce principe en ce qui concerne notamment la compétence de l'autorité administrative.

[150] V. Delcros, *op. cit.*, p. 135, avec réf. de doctrine et de textes.

[151] Ces deux termes sont considérés comme synonymes dans la jurisprudence du conseil d'État, en tant que fondement de l'intérêt à agir. Delcros, *op. cit.*, p. 123.

procédure. Quoi qu'il en soit, l'intérêt à agir se fondant essentiellement sur les « compétences » ou les « attributions » de la personne qui prétend agir ou répondre au nom de l'État, exclut tout procédé de représentation par l'entremise d'un individu qui est juridiquement dépourvu. La représentation doit être assurée par des autorités administratives ou à défaut, par des autorités de représentation instituées en tant que telles.

c) Le décret du 18 avril 1984 et la pré-institutionnalisation de la représentation de l'État en justice

Après le changement intervenu au Cameroun le 6 novembre 1982 à la tête de l'État, le nouveau Président, tout en affirmant dans un premier temps vouloir rester fidèle aux options de son prédécesseur, avait néanmoins mis l'accent sur la sécurité, près de 25 ans après l'accession à l'indépendance, afin de moderniser les méthodes de gestion du pouvoir et l'organisation de l'État, en introduisant un peu plus de rigueur tant dans la vie publique et privée de chacun que dans l'approche des problèmes. Deux formules semblaient résumer parfaitement ce qui, à travers des précautions de style traduisant une évidente volonté de modération politique, constituait en fait l'annonce d'une véritable remise en ordre dans les affaires publiques de moralisation des comportements et rationalisation des actions[152].

Si aujourd'hui, le besoin d'une telle remise en ordre est vivement ressenti au niveau individuel et collectif des hommes aussi bien qu'au niveau du seul parti politique existant, il ne l'est pas moins au niveau de l'État lui-même considéré ici dans sa composante normative, car la réelle dégradation civique et morale constatée dans le pays n'a pu s'installer que parce que ceux qui formulaient le droit étaient de ceux-là qui prenaient trop de liberté avec la légalité. Il va de soi que dans un tel contexte, la règle de droit n'a pratiquement plus de force et ne joue plus son rôle, car dans les affaires ou ailleurs, les comportements contraires à la morale générale ou professionnelle sont toujours contraires à la loi, celle-ci ne pouvant les tolérer : ils ne peuvent donc s'installer que s'ils sont ne plus sanctionnés. Par conséquent, l'inaction ou le déclin du droit est l'huissier de service qui ouvre toute grande la porte à la dégradation morale, individuelle et collective, dans la société. Il s'ensuit que toute entreprise nationale de

[152] V. Bipoun Woum (J. M.), *Le nouveau Cameroun politique*, Rev. jur. et pol. n° 3, juin 1983, Paris (EDIÉNA), pp. 655-692.

moralisation doit nécessairement être accompagnée, sinon précédée par une restauration de la conscience juridique auprès des citoyens et une sensibilisation des autorités publiques à la notion de légalité.

C'est donc dans le cadre de cette remise en ordre juridique qu'il faut situer le décret du 18 avril 1984 portant création d'une cellule juridique auprès de certains départements ministériels[153]. La défense des intérêts de l'État en justice n'est que l'une des attributions dévolues à la cellule, mais le caractère permanent de celle-ci consomme déjà l'existence d'un cadre structurel pour l'exercice de la représentation de l'État en justice, encore que la non-individualisation administrative de cette fonction restreint quelque peu la portée technique du rôle que la cellule pourra jouer dans ce domaine.

3. L'encadrement structurel de la représentation de l'État en justice

Matériellement, la cellule juridique se situe dans le cadre général du contrôle préventif de légalité qu'exercent les ministres préalablement à l'émission à caractère administratif, unilatéral ou contractuel. Elle assiste donc le chef du département dans l'exercice de ce contrôle[154]. Et c'est à partir de cette ambiance de « présence du

---

[153] Cf. supra, note 23. Ce décret, il convient de le souligner, figure parmi les tout premiers textes de caractère réglementaire signés par le président de la République après être sorti victorieux de l'élection présidentielle anticipée du mois de janvier 1984, laquelle conférait à son pouvoir la légitimité démocratique qui lui faisait défaut jusque-là. On constate en outre que ce décret a été signé le même jour que l'instruction générale n° 4 relative à l'organisation du travail gouvernemental dont nous avons déjà donné référence et souligné l'importance réglementaire supra note 42. Cette coïncidence n'est certainement pas fortuite. Il est possible bien au contraire, qu'elle traduise une conviction nouvelle au sommet de l'État que l'ordre dans l'État et la discipline au sein de l'exécutif et peuvent être assurés que par le respect des règles établies. Même s'il ne s'agit encore que d'une légalité interne, c'est déjà un départ promoteur pour la restauration du droit dans le pays.

[154] Outre la défense des intérêts de l'État en justice, la cellule juridique est chargée, aux termes de l'art. 3 du décret :

- de veiller au respect de la légalité dans le cadre des attributions du département ministériel concerné ;
- de préparer et de mettre en forme tous les projets de textes de nature législative ou réglementaire initiés par le ministère ou soumis à la signature du ministre ;
- de mettre un avis juridique sur toutes les questions importantes relevant du ministère ;

droit dans les ministères » que chaque cellule juridique va en plus, assurer « la défense des intérêts de l'État en justice chaque fois que le département ministériel est impliqué dans une affaire ». Organiquement, la cellule est intégrée dans la structure générale du ministère. En effet, elle est rattachée au secrétariat général du ministère. Elle est « animée » (art. 1er) par trois hauts fonctionnaires, placés ainsi sous l'autorité hiérarchique directe du secrétariat général et (pratiquement du moins) du ministre.

Cette formule entraîne au moins une conséquence immédiate sur le plan de l'organisation de la représentation de l'État en justice : les ministres, assistés d'une cellule juridique, ne pourront plus désormais faire appel à des défenseurs improvisés. Quelle que soit la nature du problème porté devant la justice, la personne appelée à répondre au nom du ministère pour le compte de l'État devra être choisie parmi les trois fonctionnaires composant la cellule. La spécialisation qui s'ensuivra en matière juridique devrait normalement conduire, à court ou moyen terme, à une institutionnalisation pure et simple de la représentation, si le décret lui-même ne comportait une disposition un peu restrictive des attributions de la cellule. Aux termes de l'article 4 en effet, les compétences reconnues en matière juridique à certains services des ministères dotés d'une cellule juridique, à l'exception des directions, sont d'office transférées à ladite cellule. En d'autres termes, les directions des services centraux, qui au ministère de l'Administration territoriale ou à celui de la Fonction publique [155]par exemple, avaient pour attribution de représenter l'État en justice, conservent cette attribution.

La concurrence de compétence ainsi entraînée au sein de certains ministères par ce texte, risque de susciter des problèmes d'interprétation, sinon de réels conflits entre la cellule juridique et les directions, notamment à cause de la généralité des termes dans lesquels sont formulées certaines missions de la cellule. Ainsi, devra-t-on considérer que celle consistant à « émettre un avis juridique sur

---

- de s'assurer de la régularité de tous les engagements du département ministériel.

155 Le ministère de la Fonction publique n'est pas de ceux auprès desquels a été instituée une cellule juridique. C'est lui qui est « responsable », (c'est-à-dire en fait qui représente l'État) pour tout le « contentieux de la Fonction publique ». Décret n° 84-29 du 4 fév. 1984 portant organisation du ministère de la Fonction publique, art. 14, J.O. 15 juin 1984, p. 1353.

toutes les questions importantes relevant du ministère » ne s'étend pas aux affaires initiées ou traitées par une direction sous prétexte que celle-ci se trouve investie d'une compétence juridique sans apport réel avec l'institution d'un contrôle général et préventif de légalité au sein du ministère ? Si tel ne doit pas être le cas, ne vaudrait-il pas mieux faire l'économie d'inutiles tensions entre services en unifiant au profit de la cellule toutes les attributions et préoccupations d'ordre juridique ? En tout cas, la défense de l'État continuera d'être assurée par les directions non dessaisies par le décret[156], alors que dans tous les autres cas, elle le sera désormais par la cellule.

Cette situation n'affecte nullement la réalité de l'encadrement structurel de la représentation puisqu'on doit considérer que dorénavant, la « défense des intérêts de l'État en justice », au sens du droit public camerounais, doit être confiée soit aux hauts fonctionnaires composant la cellule juridique de certains ministères, soit à ceux attachés à une direction de ministère, à l'exclusion de tous les autres agents ou préposés. L'évolution est indéniable dans le sens d'une certaine rationalisation si l'on se réfère à la pratique décrite dans la première partie de cette étude. Dans la mesure où le contentieux mettant en cause l'État tourne le plus souvent autour des litiges se rapportant à la situation individuelle des agents publics[157], et de tels litiges pouvant naître à travers le pays en dehors du siège des institutions, il paraissait souvent plus commode de désigner le défenseur de l'État parmi les fonctionnaires en poste dans la localité siège de la juridiction régionale saisie. Cette décentralisation et son lot d'inconvénients sont rendus impossibles au moins pour deux catégories de ministères : couvrant l'ensemble des activités ainsi que

---

[156] C'est ainsi que lors d'une récente affaire relative à la situation administrative controversée d'un parti politique (l'UPC) jugée par la chambre administrative de la cour suprême en janvier 1985, l'État était représenté par le directeur des Affaires politiques au ministère de l'Administration territoriale, le ministère étant par ailleurs l'un de ceux auprès desquels a été instituée une cellule juridique. La question reste d'ailleurs entière (mais elle n'a pas été soulevée à la cour suprême) de savoir si au sein de ce département – non réorganisé depuis 1984 jusqu'à la rédaction de cette étude – la direction des Affaires politiques est investie de « compétences en matière juridique » susceptibles, au sens de l'article 4 du décret du 18 avril 1984, de faire obstacle, notamment à la mission de représentation de la cellule juridique dans une affaire comme celle-là.

[157] V. Meshériakoff, *Le déclin de la fonction administrative contentieuse au Cameroun*, *op.cit.*

des services centraux et extérieurs du département, ceux dont une direction a pour attribution de défendre l'État en justice.

Il faut préciser ici que la compétence dévolue (en l'état actuel de la réglementation) à une direction ne peut valablement être exercée par les services extérieurs du même département, parce que dans l'organisation administrative camerounaise, ces services extérieurs dépendent directement du ministre et du secrétaire général et échappent de ce fait à l'autorité des directeurs. Dans ces conditions, c'est à ceux-ci ou à leurs proches collaborateurs de l'administration centrale qu'il revient d'assurer cette charge où que se déroule l'instance. On devrait donc voir, à l'avenir, les hauts fonctionnaires des cellules juridiques et de certaines directions se rendre à travers le pays, assurer la défense de l'État auprès des juridictions situées dans les grandes et moyennes villes de province. Cela constituera un changement incontestable dans les habitudes prises ; il faudra les adapter aussi bien à la diversité organique des services publics qu'aux nécessités d'une gestion rigoureuse de la légalité qu'orientera vraisemblablement l'action législative ou réglementaire dans ce domaine.

Mais quoi qu'il en soit, les structures existantes ou à mettre en place ne pourront être pleinement opérationnelles que si elles jouissent d'une grande individualité sur le plan administratif.

4. L'individualisation administrative des institutions de représentation de l'État en justice

L'organisation d'une représentation structurée de l'État en justice nécessite une réelle autonomie fonctionnelle au profit des autorités chargées de l'assurer. Lorsque les autorités administratives normales assurent elles-mêmes ce rôle, cette condition d'autonomie est naturellement remplie. Elle ne l'est pas quand ce rôle est dévolu à une autorité innommée aux responsabilités diffuses et au statut personnel non défini, car dans ce cas, les éléments constitutifs de la notion administrative de fonction, comme dégagés ci-dessus ne se trouvent pas réunis. Dans la formule actuelle de la « cellule juridique » se trouvent en réalité réunies deux sortes d'attributions : d'une part, des attributions administratives de consultation et de contrôle et d'autre part, des attributions contentieuses dans le cadre d'une éventuelle procédure en justice. Cet amalgame, réalisé de surcroît dans le cadre d'un service intégré dans l'administration centrale d'un ministère, risque d'aboutir à une atrophie de la fonction contentieuse de la cellule, au profit de son rôle administratif de donneur d'avis.

Le risque est d'autant plus grand que perpétuant en quelque sorte l'esprit d'une certaine tradition en la matière, la cellule n'interviendra pour défendre les intérêts de l'État que lorsque le département concerné sera « impliqué » dans une affaire, ce qui exclut toute « initiative » judiciaire de sa part. La relative paralysie contentieuse qui en résulte est due au fait que cette structure n'a suffisamment pas d'indépendance vis-à-vis du ministère et ne se distingue pratiquement pas de l'appareil ministériel. Or, celui-ci, pour l'essentiel, est tout de même conçu pour autre chose que la défense de l'État en justice. L'aptitude à l'autonomie judiciaire d'un organe ou d'une autorité de représentation de l'État en justice est mieux sauvegardée lorsque ladite autorité ou ledit organe se trouve vis-à-vis d'un ministère, tout au plus en position de rattachement, mais non d'intégration ; parce qu'alors, les chances d'autonomie et d'individualisation administratives sont beaucoup plus grandes.

Le souci de légalité qui anime le mouvement administratif actuel commande pratiquement une évolution dans ce sens. De surcroît, il est foncièrement incompatible avec toute forme de représentation qui soit enfermée dans la défense judiciaire, et ce d'autant plus que l'expression « défense des intérêts » est équivoque et ne rend pas compte de toutes les situations qui peuvent entraîner la présence de l'État en justice[158]. Lorsque, par exemple, l'État est attrait en justice à la suite d'une mesure ministérielle de refus d'autorisation d'exercer une profession ou de constituer une association, quel « intérêt » son représentant va-t-il défendre ? Sans doute, ni un intérêt patrimonial ni

---

[158] Bien qu'encore imparfait sur le plan de l'individualisation des structures de représentation, le décret mentionné à la note ci-dessus envisage – ce qui n'est pas fréquent dans un texte de cette nature – l'éventualité de l'État demandeur en justice. Aux termes de son art. 57 en effet, le Service des affaires contentieuses (de la direction des affaires juridiques et des traités) est notamment chargé « de l'introduction et du suivi devant les juridictions des actions intentées au nom de l'État ou contre lui relevant de la compétence du ministère » (c'est nous qui soulignons). J.O. cit. p. 603. Cette disposition restera-t-elle isolée ou bien entraînera-t-elle d'autres semblables susceptibles d'aboutir, plus ou moins rapidement à une révision de la forme actuelle des « cellules juridiques » ? Tant il est vrai que le service en question n'a pu recevoir de telles attributions que parce qu'il comporte beaucoup de personnels regroupés en deux bureaux. V. également décret 81-480 du 20 nov. 1981 (Adm. territ.) art. 14, à titre de précédent.

même un extra-patrimonial au sens du terme, mais bien plutôt le bien-fondé de la mesure attaquée, au regard de la loi et de l'intérêt général, c'est-à-dire en fin de compte, la légalité. Le fait qu'un ministre puisse être « intéressé » plutôt qu'un autre provient simplement d'une répartition des compétences administratives et gouvernementales, elle-même, expression suprême du principe de spécialité.

Une forme d'individualisation administrative de la représentation pourrait consister dans la création d'un corps de fonctionnaires chargés de la représentation de l'État en justice, tant auprès des juridictions de droit commun qu'auprès des juridictions administratives[159]. Justifiant d'une formation juridique de haut niveau, jouissant d'une réelle indépendance dans l'exercice de leurs fonctions, ils auraient pour rôle non pas de « défendre » un point de vue, fut-il celui de l'administration, mais plutôt d'éclairer le tribunal un peu comme les commissaires du Gouvernement auprès des juridictions administratives françaises. Enfin, ne dépendant particulièrement d'aucun ministère, ce corps serait rattaché, sous une forme ou sous une autre à la présidence de la République, siège du Gouvernement et du pouvoir réglementaire. De plus, ces fonctionnaires seraient appelés à conclure non seulement dans les instances auxquelles l'État est partie, mais aussi dans toutes celles initiées ou subies par les collectivités et établissements publics. En somme, leur action pourrait contribuer à une harmonisation intellectuelle et pratique des bases de sanction de la légalité et de protection judiciaire des divers patrimoines publics de la nation.

Une telle formule ne serait en fait, qu'un essai de rationalisation des pratiques antérieures. L'innovation résiderait surtout dans la constitution d'un groupe permanent de représentants professionnels dotés d'un vrai statut offrant toutes garanties de sécurité individuelle, de qualité du contentieux et surtout d'une meilleure gestion de la légalité. En réalité, on ne ferait que prolonger dans le concret l'idée qui a inspiré la création des cellules juridiques. Celles-ci, au même titre que les divisions juridiques de certains départements, font exactement le même travail dans la quinzaine de ministères auprès desquels elles ont été instituées. On substituerait simplement à cet

---

[159] Juridictions qu'il faudrait créer, dans la perspective souhaitable d'une réorganisation du contentieux administratif en vue notamment de le mettre davantage à la portée du citoyen moyen. Cf. Meshériakoff, *op. cit.*. Goudem (3). *L'organisation juridictionnelle du Cameroun*, *op. cit.*, doc. cit.

éparpillement une institution à laquelle on transférerait soit la seule mission de représentation, soit l'ensemble des attributions consultatives et contentieuses actuellement dévolues à ces cellules, car étant associés à l'élaboration de tous les actes législatifs (du moins au stade initial) et réglementaires, ces fonctionnaires seraient à même d'en répondre en droit, le cas échéant, devant les tribunaux ou d'aider à leur interprétation. Étant donné la fréquence des situations subjectives dans le contentieux administratif camerounais, ces experts devraient par principe être associés à toute mesure d'ordre individuel prise en application d'une réglementation générale[160].

Quoi qu'il en soit, les formules actuelles – cellule juridique, division juridique, direction juridique – ne peuvent coexister au sein d'une même administration[161] que provisoirement. Elles sont appelées à trouver leur aboutissement dans le cadre d'une structure unitaire.

Tout au long de cette étude, nous avons essayé de rappeler l'unité ministérielle du concept de représentation en droit public général. Cette unité est fondée sur l'exercice par les autorités normales ou spéciales, des droits et obligations des diverses personnes publiques. Il apparaît en définitive que l'état de relative inorganisation dans lequel se trouve actuellement la représentation de l'État devant les juridictions camerounaises est essentiellement dû aux autorités publiques (de l'État, mais aussi des établissements publics) dont le comportement juridique ignore délibérément cette unité du contenu de la représentation. Alors qu'elles sont statutairement tenues à une représentation *globale* « dans les actes de la vie civile et en justice », elles ont pendant longtemps choisi de n'opérer régulièrement que dans la signature ou la passation des actes, renonçant plus ou moins à leurs

[160] On pourrait même concevoir que les fonctionnaires de l'institution envisagée soient, du moins dans un premier temps et à la différence des commissaires du Gouvernement en France, sujets à un dédoublement fonctionnel. Ils seraient certes constitués en autorités de représentation des personnes publiques, mais devant le tribunal ils auraient uniquement pour mission d'éclairer le juge quant à la solution la plus conforme en droit. Cela se comprend aisément au cas où la personne publique serait demanderesse, puisque l'autorité initiatrice de l'action aura estimé qu'ont été méconnus les droits de ladite personne ou la légalité en général. Cela se comprend aussi dans le cas contraire, la personne publique traduite étant jusqu'à preuve du contraire, présumée n'être motivée dans ses actes et son comportement que par le souci de la légalité et de l'intérêt général.

[161] Sans oublier que les établissements publics et quelques services étatiques maintiendront sans doute la pratique des « défenseurs » occasionnels.

obligations en ce qui concernait l'intervention en justice. Cette discrimination tout à fait arbitraire n'a jamais été sanctionnée ni par voie administrative ni par voie judiciaire.

S'agit-il d'une attitude de liberté générale vis-à-vis des normes juridiques ? Il est sans doute difficile d'y conclure de manière catégorique. Le fait est que même révélée, à propos d'une institution précise, une telle attitude est loin de contribuer à rehausser le prestige des instances judiciaires devant lesquels ne daignent point se présenter – ne serait-ce que par une forme de présence on physique – lesdites autorités. C'est là, à n'en pas douter, un facteur d'affaiblissement du contentieux administratif en particulier et de la fonction judiciaire en général ; d'où une aggravation du déséquilibre de fait entre les trois pouvoirs constitutionnels classiques.

Sur un autre plan, cette dégradation de leurs obligations judiciaires par les autorités administratives ne favorise pas le développement du droit, singulièrement du droit public parce que la pratique du droit public est « d'abord et principalement le fait des autorités publiques elles-mêmes », et qu'une discipline comme le droit administratif (particulièrement concernée ici) « s'adresse autant aux autorités publiques qu'aux particuliers et règle autant la conduite des unes que celle des autres ».[162] Nous ajouterons que si les unes affichent une telle tendance à s'affranchir des contraintes juridiques élémentaires, rien sinon la peur, peut-être, n'incitera les autres à s'y plier spontanément. Autant dire qu'au-delà de son aspect technique, l'évolution récemment amorcée dans le domaine de la représentation de l'État en justice doit s'inscrire dans le cadre d'une action générale d'éducation juridique des particuliers autant que des autorités administratives et politiques. C'est sans doute une condition essentielle de la formation du droit dans le contexte d'un jeune État.

Sur cette base, il devient relativement aisé de comprendre qu'en tant que personne morale de droit public, l'État[163] ne peut être régulièrement représenté en justice que par ceux-là mêmes qui, à titre principal ou secondaire, le représentent dans les autres faits de production juridique, à savoir les actes unilatéraux et contractuels. À

[162] P. Amnick, *Le rôle de la pratique dans la formation du droit : Aperçu à propos de l'exemple du droit public français*, Revue du droit public. 1983-6., p. 1479 et p. 1488-89.

[163] Mais la conclusion est également valable pour les autres entités de cette nature.

défaut, il peut y être suppléé par des personnes normalement constituées à l'effet de veiller au fonctionnement juridique régulier de l'État et la conservation de son patrimoine, par exemple sous la forme d'un corps d'agents judiciaires de l'État, de commissaires du Gouvernement, d'inspecteurs juridiques de l'administration, conseillers d'État, etc. C'est sans doute vers cet aboutissement que tend le mouvement de rationalisation administrative et juridique actuellement amorcé au Cameroun.

ANNEXE 2

LE RÔLE DU REPRÉSENTANT DE L'ÉTAT[164]

1.1. Nature de la représentation de l'État

Il s'agit d'une question générale touchant divers aspects théoriques du contentieux dans lequel se trouve impliqué l'État : essentiellement parce que le rôle du représentant de l'État devant les juridictions est lié à la nature de la représentation elle-même. Celle-ci est de droit public et obéit de ce fait, à la logique et aux règles de fonctionnement des personnes morales de droit public.

Dans le contentieux privé, le droit processuel classique consacre le principe selon lequel les parties se présentent en personne et choisissent librement leur mandataire. Ce dernier se trouve vis-à-vis du **mandant** dans un lien contractuel et doit sa désignation à son aptitude présumée à défendre les intérêts personnels de la partie qui l'a choisi.

1.2. Situation du représentant de l'État

La situation du représentant de l'État, quant à elle, repose sur un acte de caractère réglementaire instituant entre l'État et son représentant un lien de fonction ayant pour finalité ultime la promotion et la défense, en toutes circonstances, de l'intérêt général dont la légalité est une forme d'expression. De cette situation découlent les principaux éléments statutaires de la représentation de l'État devant les juridictions, notamment les conditions de désignation du représentant, ainsi que ses missions et ses moyens d'action.

Désignation du représentant de l'État

- **La désignation implicite**

La formule utilisée dans la plupart des pays consiste en la création dans les organismes des ministères, de **services ou de directions en charge des questions juridiques** en général au sein desquels on

---

[164] Source : Ministère des Domaines et des Affaires foncières, Manuel du représentant de l'État devant les instances judiciaires (dans le cadre du contentieux foncier et domanial, JURILEX international, pp. 15-21.

trouve des structures spécialisées (par exemple des **cellules**) dans le contentieux, l'une des tâches assignées à ces services étant précisément la représentation de l'État devant les instances judiciaires. Dans ce cas, **la nomination d'un agent public à la tête d'un tel service** (ou d'une telle direction) **entraîne automatiquement sa désignation implicite comme représentant de l'État pour le compte du ministère concerné**. C'est cette formule qui est pratiquée au Cameroun.[165]

Il convient d'indiquer au passage que cette localisation des structures de représentation auprès des ministres trouve sa justification dans la vérité juridique selon laquelle les ministères en tant que tels n'ont pas de personnalité juridique propre distinction de celle de l'État et que celle-ci s'exerce directement à travers les ministères. De là découle d'ailleurs la règle que **la compétence de principe pour représenter l'État, en justice ou autrement, appartient aux ministres**, celle des démembrements ou autorités déconcentrées étant une simple compétence d'attribution (ou d'exception).

- **La désignation directe**

Il peut également arriver qu'il soit procédé à la désignation directe des responsables expressément préposés à la représentation de l'État devant les juridictions pour des contentieux particuliers, le plus souvent à l'échelon local. Un exemple très récent, pris en droit français, nous est fourni par l'arrêté n° 3439 du 15 octobre 2007 du préfet de la Réunion, « portant désignation des personnes habilitées à représenter l'État au nom du préfet du département, de la région et de la zone de défense de la Réunion, devant les tribunaux administratifs et judiciaires ».

Cette intervention du préfet dans le fonctionnement de la représentation de l'État devant la justice appelle quelques éclaircissements ici à l'intention des destinataires de la présente étude. En droit public général, le préfet de même que le chef d'un service déconcentré de l'État, représentent ce dernier et agissent en son nom. Il en est saisi dans le cas du contentieux lorsque le litige est né de l'activité des administrations civiles de l'État dans le département, la

[165] Source : ministère des Domaines et des Affaires foncières, Manuel du représentant de l'État devant les instances judiciaires (dans le cadre du contentieux foncier et domanial, JURILEX International, pp. 15-21.

province ou la région. Dans ce cas et comme il a été indiqué plus haut, les autorités sont compétentes pour défendre l'État.

Mais une telle organisation n'est possible que lorsqu'il existe une réelle décentralisation de la justice administrative comportant des juridictions d'instance, d'appel et de cassation. Une fois de plus, on peut citer l'exemple de la France où ce mécanisme de représentation est consacré par le Code des Tribunaux administratifs et des Cours administratives d'Appel (CTA-CAA, art. R. 115 en annexe). Signalons, à titre indicatif, que ce procédé de désignation directe est également utilisé pour la représentation en justice des collectivités publiques et des établissements publics.

Enfin, il convient de préciser que le défaut de représentation est sanctionné par le juge administratif cf. Jugement n° 16/05-06 du 14 décembre 2005 ; « qu'il convient de donner itératif défaut contre l'État du Cameroun et dire son opposition non avenue ».

1.3. Missions, profil et moyens d'action du représentant de l'État

1.3.1. Missions

La principale mission du représentant est d'effectuer, pour le compte de l'État, tous les actes de procédure, à savoir l'introduction d'instance, la participation aux audiences, qu'il s'agisse de l'action ou de la défense devant les juridictions administratives et judiciaires. Il est ainsi soumis à une obligation de présence active. Il n'en résulte certes pas qu'il est astreint à une obligation de résultat quant à l'issue de la procédure, mais la notion de présence active lui impose de faire preuve d'imagination et d'initiative pour dépasser le cadre routinier de la procédure formelle.

En somme, le représentant de l'État devant les juridictions assure une véritable **fonction de service public**, au même titre que celle qui est confiée, par exemple, à un ingénieur agronome, à un professeur de l'enseignement secondaire, à un officier de police, etc. Sa mission n'est pas intrinsèquement différente de celles qu'assurent les autres catégories d'agents publics ou, si l'on préfère justement, les autres **fonctionnaires** qui, par leur activité, concourent à la marche administrative de l'État et de ses démembrements à différents niveaux.

Or, l'agent de l'État ou d'une personne de droit public est investi d'une mission, il ne peut pas s'attendre à ce qu'on lui expose à l'avance tous les cas ou tous les problèmes et encore moins, toutes les difficultés auxquels il sera confronté dans l'accomplissement de sa mission ou l'exercice de sa fonction. C'est bien plutôt à ses aptitudes et à ses capacités que sa hiérarchie se fie en le préposant à ces tâches. Pour le reste, l'agent intéressé comptera surtout sur sa formation initiale, qui constitue un élément essentiel de son profil.

1.3.2. Profil

Pour pouvoir assurer convenablement leurs missions, les personnes appelées à représenter l'État devant les juridictions administratives ou civiles sont des cadres de haut niveau justifiant d'une bonne formation juridique de base, d'une longue expérience professionnelle dans l'administration générale, les régies financières, les services techniques, etc. Ce profil permet en outre aux concernés de réagir de manière appropriée à des situations pas toujours prévisibles devant lesquelles peut conduire l'exigence permanente de défense de la légalité considérée comme paradigme de l'intérêt général.

C'est vrai qu'une telle hypothèse n'est pas facilement envisageable dans un contexte où l'État est presque toujours défendeur devant les instances juridictionnelles, comme au Cameroun aujourd'hui. Mais la réflexion et l'analyse ne doivent pas en être pour autant inhibées du fait d'une situation passagère, due notamment aux faiblesses structurelles de la justice administrative nationale. Celles-ci tiennent surtout à l'absence concrète de tribunaux administratifs[166], juridictions de droit commun en matière administrative.

Il convient donc d'ouvrir à d'autres expériences juridiques ceux qui sont appelés aujourd'hui à représenter l'État devant les juridictions administratives et judiciaires et à qui s'adresse prioritairement cette étude. Il faut qu'ils sachent par exemple que pour assurer le respect de la légalité, des actions judiciaires sont possibles au sein même de l'État et de ses démembrements.

Il en est aussi en droit français, entre autres, du fameux déféré préfectoral, consacré par l'article L. 2131-6 du code général des collectivités locales, qui permet au préfet de déférer devant le tribunal administratif, les actes des collectivités locales qu'il estime illégaux.

---

[166]Désormais, des tribunaux administratifs régionaux ont été créés en attendant leur extension au niveau départemental.

Au Cameroun, la loi organique relative à la décentralisation prévoit un mécanisme analogue dans le cadre du contrôle de la légalité.

1.3.3. Moyens d'action

Enfin, s'agissant des moyens d'action du représentant de l'État, ils sont essentiellement juridiques. Ils résultent par exemple de la délégation du pouvoir ou des signatures que le représentant de l'État reçoit du ministre ou du préfet. Il est important, en effet, qu'il soit investi en permanence de l'habilitation nécessaire pour initier et conduire, dans le cadre d'une procédure en action ou en défense, toute opération exigée par les circonstances sans qu'il ait à s'en référer au bénéficiaire statutaire de la compétence permanente. Cet objectif est atteint soit par l'émission d'une délégation permanente de pouvoir ou de signature de la part du ministre au profit de ces collaborateurs des services centraux, soit par l'attribution ponctuelle d'un pouvoir de représentation au responsable désigné localement par l'autorité déconcentré[167].

Au demeurant même, dans ce dernier cas, l'autorité compétente peut octroyer une délégation ou un mandat permanents aux collaborateurs désignés[168].

Pour ce qui est de l'État actuel de la question au Cameroun, il est fortement recommandé dans le cadre de la présente étude que la délégation de signature soit systématiquement accordée aux responsables des services juridiques au sein des ministères aux fins de représentation de l'État en justice. Cela renforcera incontestablement l'efficacité et le rendement desdits services et contribuera à limiter le nombre de litiges perdus par l'État au contentieux. Sans doute aussi, l'image de la fonction auprès des usagers s'en sortira quelque peu améliorée.

Mais à côté des moyens juridiques, le représentant de l'État en justice dispose de ses moyens intellectuels, qui doivent être constamment améliorés, grâce notamment au perfectionnement résultant de la formation continue. À cet égard et s'agissant plus particulièrement du Cameroun, il est hautement souhaitable que soit désormais envisagée l'organisation régulière de séminaires de

---

[167] C'est le sens de l'article 4 de l'arrêté susvisé du préfet de la Réunion, *op cit.*

[168] « Recueil des actes administratifs de la préfecture des Ardennes et des services déconcentrés de l'État », Édition n° 10 du 4 mai 2007.

formation à l'intention de l'État en justice, cela en attendant, peut-être, la création d'un ou plusieurs centres spécialisés à cet effet. Ce serait bien à la hauteur de l'enjeu en présence.

1.4. Limiter le nombre de litiges perdus par l'État

Il est un fait que le nombre de litiges perdus par l'État pourrait aussi se retrouver réduit par un renforcement de la présence effective de ses représentants aux audiences et par une position moins défensive de sa part.

En effet, l'examen de la jurisprudence domaniale et foncière sur une période de dix ans (années judiciaires 1997-1998 à 2006-2007) permet de dresser un bilan provisoire peu élogieux.

Pour conclure sur cette importante question, on peut dire que les quelques observations ci-dessus font manifestement apparaître la nécessité de repenser la place de la représentation de l'État au sein de la structure chargée des questions juridiques au MINDCAF. L'impression qui se dégage nettement, en effet, est que dans ce département ministériel comme partout ailleurs, la représentation est une activité intermittente ou occasionnelle, variant selon la disponibilité des agents ou des responsables préposés à cet effet, alors qu'elle doit (devrait) être organisée comme un véritable service public, soumis notamment aux principes de spécificité et de continuité, doté de moyens humains et matériels appropriés et soutenu par une préoccupation permanente d'effectivité, sinon d'efficacité.

Une telle réorientation contribuera sans doute à enrayer des carences bénignes telles que l'absence pure et simple aux audiences.

PREMIÈRE PARTIE

LES JURIDICTIONS INTERNATIONALES

CHAPITRE 1 :

LES INSTANCES JURIDICTIONNELLES INTERNATIONALES

Par

Marcellin Nguele Abada

Remerciements

Je voudrais remercier les organisateurs de ce séminaire. Il s'agit d'une initiative intéressante qui participe du souci d'éclairer tous ceux qui œuvrent dans la protection de la sécurité juridique et surtout de l'État de droit. Expliquer les notions de **sécurité juridique**[169] et de **l'État de droit**[170].

Rappel et explication du thème

Les juridictions internationales. Notion de juridiction : *juris, dicere* qui signifie « dire le droit », juridiction au double plan organique et personnel.

Il s'agit d'insister sur les institutions chargées de régler les différends, institutions ayant le caractère d'une juridiction. Cela exclut

---

169 Sécurité juridique : du latin *securitas*, de *securus* : sûr (*sine cura*, sans soucis, sans inquiétude, calme) 4. Dans un sens abstrait, il s'agit de toute garantie, tout système juridique de protection tendant à assurer, sans surprise, la bonne exécution des obligations, à exclure ou au moins à réduire l'incertitude dans la réalisation du droit. Ex. : sécurité des transactions, sécurité du crédit, *in* Gérard Cornu, *Vocabulaire juridique*, P.U.F, 2011, pp. 844.

170 État de droit : (de l'Allemand Rechtsstaat, comp. L'anglais *Rule of law*, règne du droit), a) Situation résultant pour une société, de sa soumission à un ordre juridique excluant l'anarchie et la justice privée. b) En un sens plus restreint, nom que mérite seul un ordre juridique dans lequel le respect du droit est réellement garanti aux sujets de droit, *in* Gérard Cornu, *Vocabulaire juridique*, P.U.F., 2011, pp. 416-417, *op cit.*

les modes non juridictionnels de règlement des différends. Nous allons nous appesantir sur le mode arbitral et le règlement judiciaire.

Le règlement arbitral

L'arbitrage est un mode de règlement des litiges par recours à une ou plusieurs personnes privées, les arbitres, choisis par les parties. La décision rendue est appelée *sentence arbitrale*. L'arbitrage se distingue ainsi des modes politiques de règlement des différends comme la conciliation, l'expertise, la transaction et la procédure simulée :

- la conciliation : c'est un mode de règlement des différends par accord des parties obtenu avec l'aide d'un tiers appelé conciliateur. Cet accord est le plus souvent concrétisé dans un procès-verbal de conciliation signé par les parties et le conciliateur. Le procès-verbal de conciliation, à la différence de la sentence arbitrale, n'est pas une décision juridictionnelle et ne lie donc pas les parties. La solution proposée par le conciliateur doit être acceptée par les parties. Les principaux avantages de la conciliation sont :

- la rapidité de la procédure et son caractère peu onéreux ;
- le caractère informel et par conséquent, souple de la procédure ;
- l'acceptation aisée de la conciliation, notamment par les pays qui refusent l'arbitrage.

- l'expertise : c'est l'examen par une personne connue pour ses compétences ; l'expert d'un litige ou d'un point particulier, généralement technique, de celui-ci, à propos duquel elle fait connaître son avis. Alors que l'arbitrage, tout comme la conciliation, vise la résolution du litige entre les parties, l'expertise permet de procéder à des constatations ou des analyses.

- La transaction : c'est une convention par laquelle les parties mettent fin à un litige né ou à naître en effectuant des concessions réciproques. La transaction a l'autorité de la chose jugée entre les parties pour lesquelles elle est donc obligatoire. La transaction est un mode non conventionnel de règlement des litiges, alors que l'arbitrage en est un mode judiciaire. Tandis que l'arbitrage est une procédure de nature contentieuse, la transaction a un caractère amiable. Par ailleurs, ici ce sont les parties elles-mêmes qui mettent fin à leur litige en se mettant d'accord.

- La procédure simulée ou « mini trial » : c'est un mode amiable de règlement des litiges comportant deux phases contrastées. Dans un premier temps, les conseils des parties procèdent à des échanges de mémoires et de pièces et plaident ensuite devant les représentants des parties qui sont le plus souvent assistées d'un conseiller neutre puis, dans un second temps, des discussions ont lieu entre ces représentants en vue d'aboutir à une transaction. Cette procédure, originaire des États-Unis où elle a prouvé son efficacité, n'est utilisée que depuis peu de temps en Europe. Si en apparence le déroulement procédural de l'arbitrage et celui de la procédure simulée sont proches, la seconde a la nature juridique de la conciliation.

Les avantages de l'arbitrage sont nombreux. On peut en citer sans être exhaustif :

- la confidentialité ;
- la compétence technique des arbitres ;
- le moindre formalisme de la procédure.

Toutefois, l'arbitrage a quelques inconvénients :

- les procédures arbitrales qui peuvent être longues ;
- l'arbitrage, malgré tout, qui entraîne des coûts très élevés.

- Le règlement judiciaire

Il est assuré par des juridictions permanentes. Au plan organique, il s'agit d'instances créées à l'effet de rendre la justice. Par exemple au plan national, nous avons un pouvoir judiciaire avec des formations précises : judiciaire, administrative et des comptes. Au plan personnel, ces instances sont conduites par des juges indépendants. Ces juges sont pour la plupart du temps inamovibles.

Notre travail consiste à rendre compte des juridictions internationales. Pour ce faire, nous analyserons dans un premier temps les juridictions arbitrales (section 1) et dans un second temps les juridictions judiciaires (section 2).

Section 1 : Les juridictions arbitrales

Les juridictions arbitrales occupent une place importante dans le règlement des différends. Il y a lieu de rappeler les sources du droit de l'arbitrage (paragraphe 1), avant d'envisager la classification de l'arbitrage (paragraphe 2) et le règlement arbitral des litiges (paragraphe 3).

Paragraphe 1 : Les sources du droit de l'arbitrage

On distingue les sources d'origine étatiques (A) et celles d'origine privée (B).

A. Les sources d'origine étatique

En ce qui concerne les sources d'origine étatique, on distingue les sources internes qui sont constituées par les règles élaborées par chaque pays sur l'arbitrage. Dans ce cadre, l'arbitrage peut être interne. Il peut être international.

Pour les sources internationales, elles sont, pour l'essentiel, constituées par les conventions internationales (bilatérales ou multilatérales) relatives à l'arbitrage.

On a par exemple :

- le protocole de Genève du 24 septembre 1923 relatif aux clauses d'arbitrage. Son entrée en vigueur date du 28 juillet 1924. Il a eu pour objet d'admettre la validité de la clause compromissoire et du compromis en matière internationale ;
- la convention de Genève du 26 septembre 1927 pour l'exécution des sentences arbitrales étrangères, entrée en vigueur le 25 juillet 1929. Elle détermine les conditions de reconnaissance et d'exécution des sentences arbitrales « étrangères » ;
- la convention de New York du 10 juin 1958 pour la reconnaissance et l'exécution des sentences arbitrales étrangères. Elle énonce les règles pour la reconnaissance et l'exécution des sentences. Son objet est plus large puisqu'elle fixe les grands principes sur lesquels repose l'arbitrage international : principe de validité des conventions arbitrales et affirmation de l'autonomie de l'arbitrage international ;
- la convention européenne de Genève sur l'arbitrage commercial international du 21 avril 1961. Elle pose des règles pour l'entier déroulement de l'arbitrage, depuis la convention d'arbitrage jusqu'à l'exécution de la sentence et repose sur le principe d'autonomie de l'arbitrage.

B. Les sources d'origine privée

En ce qui concerne les sources d'origine privée, elles sont également nombreuses. On peut citer :

- les conventions d'arbitrage-type qui sont rédigées soit unilatéralement par les centres d'arbitrage, soit par plusieurs centres dans le cadre d'accords institutionnels ;
- les règlements d'arbitrage des institutions permanentes d'arbitrage, notamment ceux de la Cci, L'AAA, la *London Court of Arbitration*, la Chambre de commerce de Stockholm, L'IATA, etc. ;
- la jurisprudence arbitrale qui est constituée par les sentences arbitrales.

Paragraphe 2 : Le régime juridique de l'arbitrage

A. La classification de l'arbitrage

Distinguons d'abord :

- l'arbitrage volontaire et l'arbitrage forcé ;
- l'arbitrage interne et l'arbitrage international ;
- l'arbitrage *ad hoc* et l'arbitrage institutionnel.

B. Le régime de l'arbitrage

Qu'il soit interne ou international, *ad hoc* ou institutionnel, l'arbitrage suppose la rédaction d'une convention d'arbitrage dont la mise en œuvre est à l'origine du procès arbitral, lequel s'achève par le prononcé de la sentence arbitrale qui est susceptible de faire l'objet de recours.

1. La convention d'arbitrage.
2. Les effets des conventions d'arbitrage.

La convention d'arbitrage, dès lors qu'elle est valable, s'impose aux parties qui l'ont signée, mais est sans effet vis-à-vis des tiers. Elle rend les juridictions étatiques incompétentes au profit des arbitres.

C. Les règles spécifiques à la clause compromissoire

Ces règles concernent le domaine dans lequel peut être signée une clause compromissoire ainsi que sa forme et son contenu. Il s'agit du (de) :

1. domaine de la clause compromissoire ;
2. la forme de la clause compromissoire ;
3. contenu de la clause compromissoire.

D. Les règles spécifiques au compromis

Rappelons au préalable que l'établissement d'un compromis, à la différence de la clause compromissoire, suppose l'existence d'un litige né et actuel. Il est par ailleurs soumis à des conditions de forme et de contenu.

1. La forme du compromis

Le compromis doit être constaté par écrit. Cet écrit est exigé *ad probationem* et non *ad validatem* comme c'est le cas pour la clause compromissoire. La preuve écrite du compromis peut résulter d'un procès-verbal signé par l'arbitre et les parties. Elle peut également être établie par acte notarié, par acte sous seing privé ou encore par un échange de lettres.

2. Le contenu du compromis

De même que pour la clause compromissoire, le compromis doit désigner des arbitres ou prévoir les modalités de leur désignation. Outre ceci, le compromis doit déterminer l'objet du litige. Cette exigence s'explique par la nécessité que soit fixée avec précision la compétence des arbitres. La convention d'arbitrage, lorsqu'elle est mise en œuvre, est le point de départ du procès arbitral qui va à présent être étudié.

E. Le procès arbitral

Lorsqu'elle est mise en œuvre, la convention d'arbitrage va permettre d'organiser la résolution du litige qui oppose les parties. Alors que jusqu'à ce stade primait plutôt la nature conventionnelle de l'arbitrage, c'est à présent sa nature juridictionnelle qui prédomine.

Les similitudes entre le procès arbitral et le procès judiciaire sont bien réelles.

Toutefois, le premier n'en présente pas moins des spécificités liées, tant à l'organe qui a en charge ce procès – le tribunal arbitral –, qu'à la procédure à laquelle il est soumis.

- Tribunal arbitral.
- Désignation des arbitres par une institution permanente d'arbitrage.
- Désignation des arbitres par le juge étatique.

F. Les pouvoirs des arbitres

Les arbitres disposent toujours de la « compétence-compétence ». En revanche, leurs pouvoirs varient en fonction des règles applicables au litige.

1- <u>La compétence-compétence</u>

Cette expression désigne la compétence de l'arbitre pour statuer sur sa propre compétence. Cette disposition permet à l'arbitre de se prononcer tant sur la validité que sur les limites de son investiture.

2- <u>L'étendue des pouvoirs des arbitres par rapport aux règles applicables au litige</u>

- Sur la forme.
- Sur le fond.

G. La durée de la mission arbitrale

La durée est en principe fixée d'un commun accord par les parties dans les conventions d'arbitrage.

H. La procédure arbitrale

Après avoir déterminé les règles qui régissent cette procédure, nous examinerons succinctement les diverses étapes de son déroulement.

1- Les règles applicables à la procédure arbitrale.

2- Le déroulement de la procédure arbitrale.

G. La sentence arbitrale et les voies de recours

La sentence est la décision par laquelle les arbitres, conformément aux pouvoirs que leur confère la convention arbitrale, tranchent les questions litigieuses qui leur ont été soumises par les parties. Parmi les sentences, on distingue les sentences définitives des sentences avant dire droit qui se divisent elles-mêmes en sentences préparatoires, qui sont destinées à ordonner une mesure d'instruction, et en sentences provisoires, par lesquelles sont ordonnées des mesures provisoires ou qui tranchent un point préliminaire. Quel que soit le type de sentences arbitrales, elles sont susceptibles de faire l'objet de voies de recours.

- La sentence arbitrale.
- L'exécution de la sentence.

I. Les voies de recours contre la sentence

On distingue les voies de recours ordinaires (1) des voies de recours extraordinaires (2).

1. Les voies de recours ordinaires

Il s'agit de l'appel et du recours en annulation.

a) L'appel

D'abord, l'appel est ouvert lorsque les parties n'y ont pas renoncé dans la convention d'arbitrage, et à condition que l'arbitre n'ait pas statué en amiable compositeur, sauf volonté expresse contraire des parties. Le délai pour faire appel est d'un mois pour compter de la signification de la sentence revêtue de l'exequatur. Sont applicables à la procédure les mêmes règles que celles qui valent pour l'appel contre un jugement.

L'appel a un délai suspensif. Il entraîne de plein droit recours contre l'ordonnance du juge de l'exequatur ou dessaisissement de celui-ci. Le rejet de l'appel (ou du recours en annulation) confère l'exequatur à la sentence ou à celles de ses dispositions que la cour n'a pas censurées. Ces règles ne valent néanmoins que pour l'arbitrage interne, puisque les sentences rendues en matière d'arbitrage international sont insusceptibles d'appel. Il ne peut être interjeté appel que des décisions qui refusent la reconnaissance ou l'exécution, et de celles qui accordent une telle reconnaissance ou exécution dans les cas déterminés limitativement.

b) Le recours en annulation

Ensuite, le recours en annulation ne peut être exercé qu'en présence d'une renonciation des parties à l'appel et pour l'un des six cas limitativement prévus par ce texte. Ce recours est ainsi ouvert :

- si l'arbitre a statué sans convention d'arbitrage ou sur convention nulle ou expirée ;
- si le tribunal arbitral a été irrégulièrement composé ou l'arbitre unique irrégulièrement désigné ;
- si l'arbitre a statué sans se conformer à sa mission ;
- si le principe de la contradiction n'a pas été respecté ;
- si la sentence est nulle ;
- si l'arbitre a violé une règle d'ordre public.

Le délai pour introduire le recours en annulation est le même que celui prévu pour l'appel. La juridiction compétente pour connaître de ce recours est la cour d'appel dans le ressort de laquelle la sentence a été rendue. Les règles applicables à la procédure sont celles relatives à la procédure en matière contentieuse devant la cour d'appel. Lorsque le recours est accueilli, il entraîne l'annulation, en tout ou partie, de la sentence. Dans ce cas, la cour statue sur le fond, dans les limites de la mission de l'arbitre, sauf si les parties s'y opposent. Les effets produits par le recours en annulation sur l'exequatur de la sentence sont les mêmes que ceux produits par l'appel et précédemment indiqués. Tout comme l'appel, le recours en annulation a un effet suspensif.

2. Les voies de recours extraordinaires

Ces voies de recours, qui sont au nombre de trois, ont des caractéristiques communes. Elles ne sont ouvertes que dans les cas prévus par la loi. Elles n'ont pas d'effet suspensif et constituent des garanties particulières, tant pour les parties que pour les tiers. Il y a le recours en révision.

Section 2 : Les juridictions judiciaires

Nous distinguerons les juridictions à saisine restreinte (paragraphe 1er) des juridictions à saisine ouverte (paragraphe 2).

Paragraphe 1er : Juridictions à la saisine restreinte

1. La Cour internationale de Justice de La Haye

La cour exerce essentiellement deux types de compétences : une compétence contentieuse (a) et une compétence consultative (b). Examinons tour à tour ces compétences en ayant à cœur le caractère restreint de la saisine.

a) Compétence contentieuse

Seuls les États ont qualité pour agir dans le cadre de la compétence contentieuse. Ni en 1921 ni en 1945, les États n'ont voulu limiter leur souveraineté en créant une juridiction obligatoire de règlement des conflits. La CIJ n'est compétente que lorsque les parties se soumettent à sa juridiction. Il y a deux moyens d'y parvenir :

i) La mission de la CIJ est de « régler conformément au droit international les différends qui lui sont soumis » [171]. Le droit applicable en cela est :

- **les conventions internationales**, soit générales, soit spéciales, établissant des règles expressément reconnues par les États en litige ;

---

[171] Article 38 du statut de la CIJ :
« 1. La Cour, dont la mission est de régler conformément au droit international les différends qui lui sont soumis, applique :
a. Les conventions internationales, soit générales, soit spéciales, établissant des règles expressément reconnues par les États en litige ;
b. La coutume internationale comme preuve d'une pratique générale acceptée comme étant le droit ;
c. Les principes généraux de droit reconnus par les nations civilisées ;
d. Sous réserve de la disposition de l'article 59, les décisions judiciaires et la doctrine des publicistes les plus qualifiés des différentes nations, comme moyen auxiliaire de détermination des règles de droit.
2. La présente disposition ne porte pas atteinte à la faculté pour la Cour, si les parties sont d'accord, de statuer ex aequo et bono ».

- comme preuve d'une pratique générale acceptée comme étant le droit ;
- les principes généraux de droit reconnus par les nations civilisées ;
- sous réserve de la disposition de l'article 59, **les décisions judiciaires et la doctrine** des publicistes les plus qualifiés des différentes nations, comme moyen auxiliaire de détermination des règles de droit.

ii) La CIJ peut également statuer ex aequo et *bono* (en équité), si elle y est autorisée par les deux parties. Elle a néanmoins utilisé ,d'elle-même, la notion d'équité en tant que partie intégrante de l'interprétation de la norme juridique. C'est ce qu'on appelle la « suppléance normative » (1969, *Plateau continental de la mer du Nord*). En effet, comme elle l'affirme dans son arrêt *Cameroun septentrional* (1963) : « sa fonction est de dire le droit, mais elle ne peut rendre des arrêts qu'à l'occasion de cas concrets dans lesquels il existe, au moment du jugement, un litige impliquant un conflit d'intérêts juridiques entre les États ».

b) Compétence consultative

Que ce soit par ses arrêts ou par ses avis consultatifs, la CIJ a contribué au développement progressif du droit international public, imposant une conception plus flexible et insistant sur l'importance de la coutume (*pratique générale et opinio juris des États*). Pour elle, la coutume peut s'exprimer dans les conventions et traités internationaux par effet déclaratoire (*la coutume préexiste à la convention*), effet de cristallisation (*règle en voie de formation*) ou effet constitutif (*une disposition conventionnelle devient coutume*).

2. Le Tribunal international du droit de la mer

Le Tribunal international du droit de la mer est créé et fonctionne conformément aux dispositions de la convention et du présent statut. Il a son siège dans la ville libre et hanséatique de Hambourg, en République fédérale d'Allemagne. Il peut toutefois siéger et exercer ses fonctions ailleurs lorsqu'il le juge souhaitable.

a) Composition

Le tribunal est un corps de 21 membres indépendants élus parmi les personnes jouissant de la plus haute réputation d'impartialité et d'intégrité et possédant une compétence notoire dans le domaine du droit de la mer. La représentation des principaux systèmes juridiques du monde et une répartition géographique équitable sont assurées dans la composition du tribunal.

b) Membres du tribunal

Le tribunal ne peut comprendre plus d'un ressortissant du même État. À cet égard, celui qui pourrait être considéré comme le ressortissant de plus d'un État est censé être ressortissant de l'État où il exerce habituellement ses droits civils et politiques. Il ne peut y avoir moins de trois membres pour chaque groupe géographique défini par l'assemblée générale des Nations-Unies.

c) Chambre pour le règlement des différends relatifs aux fonds marins

Une Chambre pour le règlement des différends relatifs aux fonds marins est créée conformément à la section 4 de la présente annexe. Sa compétence, ses pouvoirs et ses fonctions sont définis à la section 5 de la partie XI. Le tribunal peut, selon qu'il l'estime nécessaire, constituer des chambres composées de trois au moins de ses membres élus, pour connaître des catégories déterminées d'affaires. Le tribunal constitue une chambre pour connaître d'un différend déterminé qui lui est soumis si les parties le lui demandent. La composition de cette chambre est fixée par le tribunal avec l'assentiment des parties. En vue de la prompte expédition des affaires, le tribunal constitue annuellement une chambre composée de cinq de ses membres élus, appelée à statuer en procédure sommaire. Deux membres sont en outre désignés pour remplacer les membres qui se trouveraient dans l'impossibilité de siéger dans une affaire déterminée. Les chambres prévues au présent article statuent si les parties le demandent. Tout jugement rendu par l'une des chambres prévues au présent article et à l'article 14 de la présente annexe est considéré comme rendu par le Tribunal.

d) Accès au tribunal

Le tribunal est ouvert aux États parties. Il est ouvert à des entités autres que les États parties dans tous les cas expressément prévus à la partie XI ou pour tout différend soumis en vertu de tout autre accord conférant au tribunal une compétence acceptée par toutes les parties au différend.

e) Compétence

Le tribunal est compétent pour tous les différends et toutes les demandes qui lui sont soumis conformément à la convention et toutes les fois que cela est expressément prévu dans tout accord conférant compétence au tribunal. Si toutes les parties à un traité ou à une convention déjà en vigueur qui a trait à une question visée par la présente convention en conviennent, tout différend relatif à l'interprétation ou à l'application de ce traité ou de cette convention peut être soumis au tribunal conformément à ce qui a été convenu.

f) Droit applicable

Le tribunal statue sur tous les différends et sur toutes les demandes conformément à l'article 293.

g) Introduction et déroulement de l'instance

Les différends sont portés devant le tribunal, selon le cas, par notification d'un compromis ou par requête, adressés au greffier. Dans les deux cas, l'objet du différend et les parties doivent être indiqués. Le greffier notifie immédiatement le compromis ou la requête à tous les intéressés. Le greffier notifie également le compromis ou la requête à tous les États parties.

Mesures conservatoires

Conformément à l'article 290, le tribunal et la chambre pour le règlement des différends relatifs aux fonds marins ont le pouvoir de prescrire des mesures conservatoires. Si le tribunal ne siège pas ou si le nombre des membres disponibles est inférieur au quorum, les mesures conservatoires sont prescrites par la chambre de procédure sommaire constituée conformément à l'article 15, paragraphe 3, de la présente annexe. Nonobstant l'article 15, paragraphe 4 de cette même annexe, ces mesures conservatoires peuvent être prescrites à la demande de toute partie au différend. Elles sont sujettes à appréciation et à révision par le tribunal.

Les débats sont dirigés par le président ou, s'il est empêché, par le vice-président. Si l'un et l'autre sont empêchés, les débats sont dirigés par le plus ancien des juges présents au tribunal. L'audience est publique, à moins que le tribunal n'en décide autrement ou que les parties ne demandent le huis clos.

Le tribunal rend des ordonnances pour la conduite du procès et la détermination des formes et délais dans lesquels chaque partie doit finalement conclure. Il prend toutes les mesures que comporte l'administration des preuves.

Lorsqu'une des parties au différend ne se présente pas ou ne fait pas valoir ses moyens, l'autre partie peut demander au tribunal de continuer la procédure et de rendre sa décision. L'absence d'une partie ou le fait, pour une partie, de ne pas faire valoir ses moyens ne fait pas obstacle au déroulement de la procédure. Avant de rendre sa décision, le tribunal doit s'assurer non seulement de sa compétence pour connaître du différend, mais que la demande est fondée en fait et en droit.

Les décisions du tribunal sont prises à la majorité des membres présents. En cas de partage égal des voix, la voix du président ou de son remplaçant est prépondérante.

h) Jugement

Le jugement est motivé. Il mentionne le nom des membres du tribunal qui y ont pris part. Si le jugement n'exprime pas, en tout ou en partie, l'opinion unanime des membres du tribunal, tout membre a le droit d'y joindre l'exposé de son opinion individuelle ou dissidente. Le jugement est signé par le président et par le greffier. Il est lu en séance publique, les parties ayant été dûment prévenues.

Lorsqu'un État partie estime que, dans un différend, un intérêt d'ordre juridique est pour lui en cause, il peut adresser au tribunal une requête aux fins d'intervention. Le tribunal se prononce sur la requête. Si celui-ci fait droit à la requête, sa décision concernant le différend est obligatoire pour l'État intervenant dans la mesure où elle se rapporte aux points faisant l'objet de l'intervention.

Lorsqu'une question d'interprétation ou d'application de la convention se pose, le greffier en avertit sans délai tous les États parties. Lorsque, dans le cadre des articles 21 et 22 de la présente annexe, une question d'interprétation ou d'application d'un accord international se pose, le greffier en avertit toutes les parties à cet accord. Chaque partie visée aux paragraphes 1 et 2 a le droit d'intervenir au procès. Si elle exerce cette faculté, l'interprétation contenue dans le jugement est également obligatoire à son égard.

i) Caractère définitif et force obligatoire des décisions

La décision du tribunal est définitive et toutes les parties au différend doivent s'y conformer. Elle n'est obligatoire que pour les parties et dans le cas qui a été décidé. En cas de contestation sur le sens et la portée de la décision, il appartient au tribunal de l'interpréter, à la demande de toute partie.

Paragraphe 2 : Juridictions à la saisine élargie

Nous nous limiterons ici à deux cas, à savoir la Cour pénale internationale (A) et les autres juridictions ou quasi-juridictions (B).

A. La Cour pénale internationale

La compétence de la cour est limitée aux crimes les plus graves qui touchent l'ensemble de la communauté internationale. En vertu du statut de Rome, la cour a compétence à l'égard des crimes suivants :

a) le crime de génocide ;
b) les crimes contre l'humanité ;
c) les crimes de guerre ;
d) les crimes d'agression.

La cour exercera sa compétence à l'égard du crime d'agression quand une disposition aura été adoptée conformément aux articles 121 et 123, qui définiront ce crime et fixeront les conditions de l'exercice de la compétence de la cour à son égard. Cette disposition devra être compatible avec les dispositions pertinentes de la Charte des Nations-Unies.

La cour peut exercer sa compétence à l'égard des crimes visés à l'article 5, conformément aux dispositions du présent statut :

- Si une situation dans laquelle un ou plusieurs de ces crimes paraissent avoir été commis est déférée au procureur par un État partie, comme prévu à l'article 14 ;
- Si une situation dans laquelle un ou plusieurs de ces crimes paraissent avoir été commis est déférée au procureur par le conseil de sécurité agissant en vertu du chapitre VII de la Charte des Nations-Unies ; ou
- si le procureur a ouvert une enquête sur un ou plusieurs de ces crimes en vertu de l'article 15.

Tout État partie peut déférer au procureur une situation dans laquelle un ou plusieurs des crimes relevant de la compétence de la cour paraissent avoir été commis, et prier le procureur d'enquêter sur cette situation en vue de déterminer si une ou plusieurs personnes particulières doivent être accusées de ces crimes.

L'État qui procède au renvoi indique autant que possible, les circonstances de l'affaire et produit les pièces à l'appui dont il dispose.

Le procureur peut ouvrir une enquête de sa propre initiative au vu de renseignements concernant des crimes relevant de la compétence de la cour.

Le procureur vérifie le sérieux des renseignements reçus. À cette fin, il peut rechercher des renseignements supplémentaires auprès d'États, d'organes de l'Organisation des Nations-Unies, d'organisations intergouvernementales et non gouvernementales, ou d'autres sources dignes de foi qu'il juge appropriées, et recueillir des dépositions écrites ou orales au siège de la cour.

S'il conclut qu'il y a de bonnes raisons d'ouvrir une enquête, le procureur présente à la chambre préliminaire une demande d'autorisation en ce sens, accompagnée des éléments justificatifs recueillis. Les victimes peuvent adresser des représentations à la chambre préliminaire, conformément au règlement de procédure et de preuve.

Si elle estime, après examen de la demande et des éléments justificatifs qui l'accompagnent, que l'ouverture d'une enquête se justifie et que l'affaire semble relever de la compétence de la cour, la chambre préliminaire donne son autorisation, sans préjudice des décisions que la cour prendra ultérieurement en matière de compétence et de recevabilité.

Une réponse négative de la chambre préliminaire n'empêche pas le procureur de présenter par la suite une nouvelle demande en se fondant sur des faits ou des éléments de preuve nouveaux ayant trait à la même situation.

Si après l'examen préliminaire visé aux paragraphes 1 et 2, le procureur conclut que les renseignements qui lui ont été soumis ne justifient pas l'ouverture d'une enquête, il en avise ceux qui les lui ont fournis. Il ne lui est pas pour autant interdit d'examiner, à la lumière de faits et d'éléments de preuve nouveaux, les autres renseignements qui pourraient lui être communiqués au sujet de la même affaire.

Aucune enquête ni aucune poursuite ne peuvent être engagées ni menées en vertu du présent statut pendant les douze mois qui suivent la date à laquelle le conseil de sécurité a fait une demande en ce sens à la cour dans une résolution adoptée en vertu du chapitre VII de la Charte des Nations-Unies. La demande peut être renouvelée par le conseil dans les mêmes conditions.

La cour s'assure qu'elle est compétente pour connaître de l'affaire portée devant elle. Elle peut d'office se prononcer sur la recevabilité de l'affaire conformément à l'article 17.

Peuvent contester la recevabilité de l'affaire pour les motifs indiqués à l'article 17 ou contester la compétence de la cour :

- l'accusé ou la personne à l'encontre de laquelle a été délivré un mandat d'arrêt ou une citation à comparaître en vertu de l'article 58 ;
- l'État qui est compétent à l'égard du crime considéré du fait qu'il mène ou a mené une enquête, ou qu'il exerce ou a exercé des poursuites en l'espèce ; ou
- l'État qui doit avoir reconnu la compétence de la cour selon l'article 12.

Le procureur peut demander à la cour de se prononcer sur une question de compétence ou de recevabilité. Dans les procédures portant sur la compétence ou la recevabilité, ceux qui ont déféré une situation en application de l'article 13, ainsi que les victimes, peuvent également soumettre des observations à la cour.

La recevabilité d'une affaire ou la compétence de la Cour ne peut être contestée qu'une fois par les personnes ou les États visés au paragraphe 2. L'exception doit être soulevée avant l'ouverture du procès. Dans les circonstances exceptionnelles, la cour permet qu'une exception soit soulevée plus d'une fois ou à une phase ultérieure du procès. Les exceptions d'irrecevabilité soulevées à l'ouverture du procès ou par la suite avec l'autorisation de la cour ne peuvent être fondées que sur les dispositions de l'article 1, alinéa c.

La cour applique :

- En premier lieu, le présent statut et le règlement de procédure et de preuve ;
- En second lieu, selon qu'il convient, les traités applicables et les principes et règles du droit international, y compris les principes établis du droit international des conflits armés ;
- À défaut, les principes généraux du droit dégagés par la Cour à partir des lois nationales représentent les différents systèmes juridiques du monde, y compris, selon qu'il convient, les lois nationales des États sous la juridiction desquels tomberait normalement le crime, si ces principes ne sont pas incompatibles avec le présent statut ni avec le droit international et les règles et normes internationales reconnues.

La cour peut appliquer les principes et règles de droit tels qu'elle les a interprétés dans ses décisions antérieures.

L'application et l'interprétation du droit prévues au présent article doivent être compatibles avec les droits de l'homme internationalement reconnus et exemptes de toute discrimination fondée sur des considérations telles que l'appartenance à l'un ou l'autre sexe tel que défini à l'article 7, paragraphe 3, l'âge, la race, la couleur, la langue, la religion ou la conviction, les opinions politiques ou autres, l'origine nationale, ethnique ou sociale, la fortune, la naissance ou toute autre qualité.

Le procès

Sauf s'il en est décidé autrement, le procès se tient au siège de la Cour.

L'accusé assiste à son procès.

Si l'accusé, présent devant la cour, trouble de manière persistante le déroulement du procès, la chambre de première instance peut ordonner son expulsion de la salle d'audience et fait alors en sorte qu'il suive le procès et donne des instructions à son conseil de l'extérieur de la salle, au besoin à l'aide des moyens techniques de communication. De telles mesures ne sont prises que dans des circonstances exceptionnelles quand d'autres solutions raisonnables se sont révélées vaines et seulement pour la durée strictement nécessaire.

B. La Cour africaine des droits de l'homme et des peuples

L'universalisme des droits de l'homme ne doit masquer ni certaines spécificités dues à l'histoire, à la culture et au choix politique ni les menaces récurrentes que subit la primauté du droit. La Cour africaine répond à l'exigence de ce primat de l'individu.

C'est en juillet 1979 que la conférence des chefs d'État et de Gouvernement de l'Organisation de l'Unité africaine (OUA) devenue Union africaine (UA) a commandé l'étude d'une convention africaine des droits de l'homme réclamée pourtant par des juristes africains dès l'aube des indépendances de nos pays. Signée le 27 juin 1981, adoptée à Nairobi par la conférence de l'OUA et entrée en vigueur le 21 octobre 1986, la charte africaine des droits de l'homme et des peuples s'inspire des modèles européens et américains. Elle est la source principale du modèle africain des droits de l'homme. Comme son nom l'indique, à côté des droits de l'homme *stricto sensu*, elle garantit certains droits des peuples à l'existence, à la décolonisation, à la libre disposition de leurs ressources naturelles, à la paix, à la solidarité, au développement, à l'environnement et à la jouissance égale du patrimoine commun de l'humanité.

Après beaucoup d'hésitation sur les moyens de protection les plus efficaces des droits et des libertés fondamentales, la Cour africaine des droits de l'homme et des peuples a été instituée par le Protocole du 9 juin 1998 adopté à Ouagadougou, au Burkina-Faso. La lenteur déjà accusée par son entrée en vigueur contraste quelque peu avec la célérité qui a caractérisé la ratification de la charte par tous les États africains à la fin de l'année 2002.

1- Présentation de la Cour africaine des droits de l'homme

La cour se compose de onze juges, d'un greffier résidant comme le président au lieu du siège et d'autres fonctionnaires de greffe, tous ressortissants des États membres de l'OUA[172]. Le personnel du greffe est désigné par la cour elle-même, tandis que les juges sont élus par la conférence des chefs d'État et de Gouvernement « au scrutin secret et à titre personnel parmi les juristes jouissant d'une très haute autorité morale, d'une compétence et expérience juridique, judiciaire ou académique reconnue dans le domaine des droits de l'homme et des peuples »[173], sur une liste dressée par le président de la commission de l'Union. Chaque État peut présenter jusqu'à trois candidats dont au moins deux doivent être des nationaux, en tenant dûment compte de la représentation adéquate des deux sexes.

a) Le mandat des juges

Selon les dispositions de l'article 15 du Protocole, les juges sont élus pour une période de six ans et sont rééligibles une seule fois. Toutefois, le mandat de quatre juges élus lors de la première élection prend fin au bout de deux ans et le mandat de quatre autres prend fin au bout de quatre ans. Les juges dont le mandat prend fin au terme des périodes initiales de deux et quatre ans sont tirés au sort « immédiatement après la première élection » par le secrétaire général de l'OUA devenu président de la commission de l'UA.

Le mandat du juge prend fin, à son terme, par décès, par démission ou par révocation, au sens des articles 15, 19 et 20 du protocole créant la Cour africaine des droits de l'homme et des peuples. À la Cour européenne des droits de l'homme, le mandat du juge s'achève dès qu'il atteint l'âge de 70 ans, mais il reste en fonction jusqu'à son remplacement effectif et continue de connaître des affaires dont il était déjà saisi. En cas de décès ou de démission d'un juge, le président de la cour informe immédiatement le président de la commission qui déclare le poste vacant à partir de la date du décès ou de celle à laquelle la démission prend effet. La conférence procède alors au remplacement du juge dont le siège est devenu vacant, sauf si le mandat restant est inférieur à 180 jours, conformément à l'article 20 du protocole. Le juge élu pour remplacer un autre juge dont le mandat

[172] L'OUA est devenue l'Union africaine.
[173] Traité de l'Union africaine.

n'est pas arrivé à son terme, achève la portion du mandat laissée par son prédécesseur.

b) L'indépendance de la cour

Garante de « la protection des droits de l'homme, des libertés et des devoirs », la cour devrait pouvoir accomplir sa mission « sans entrave ni ingérence », le protocole ayant prévu des garanties d'indépendance tant institutionnelles que personnelles.

- L'indépendance de l'institution

Les dispositions des articles 3, 21, 24, 25, 28, 32, 33 et 35 du protocole portant création de la Cour africaine des droits de l'homme et des peuples font de cette institution juridictionnelle continentale un organe indépendant des États parties, des institutions et des autres organes de l'UA. La cour s'auto-administre : elle établit son règlement intérieur, détermine sa propre procédure, élit son président et son vice-président dont elle fixe les attributions et désigne son greffier et les autres fonctionnaires de greffe.

- L'indépendance des membres de la cour

L'article 17 du protocole dispose d'une part que « l'indépendance des juges est pleinement assurée conformément au droit international », d'autre part, qu'ils « jouissent des privilèges et immunités reconnus en droit international au personnel diplomatique, dès leur élection et pendant la durée de leur mandat », et enfin qu'ils « ne peuvent, à aucun moment, même après l'expiration de leur mandat, être poursuivis en raison des votes ou des opinions émis dans l'exercice de leurs fonctions ».

En outre, le juge est inamovible pendant l'exercice de son mandat selon l'article 19. Il ne peut être suspendu ou relevé de ses fonctions que s'il a cessé de répondre aux conditions requises pour être juge.

Il serait souhaitable que des garanties financières soient aménagées à côté des garanties statutaires pour conforter l'indépendance du juge, dont les droits économiques et sociaux incluent le droit à un niveau de vie approprié, l'inadéquation desdites garanties pouvant desservir l'image d'une justice alors sevrée du charisme et de la compétence des juges aguerris. Au demeurant, les dispositions des paragraphes 9 et 11 des principes fondamentaux précités engagent les États à réserver

« une rémunération appropriée » aux juges en reconnaissant à ces derniers la liberté « de constituer des associations des juges ou d'autres organisations et de s'y affilier pour défendre leurs intérêts, promouvoir leur formation professionnelle et protéger leur indépendance ».

C. La compétence de la cour

Il convient de distinguer la compétence matérielle de la compétence personnelle.

1. Compétence matérielle

La compétence matérielle de la cour peut être consultative. Sur le plan du contentieux, l'article 3 du protocole permet à la cour de connaître de « toutes les affaires et de tous les différends dont elle est saisie concernant l'interprétation et l'application de la Charte, du protocole et de tout autre instrument pertinent relatif aux droits de l'homme et ratifié par les États concernés ». La cour est donc compétente pour connaître de tous les recours invoquant une violation des droits de l'homme et des peuples. La compétence de la cour relative à l'interprétation n'est cependant pas exclusive. Au sens de l'article 45 alinéa 3 de la charte, en effet, la commission a pour mission d'interpréter également toute disposition de la charte à la demande d'un État partie d'une institution de l'OUA ou d'une organisation africaine reconnue par l'OUA. Il faut relever, toutefois, que ce mandat d'interprétation reconnu par l'OUA se limite aux dispositions de la charte et que tout litige sur l'interprétation faite par la commission peut être soumis à la cour.

La compétence consultative de la cour résulte de l'article 4 du protocole qui l'autorise « à donner un avis motivé sur toute question juridique concernant la charte ou tout autre instrument pertinent relatif aux droits de l'homme », à condition que l'objet de cet avis consultatif ne se rapporte pas à une requête pendante devant la commission. L'avis consultatif s'analyse non comme une décision, mais comme une opinion de la cour destinée à éclairer l'organe qui la consulte. Il ne possède donc pas la force obligatoire d'un arrêt. Bien que ne constituant pas des actes juridictionnels *stricto sensu*, les avis consultatifs contiennent l'une des composantes de tout acte juridictionnel, à savoir la constatation du droit en vigueur et s'imposent généralement dans la pratique, en raison de leur autorité morale.

2. Compétence personnelle

Elle résulte des dispositions du protocole. Le défendeur sera généralement un État entendu au sens globalisant que donne à ce terme le droit international public, auquel est imputée une violation des droits due à son action ou à son abstention.

Le demandeur pourra être :

- la commission ;
- l'État partie qui a saisi la commission ;
- l'État partie contre lequel une plainte a été introduite ;
- l'État partie dont le ressortissant est victime d'une violation des droits ;
- une organisation intergouvernementale africaine.

L'État partie qui estime avoir un intérêt dans une affaire peut saisir la cour d'une requête aux fins d'intervention. Le droit de recours individuel est subordonné à l'acceptation discrétionnaire de chaque État partie qui, « à tout moment, à partir de la ratification du protocole, doit faire une déclaration acceptant la compétence de la Cour pour recevoir les requêtes » des individus ainsi que des organisations non gouvernementales dotées du statut d'observateur auprès de la commission.

Aucune requête des personnes physiques ou d'une ONG intéressant un État partie qui n'a pas fait cette déclaration ne sera reçue. La cour statuera sur la recevabilité de ces requêtes en tenant compte des conditions énoncées à l'article 56 de la charte et relatives à l'indication de l'identité du requérant, à l'incompatibilité de la requête avec la charte africaine des droits de l'homme et des peuples, au contenu même de la requête qui doit être expurgée des termes outrageants ou insultants, aux sources d'information du requérant, etc. Ces exigences rendent difficiles l'accès des personnes physiques et celui des ONG à la Cour africaine des droits de l'homme. Enfin, la cour est juge de sa propre compétence au sens des articles 3 alinéa 2 et 6 alinéa 3 du protocole : en cas de contestation de cette compétence, elle décidera seule et pourra même d'office renvoyer une requête dont elle est saisie devant la commission.

Il importe de souligner que les conditions d'examen par la cour des requêtes dont elle est saisie, tiennent « compte de la complémentarité entre elle et la Commission », comme l'exige l'article 8 du protocole ; qu'ainsi et conformément aux dispositions de l'article 50 de la charte, la cour à l'instar de la Commission, « ne peut connaître d'une affaire qui lui est soumise qu'après s'être assuré que tous les recours internes, s'ils existent, ont été épuisés, à moins qu'il ne soit manifeste que la procédure de ces recours se prolonge d'une façon anormale ». Il appartient d'abord aux États ayant ratifié la charte qui s'impose à eux d'en assurer l'application effective tant législativement en adaptant au besoin leurs textes antérieurs que judiciairement par l'application qu'en feront éventuellement les juridictions nationales.

En effet, l'article 1er de cette charte africaine des droits de l'homme et des peuples dispose que « les États membres reconnaissent les droits, devoirs et libertés énoncés dans cette Charte et s'engagent à adopter des mesures législatives ou autres pour les appliquer ». Il a donc fallu prévoir la défaillance des États membres à faire respecter la charte, ce qui explique la création de la cour qui se présente comme « une garantie de secours, un mécanisme subsidiaire », de sanction par rapport aux systèmes nationaux de garantie des droits de l'homme. La règle de l'épuisement des recours internes édictée à l'article 50 précité est donc un corollaire du caractère subsidiaire de la sanction internationale des droits. Tant qu'il subsiste une chance réelle que l'État intéressé respecte de lui-même les obligations qu'il a acceptées, il n'a pas à répondre d'une violation qui n'est pas encore définitive.

En cas de succès, l'affaire est rayée du rôle par une décision exposant la solution adoptée. La cour, ce faisant, ne devrait ni se substituer à la commission, ni devenir « un forum de conciliation, de négociation, de médiation et des bons offices ». Lorsqu'elle estime qu'il y a eu violation d'un droit de l'homme ou des peuples, la cour ordonne toutes les mesures appropriées afin de remédier à la situation, y compris le paiement d'une juste compensation ou l'octroi d'une réparation, au sens de l'article 27 du protocole ; « en cas d'extrême gravité ou d'urgence et lorsqu'il s'avère nécessaire d'éviter des dommages irréparables à des personnes, la Cour ordonne des mesures provisoires qu'elle juge pertinentes ». L'arrêt de la cour est obligatoire, définitif et jouit de l'autorité relative de la chose jugée. Cette force obligatoire ne fait cependant pas obstacle à l'introduction des recours en interprétation ou en révision, seuls autorisés par le protocole.

Les États parties s'étant engagés à se conformer aux décisions rendues dans tout litige où ils sont en cause et à assurer leur exécution dans le délai fixé par la cour, l'État incriminé devrait prendre des mesures permettant d'effacer les conséquences pour la partie lésée de la mesure contraire aux dispositions de la Charte, et faire modifier éventuellement sa législation pour ne pas s'exposer à de nouvelles procédures. En tout état de cause, la cour ne saurait lui adresser des injonctions pour qu'il anéantisse une décision de justice ou un acte administratif contraire à la charte. Elle devra se contenter de signaler des cas où un État n'aura pas exécuté ses décisions dans son rapport annuel sur ses activités, adressé à chaque session ordinaire de la conférence.

D. Les garanties procédurales

Aux termes de l'article 33, les rédacteurs du protocole ont renvoyé à la cour, une fois constituée, le soin d'élaborer son règlement de procédure dans le respect, bien entendu, des garanties procédurales de référence relatives à la publicité, à la célérité et à l'équité évoquées dans le protocole.

1. La publicité de la procédure devant la cour

La publicité de la procédure est très généralement acquise. Les audiences de la Cour africaine des droits de l'homme et des peuples sont publiques, sauf si la cour en décide autrement en ordonnant le huis clos au sens de l'article 10, alinéa 1 du protocole. Elle agira ainsi soit d'initiative soit à la demande d'une partie, conformément aux dispositions de son règlement de procédure. Dans tous les cas, la cour devra lire sa décision en audience publique, « les parties étant dûment prévenues », comme l'exige l'article 28, alinéa 5 du protocole précité. Au-delà de l'intérêt particulier des parties, puisqu'il s'agit de protéger « les justiciables contre une justice secrète échappant au contrôle du public », la publicité « préserve la confiance des justiciables dans l'institution judiciaire et participe pleinement, par cette transparence, du droit à un procès équitable » : « la justice ne doit pas seulement être rendue, il faut aussi que chacun puisse voir qu'elle est rendue ». L'exigence de la publicité est donc essentielle à l'existence d'une justice transparente, et ce, depuis la civilisation antique grecque. Mais la publicité ne garantit pas à elle seule, le bon procès.

2. La célérité de la procédure

« Toute personne a droit à ce que sa cause soit entendue dans un délai raisonnable... », dispose l'article 7 de la charte africaine des droits de l'homme et des peuples. La célérité, ainsi requise, est une exigence quasi obsessionnelle du droit processuel international. La CEDH[174] et la CIJ[175] se montrent très strictes sur le respect de cette garantie, notamment face aux justiciables qui réclament des allongements de délais en misant sur un règlement négocié pour lequel la procédure judiciaire ne sert que « d'incitation ».

3. L'équité de la procédure

L'exigence d'un procès équitable découle des dispositions du protocole relatif aux motivations des avis consultatifs et des arrêts (articles 4, alinéa 2 et 28, alinéa 6), à « l'examen contradictoire des requêtes qui lui sont soumises » (article 28), et à « la consécration du principe de l'égalité des armes de l'article 10, alinéa 2. L'équité dont il est question ici n'est pas celle qui s'oppose au droit : ce n'est pas le dépassement du droit au nom d'un principe supérieur. Le mot équité renvoie à la notion d'équilibre.

a) L'égalité des armes

Le droit à un procès équitable implique nécessairement l'égalité des moyens entre les parties. Au terme de l'article 10, alinéa 2 du protocole, « une représentation ou une assistance judiciaire peut être gratuitement assurée lorsque l'intérêt de la justice l'exige ». Il reviendra à la cour saisie d'apprécier dans chaque espèce, cette notion de « l'intérêt de la justice ». Aucune partie ne devant bénéficier d'un statut privilégié, la gratuité peut profiter au demandeur, au défendeur ou aux intervenants volontaires ou forcés. Selon une formule émise en ce sens par la Commission européenne des droits de l'homme dans un avis du 16 juillet 1968, puis reprise par la Cour européenne, l'exigence d'égalité des armes « implique l'obligation d'offrir à chaque partie une possibilité raisonnable de présenter sa cause, y

[174]CEDH : Cour européenne des Droits de l'Homme.
[175]CIJ : Cour internationale de Justice.

compris ses preuves dans des conditions qui ne la placent pas dans une situation de net désavantage par rapport à ses adversaires ».

Le droit à un procès équitable implique également l'impartialité des juges qui ne « peuvent siéger dans une affaire dans laquelle ils sont antérieurement intervenus comme agents, conseils ou avocats de l'une des parties, ou en qualité de membres d'un tribunal national ou international, d'une Commission d'enquête, ou à tout autre titre » ainsi qu'il ressort de l'article 17, alinéa 2 du protocole. Un juge ne peut pas siéger, non plus, dans une affaire opposant une partie à l'État dont il possède la nationalité selon l'article 22. En effet, le justiciable ne doit avoir des raisons légitimes ni de craindre l'impartialité du juge, ni d'éprouver des doutes quant à l'indépendance organique de la cour : « la justice doit apparaître comme ayant été rendue de manière impartiale ». L'obligation d'impartialité, imposée à la cour et à ses membres, est la traduction juridique d'une exigence de neutralité, gage de la crédibilité de la justice et corollaire de son indépendance. Il importe donc d'éviter tout préjugé ou tout « pré-jugement qui conduirait le juge à ne plus écouter d'autres arguments, à rester insensible à toute évolution future du dossier, bref à n'être plus un tiers libre de son jugement ».

b) Le principe de la contradiction

Le procès équitable « englobe aussi le droit fondamental au caractère contradictoire de l'instance ». L'article 26, alinéa 1 du protocole, dispose à ce sujet que « la cour procède à l'examen contradictoire des requêtes qui lui sont soumises ,et s'il y a lieu, à une enquête ». Le respect du contradictoire est donc un principe directeur du procès qui implique pour les parties le droit de comparaître ou de se faire représenter ou assister, pour être à même de plaider leur cause. Le contradictoire ou principe de la contradiction se révèle d'abord comme le pouvoir de discuter de tout ce qu'avance en fait et en droit l'adversaire, et de tout ce qu'il produit, pièces et documents.

Éléments biobibliographiques

Le *Professeur Marcellin Nguele Abada* est Agrégé des facultés de Droit et des Sciences politiques. Il est enseignant à l'université de Yaoundé 2 à Soa. Il est par ailleurs titulaire du Certificat d'Aptitude à la Profession d'Avocat (CAPA). Il dispense des enseignements dans plusieurs universités et institutions d'enseignement supérieur, entre autres l'Université catholique d'Afrique centrale (UCAC), l'université de Dschang et l'Institut des Relations internationales du Cameroun (IRIC).

Le *Professeur Nguele Abada* est auteur de plusieurs publications. Il a participé à plusieurs colloques et conférences internationales et notamment à l'université de Laval du Québec, à Amiens, à Paris et à Rouen. Il est enfin membre de plusieurs groupes de recherches, dont :

- le Centre d'Études juridiques et politiques du Monde africain ;
- Le Centre de Recherche en Droit de l'Homme (CREDHO) de Paris ;
- Le centre de recherche de Droit constitutionnel ;
- Le laboratoire d'anthropologie juridique et politique de l'université de Paris.

CHAPITRE 2 :

LES INSTANCES NON JURIDICTIONNELLES INTERNATIONALES

Par

Joseph Francis Zock Atara à Ngonn

Introduction

Le thème de notre séminaire porte sur la défense des intérêts de l'État devant le prétoire étranger. À cet effet, et à la suite de l'exposé du Pr Nguele Abada sur les juridictions internationales, il va de soi que l'on peut, en complément à ce dernier, présenter les autres instances qui ne sont pas des juridictions au sens consacré par la pratique et le droit international, et devant lesquelles les États en général et le Cameroun en particulier, ont l'habitude de régler leurs différends.

Ceci s'entendant, il va également de soi que la pratique reconnaît le recours à l'arbitrage international comme moyen de règlement des litiges entre les parties, fussent-elles des États ou des particuliers.

Une autre difficulté mérite encore d'être évacuée, à savoir si l'arbitrage peut être considéré comme un mode juridictionnel ou non juridictionnel de règlement des différends. Cette question appelle les précisions suivantes. Au sens strict du terme, l'arbitrage constitue ce qui est communément appelé les modes alternatifs de règlement des différends. À ce titre, il constitue un mode non judiciaire de règlement des différends, étant entendu que les décisions des arbitres ne sont pas revêtues de l'imperium du juge étatique.

Toutefois, une certaine confusion peut s'installer du fait que l'arbitrage est généralement institutionnel, c'est-à-dire qu'il implique le recours à une institution de juridiction. Le rôle d'un centre d'arbitrage se limite à administrer et à fournir un minimum d'infrastructures aux arbitrages qui se déroulent sous son égide.

Malgré cette précision, une autre mérite encore d'être rapportée. Cet exposé n'est pas un cours sur l'arbitrage commercial international ; il a pour but essentiel de présenter une pratique. Lorsque le Cameroun a recours à l'arbitrage, devant quelles instances arbitrales se présente-t-il ? Comment ces instances sont-elles saisies ? Qu'est-ce qui peut justifier le recours à l'arbitrage ? Autant de questions qui devront trouver des réponses dans la suite de cet exposé.

Dès lors qu'on s'est convenu de ces exigences méthodologiques, il y a cependant lieu de relever que les développements, sur la présence du Cameroun devant les instances arbitrales internationales, exigent tout d'abord qu'une définition de l'arbitrage soit donnée, ainsi que ce qu'on entend par instances arbitrales internationales.

Les juristes classent l'arbitrage dans la catégorie des modes alternatifs de règlement des différends, avec la négociation, l'enquête ou expertise, la médiation et la conciliation. Ces cinq procédés ont en commun de permettre à des parties en litige de rechercher une solution extrajudiciaire, pour régler leur conflit[176], étant entendu que la justice demeure de loin le mode consacré de règlement des conflits.

On peut ainsi définir l'arbitrage comme étant un mode de règlement des litiges consistant à recourir à une ou plusieurs personnes privées choisies par les parties et qu'on désigne, les arbitres qui ont pour mission de rendre une décision impérative. La décision que les arbitres rendent est appelée une sentence arbitrale[177].

Dans le contexte de notre exposé, quand peut-on dire qu'un arbitrage est international ? À cette question, on peut indiquer qu'un arbitrage est réputé international soit quand il est soumis à plusieurs ordres juridiques, si l'on est en présence d'une situation de conflit de lois, c'est le critère juridique ; soit lorsqu'il met en jeu les intérêts du commerce international, c'est le critère économique qui est retenu dans le cas d'espèce. Ces deux critères peuvent être utilisés séparément ou cumulativement. En cela, cette dernière approche a été

---

[176] Ranjeva (Andriamahery Frédéric), *Le droit de l'arbitrage privé à Madagascar* (Loi n° 98-°19 sur l'arbitrage), SME (Société malgache d'Édition), 1999, p. 5.
[177] Linand De Bellefonds (Xavier), Hollande (Alain), *L'arbitrage*, Que Sais-Je ?, Presses universitaires de France, avril 1995, pp. 4-5.

adoptée dans la définition donnée par la loi-type CNUDCI sur l'arbitrage commercial international[178]. En tout état de cause, et pour les besoins de cette étude, nous utiliserons « arbitrage » pour désigner « l'arbitrage commercial international ».

Pour bien apprécier l'intérêt de l'institution arbitrale, il conviendrait d'invoquer ici la caractéristique fondamentale de l'arbitrage qui est « la soustraction aux tribunaux d'État de litiges dont ils devraient normalement connaître suivant les règles de compétence du droit commun »[179]. Un tel choix n'est pas innocent, tant s'en faut. En effet, les pays en développement à l'exemple du Cameroun sont engagés dans de grands projets de développement[180]. Toutefois, l'argent leur faisant défaut, ces États ont recours à des partenariats étrangers, originaires des pays développés pour la plupart[181].

Au titre des garanties que ces bailleurs de fonds potentiels exigent, s'inscrit de manière quasi automatique, l'insertion des clauses de règlement des litiges au moyen de l'arbitrage. En effet, les pays du Nord et autres multinationales qui apportent leurs capitaux, affichent une méfiance à l'égard des juridictions de nos États, dont ils présument une forte partialité, à défaut de leur prêter des travers tels que la corruption.

Une autre question mérite d'être abordée, celle relative au caractère international de l'instance arbitrale. En principe, dès lors que nous sommes d'accord sur le caractère international d'un arbitrage, on devrait pouvoir en déduire le caractère international de l'instance chargée d'administrer l'arbitrage en cause. C'est une hypothèse qui n'est pas constante dans la mesure où un arbitrage peut être mis en route devant un centre d'arbitrage institutionnel. C'est le cas lorsqu'une affaire est portée devant la cour internationale d'arbitrage

---

[178] Meka (Gaston), *L'arbitrage commercial international au Cameroun : état du droit et de la pratique*, Mémoire de DESS, option Contentieux international, juillet 2002, p. 3.

[179] Linand De Bellefonds (Xavier), Hollande (Alain), *L'Arbitrage*, Que Sais-Je ?, PUF, *op cit*, p. 5.

[180] La construction des barrages de Memve'le, Lom Pangar, Nachtigal ; les stades de football de Japoma, Olembe, Limbe, Garoua, Bafoussam pour les besoins de l'organisation de la Coupe d'Afrique des Nations au Cameroun ; ou encore la construction et l'exploitation d'un port en eau profonde à Kribi.

[181] Cette tendance s'est infléchie au cours de cette dernière décennie, avec l'entrée en scène de la Chine, de certains pays arabes ou du Maghreb (Maroc, Tunisie, Brésil, Afrique du Sud, etc.).

de la Cci à Paris, devant le CIRDI à Washington, la cour permanente de justice et d'arbitrage de La Haye, la cour commune de justice et d'arbitrage de L'OHADA à Abidjan. Un arbitrage international peut également être mis en route dans le cadre d'un arbitrage *ad hoc*, c'est-à-dire en dehors d'un centre institutionnel[182].

En tout état de cause, le Cameroun est un État partie à diverses conventions, accords et traités, qui lui permettent de participer de manière légale à des arbitrages internationaux. À cet effet, pour conduire à bien cette étude, il conviendrait avant de présenter les centres d'arbitrage devant lesquels le Cameroun a l'habitude d'ester (II), de présenter les fondements juridiques de l'arbitrage au Cameroun (I).

I. Les fondements juridiques de l'arbitrage au Cameroun

Le Cameroun ne s'est pas retrouvé dans l'arbitrage international, un peu comme M. de la Rosière qui faisait de la prose sans le savoir. Son ancrage s'est fait au moyen d'un cadre juridique multilatéral (A) et bilatéral (B).

A. Le cadre juridique multilatéral de l'arbitrage international au Cameroun

Il n'existe pas à proprement parler un droit international de l'arbitrage, au sens d'un traité international ou d'une convention internationale. Toutefois, côte à côte subsistent un certain nombre de conventions et d'accords internationaux qui réglementent les procédures ou l'exécution des sentences arbitrales étrangères. À côté d'un cadre juridique multilatéral conventionnel (1), on peut identifier un cadre juridique non conventionnel de l'arbitrage au Cameroun (2).

1. Le cadre juridique conventionnel de l'arbitrage au Cameroun

Le cadre juridique conventionnel de l'arbitrage peut être regroupé autour des conventions générales ratifiées par le Cameroun (a), ainsi que des règles spécifiques au droit des investissements (b).

---

[182] Arbitrage *ad hoc* Affaire Arb. Sarci Sarl c. Atlantique Telecom SA tantôt à Lomé au Togo, tantôt à Cotonou au Benin.

a) Les conventions générales sur l'arbitrage

Dans ce registre du droit général de l'arbitrage, on peut citer la convention de New York de 1958 sur la reconnaissance et l'exécution de sentences arbitrales étrangères (i) et les Actes OHADA relatifs à l'arbitrage (ii).

i) La convention de New York de 1958

Adoptée le 10 juin 1958 par la conférence des Nations-Unies, la convention pour la reconnaissance et l'exécution des sentences arbitrales étrangères est entrée en vigueur le 24 septembre 1959 et fut ratifiée par le Cameroun par le décret n° 87/1041 du 24 juillet 1987.

Il s'agit d'un instrument juridique contraignant pour les États qui l'ont ratifié. En ce sens, la convention de 1958 dispose en son article 2(3) que « le tribunal d'un État contractant, saisi d'un litige sur une question au sujet de laquelle les parties ont conclu une convention…, renverra les parties à l'arbitrage…, à moins qu'il ne constate que ladite convention est caduque, inopérante ou non susceptible d'être appliquée ». Par ailleurs, la convention de New York étend sa contrainte à « la reconnaissance et à l'exécution des sentences rendues sur le territoire d'un État autre que celui où la reconnaissance et l'exécution des sentences sont demandées… »[183].

En définitive, en ratifiant cette convention en exclusion de la clause de réciprocité prévue à l'article 1(3)[184], le Cameroun s'est engagé à accorder l'exequatur à toutes les sentences arbitrales qui ne sont pas considérées comme des sentences nationales. Inversement, on est en droit de considérer que les sentences arbitrales rendues au Cameroun sont « exequaturables » dans tous les États parties ou non à la

---

[183] Article 1(1) de la convention de New York de 1958 : « La présente Convention s'applique à la reconnaissance et à l'exécution des sentences arbitrales rendues sur le territoire d'un État autre que celui où la reconnaissance et l'exécution des sentences sont demandées, et issues de différends entre personnes physiques ou morales. Elle s'applique également aux sentences nationales dans l'État où leur reconnaissance et leur exécution sont demandées ».

[184] Article 1(3) de la convention de New York de 1958 : « Au moment de signer ou de ratifier la présente Convention, d'y adhérer ou de faire la notification d'extension prévue à l'article X, tout État pourra, sur la base de la réciprocité, déclarer qu'il appliquera la Convention uniquement aux différends issus de rapports de droit, contractuels ou non contractuels, qui sont considérés comme commerciaux par sa loi nationale ».

convention de New York, pour autant qu'elles remplissent les conditions posées par l'article 4(1)[185].

ii) Les Actes uniformes OHADA sur l'arbitrage

Le traité pour l'harmonisation en Afrique du droit des affaires, signé en 1993, accorde une place importante à l'arbitrage comme mode de règlement des litiges. Ce texte consacre son titre IV à l'arbitrage, notamment à l'article 21[186]. On est tout de même tenté de constater que nos partenaires au développement tenaient à cette technique, au point où ils ont exigé la présence de ce mode de règlement des différends dans le traité fondateur de l'OHADA. Ce texte anticipe même en organisant déjà la procédure alors que des actes uniformes viendront par la suite le faire.

À côté de ce traité, on peut invoquer l'acte uniforme OHADA portant droit de l'arbitrage dans le cadre du traité de l'OHADA[187], ainsi que le règlement d'arbitrage de la cour commune de justice et d'arbitrage de l'OHADA[188]. L'acte uniforme sur le droit de l'arbitrage reconnaît le droit de recourir à ce mode de règlement des différends à toute personne physique ou morale ainsi qu'aux États. En l'absence d'un droit interne sur l'arbitrage propre au Cameroun, on peut conclure au fait que l'arbitrage au Cameroun est régi par les dispositions du droit OHADA sur la question[189].

---

[185] Article 4(1) de la convention de New York de 1958 pour la reconnaissance et l'exécution des sentences arbitrales étrangères : « Pour obtenir la reconnaissance et l'exécution visées à l'article précédent, la partie qui demande la reconnaissance et l'exécution doit fournir, en même temps que la demande :

a. l'original dûment authentifié de la sentence ou une copie de cet original réunissant les conditions requises pour son authenticité ;

b. L'original de la Convention visée à l'article II ou une copie réunissant les conditions requises pour son authenticité ».

[186] Article 21 du Traité OHADA :*«En application d'une clause compromissoire ou d'un compromis d'arbitrage, toute partie à un contrat, soit que l'une des parties ait son domicile ou sa résidence habituelle dans un des États-parties, soit que le contrat soit exécuté ou à exécuter en tout ou partie sur le territoire d'un ou plusieurs États-parties, peut soumettre un différend d'ordre contractuel à la procédure d'arbitrage prévue dans le présent titre »*.

[187] L'acte uniforme relatif au droit de l'arbitrage du 11 mars 1999, modifié le 23 novembre 2017.

[188] Le règlement d'arbitrage du 11 mars 1999 modifié le 23 novembre 2017.

[189] Accessoirement, l'on pourrait invoquer les dispositions du code de procédure civile camerounais sur l'arbitrage, notamment les articles 576 et suivants. Article

b) Les règles spécifiques au droit des investissements

Le règlement des différends en matière d'investissements internationaux se déploie autour de deux conventions internationales, celle instituant le CIRDI d'une part (i) et les conventions de La Haye de 1899 et de 1907 instituant la cour permanente de justice et d'arbitrage d'autre part (ii).

i) La convention de Washington de 1965

La convention pour le règlement des différends relatifs aux investissements entre États et ressortissants d'autres États a été signée à Washington le 18 mars 1965. Elle est entrée en vigueur le 14 octobre 1966. Le Cameroun l'a ratifiée le 23 septembre 1965 et elle est rentrée en vigueur le 2 février 1967. Cette convention crée un centre d'arbitrage dénommé le CIRDI et elle institue un règlement d'arbitrage.

La convention du CIRDI a été élaborée au lendemain de l'accession à l'indépendance des anciennes colonies et territoires sous tutelle, caractérisée par un mouvement de nationalisation des entreprises, l'instauration de mesures financières et fiscales discriminatoires. À ces causes, s'ajoute l'instabilité politique inhérente à la jeunesse de ces nouveaux États. On comprend dès lors la crainte qui s'emparait de ces investisseurs occidentaux[190]. La mise sur pied du CIRDI correspond à ce propos à un véritable mécanisme de protection des investissements, indépendant de la justice nationale des jeunes États.

ii) Les conventions de La Haye de 1899 et de 1907 relatives au règlement pacifique des conflits internationaux

La convention de La Haye a été adoptée le 29 juillet 1899 et révisée le 18 octobre 1907. Dans son préambule, la convention de 1899 consacre, « dans un accord international, les principes d'équité et de droit sur lesquels reposent la sécurité des États et le bien-être des peuples ». Il faut le relever, cette convention concernait exclusivement

---

57 : « Toutes personnes peuvent compromettre sur les droits dont elles ont la libre disposition ».

[190] Meka (Gaston), *L'arbitrage commercial international au Cameroun : état du droit et de la pratique*, Mémoire de DESS, option Contentieux international, juillet 2002, p. 23.

les souverains, rois et empereurs d'Europe engagés dans la conquête coloniale. Dans la révision de la convention du 18 octobre 1907, outre l'adhésion des États nouvellement souverains, la principale modification visait à « mieux assurer le fonctionnement pratique des Commissions d'enquête et des tribunaux d'arbitrage ». Le Cameroun, nouvellement indépendant, a signé ces deux conventions le 1er août 1961.

Ces deux conventions avaient pour objet d'assurer la paix internationale au moyen de bons offices et de la médiation[191], des commissions internationales d'enquêtes [192] et de l'arbitrage international[193]. Elles instituent par ailleurs une Cour permanente d'Arbitrage, en abrégé CPA.

La CPA n'est pas une juridiction permanente au sens classique du terme ; elle fonctionne sous l'égide d'un bureau international placé sous l'autorité d'un secrétaire général. La cour permanente d'arbitrage est essentiellement constituée d'une liste d'arbitres à partir de laquelle on peut constituer un tribunal arbitral pour connaître d'une affaire bien déterminée.

Depuis sa création, la CPA a adopté trois règlements d'arbitrage, à savoir :

- le règlement facultatif de la cour permanente d'arbitrage pour l'arbitrage des différends entre deux États, en 1992 ;
- le règlement facultatif de la cour permanente d'arbitrage pour l'arbitrage des différends entre deux parties dont l'une seulement est un État, en 1993 ;
- le règlement spécifique à l'arbitrage intéressant les organisations internationales, en 1996.

Il faut souligner le fait que le règlement d'arbitrage de la CNUDCI de 1976 confie au secrétaire général de la CPA, le soin de conduire le processus arbitral en matière du commerce international.

---

[191]Articles 2 à 8 de la convention de 1907.
[192]Articles 9 à 36 de la convention de 1907.
[193]Article 37 à 40 de la convention de 1907.

2. Le cadre juridique non conventionnel de l'arbitrage au Cameroun

L'arbitrage est de nos jours, l'apanage des nations et de divers acteurs internationaux. En ce sens, Roland Amoussou Guenou affirme que :

> « L'arbitrage est l'objet de la sollicitude des organisations internationales les plus diverses, interétatiques et non étatiques, « l'enfant gâté » de l'Onu ; il suscite un regain d'intérêt de la part des organismes nationaux, des législateurs nationaux, des groupements privés de tous genres, d'associations professionnelles ou scientifiques »[194].

L'arbitrage au Cameroun, s'inspire comme sources du droit, aussi bien des principes généraux du droit et la *lex mercatoria* (a), que de divers autres instruments internationaux de l'arbitrage (b), qui ne font pas directement partie de l'arsenal juridique de ce pays.

a) Les principes généraux du droit et la *lex mercatoria*

Dans le règlement d'un litige, les arbitres peuvent valablement se référer aux principes généraux du droit (i) ou aux usages du commerce international (ii).

i) Les principes généraux du droit

L'article 38(1)[195] des statuts de la CIJ se réfère aux principes généraux du droit comme faisant partie du droit international. Par conséquent, ceux-ci peuvent valablement être invoqués au fond d'un litige dès lors que le Cameroun a adhéré aux statuts de la CIJ. À cet effet, Alan Redfern et Martin Hunter admettent que dans la pratique, les États se réfèrent souvent aux principes généraux du droit dans les clauses d'arbitrage, soit isolément, soit conjointement avec un système

---

[194] Amoussou Guenou (Roland), *Droit et pratique de l'arbitrage commercial international en Afrique subsaharienne*, Thèse de doctorat, Université de Paris II, Panthéon-Assas, 1995, p. 3.

[195] Article 38(1) de la CIJ :
« La Cour, dont la mission est de régler conformément au droit international les différends qui lui sont soumis, applique :

a) Les conventions internationales, soit générales, soit spéciales, établissant des règles expressément reconnues par les États en litige ;
b) La coutume internationale comme preuve d'une pratique générale, acceptée comme étant le droit ;
c) Les principes généraux de droit reconnus par les nations civilisées ».

de droit national[196]. Et dans bien de cas, des sentences ont été rendues sur la base des principes généraux du droit.

ii) La *lex mercatoria*

La *lex mercatoria* se définit encore comme l'ensemble des règles, usages et coutumes qui régissent les opérations du commerce international ; l'objectif étant d'éviter les particularités des différents systèmes nationaux. À cet effet, et en prenant part au commerce international, les opérateurs économiques camerounais, personnes physiques ou morales, s'insèrent dans la communauté internationale des commerçants et sont amenés à adopter, ou à se voir appliquer dans des procédures d'arbitrage, les règles et pratiques du commerce international.

b) Les autres instruments internationaux de l'arbitrage

Aux côtés des conventions internationales sur l'arbitrage que le Cameroun a ratifiées se côtoient diverses autres règles contenues dans des codes internationaux, à l'exemple des instruments types de la CNUDCI (i), ou des règlements d'arbitrage élaborés par des centres d'arbitrage (ii).

i) Les instruments d'arbitrage élaborés par la CNUDCI

Les instruments élaborés par la CNUDCI sont par essence des textes élaborés sous l'égide des Nations-Unies en matière de commerce international en général, et de l'arbitrage en particulier. Dans le cadre de cette activité normative, la commission des Nations-Unies pour le commerce international a adopté en 1976 un règlement d'arbitrage ; en 1980, un règlement de conciliation ; et depuis 1985, la loi-type sur l'arbitrage commercial international.

En substance, le règlement d'arbitrage de la CNUDCI vise à unifier la procédure concernant les principales étapes de l'arbitrage, pour permettre à la sentence arbitrale d'être acceptée et reconnue au niveau international et spécifiquement, au regard de la convention de New York de 1958. La loi-type quant à elle, a l'ambition de prévaloir sur toutes les autres dispositions applicables à l'arbitrage commercial international dans le territoire des pays qui l'adoptent. Elle institue un

---

[196] Redfern (Alan) et Hunter(Martin), *Droit et pratique de l'arbitrage commercial international*, Paris, LGDJ, 1994, p. 92.

régime particulier pour ce type d'arbitrage. Il convient cependant de relever l'élaboration par des centres d'arbitrages d'un code de règles qui leur est propre.

ii) Les règlements d'arbitrage élaborés par des centres d'arbitrage

Généralement, à chaque centre d'arbitrage correspond un règlement d'arbitrage. Au regard du nombre important de centres d'arbitrages qui existent à travers le monde, il serait fastidieux de les énumérer et surtout d'en présenter les règlements. Toutefois, la nuance ci-après mérite d'être faite selon que l'on est en présence d'un arbitrage institutionnel ou d'un arbitrage *ad hoc*.

À cet effet, dans le cadre de l'arbitrage institutionnel, les règlements d'arbitrage de certains centres mondialement connus dont celui de la cour internationale d'arbitrage de la chambre de commerce internationale, ou celui du CIRDI, ou celui du centre de médiation et d'arbitrage de l'OMPI, sont identifiables. C'est dans l'hypothèse d'un arbitrage *ad hoc* que les parties sont appelées à désigner des règles qui seront applicables à leur litige.

En tout état de cause, l'article 16 du règlement d'arbitrage de la CCJA dispose que les règles applicables à la procédure d'arbitrage devant l'arbitre sont celles que ledit règlement prévoit ; et que dans le silence de celui-ci, les règles applicables sont celles que les parties ou à défaut, les arbitres déterminent. Le règlement d'arbitrage du centre d'arbitrage[197] du GICAM[198] a également repris cette solution.

À côté de ce cadre juridique multilatéral, s'est développé un cadre bilatéral.

B. Le cadre juridique bilatéral de l'arbitrage international au Cameroun

Les accords d'arbitrage n'existent pas à proprement parler dans des accords directs passés entre le Cameroun et un autre État. L'arbitrage n'apparaît que dans le cadre des conventions bilatérales entre États,

---

[197] Depuis la réforme du 1er novembre 2019, le centre d'arbitrage du GICAM est devenu le Centre de Médiation et d'Arbitrage (CMAG).

[198] GICAM : Groupement inter patronal du Cameroun.

ayant pour objet des clauses de règlement d'éventuels litiges[199]. Il en est également ainsi lorsque l'arbitrage est retenu comme mode de règlement des litiges dans certains contrats d'affaires (1) ou dans les conventions de coopération judiciaire (2).

1. L'arbitrage dans les conventions bilatérales et les contrats d'affaires

i) L'arbitrage dans les conventions bilatérales

En guise d'illustration, l'article 7(2)-c de l'accord entre le Gouvernement de la République italienne et le Gouvernement de la République du Cameroun pour la promotion et la protection des investissements dispose que si un différend entre les investisseurs et les parties contractantes n'a pas pu être réglé à l'amiable, il pourra être réglé au choix de l'investisseur par « un tribunal arbitral ad hoc, conformément au règlement arbitral de la CNUDCI ». Même l'Accord entre le Gouvernement de la République du Cameroun et le Gouvernement de la République populaire de Chine pour la promotion et la protection réciproques des investissements se réfère à l'arbitrage comme mode de règlement des litiges. À côté de ces quelques pays, il convient de relever que des accords similaires d'investissement existent entre le Cameroun et la France, le Luxembourg, les Pays-Bas, la Suisse, le Royaume-Uni, les États-Unis d'Amérique. Il n'est cependant pas inutile de relever que la plupart des accords de coopération économique entre pays africains ne renvoient pas à l'arbitrage, mais plutôt à « la négociation diplomatique comme mode de règlement des litiges »[200]. Ceci démontre que seuls les pays du Nord excellent dans le choix de l'arbitrage, en méfiance aux différents systèmes judiciaires du continent africain.

---

[199]- L'accord entre le Gouvernement de la République italienne et le Gouvernement de la République du Cameroun pour la promotion et la protection des investissements.
- l'accord entre le Gouvernement de la Roumanie et le Gouvernement du Cameroun concernant la promotion et la protection réciproque des investissements ;
- l'accord entre le Gouvernement de la République du Cameroun le Gouvernement de la République populaire de Chine pour la promotion et la protection réciproque des investissements.

[200] Meka (Gaston), *L'arbitrage commercial international au Cameroun : état du droit et de la pratique*, Mémoire de DESS, option Contentieux international, juillet 2002, p 41, *op cit.*

ii) L'arbitrage dans les contrats d'affaires

Les contrats d'affaires, de manière dominante, sont des contrats d'État. Sur la définition des contrats internationaux et des différentes typologies des contrats internationaux, le renvoi est fait à cette étude[201].

Par ailleurs, les arbitrages entre partenaires privés et qui n'impliquent pas l'État du Cameroun sont nombreux, mais moins connus du monde universitaire en raison du caractère confidentiel qui les particularise. Malgré cela et d'après un auteur, les arbitrages y relatifs posent moins de problèmes juridiques que ceux dans lesquels les États sont parties, en raison du fait que les parties se trouvent au même pied d'égalité en tant que personnes de droit privé[202].

De manière spécifique, il est à relever que dans la plupart de ces contrats d'affaires, les parties ont souscrit des clauses d'arbitrage qui fondent généralement le recours à l'arbitrage en cas de contentieux[203]. Et nombreux sont les cas dans lesquels le Cameroun a été devant des instances arbitrales internationales.

2. L'arbitrage dans les accords de coopération judiciaire

Les accords de coopération judiciaire sont des accords bilatéraux que le Cameroun a passés avec certains États amis et qui sont relatifs à l'entraide, à la coopération en matière de justice et d'exécution dans un État, des jugements et des sentences arbitrales rendues dans un pays et qui doivent produire des effets dans le pays cocontractant. Ceci étant, le Cameroun a passé les accords de coopération judiciaire ci-après :

- l'accord entre le Cameroun et le Mali du 6 mai 1964, ratifié par le décret n° 64/DF/206 du 16 juin 1964 ;
- l'accord entre le Cameroun et le Nigéria du 27 mars 1972 ratifié par décret n° 77/216 du 30 juin 1977 ;

---

[201] Zock Atara à Ngonn (J. S. F. M.), *Les contrats internationaux du Cameroun*, Thèse unique, Université de Paris Sud XI, 1988, 900 p.

[201] Zock Atara à Ngonn (J. S. F. M.), *Le contentieux judiciaire et arbitral des contrats internationaux du Cameroun*, L'Harmattan, 2018, 421 p.

[202] Alan Redfern et Martin Hunter, *op cit.*, p. 43.

[203] Développements dans la partie II de cette étude consacrée à la pratique arbitrale du Cameroun.

- l'accord entre le Cameroun et la France du 21 février 1974, ratifié par le décret n° 74/664 du 17 juillet 1974 ;
- l'accord entre le Cameroun et le Zaïre du 11 mars 1977, ratifié par le décret n° 77/192 du 24 juillet 1977 ;
- l'accord entre le Cameroun et la Guinée Conakry du 02 mai 1983, ratifié par décret le 26 août 1983 ;
- la convention en matière de coopération et d'entraide judiciaire entre les États membres de la Communauté économique des États de l'Afrique centrale, adoptée le 18 mars 2006 à Brazzaville, ratifiée par décret n° 2008/110 du 12 mars 2008.

Sans être une convention bilatérale, on peut citer l'accord de coopération judiciaire entre les pays de l'OCAM (Organisation commune africaine malgache et mauricienne) du 12 septembre 1961. Cet accord supprime la formalité du double exequatur pour la reconnaissance et l'exécution des sentences arbitrales rendues dans les États parties.

Les différents accords de coopération ci-dessus comportent la disposition suivant laquelle les sentences arbitrales, rendues dans un État partie à l'accord, peuvent être exécutées dans l'autre, si elles satisfont aux conditions posées aux mêmes fins pour les jugements, à savoir être exécutoires dans le pays où la sentence ou le jugement a été rendu. Pour les besoins d'efficacité de cette étude, il n'est pas inutile de rappeler que cette exigence de réciprocité va en contradiction avec l'article VII de la convention de New York de 1958 qui n'exige pas que la sentence soit rentrée en force de chose jugée dans le pays où elle a été rendue.

En tout état de cause, en cas de conflit de lois entre le Cameroun et un pays signataire de cet accord, qui soit également signataire de l'accord OCAM de 1961, les dispositions de ce dernier accord l'emporteront dans la mesure où l'article 36 dispose que « les sentences arbitrales rendues dans l'un des États sont reconnues et exécutées dans l'autre État, selon les dispositions de la Convention de New York de 1958 pour la reconnaissance et l'exécution des sentences arbitrales étrangères ».

En guise de conclusion sur cette partie, on peut noter que le Cameroun a suffisamment élaboré un cadre juridique réglementaire sur l'arbitrage, qui puisse lui permettre de booster son développement en se conformant aux exigences de ses partenaires. Il n'est donc pas surprenant de noter que le Cameroun connaît une riche pratique de l'arbitrage commercial international.

II. Présentation des centres d'arbitrage devant lesquels le Cameroun este

Le Cameroun a une pratique arbitrale connue et éprouvée. Ainsi qu'on a pu le relever, le contentieux arbitral du Cameroun est essentiellement porté sur les investissements. On évitera des développements spécifiques sur la nature de ces contentieux. De manière courante, le contentieux arbitral est à titre principal institutionnel ; il y a aussi des cas où cet arbitrage est *ad hoc* (A). Mais il conviendrait de présenter un volet déterminant du règlement amiable des différends qui pourraient pourtant faire éviter la procédure d'arbitrage (B).

A. Les arbitrages institutionnels devant le CIRDI et la cour internationale d'arbitrage

On présentera d'abord la procédure devant le CIRDI qui se résume pour le Cameroun aux célèbres affaires KLÖCKNER (1) ; ensuite devant la cour internationale d'arbitrage de la CCI (2) ; et enfin celle devant la cour de justice et d'arbitrage de l'OHADA (3).

1. Le Centre international de règlement des différends relatifs à l'investissement (CIRDI)

La convention pour le règlement des différends relatifs aux investissements entre États et ressortissants d'autres États fut signée à Washington le 18 mars 1965. Cette convention crée un centre d'arbitrage dénommé le CIRDI sous les auspices de la Banque internationale pour la reconstruction et le Développement ; elle institue un règlement d'arbitrage.

Le CIRDI est compétent dans le règlement au moyen de l'arbitrage et de la conciliation, des différends relatifs aux investissements opposant des États contractants à des ressortissants d'autres États contractants[204].

[204] Article 1(2) de la convention du CIRDI de 1965.

Généralement, le règlement de ce type de différends se heurte à de multiples obstacles que la création du CIRDI a tenté de surmonter. En effet, les États peuvent se montrer réticents à soumettre leur différend avec une personne privée devant une juridiction internationale. Ainsi, la caractéristique de la procédure du CIRDI est qu'elle est indépendante de tout droit national, y compris celui du siège de l'arbitrage.

Fort de cette possibilité, en soumettant leur litige devant le CIRDI, les parties sont assurées que leur procédure échappera à tout contrôle judiciaire de la part des tribunaux étatiques. Cette autonomie se reflète tout autant dans la procédure d'arbitrage du CIRDI (b), que lors de l'exécution des sentences rendues (c). Il conviendrait cependant de présenter d'abord l'organisation du CIRDI (a).

a. L'organisation du CIRDI et sa compétence

Le siège du Centre est celui de la Banque internationale pour la Reconstruction et le Développement (BIRD). Le Centre se compose d'un conseil administratif et d'un secrétariat. Le président de la BIRD est de plein droit président du conseil administratif.

On ne s'étendra pas sur les fonctions du conseil administratif qui assume des fonctions de décision et d'administration du Centre. À côté du conseil administratif, le secrétariat est dirigé par un secrétaire général. Ce dernier représente légalement le Centre, il le dirige et est responsable de son administration. Il remplit les fonctions de greffier et a le pouvoir d'authentifier les sentences arbitrales rendues en vertu de la convention du CIRDI et d'en certifier copie[205]. Le secrétariat tient une liste de conciliateurs et une liste d'arbitres.

La compétence du Centre s'étend aux différends d'ordre juridique entre un État contractant (ou telle collectivité publique ou tel organisme dépendant de lui qu'il désigne au Centre), et le ressortissant d'un autre État contractant qui sont en relation directe avec un investissement ,et que les parties ont consenti par écrit à soumettre au Centre. La convention définit assez clairement ce qu'elle entend par ressortissant d'un autre État contractant[206].

---

[205]Article 11 (3) de la convention du CIRDI de 1965.

[206]L'article 25 (2) de la convention du CIRDI précise à cet effet que :
« Ressortissant d'un autre État contractant signifie :

Il convient cependant de relever que l'exigence du consentement des parties à l'arbitrage a pour corollaire et conséquence pour l'État qui le donne, en son nom ou en celui d'une de ses collectivités, comme impliquant la renonciation à l'exercice de tout autre recours. Toutefois, comme condition à son consentement à l'arbitrage du CIRDI, un État contractant peut exiger que **les recours administratifs ou judiciaires internes soient épuisés**. Cette possibilité retrouve une autre qui mérite également d'être relevée, à savoir satisfaire toujours la tentative de conciliation préalable, avant tout recours devant le CIRDI ou toute autre instance arbitrale ou judiciaire.

b. La procédure devant le CIRDI

De manière générale, le consentement des parties à l'arbitrage du CIRDI doit être contenu dans un instrument écrit. Il peut s'agir d'un consentement général, notamment l'adhésion de l'État à la convention du CIRDI. Il peut également s'agir d'une clause de règlement des différends insérée dans un contrat particulier ou clause compromissoire. À cet effet, l'affaire Klöckner fut jugée par le CIRDI en vertu de deux contrats d'investissement qui contenaient des clauses du CIRDI.

Dans la pratique, **un État contractant** ou **le ressortissant d'un État** qui désire entamer une procédure de conciliation ou d'arbitrage en vertu de la convention du CIRDI, **adresse par écrit** une requête à cet effet au **secrétaire général** au siège du Centre. La requête peut être introduite conjointement par les parties au différend.

(a) toute personne physique qui possède la nationalité d'un État contractant autre que l'État partie au différend à la date à laquelle les parties ont consenti à soumettre le différend à la conciliation ou à l'arbitrage ainsi qu'à la date à laquelle la requête a été enregistrée conformément à l'article 28, alinéa 3, ou à l'article 36, alinéa 3, à l'exclusion de toute personne qui, à l'une ou à l'autre de ces dates, possède également la nationalité de l'État contractant partie au différend ;

(b) toute personne morale qui possède la nationalité d'un État contractant autre que l'État partie au différend à la date à laquelle les parties ont consenti à soumettre le différend à la conciliation ou à l'arbitrage et toute personne morale qui possède la nationalité de l'État contractant partie au différend à la même date et que les parties sont convenues, aux fins de la présente Convention, de considérer comme ressortissant d'un autre État contractant en raison de contrôle exercé sur elle par des intérêts étrangers ».

La requête indique :

- de façon précise, l'identité de chacune des parties au différend ainsi que son adresse ;
- si l'une des parties est une collectivité publique ou un organisme dépendant d'un État contractant, le fait qu'elle a été désignée au Centre par ledit État ;
- la date du consentement et les instruments dans lesquels il est enregistré, et indique également si la partie est une collectivité publique ou un organisme dépendant ;
- lorsque la partie est un ressortissant d'un État contractant, sa nationalité à la date du consentement ;
- si la partie est une personne physique :
    - sa nationalité à la date de la requête ;
    - et le fait qu'elle n'avait pas la nationalité de l'État contractant partie au différend, ni à la date du consentement, ni à la date de la requête ;
- si la partie est une personne morale qui à la date du consentement avait la nationalité de l'État contractant partie au différend, le fait que les parties sont convenues de la considérer comme ressortissant d'un autre État contractant aux fins de cette convention.

En outre, la requête doit contenir des informations sur l'objet du différend et indiquant l'existence, entre les deux parties, d'un différend d'ordre juridique en relation directe avec un investissement.

Enfin, si la requête provient d'une personne morale, cette dernière doit indiquer expressément qu'elle a pris toute mesure interne nécessaire afin que ladite requête soit autorisée.

Dès réception de la requête, le secrétaire général du CIRDI en accuse réception, perçoit les droits prescrits et c'est alors qu'il peut la transmettre à l'autre partie ; ou notifie aux parties le refus d'enregistrement de la requête. Toutes ces dispositions sont contenues dans le règlement de procédure relatif à l'introduction des instances de conciliation et d'arbitrage (règlement d'introduction des instances).

Il convient cependant d'indiquer qu'il existe un règlement de procédure relatif aux instances de conciliation devant le CIRDI. Cette question sera globalement abordée dans le cadre du règlement souhaité des différends avant toute saisine d'un tribunal arbitral.

Une fois la requête retenue, le secrétaire général procède à la constitution du tribunal arbitral ; conformément à l'accord des parties, le tribunal peut comprendre un ou trois arbitres. Si le tribunal n'est pas constitué dans les 90 jours suivant la notification de l'enregistrement de la requête par le secrétaire général, ou dans tout autre délai convenu par les parties, le président, à la demande de la partie la plus diligente, désigne le(s) arbitre(s), qui ne doit(vent) pas être ressortissant(s) de l'État contractant partie au différend ou de l'État contractant dont le ressortissant est partie au différend.

c. L'effet des sentences rendues et les voies de recours

Le tribunal arbitral statue sur toute question à la majorité des voix de tous ses membres ; la sentence est rendue par écrit et elle doit répondre à tous les chefs de conclusions soumises au tribunal. La sentence est **obligatoire** à l'égard des parties et ne peut faire l'objet d'**aucun appel** ou **autre recours**.

Toutefois, sur requête d'une des parties, à présenter dans les 45 jours de la sentence, le tribunal peut après notification à l'autre partie, statuer sur toute question sur laquelle il aurait omis de se prononcer dans la sentence et corriger toute erreur matérielle contenue dans la sentence.

Le régime juridique des sentences rendues par le CIRDI est unique et exceptionnel. En effet, contrairement aux sentences des autres centres d'arbitrage qui ont un caractère définitif, exécutoire et obligatoire, les sentences arbitrales du CIRDI peuvent être **interprétées**, **révisées** ou **annulées**.

Tout différend qui pourrait s'élever entre les parties concernant le sens ou la portée de la sentence peut faire l'objet d'une **demande en interprétation** adressée par écrit au secrétaire général par l'une ou l'autre partie (article 50 de la convention du CIRDI). La demande est si possible, soumise au tribunal qui a statué. En cas d'impossibilité, cette mission est confiée à un nouveau tribunal arbitral.

Chacune peut par écrit demander au secrétaire général la **révision de la sentence** en raison de la découverte d'un fait de nature à exercer une influence décisive sur la sentence, à condition que ce fait soit inconnu du tribunal avant le prononcé de la sentence.

En outre, chacune des parties peut demander par écrit au secrétaire général du CIRDI l'annulation de la sentence pour l'un des motifs suivants :

- vice de la constitution du tribunal ;
- excès de pouvoir manifeste du tribunal ;
- corruption d'un membre du tribunal ;
- inobservation grave d'une règle fondamentale de procédure ;
- défaut de motif.

Le recours[207] exercé contre la sentence Klöckner a été mis en œuvre sur la base de la procédure d'annulation prévue par l'article 52 de la convention de Washington du 18 mars 1965[208]. Selon cet article, la sentence contestée est examinée par un comité *ad hoc* de trois membres[209], désignés par le président du conseil administratif du CIRDI. Ces membres doivent être choisis sur la liste des arbitres tenue par le Centre, en tenant compte des divers cas d'incompatibilité fixés par le §3.

Le comité *ad hoc* a une mission destinée à censurer les sentences gravement irrégulières. La procédure de l'article 52 n'est pas, à l'évidence, une procédure d'appel. Elle n'a pas pour objet d'instituer une juridiction de second degré qui réexaminerait l'affaire et substituerait son appréciation à celle du tribunal arbitral au cas où elle estimerait mal fondée sa décision. Les deux comités[210] en sont bien conscients qui ont pris soin de préciser que tel n'était pas leur rôle. Ils rejetteront en conséquence un certain nombre de moyens invoqués par les demandeurs qui leur paraissent excéder ceux qu'ils sont en droit de

[207]« Le recours exercé contre la sentence Klöckner ne constituait sans doute pas une surprise dans la mesure où celle-ci n'avait été rendue qu'à la majorité des voix et dans des conditions qui avaient provoqué une profonde divergence de vues entre les membres du tribunal. Il était en fait déjà en filigrane dans l'opinion dissidente très tranchée de l'arbitre minoritaire (choisi par Klöckner) dont il allait reprendre les principaux arguments ». Rambaud, Patrick ; L'annulation des sentences Klöckner et AMCO ; Annuaire français de droit international, XXXII – 1986- publié par le Cnrs ; p. 260.

[208]La sentence rendue le 24 novembre 1984, dans l'Affaire AMCO et *al.* c. Indonésie, a été également annulée par une décision du 16 mai 1986.

[209]Il s'agit du Suisse Pierre Lalive, Président ; du juriste autrichien M. Seidl-Hohenveldern et de l'Égyptien, M. El-Kosheri.

[210]Les deux comités *ad hoc* chargés de réexaminer respectivement les affaires Klöckner et AMCO.

retenir à la lumière de l'article 52. Ainsi, l'observera le comité Klöckner, le rôle des comités *ad hoc* est, au fond des choses, « de veiller à la demande des intéressés, au respect des dispositions essentielles de la Convention concernant l'arbitrage »[211] .

À cet effet, l'article 52 de la convention du CIRDI énumère cinq cas d'annulation dont trois seulement seront invoqués en l'espèce, notamment l'excès de pouvoir manifeste, l'inobservation grave d'une règle fondamentale de procédure et le défaut de motifs. Les deux autres motifs sont le vice dans la constitution du tribunal et la corruption d'un membre du tribunal[212].

Ce recours avait été sanctionné par une annulation de la sentence intervenue le 21 octobre 1983 entre la société allemande Klöckner c. la République du Cameroun et la société SOCAME, aux motifs qu'il y a eu excès de pouvoir manifeste et défaut de motifs.

2. La Cour internationale d'Arbitrage de la Chambre de Commerce internationale

Compte tenu du caractère confidentiel des procédures pendantes devant ce centre d'arbitrage, il est difficile de déterminer avec exactitude les arbitrages qui concernent le Cameroun devant la Cour internationale d'Arbitrage (CIA). D'autre part, en raison de la méfiance jadis affichée par les États africains vis-à-vis de l'arbitrage, il était difficile de croire que la CCI ait pu servir plusieurs fois de prétoire[213] au Cameroun.

L'idée longtemps partagée qu'il existe un système de justice internationale qui n'est pas acceptée par certains pays en particulier d'Afrique, d'Asie et d'Amérique latine, « qui considèrent l'arbitrage comme une institution judiciaire étrangère qui leur est imposée »[214], est relativisée par la présence africaine devant les instances arbitrales

[211] Rambaud, Patrick ; L'annulation des sentences Klöckner et AMCO ; Annuaire français de droit international, XXXII – 1986- publié par le CNRS ; p. 261 ; *op. cit.*
[212] Rambaud, Patrick, L'annulation des sentences Klöckner et AMCO ; Annuaire français de droit international, XXXII – 1986- publié par le Cnrs ; p. 261 ; *op. cit.*
[213]Dans la plupart des contentieux internationaux de l'État du Cameroun, à l'instar des arbitrages de la CCI, le Cameroun est attrait en qualité de défendeur ou de codéfendeur. Il est fait exception dans l'affaire du différend terrestre et maritime qui a opposé le Cameroun et le Nigéria pour laquelle l'État du Cameroun est demandeur devant la CIJ.
[214]Keba Mbaye, in *60 ans d'arbitrage C.C.I. Un regard vers le futur*, ICC bulletin.

et les juridictions internationales en général[215]. En guise d'illustration, le Cameroun est concerné par de nombreuses procédures devant la CIA.

Cette présence traduit qu'en pratique, le Cameroun encourage les investissements internationaux dans son pays lorsqu'il concède l'insertion des clauses compromissoires dans ses contrats internationaux.

Au rang de ces affaires, on peut citer les affaires opposant l'État du Cameroun ou certains de ses démembrements[216], à des entreprises nationales ou étrangères[217]. Nous n'exposerons que quelques-uns de ces arbitrages.

a. L'organisation de la Cour internationale d'arbitrage

Le siège de la CIA est à Paris. La cour a pour mission de permettre la solution par voie d'arbitrage des différends ayant un caractère international, intervenant dans le domaine des affaires, conformément au règlement d'arbitrage de la CCI entré en vigueur le 1er janvier 1998[218].

La cour ne tranche pas elle-même les différends ; elle administre les arbitrages à travers son secrétariat. Ce dernier est dirigé par un secrétaire général.

b. La procédure devant la CIA

Toute demande d'arbitrage est introduite en vertu d'une clause compromissoire ou d'un compromis d'arbitrage.

Un exemple nous est fourni dans l'arbitrage F. T. c/ I. La société F. T. et la Société I. avaient entretenu des relations anciennes dans le domaine des télécommunications. Au 31 décembre 1993, la dette de I. était de …. FCFA et la situation s'était encore dégradée du fait de la

---

[215]La République du Cameroun, le Nigéria, le Burkina Faso, la Guinée équatoriale, le Tchad, la Libye devant la CIJ, dans le cadre des différends portant sur la délimitation de leurs frontières terrestre et maritime.

[216] La CNR (Caisse nationale d'Assurance et de Réassurance), INTELCAM (Télécommunications du Cameroun), CNIC (Chantiers navals du Cameroun).

[217] On peut citer les sociétés B. TP S.A., CNR, C.f.l. C.Ltd, CNIC, INTELCAM c. F. T. W. & T., CTE, B. I. (République sud-africaine), A. L. (*British Virgin Islands*), Société U. (Togo) ; Source : Ica- Base : base de données du secrétariat de la CIA.

[218] Un nouveau règlement d'arbitrage est entré en vigueur depuis 2012, modifié en 2017.

dévaluation du franc CFA qui a entraîné de facto un doublement de la dette en francs CFA. Les deux entreprises avaient signé un protocole d'accord faisant option en faveur de l'arbitrage pour régler leurs litiges[219].

Dans un autre arbitrage opposant la société W. T. à l'État du Cameroun, la demande d'arbitrage fut introduite en application de l'article 64 du marché[220].

Ainsi qu'on peut le constater, les parties doivent dans leur clause compromissoire, régler les questions du lieu d'arbitrage, de la langue d'arbitrage, du droit applicable ou du nombre d'arbitres.

Suivant le règlement d'arbitrage de la Cci, le tribunal arbitral doit rendre sa sentence dans un délai de six mois. Mais la pratique enseigne que les arbitrages impliquant l'État du Cameroun mettent beaucoup plus long que cela ; ils durent souvent des années, trois à six années en moyenne[221].

c. L'effet des sentences rendues

Toute sentence arbitrale revêt un caractère obligatoire pour les parties. Ces dernières sont réputées pour avoir renoncé à toutes voies de recours auxquelles elles peuvent valablement renoncer.

Toutefois, le tribunal peut d'office corriger toute erreur de même nature contenue dans la sentence. Il s'agit uniquement d'erreurs matérielles, de calcul ou typographique ou toute erreur de même nature contenue dans la sentence, pourvu que cette correction soit

---

[219] L'article 6 intitulé « droit applicable et arbitrage », prévoit une clause de règlement des litiges selon laquelle « le présent Protocole d'Accord est soumis au droit français.
Toute difficulté relative au présent Protocole d'Accord sera à défaut d'accord amiable entre les parties, tranchée définitivement suivant le Règlement de Conciliation et d'Arbitrage de la Chambre de Commerce internationale par un ou plusieurs arbitres nommés conformément à ce règlement.
Le lieu de l'arbitrage est fixé à Paris et la langue de l'arbitrage sera le français ».

[220] Article 64 : règlement des litiges qui dispose que : « Tout litige survenant entre les parties contractantes dans le cadre du présent marché doit faire l'objet d'une tentative de conciliation par entente directe.
À défaut de règlement à l'amiable, tout différend découlant du présent marché sera tranché définitivement suivant le règlement de conciliation et d'arbitrage de la Chambre de Commerce internationale par un ou plusieurs arbitres nommés conformément audit règlement ».

[221] Affaire W. T. c. État du Cameroun.

soumise pour approbation à la cour dans les trente jours de la date de ladite sentence.

Mais à l'expérience, l'État du Cameroun ou certains de ses démembrements ont tendance à contester les sentences rendues par la CCI[222]. Ces dernières années, des particuliers se sont également illustrés par des demandes en annulation des sentences arbitrales[223].

3. La Cour commune de Justice et d'Arbitrage de l'OHADA

Comme on a pu le préciser plus haut, l'arbitrage OHADA est contenu dans divers actes uniformes et traité. L'acte uniforme relatif au droit de l'arbitrage dans le cadre du traité OHADA fut adopté à Ouagadougou le 11 mars 1999[224].

a. La compétence de la CCJA en matière d'arbitrage

En vertu des dispositions du règlement d'arbitrage de la CCJA, la CCJA exerce des attributions d'administration des arbitrages dans le domaine qui lui est dévolu, notamment lorsqu'un différend est d'ordre contractuel. Elle exerce également des compétences juridictionnelles en matière d'autorité de chose jugée et d'exequatur des sentences rendues, dans sa formation contentieuse ordinaire.

La cour ne tranche pas elle-même les différends. Elle nomme et confirme les arbitres, informe du déroulement de l'instance et examine les projets de sentence.

b. La procédure devant la CIA

Toute partie désirant avoir recours à l'arbitrage adresse sa demande au secrétaire général pour l'arbitrage de la cour. La procédure arbitrale est confidentielle.

c. L'effet des sentences rendues

Les sentences arbitrales rendues conformément aux dispositions du présent règlement ont l'autorité définitive de la chose jugée sur le territoire de chaque État partie, au même titre que les décisions

---

[222] La société CAMTEL avait introduit un recours en annulation contre la sentence rendue en faveur de France Télécom.

[223] Dans l'affaire CTE, Monsieur N. a saisi la cour d'appel de Paris d'une demande d'annulation de la sentence CTE rendue en sa défaveur.

[224] Révisé le 23 novembre 2017, entré en vigueur le 15 mars 2018.

rendues par les juridictions de l'État. Elles peuvent faire l'objet d'une exécution forcée sur le territoire de l'un quelconque des États-parties.

B. Le règlement amiable des différends

Le contentieux extra judiciaire des contrats internationaux peut se régler par la voie amiable. C'est le procédé consacré dans divers instruments conventionnels ou contractuels. L'étude de ce contentieux passe d'abord par une identification des sources qui favorisent ce type de règlement (paragraphe 1). C'est ensuite qu'il sera procédé à l'examen des règlements ou tentatives de règlements amiables connus dans la pratique contractuelle camerounaise (paragraphe 2).

La doctrine rappelle à ce propos que :

> « l'une des caractéristiques des contrats Nord-Sud[225] réside dans la présence des clauses de règlement amiable des différends...Elles expriment le souhait des cocontractants de trouver en premier lieu une solution pour achever l'exécution du contrat, plutôt que le désir de chacun de se retrancher derrière le premier problème pour faire jouer une procédure juridictionnelle et se retirer de l'opération contractuelle »[226].

Le règlement amiable trouve ses sources dans les conventions (bilatérales ou multilatérales) et dans certains contrats (1). Il convient d'étudier également le régime juridique de ces modes non juridictionnels de règlement amiable des différends (2).

1. Les conventions bilatérales et multilatérales

L'article 45 du code des investissements de la République du Cameroun, objet de l'ordonnance n° 90/007 du 8 novembre 1990 dispose au titre de la loi applicable que les entreprises agréées ont le droit de demander à ce que leurs différends qui n'auraient pas pu être résolus à l'amiable avec l'État, relatifs à la validité et à l'interprétation de l'acte d'agrément, soient définitivement réglés, conformément à une procédure d'arbitrage ou de conciliation. Le principe du recours au règlement amiable des litiges dans les contrats internationaux du Cameroun est contenu dans certaines conventions bilatérales liant le Cameroun à des pays partenaires amis (1). On trouve également cette

---

[225] Cf. la publication du CIRDI « Règlements » partie D, pp. 75-128.

[226] Berlin (D.), *Les procédures de règlement des différends dans les contrats Nord-Sud* ; in *Contrats internationaux et pays en développement* (Hervé Convention) ; *op. cit.*, pp. 77-78.

possibilité dans les contrats étudiés (2). La loi camerounaise n'exclut pas le règlement amiable des différends.

a. Les sources du règlement amiable des différends

L'accord entre le Gouvernement de la Roumanie et le Gouvernement du Cameroun concernant la promotion et la protection réciproque des investissements prévoit en son article 8 : « Conflits entre une partie contractante et un investisseur de l'autre partie contractante » le recours à un règlement amiable des différends. Cet article dispose que : « (1) les différends relatifs aux investissements entre une partie contractante et un investisseur de l'autre partie contractante seront réglés, autant que possible, à l'amiable par le biais des consultations entre les parties intéressées ».

Plus loin, et notamment à l'alinéa 2, l'accord cavant prévoit la possibilité de recourir à défaut de ce règlement amiable, à la procédure de « conciliation ».

La conciliation est un mode alternatif de règlement non juridictionnel des différends commerciaux internationaux à l'amiable, qui met directement en relation les parties ou qui fait intervenir un tiers conciliateur dont les parties s'engagent sur la base de leur volonté, à respecter les termes de la conciliation.

À cet effet, la résolution 35/52 adoptée par l'assemblée générale des Nations-Unies le 4 décembre 1980 a pour objet le règlement de conciliation de la commission des Nations-Unies pour le droit commercial international. Dans son préambule, l'assemblée générale reconnaît « la valeur de la conciliation comme méthode de règlement amiable des litiges nés dans le contexte des relations commerciales internationales »[227].

Par ailleurs, la convention pour le règlement des différends relatifs aux investissements entre États et ressortissants d'autres États[228] prévoit en son article 28 la possibilité d'un recours à la conciliation. Cette disposition indique notamment qu' « un État ou le ressortissant

---

[227] Préambule, règlement de conciliation de la commission des Nations-Unies pour le droit commercial international.

[228] La convention pour le règlement des différends relatifs aux investissements entre États et ressortissants d'autres États fut adoptée le 18 mars 1965. Cette convention est également connue sous la dénomination de la convention de Washington instituant le CIRDI.

d'un État contractant qui désire entamer une procédure de conciliation doit adresser par écrit une requête à cet effet au secrétaire général ».

À quelques dispositions près, l'article 7(1) : règlement des différends entre les investisseurs et les parties contractantes de l'accord entre le Gouvernement de la République italienne et le Gouvernement de la République du Cameroun pour la promotion et la protection des investissements dispose que :

« Tout différend relatif aux investissements entre l'une des parties contractantes et un investisseur de l'autre partie contractante est autant que possible réglé à l'amiable entre les parties au litige ».

Cette disposition est systématisée dans les accords bilatéraux que le Gouvernement de la République du Cameroun passe avec les États amis[229] ; pour reprendre Monsieur Meka Gaston, « ces accords sont de véritables traités internationaux régis par les règles de droit international public. Ils sont désignés par la BIRD (Banque mondiale) sous le terme générique de *Bilateral Investments Treaties* (BIT)»[230].

À ce titre, ils constituent une source fondamentale du recours à l'arbitrage avec la possibilité d'un règlement amiable comme mode de règlement des litiges commerciaux internationaux dans les contrats internationaux du Cameroun. Monsieur Meka Gaston dans son étude révèle que des accords similaires existent également entre le

---

[229] L'accord passé le 10 mai 1997 entre le Gouvernement de la République du Cameroun et le Gouvernement de la République populaire de Chine pour la promotion réciproque des investissements dispose en son article 9 : Règlement des différends relatifs aux investissements que :

1. Tout différend relatif aux investissements entre une partie contractante et un investisseur de l'autre partie contractante sera réglé, autant que possible, à l'amiable, par consultations et négociations entre les parties au différend.
2. À défaut d'un règlement amiable par arrangement direct entre les parties au différend dans un délai de 6 mois, à compter de la date de sa notification écrite, le différend est soumis, au choix de l'investisseur :

a) soit au tribunal compétent de la Partie Contractante sur le territoire de laquelle l'investissement est effectué ;
b) soit pour arbitrage au Centre International pour le Règlement des Différends Relatifs aux Investissements (C.I.R.D.I.) créé par la « Convention pour le règlement des différends relatifs aux investissements entre États et ressortissants d'autres États », ouvert à la signature à Washington, le 18 mars 1965 ».

[230] Meka (G.), *L'arbitrage commercial international au Cameroun : état du droit et de la pratique*. Mémoire de DESS en relations internationales ; option contentieux international. IRIC, juillet 2002, p. 40.

Cameroun et *la France ; le Luxembourg ; les Pays-Bas ; le Royaume-Uni ; les États-Unis d'Amérique*[231].

Il convient cependant de relever que, que ce soient les accords bilatéraux ou les contrats internationaux, le recours à un règlement amiable des litiges n'est pas exclusif du recours à l'arbitrage ou à toute autre forme de règlement judiciaire. Toutefois, il est important de constater que tandis que les BIT posent le principe du recours à l'arbitrage avec possibilité d'un règlement amiable pour régler les litiges, certains contrats internationaux du Cameroun quant à eux organisent également le recours à l'arbitrage avec la possibilité d'un arrangement amiable.

b. Les sources contractuelles

Le protocole d'accord signé entre Klöckner et le Cameroun le 04 novembre 1971 contient en son article 22, une clause compromissoire désignant l'arbitrage du CIRDI[232] se référant à la convention du CIRDI de 1965. Toute tentative de règlement amiable était envisageable dans ce cas.

L'article 64 du Marché n° 1581/AO/95-96 passé entre la société allemande W. T. et la République du Cameroun[233] indique clairement le recours au règlement amiable[234]. L'on peut également citer l'article 13 de la convention de cession de la filière thé de la *Cameroon Development Corporation* (CDC) au profit de la société *Cameroon Tea Estates* (CTE) du 18 octobre 2002[235]. Comme on peut le noter, le règlement amiable des différends devrait obéir à un régime juridique préalable.

---

[231]*Idem*, p. 40.

[232] L'exécution de ce protocole d'accord a donné lieu à un arbitrage devant le CIRDI ; infra.

[233] *Op.cit.*, L'exécution de ce contrat a donné lieu à un arbitrage international devant la Cci ; infra.

[234] « Tout litige survenant entre les parties contractantes dans le cadre du présent marché doit faire l'objet d'une tentative de conciliation par entente directe. À défaut de règlement amiable, tout différend découlant du présent marché sera tranché définitivement suivant le règlement de conciliation et d'arbitrage de la Chambre de Commerce internationale par un ou plusieurs arbitres nommés conformément audit règlement ».

[235] « Tout différend entre les parties, non résolu à l'amiable, relatif à la validité, à l'interprétation, le sens, l'exécution ou les effets de la présente Convention ou de ses suites ou relatifs aux droits et obligations des parties (…) tribunal arbitral selon les règles de la Chambre du Commerce internationale (Cci)».

2. Le régime juridique du règlement amiable des différends

Dans la plupart des contentieux qui ont eu lieu entre le Cameroun et ses partenaires, c'est par déduction que les parties ou le tribunal relèvent au passage l'échec d'une ou de plusieurs tentatives de règlement amiable. De manière explicite, il est rarement apparu dans les jugements et sentences étudiés, qu'à un moment déterminé, les parties aient décidé expressément de recourir à un règlement amiable de leur différend, soit au moyen d'une entente directe, soit à celle d'une transaction, médiation ou conciliation.

Or de plus en plus, en matière de politique internationale contemporaine, « l'autre option consiste à déléguer, au cas par cas, la résolution des problèmes émergents à des acteurs neutres, spécialisés, mis en principe à l'abri des pressions politiques ou financières »[236]. Il s'agit de quelques experts et autres hommes de science qui « apportent aux décideurs politiques une connaissance réputée neutre et efficace ». Il s'agit spécifiquement des médiateurs, arbitres et autres juges non étatiques. Certains cas d'arrangement amiable seront examinés (i), avant l'étude proprement dite du régime juridique annoncé (ii).

i. Quelques tentatives d'arrangement amiable

a) L'affaire Klöckner c. SOCAME

L'affaire Klöckner avait donné lieu à un important arbitrage devant le CIRDI[237]. Il est signalé quelque part dans la sentence que des discussions avaient eu lieu au niveau diplomatique pour tenter de faire redémarrer l'usine SOCAME en 1980. En effet, lors d'une réunion à Yaoundé le 1er décembre 1980, à laquelle Klöckner s'était fait accompagner par les ambassadeurs d'Allemagne, de Belgique et des Pays-Bas, les autorités camerounaises avaient déclaré que le Cameroun ne refusait pas de respecter son obligation de régler les traites, mais que Klöckner, ayant joué de multiples rôles dans le projet, devait reconnaître une responsabilité au moins partielle dans l'échec de l'usine.

---

[236] Sagard (J.), *Réguler l'économie mondiale : le juge plutôt que le diplomate ?* La lettre du CEPII, n° 244, avril 2005, 4 p.

[237] Infra, *Le contentieux arbitral.*

À cette préoccupation de la République du Cameroun, la société Klöckner avait répondu que le problème de la SOCAME avait été le prix des engrais sur le marché local.

Pour leur part, les ambassadeurs avaient averti le Gouvernement camerounais qu'un défaut de paiement aurait de très graves conséquences sur la coopération de la part des pays intéressés au Cameroun[238].

Au sens de la convention du CIRDI, l'article 27(1) dispose qu'aucun État contractant n'accorde la protection diplomatique ou ne formule de revendication internationale au sujet d'un différend que l'un de ses ressortissants et un autre État contractant ont consenti à soumettre ou ont soumis à l'arbitrage dans le cadre de la présente convention, sauf si l'autre État contractant ne se conforme pas à la sentence rendue à l'occasion du différend.

Or, comme il peut être noté au regard de l'article 27(1) ci-dessus cité, la protection diplomatique pourrait intervenir en vue de l'application de la sentence intervenue.

Dans l'affaire Klöckner, aucune sentence n'était encore intervenue dès lors que le CIRDI n'était pas saisi du différend. Cette démarche des ambassadeurs d'Allemagne, de Belgique et des Pays-Bas peut être assimilée à de « simples démarches diplomatiques tendant uniquement à faciliter le règlement du différend »[239].

b) L'affaire W. T. c. la République du Cameroun

Dans cette affaire qui a fait l'objet d'un arbitrage devant la CIA de la Cci[240], l'un des motifs invoqués par la société allemande porte sur le rejet du décompte final des travaux, qui a été suivi par des échanges écrits. L'État du Cameroun et ladite société n'avaient pas pu s'entendre sur le décompte définitif des travaux en douze points[241].[242].

---

[238] Procès-verbal cité à la page 135 de la sentence arbitrale rendue par le CIRDI.

[239] Article 27(2) de la convention de Washington.

[240] Infra, Le contentieux arbitral devant la Cour internationale d'Arbitrage de la CCI.

[241] Le détail de ces points transmis à la République du Cameroun le 02 juin 1999, laisse apparaître que la société demanderesse réclamait dans l'ensemble des frais supplémentaires dus à la prolongation du délai d'exécution ; la rémunération des travaux supplémentaires, ainsi que la prolongation du délai d'exécution.

[242] Dossier de réclamations présenté à la République du Cameroun le 02 juin 1999, par les soins de la société W. & T.

En outre, une discussion avait surgi entre les parties à propos du décompte n° 12 à l'initiative de la République du Cameroun[243]. Fort de ces revendications, la société demanderesse mettra la République du Cameroun « en demeure de lui payer » les sommes revendiquées avant le 15 février 2000, en ces termes :

« Si cette somme n'est pas payée d'ici cette date, nous considérons que vous n'êtes pas intéressés par un règlement à l'amiable. Nous examinerons alors si nous pouvons faire valoir nos revendications d'après l'application de l'article 64 »[244].

c) L'affaire N. N. c. B. F., la République du Cameroun et B.A.D.

Ce différend porte sur la privatisation de la filière thé de la CDC[245]. Face à l'échec d'une telle demande, l'intéressé se résoudra à

---

[243] En rappel, par courrier du 12 juillet 1999, la société demanderesse avait accusé réception de ce décompte comme « valant décompte mensuel provisoire aux termes de l'article 49.3 du marché », et demandé à la République du Cameroun de l'informer de la date à laquelle elle pourrait obtenir le décompte général et définitif prévu à l'article 49.7 du marché. Dans ce même courrier, ladite entreprise avait fait des observations.

Par lettre du 23 juillet 1999, la République du Cameroun a demandé à la demanderesse de lui communiquer un dossier justificatif et circonstancié de ses réclamations. À propos du décompte n° 12, la République a précisé que ce décompte n'était pas un décompte « définitif » au sens contractuel du terme. Et que par ailleurs, les décomptes provisoires étant établis par l'entreprise, si le décompte n° 12 comportait des erreurs, elles étaient nécessairement dues à l'entrepreneur et non à la République du Cameroun.

Le 26 octobre 1999, la République du Cameroun avait de nouveau demandé à l'entreprise « de bien vouloir établir et [lui] faire parvenir dans les meilleurs délais pour approbation, après visa de l'ingénieur-conseil … représentant de l'administration, le décompte général et définitif prévu à l'article 49.7 du marché ».

Réagissant à cette correspondance par une lettre du 23 novembre 1999, la société demanderesse avait fait savoir à la République du Cameroun que « l'établissement du décompte global et définitif ne lui incombait pas ». Nonobstant cette objection, l'entreprise soumettra à la République du Cameroun un « décompte général et définitif [qui fait] apparaître que la République du Cameroun serait débitrice des montants [incluant le décompte des 12 premiers points] » auxquels s'ajoutent des demandes complémentaires.

[244] Le recours à l'arbitrage de la CCI.

[245] À l'époque des faits, Monsieur X avait signé une convention de joint-venture avec la société sud-africaine Y. Avec la société MX, les Sud-Africains et lui se sont portés acquéreurs de ladite filière. Monsieur X au moment de la signature de la convention de cession, était déjà nommé directeur général de la société MX. Des

soumettre son différend devant la CIA, en application de la clause arbitrale contenue dans la convention de cession.

Comme on peut le noter dans les trois précédents cas, à aucun moment les parties n'ont déclaré expressément recourir à une tentative de règlement amiable de différend. En réalité, les contrats en cause n'ont pas organisé cette procédure. Cette lacune pourrait justifier en partie l'échec de telles négociations, même s'il existe des cas où cet arrangement a porté des résultats.

ii. Le régime juridique d'un règlement amiable négocié

Le régime juridique ci-après est élaboré sur la base des contenus des conventions bilatérales d'investissements, ainsi que les règlements de conciliation de certains centres d'arbitrage (a). Ces derniers sont du reste désignés comme tels dans la plupart des contrats internationaux étudiés du Cameroun (b). Mais la question fondamentale qui subsiste porte sur le caractère préalable ou non du règlement amiable (c).

a) Le régime juridique préconisé dans les conventions bilatérales

La convention bilatérale liant le Cameroun à la Roumanie dispose par exemple en son article 8 (2) que si ces consultations n'apportent pas de solution dans un délai de six mois, à compter de la date de la demande de règlement, l'investisseur pourra soumettre le différend, à son choix, pour règlement, au tribunal compétent de la partie contractante sur le territoire où l'investissement a été effectué ; ou au CIRDI prévu par la « convention pour le règlement des différends relatifs aux investissements entre États et ressortissants d'autres États », signée à Washington, le 18 mars 1965 ; ou à un tribunal arbitral *ad hoc* qui, à défaut d'autre arrangement entre les parties au différend, sera constitué conformément aux règles d'arbitrage de la commission des Nations-Unies pour le Droit commercial international (CNUDCI). En conséquence de cet accord, chaque partie contractante

---

différends surviennent quelques mois après cette acquisition, Monsieur X est licencié de la société. Commence alors une croisière judiciaire et administrative. Monsieur X tentera en vain par la voie judiciaire d'être réadmis directeur général. Face à cet échec, il saisit le Gouvernement d'une demande pour revendiquer le payement de la somme de …… de FCFA au titre des dommages intérêts, aux motifs que le Gouvernement avait signé une convention « secrète » d'actionnariat avec les Sud-Africains.

consent ainsi à soumettre tout différend relatif aux investissements à la conciliation ou à l'arbitrage international.

En clair, l'article 8 de cette convention précise les délais et la forme de l'arrangement à l'amiable. La consultation doit faire l'objet d'une demande expresse et le délai est de six mois pour trouver une solution à compter de cette demande. Après les six mois, chaque partie contractante retrouve la liberté de porter le différend devant l'instance désignée à cet effet : le CIRDI, les tribunaux de l'ordre judiciaire ou tout tribunal arbitral *ad hoc* constitué conformément aux règles d'arbitrage de la CNUDCI.

Ce régime est à quelque chose près de celui prévu dans la convention liant l'Italie au Cameroun. En effet, l'article 7 (2) de cette dernière convention indique que si un tel différend n'a pu être réglé dans un délai de six mois à partir du moment où il a été soulevé par l'une ou l'autre des parties au différend, il pourra être réglé au choix de l'investisseur par l'une des procédures prévues par la convention ; soit par une requête de l'investisseur auprès des autorités administratives compétentes de la partie contractante sur le territoire où l'investissement est réalisé ; soit par une action en justice de l'investisseur auprès des tribunaux compétents de la partie contractante sur le territoire où l'investissement est réalisé ; soit encore au moyen d'un recours à un tribunal *ad hoc*, conformément au règlement arbitral de la commission des Nations-Unies sur le droit commercial international (UNCITRAL).

En conséquence de la voie choisie, la partie contractante s'engage à accepter le renvoi de cet arbitrage au CIRDI relatif aux investissements, pour l'application des procédures d'arbitrage visées dans la convention de Washington du 18 mars 1965 sur le règlement des différends relatifs aux investissements entre les États et les ressortissants d'autres États au cas, ou dès que les parties contractantes y ont adhéré.

La convention Italie-Cameroun parle de six mois à compter de la date où le différend a été soulevé par l'une des parties. Rien ne permet véritablement de déterminer cette date, alors que lorsqu'une demande de règlement amiable est formellement rédigée, les parties savent qu'elles engagent un processus de règlement amiable.

Ce processus est beaucoup mieux codifié dans certains règlements de conciliation.

b) Le régime juridique préconisé dans certains règlements de conciliation

i) Le règlement de conciliation de la CNUDCI

L'article premier du règlement de conciliation de la CNUDCI dispose en son alinéa 1 que « le présent Règlement s'applique à la conciliation dans les litiges découlant d'un rapport juridique, contractuel ou autre, ou liés à un tel rapport, lorsque les parties, afin de rechercher une solution amiable de leur litige, sont convenues d'appliquer le Règlement de conciliation de la CNUDCI ». Il ressort de cette disposition que le règlement amiable d'un différend s'opère au moyen d'une conciliation. Toutefois, et contrairement à ce qui a été observé jusqu'ici dans la pratique camerounaise de règlement amiable des différends économiques, la conciliation doit être organisée.

L'article 2 du règlement de conciliation de la CNUDCI relève que « la partie qui prend l'initiative de la conciliation communique par écrit à l'autre partie une invitation à la conciliation..., en décrivant brièvement l'objet du litige ». La procédure de conciliation débute quand l'autre partie accepte l'invitation à la conciliation. L'alinéa 2 de cet article 2 précise à cet effet que « si l'acceptation est donnée oralement, il est souhaitable qu'elle soit confirmée par écrit ».

Il s'agit dans un sens, des moyens qui permettent de prouver l'existence d'un règlement amiable du différend, ce d'autant que ce règlement pourrait constituer une étape obligatoire avant tout recours juridictionnel ou arbitral. Selon une certaine doctrine :

> « il ne faudrait pas croire que ces procédures précontentieuses soient exclusives des voies juridictionnelles. Bien au contraire, elles en sont souvent le préalable souhaitable, mais aussi obligé [246]. La contrepartie de cette obligation réside dans le droit de chacune des parties de s'opposer à la mise en œuvre de la clause d'arbitrage avant que n'aient été utilisées les voies ouvertes par les clauses précontentieuses ».

---

[246] Cf. par exemple l'article 21 du contrat de concession pétrolière du 21 juillet 1958 entre Y.P.E. (Argentine) et *Pan American Oil Company* (texte in *I.L.O.*, 1964, p. 359 ; l'article 63 du contrat de concession du 4 avril 1965 entre l'Arabie saoudite et Auxirap ; l'article 38 du *joint structure agreement* entre la Nioc, Agip. Sp. A. Phillips *Petroleum Company* et l'*Oil National Gas Commission* (India) du 17 janvier 1965 pour la constitution d'IMINOCO et la section XII. A de l'accord du 13 octobre 1974 entre la *National Oil Corporation* (Lybia) et le Groupe *Elf Aquitaine* cité par Ali Mebroukine, *op.cit.*

L'offre de conciliation peut rester sans réponse. Dans ces conditions, la partie qui a pris l'initiative et qui n'a pas reçu de réponse dans les trente jours à compter de la date d'envoi de l'invitation, ou après l'expiration de tout autre délai spécifié dans ce document peut choisir de considérer le « défaut de réponse comme un rejet de l'invitation à la conciliation »[247].

Lorsque les parties acceptent d'aller en conciliation, elles désignent un ou plusieurs conciliateurs qui formulent « les termes d'une transaction éventuelle et les soumettent aux parties »[248]. Si elles parviennent à un « accord au sujet du règlement du litige, les parties rédigent et signent un accord écrit de transaction »[249] qui met un terme au litige[250].

Durant la procédure de conciliation, les parties s'engagent à n'entamer aucune procédure arbitrale ou judiciaire relative à la procédure de conciliation, à moins que celle-ci ne soit nécessaire pour préserver leurs droits[251].

Il convient à présent d'examiner le régime juridique envisagé par la convention du CIRDI.

ii) Le régime juridique préconisé par la convention du CIRDI

S'agissant d'une conciliation institutionnelle, la procédure de conciliation est plus formelle. En effet, l'article 28 (1) de la convention de Washington relève qu'« un État contractant ou le ressortissant d'un État contractant qui désire entamer une procédure de conciliation doit adresser par écrit une requête à cet effet au secrétariat général » qui notifie l'enregistrement à l'autre partie. Si le secrétariat estime au vu des éléments en sa possession que « le différend excède manifestement la compétence du Centre»[252], il doit notifier le refus d'enregistrement.

La commission de conciliation doit être constituée dans les 90 jours suivant la notification de l'enregistrement aux parties. Elle peut être

---

[247] Article 2(4) du règlement de conciliation de la CNUDCI.

[248] Article 13(1) du règlement de conciliation de la CNUDCI.

[249] Article 13 (2) du règlement de conciliation de la CNUDCI.

[250] Article 13(3) du règlement de conciliation de la CNUDCI.

[251] Article 16 du règlement de conciliation de la CNUDCI.

[252] Article 28(3) de la convention du CIRDI.

composée d'un conciliateur unique ou d'un nombre impair de conciliateurs nommés conformément à l'accord des parties.

La commission a pour fonction « d'éclaircir les points en litige entre les parties et doit s'efforcer de les amener à une solution mutuellement acceptable »[253]. Si les parties se mettent d'accord, la commission rédige un procès-verbal faisant l'inventaire des points en litige et prenant acte de l'accord des parties. Toutefois, si à une phase quelconque de la procédure, la commission estime qu'il n'y a aucune possibilité d'accord entre les parties, elle clôt la procédure et dresse un procès-verbal constatant que le différend a été soumis à la conciliation et que les parties n'ont pas abouti à un accord »[254].

On se serait attendu à ce que cette conciliation puisse être invoquée devant le juge judiciaire ou devant le tribunal arbitral comme preuve à l'existence d'une tentative de conciliation, mais au contraire, l'article 35 de la convention du CIRDI l'interdit, sauf accord contraire des parties. Cette interdiction revient de manière claire dans le règlement amiable préconisé par la Cci de 2001.

iii) Le régime juridique du règlement ADR de la Cci

Le préambule du règlement ADR de la Cci en vigueur depuis le 1er juillet 2001 déclare que « le règlement amiable est une solution souhaitable pour les différends et désaccords d'ordre commercial entre entreprises ». Ce règlement peut intervenir avant ou pendant une procédure étatique ou arbitrale et peut souvent être facilité par l'intervention d'un tiers convenu.

Le règlement ADR de la Cci est spécifique quant au choix laissé aux parties sur le mode de règlement amiable. Il peut s'agir d'une entente directe, d'une conciliation, d'une transaction ou d'une médiation.

Toutefois, le préambule dans son alinéa (2) précise cependant que, même si le règlement ADR de la Cci permet aux parties de « choisir la formule qu'elles considèrent comme étant la plus appropriée pour les aider à résoudre leur différend [,] à défaut d'accord des parties sur le choix d'une formule de règlement des différends, la médiation sera celle retenue dans l'application du Règlement ». La médiation apparaît comme le mode retenu par ce règlement.

---

[253] Article 34(1) de la convention du CIRDI.
[254] Article 34(2) de la convention du CIRDI.

Le recours à ce règlement peut se faire en cas d'accord préalable[255] ou en l'absence de tout accord[256]. Dans tous les cas de figure, toute partie souhaitant engager une procédure ADR doit s'adresser à la Cci par une demande écrite d'ADR. La Cci doit informer l'autre partie dans les 15 jours suivant la réception de la demande d'ADR, de leur accord ou de leur refus de participer à la procédure ADR[257]. En cas d'accord, les parties ou la Cci, pourront désigner le tiers. Les frais d'enregistrement de la demande s'élèvent à 1500 $US ; les frais administratifs ne peuvent pas excéder 10.000 $US.

Au regard des coûts induits dans la cadre d'une procédure d'arbitrage (les frais d'arbitrage, les honoraires des avocats, l'organisation de la défense des intérêts de l'État, les honoraires des avocats, les frais de voyages des avocats et des représentants de l'État, les charges de communication), une première conclusion à tout le moins économique permet de recommander le recours systématique à une tentative de règlement amiable des litiges.

Le tiers et les parties doivent promptement discuter et rechercher un accord mettant fin au différend ; à défaut d'un règlement définitif, les parties en seront notifiées. C'est ici que le sort de la médiation de la Cci rejoint celui du CIRDI. En effet, « à défaut d'accord contraire des parties, et sauf interdiction résultant du droit applicable, la procédure ADR, y compris son résultat, est privée et confidentielle » [258]. Même l'accord mettant fin au différend est confidentiel. Toutefois, le règlement amiable est-il obligatoire dans les contrats internationaux du Cameroun ?

c) La nature juridique du règlement amiable dans les contrats internationaux du Cameroun

Le règlement amiable des litiges dans les contrats internationaux peut-il être considéré comme un préalable au recours aux voies juridictionnelles ou arbitrales contenues dans les contrats internationaux du Cameroun ?

Pour répondre valablement à cette question, il faut interroger les clauses de règlement des litiges contenues dans les conventions

[255] Article 2(A) du règlement ADR de la CCI.
[256] Article 7(1) du règlement ADR de la CCI.
[257] Article 2(2) du règlement ADR de la CCI.
[258] Article 7(1) du règlement ADR de la CCI.

bilatérales ou les contrats internationaux étudiés[259]. Ces conventions et ces contrats se limitent à poser le principe d'une tentative de règlement amiable, sans dire s'il est préalable à toute voie d'action judiciaire ou arbitrale. À la limite, certaines conventions impartissent audit règlement un délai de six mois.

L'article 8 (2) de l'accord entre le Gouvernement de la Roumanie et le Gouvernement du Cameroun indique que « si ces consultations n'apportent pas de solution dans un délai de six mois, à compter de la date de demande de règlement, l'investisseur pourra soumettre le différend à » une juridiction de son choix.

Le délai de six mois revient dans la plupart des conventions bilatérales. À l'opposé, les contrats ne prescrivent aucun délai dans lequel l'arrangement amiable pourrait intervenir. En ce sens, l'article 64 du marché objet d'un arbitrage devant la CCI entre une société allemande et le Gouvernement camerounais, dispose qu' « à défaut de règlement à l'amiable, tout différend découlant du présent marché sera tranché définitivement suivant le règlement de conciliation et d'arbitrage de la CCI ». La plupart des contrats internationaux passés au Cameroun envisagent une telle possibilité.

Une tentative de réponse est cependant fournie par l'article 91 du décret n° 2004/275 du 24 septembre 2004 portant code des marchés publics[260]. L'alinéa 1er de ce texte dispose que « les litiges résultant des marchés publics peuvent, en tant que de besoin, faire l'objet d'une tentative de règlement à l'amiable ». Désormais, la tentative de règlement amiable des litiges résultant des marchés publics est régie

---

[259] Supra.

[260] La législation sur les marchés publics a été modifiée. Désormais, le décret n° 2018/366 du 20 juin 2018 institue un nouveau code des marchés publics. Par ailleurs, le décret n° 2018/355 du 20 juin 2018 fixe les règles communes applicables aux marchés des entreprises publiques. Sont ainsi abrogées toutes les dispositions antérieures au présent code des marchés publics (article 207 du décret n° 2018/366 du 20 juin 2018 instituant un nouveau code des marchés publics), notamment :

- le décret n° 2004/275 portant code des marchés publics ;
- le décret n° 2012/074 du 08 mars 2012 portant création, organisation et fonctionnement des commissions des marchés publics ;
- le décret n° 2013/271 du 05 août 2013 modifiant et complétant certaines dispositions du décret du 08 mars susvisé ;
- les dispositions contraires du décret n° 2012/075 du 08 mars 2012 portant organisation du ministère des Marchés publics.

par l'article 187(1) du décret n° 2018/366 du 20 juin 2018 instituant un nouveau code des marchés publics dans les mêmes termes[261].

Bien que ce principe du règlement amiable ne soit assorti d'aucun délai dans lequel cet arrangement doit intervenir, c'est l'alinéa 2 de l'article 91 qui le précise, « la tentative de règlement à l'amiable prévue à l'alinéa (1) ci-dessus reste sans incidence sur la procédure de règlement de droit commun, sauf dérogation découlant des accords ou conventions de prêts ou d'autres conventions internationales ». Cette disposition est reprise à l'article 187(2) du nouveau code des marchés publics.

En référence à ce texte, on peut valablement conclure que la tentative de règlement amiable des litiges ne constitue pas un préalable, à peine d'irrecevabilité de la requête du demandeur, comme c'est le cas dans le cadre du contentieux des contrats internationaux du Cameroun. Cette disposition légale a ceci de bien qu'elle évite de bloquer le processus judiciaire ou arbitral d'un litige dans lequel les parties avaient négligé le règlement amiable.

Dans un autre sens, dans cette affaire, le tribunal arbitral a dû recourir à plusieurs expertises juridiques pour départager les parties relativement au droit applicable à ce marché.

En effet, le droit applicable camerounais retenu soumet l'examen de ce contentieux au respect de la procédure en vigueur en matière de contentieux des marchés publics qui est de la compétence de la Chambre administrative de la Cour suprême. Cette procédure oblige les parties à soumettre leur litige dans un délai de six mois. Au-delà de cette période, toute réclamation doit être déclarée irrecevable[262].

Nonobstant cette absence de procédure dans les règlements amiables prescrits dans les contrats internationaux du Cameroun, quelques cas ont pu aboutir à des transactions définitives[263].

---

[261]Article 187 (1) du décret n° 2018/366 du 20 juin 2018 institue un nouveau code des marchés publics : « Les litiges résultant des marchés publics peuvent, en tant que de besoin, faire l'objet d'une tentative de règlement à l'amiable ».
[262]Infra, affaire W. T. c. État du Cameroun (MINEE) par devant la CIA.
[263] Affaire H. c. État du Cameroun (MINFI).

Conclusion

L'objet de cette étude visait à démontrer que l'État du Cameroun prend part à des arbitrages internationaux. Mais avant de présenter un état des centres d'arbitrage, il est apparu bien logique de démontrer que cette pratique ne constitue pas une génération spontanée. Cela justifie largement les développements consacrés dans la première partie. Par ces différentes informations, on peut constater que le Cameroun a d'abord mis en place une politique juridique sur l'arbitrage avant de développer une politique arbitrale en tant que pratique et mode de règlement des litiges, dans le cadre de sa politique de développement et d'encouragement des investissements internationaux.

De manière générale, le Cameroun participe à des arbitrages internationaux, davantage en qualité de défendeur. Toutefois, avant de conclure cette étude, il est indispensable de souligner une caractéristique des clauses de règlements des litiges que souscrit l'État du Cameroun, avant tout recours à l'arbitrage : c'est le recours préalable à un arrangement amiable. Il s'agit là d'une caractéristique des contrats Nord-Sud en ce que les cocontractants expriment généralement le « souhait de trouver en premier lieu une solution pour achever l'exécution d'un contrat, plutôt que le désir de chacun de se retrancher derrière le premier problème pour faire jouer une procédure juridictionnelle et se retirer de l'opération contractuelle »[264].

Or, la pratique contractuelle camerounaise présente des carences quant à ce préalable qui n'est pas souvent respecté. Généralement, il y a tentative d'arrangement amiable en déduction des demandes de règlements qui ont été sanctionnées par le refus de l'autre partie. Or, il y va de l'intérêt des parties, dont celui du Cameroun de demander et d'exiger le recours formel à une tentative de règlement amiable.

En effet, le recours à l'arbitrage international entraîne des coûts importants. Ceux-ci se déclinent en frais d'arbitrage, honoraires des arbitres et des avocats, frais de mission et de déplacement des représentants de l'État. Or, pour ne prendre que cet exemple-là, le règlement ADR de la CCI en vigueur depuis le 1er juillet 2001 dispose

---

[264] Belin (D.), « Les procédures de règlement des différends dans les contrats Nord-Sud », in *Contrats internationaux et pays en développement* (Hervé Cassan), Economica, décembre 1989, pp. 77-78.

que « le règlement amiable est une solution souhaitable pour les différends et désaccords d'ordre commercial entre entreprises ». Les frais d'enregistrement de la demande s'élèvent à 1500$ US ; tandis que les frais administratifs ne peuvent pas excéder 10.000 $ US. En termes comparatifs, les parties et l'État du Cameroun notamment, gagneraient à explorer de manière formelle un arrangement à l'amiable avant tout recours à l'arbitrage.

Ceci étant, mais de manière récurrente également, les parties aux arbitrages dans lesquels est impliqué le Cameroun, ont tendance à remettre en cause la sentence rendue. Cette analyse est valable qu'il s'agisse des demandeurs qui ne sont pas l'État du Cameroun[265], ou des demandeurs qui sont l'État du Cameroun ou un de ses démembrements[266].

Dans sa position de défendeur, l'État ou ses démembrements remettent souvent en cause la sentence rendue[267] . Dans certains autres cas également, l'État du Cameroun, même dans sa position de défendeur, accepte généralement et spontanément d'exécuter la sentence rendue [268]. Parfois aussi, il ne s'exécute que lorsque le demandeur obtient un jugement d'exequatur devant les juridictions camerounaises ;[269] ou après l'exequatur et il y est contraint par une procédure d'exécution forcée[270].

En tout état de cause et de manière générale, l'État du Cameroun et ses démembrements ne doivent pas perdre de vue que le Cameroun a souscrit à certains instruments internationaux sur l'arbitrage commercial international dont le plus contraignant reste la convention de New-York de 1958 ; convention qui nous oblige à exécuter les sentences arbitrages rendues à l'étranger contre le Cameroun. Ce n'est que de cette manière que le Cameroun participera de manière courtoise et morale à une bonne et saine administration de la justice internationale.

---

[265] Sentence du CIRDI : affaire société allemande Klöckner c. État du Cameroun ; Sentence Cci Monsieur N. N. c. État du Cameroun et autres.

[266]Sentence Cci : affaire CAMTEL pour le compte d'INTELCAM c. société F. T.

[267] Sentence arbitrale : affaire APC c. SONARA. La SONARA avait sollicité et obtenu la révision en annulation de la sentence rendue contre cette entreprise d'État.

[268] Sentence arbitrage : Cci affaire société allemande W. T. c. État du Cameroun.

[269] Sentence arbitrage Cci : société française P. c. CNR (société d'État dissoute et liquidée).

[270] Sentence arbitrage *ad hoc* : affaire société APC c. SONARA et autres.

Biobibliographie sommaire

Monsieur Zock Atara à Ngonn est titulaire d'un Doctorat (thèse unique) en Droit international, de l'université de Paris Sud 11 (France) ; spécialiste en relations internationales, en contentieux international (IRIC-Yaoundé) et en arbitrage commercial international. Il est expert en passation des marchés publics financés par la Banque mondiale et la BAD ; ancien stagiaire à la CIA de la CCI-Paris ; arbitre à la CCJA. Arbitre *ad hoc*, le Docteur Zock Atara est enseignant associé à l'IRIC depuis 2007 et à l'UCAC. Il a à son actif plusieurs publications et la direction de nombreux travaux de 3e cycle.

Ouvrages

Linant de Bellefonds(X) et Hollande (A.), *L'arbitrage*, Que sais-je ?, PUF, avril 1995.

Jacquet (J. M.), *Le contrat international*, Dalloz, 2e édition, 1998.

Andriamahery Ranjeva (F.), *Le droit de l'arbitrage à Madagascar (loi n° 98-019 sur l'arbitrage)*, SME, 1999.

Redfern (A.) et Hunter (M.), *Droit et pratique de l'arbitrage commercial international*, Paris, LGDJ, 1994.

Zock Atara à Ngonn (J. S. F. M.), *Le contentieux judiciaire et arbitral des contrats internationaux du Cameroun*, L'Harmattan, 2018, 456 p.

Mémoires, Thèses et Rapports

Meka (G.), « L'arbitrage commercial international au Cameroun : état du droit et de la pratique », Mémoire de DESS, option Contentieux international, IRIC, juillet 2002.

Amoussou Guenou (R.), « Droit et pratique de l'arbitrage commercial international en Afrique subsaharienne », Thèse de doctorat, Université de Paris II, Panthéon-Assas, 1995.

Zock Atara à Ngonn (J. S. F. M.), « Le contentieux de l'exécution des sentences arbitrales et des jugements étrangers en droit camerounais », Mémoire de DESS, IRIC, novembre 2000.

Zock Atara à Ngonn (J. S. F. M.), « Les contrats internationaux du Cameroun », Thèse de doctorat en Droit, Université de Paris Sud-11, 2008.

Zock Atara à Ngonn (J. S. F. M.), « Cour internationale d'Arbitrage », Rapport de stage, Paris, novembre-décembre 1999.

Belin (D.), « Les procédures de règlement des différends dans les contrats Nord-Sud », in *Contrats internationaux et pays en développement* (Hervé Cassan), Economica, décembre 1989, pp. 77-78.

Niggemann, Friedriech, “The ICSID Klöckner v. Cameroon award: the dissenting opinion”, in *Journal of international arbitration*, vol. 1 pp. 331-348, 1984.

Paulson (J.), « Les obligations des partenaires dans un accord de développement économique : la sentence arbitrale Cameroun c. Klöckner », in *Revue de l'Arbitrage*, 1984.

Paulson, Jan, “The ICSID Klöckner v. Cameroon award: the duties of partners in North-South economic development agreements”, in *Journal of international arbitration*, vol. 1, 1984.

Rambaud Patrick, « L'annulation des sentences Klöckner et AMCO », in *Annuaire français de droit international*, vol. 32, pp. 162-184, 1986.

CHAPITRE 3 :

LA COUR PÉNALE INTERNATIONALE : ÉVOLUTION ET BILAN ACTUEL

Par

Amady Ba[271]

Introduction

L'idée de punir les responsables de violation du droit de la guerre n'est pas apparue soudainement. Les juridictions pénales contemporaines s'inscrivent dans un courant de pensée ancien et marchent sur la voie tracée par les tribunaux de Nuremberg et de Tokyo.

L'histoire de la justice pénale internationale commence en fait en 1872[272].

Cependant, les tentatives successives d'établissement de tribunaux internationaux n'ont cessé de se heurter à un impératif prévalent à l'époque de l'État-Nation : la souveraineté étatique.

---

[271] Bureau du Procureur, Division de la compétence, de la complémentarité et de la coopération (DCCC).

[272] Gustave Moynier, président et co-fondateur du Comité international de la Croix-Rouge, propose la création d'un tribunal d'arbitrage international destiné à pénaliser les violations des lois humanitaires internationales perpétrées durant la guerre franco-prussienne de 1870-71. La proposition se heurte alors à l'opposition des États, trop inquiets de voir l'un des attributs de leur souveraineté leur échapper.
En 1919, les vainqueurs de Versailles envisagent la création d'un tribunal spécial chargé de poursuivre les crimes commis par leurs ennemis en violation des lois des conflits armés. L'article 227 du traité de Versailles prévoyait ainsi la traduction de l'empereur Guillaume II devant une cour internationale composée de juges issus des pays des États vainqueurs. Ce tribunal se confrontera aux refus de coopérer des pays de refuge des accusés et ne sera finalement pas mis en place.
En 1920, la Société des Nations demande au comité des juristes d'établir une juridiction internationale, mais rejette finalement le projet du comité.

Il faut donc attendre Nuremberg pour que le concept de justice pénale internationale réapparaisse et prenne corps.

Après l'ampleur des crimes perpétrés par le régime nazi lors de la Seconde Guerre mondiale et les exactions massives commises à cette même époque par les forces japonaises, les deux tribunaux de Nuremberg et Tokyo furent mis en place pour juger les responsables de ces crimes de guerre et crimes contre l'humanité. Ils ont, pour la première fois, concrétisé une implication concrète de plusieurs États dans la répression pénale des crimes commis et ont constitué une véritable impulsion.

En 1948, l'assemblée générale des Nations-Unies adopte une convention sur la prévention et la répression du crime de génocide et envisage des tribunaux internationaux pour les punir, invitant la Commission du Droit international (CDI) à étudier la faisabilité d'un organe judiciaire international. La CDI prépare plusieurs projets de statuts d'une cour criminelle internationale, mais des divergences de vues liées au contexte général de la Guerre froide empêchent toute progression.

Ce n'est qu'en décembre 1989 que l'assemblée générale prie la CDI de reprendre ses travaux sur la création d'une cour criminelle internationale. En 1993[273] et en 1994[274], le conseil de sécurité de l'Onu établit deux tribunaux *ad hoc* pour réprimer les crimes contre l'humanité, crimes de guerre et génocides des conflits en ex-Yougoslavie et au Rwanda.

En 1994, la CDI a remis à l'assemblée générale un projet de statut et a recommandé à l'assemblée générale de convoquer une conférence afin de négocier un traité établissant cette cour. Le comité préparatoire pour la création d'une cour criminelle internationale a mis un point au projet de texte en avril 1998. La Conférence diplomatique de plénipotentiaires des Nations-Unies réunie du 15 juin au 17 juillet 1998 a finalement adopté par 120 voix pour, 7 contre et 21 abstentions, le statut portant création d'une CPI.

Le 1er juillet 2002, le statut de Rome est ratifié par 60 États et entre en vigueur.

---

[273] Résolution 827 du conseil de sécurité.

[274] Résolution 955 du conseil de sécurité.

La CPI est devenue opérationnelle au mois de juillet 2003. À ce jour, 122 États se sont obligés envers la CPI en ratifiant le statut de Rome[275].

Quels sont les organes de la cour ? Comment fonctionnent-ils ? Quel est le bilan de son activité ? Quelles sont les principales critiques faites à la cour et quelles réponses y apporter par rapport à sa stratégie et ses perspectives ?

Voilà le contenu de cette contribution à votre conférence à laquelle le bureau du procureur est honoré de participer.

Section 1 : structure et fonctionnement de la cour

Paragraphe 1er : Présentation des organes

I. La présidence

La présidence se compose du président[276], des premier et second vice-présidents, chacun d'entre eux étant élu à la majorité absolue des 16 juges de la cour pour une durée de trois ans renouvelables.

La présidence est chargée de la bonne administration de la cour, à l'exception de ce qui concerne l'administration du bureau du procureur.

II. Les Chambres

Les Chambres sont réparties en trois sections.

1. La Chambre préliminaire

Conformément à l'article 39 du statut de la CPI, les fonctions de la Chambre préliminaire sont exercées soit par trois juges de la section préliminaire, soit par un seul juge de cette section. La Chambre préliminaire peut délivrer des mandats d'arrêt, des citations à comparaître devant la cour, des ordonnances visant à garantir les droits des parties au procès, en cas de besoin, des ordonnances visant à

[275] Sur les 192 États membres de l'Onu. Il est à rappeler que trois membres du conseil de sécurité de l'ONU, à savoir la Chine, la Russie et les États-Unis, n'ont pas encore ratifié le statut de Rome.
[276] M. le Juge Philippe Kirsch (Canada) a été élu à la Présidence pour une durée de 6 ans

fournir une protection aux victimes et aux témoins et à garantir leur anonymat, et à protéger des informations qui ont trait à la sécurité nationale. Après qu'une personne a été remise à la cour, la Chambre préliminaire organise une audience en présence du procureur, de la personne incriminée et de son conseil, afin de confirmer ou de rejeter les chefs d'inculpation.

2. La Chambre de première instance

Les fonctions de la Chambre de première instance sont exercées par trois juges appartenant à la section de première instance. Il lui appartient, au titre de l'article 64 du statut, de veiller à ce que le procès soit conduit de façon équitable et avec diligence dans le plein respect des droits de la personne accusée et en ayant égard à la nécessité d'assurer la protection des victimes et des témoins.

La Chambre de première instance statue sur l'innocence ou la culpabilité de la personne incriminée. En cas de verdict de culpabilité, elle fixe la peine à expliquer.

3. La Chambre d'appel

Le procureur ou la personne inculpée peuvent faire appel des décisions rendues par la Chambre préliminaire et par la Chambre de première instance en saisissant la Chambre d'appel. Un jugement peut faire l'objet d'un appel sur le fondement d'une erreur de procédure, une erreur factuelle, une erreur de droit ou sur tout autre motif de nature à compromettre l'équité ou la régularité de la procédure ou de la décision. Le procureur ou le condamné peuvent également interjeter appel de la peine prononcée au motif d'une disproportion entre celle-ci et le crime. La révision de la sanction peut être demandée si de nouvelles preuves ont été découvertes qui n'étaient pas disponibles au moment du procès et qui sont suffisamment importantes ou décisives pour que la Chambre d'appel révise ou modifie la sanction. La Chambre d'appel peut confirmer, infirmer ou modifier la décision, le jugement ou la sanction, ou ordonner un nouveau procès devant une Chambre de première instance.

III. Le bureau du procureur

Le bureau du procureur est dirigé par le procureur, Monsieur Luis Moreno Ocampo, qui a pris ses fonctions le 16 juin 2003[277].

Le mandat du bureau consiste à enquêter en toute indépendance sur les crimes relevant de la compétence de la cour, c'est-à-dire le crime de génocide, les crimes contre l'humanité et les crimes de guerre, et à poursuivre en justice les auteurs de ceux-ci. En menant des enquêtes et des poursuites, le Bureau contribue à la réalisation de l'objectif général de la cour, à savoir mettre fin à l'impunité dont jouissent les auteurs de ces crimes qui sont les plus graves, et contribue ainsi à la prévention desdits crimes.

En raison de son mandat, le Bureau comprend trois divisions. La division des enquêtes est principalement chargée de soutenir les enquêtes. À cet égard, le statut exige du bureau du procureur qu'il étende l'enquête pour pouvoir couvrir à la fois les faits à charge et les faits à décharge, insistant sur la responsabilité consistant à s'efforcer d'établir la vérité dans chacune des affaires.

Le rôle de la division des poursuites consiste à représenter le bureau du procureur lors des affaires portées devant les différentes Chambres de la cour.

La division de la compétence, de la complémentarité et de la coopération[278] analyse les situations déférées et autres informations soumises à l'attention du procureur et s'occupe également d'obtenir la coopération nécessaire pour la bonne conduite des activités du Bureau.

Des équipes multidisciplinaires assurent la conduite des enquêtes et des poursuites sous la direction du comité exécutif (composé du procureur et des chefs de division).

Le statut de Rome stipule que le bureau du procureur agit en toute indépendance ; en conséquence de quoi une personne appartenant au Bureau ne doit chercher à recevoir des instructions de la part de sources externes telles que des États, d'autres organisations

[277] L'assemblée des États parties a élu Mme Fatou Bensouda, de nationalité gambienne au poste de procureure adjointe chargée des poursuites le 8 septembre 2004. Elle succède comme procureure générale depuis le 12 décembre 2011.
[278] Dirigée par Mme Béatrice Le Fraper du Helle, de nationalité française.

internationales, des ONG ou des personnes physiques, ni agir en fonction de telles instructions.

IV. Le greffe

Dirigé par le greffier[279] qui est le chef de l'administration, il est responsable des aspects non judiciaires de l'administration et des services de la cour. Le greffe se charge, entre autres, de l'administration des questions relatives à l'aide juridique, à la gestion de la cour, aux victimes et aux témoins, aux conseils de la défense, à l'unité de détention et aux services habituels fournis par l'administration d'une organisation internationale, comme les finances, la traduction, la gestion des bâtiments, les achats et le personnel.

I. Le secrétariat de l'assemblée des États parties

L'assemblée des États parties est l'instance législative chargée de la supervision de la direction de la CPI. Elle se compose de représentants des États qui ont ratifié le statut de Rome et y ont adhéré. L'Assemblée des États parties dispose d'un bureau qui se compose d'un président, deux vice-présidents et 18 membres élus par l'assemblée pour un mandant de trois ans. À sa deuxième session, en septembre 2003, l'assemblée des États parties a également décidé de mettre en place un secrétariat permanent.

V. Le secrétariat du fonds au profit des victimes

Le fonds au profit des victimes a pour mission de défendre et d'aider les victimes les plus vulnérables de génocides, crimes contre l'humanité et crimes de guerre. La CPI et le fonds au profit des victimes, toutes deux émanations du statut de Rome, sont des institutions indépendantes liées par un objectif commun : rendre justice aux victimes des crimes les plus graves.

---

[279] Mme Silvana Arbia, de nationalité italienne, a été élue nouveau greffier le 28 février 2008 pour un mandat de cinq ans, après la fin du mandat de l'ancien greffier en chef, le juge Bruno Cathala, de nationalité française. Peter Lewis de la Grande-Bretagne est l'actuel greffier de la CPI élu le 28 mars 2018 pour 5 ans.

VI. Saisie et procédures

Les États parties ou le conseil de sécurité de l'ONU peuvent déférer au procureur des situations concernant des crimes relevant de la compétence de la cour. Le procureur examine les renseignements disponibles et, à moins de conclure qu'il n'y a pas de base raisonnable pour le faire, il ouvre une enquête.

Le procureur peut également ouvrir une enquête, de sa propre initiative. Pour ce faire, il reçoit et analyse des renseignements fournis par diverses sources de foi. S'il conclut qu'il y a une base raisonnable pour ouvrir une enquête, il demande à la Chambre préliminaire de l'y autoriser.

Les enquêtes du procureur s'étendent à tous les faits et éléments de preuve pertinents pour évaluer la responsabilité pénale. Le procureur enquête tant à charge qu'à décharge et respecte pleinement les droits de l'accusé.

Pendant une enquête, chaque situation est assignée à une Chambre préliminaire. Celle-ci est responsable des aspects judiciaires de la procédure. Entre autres fonctions, elle peut, à la demande du procureur, délivrer un mandat d'arrêt ou une citation à comparaître s'il y a une base raisonnable pour croire qu'une personne a commis un crime relevant de la compétence de la cour. Une fois que la personne recherchée a été remise à la cour ou s'est présentée volontairement devant la cour, la Chambre préliminaire tient une audience de confirmation des charges sur lesquelles reposera le procès.

Après la confirmation des charges, l'affaire est assignée à une Chambre de première instance composée de trois juges. Cette chambre est responsable de la conduite d'une procédure équitable et diligente dans le plein respect de tout doute raisonnable par le procureur. Il a le droit de se défendre lui-même ou de se faire assister par un conseil de son choix. Les victimes peuvent également participer à la procédure directement ou par l'intermédiaire de leurs représentants légaux.

À l'issue de la procédure, la Chambre de première instance rend son jugement, en acquittant ou en condamnant l'accusé. Si l'accusé est déclaré coupable, la chambre prononce une peine pouvant aller jusqu'à 30 ans d'emprisonnement ou, si l'extrême gravité du crime et la situation personnelle du condamné le justifient, la réclusion à perpétuité. La Chambre de première instance peut également ordonner l'octroi de réparation aux victimes.

Tout au long des phases préliminaires et de première instance, l'accusé, le procureur ou l'État concerné peuvent interjeter appel de décisions rendues par les chambres, comme le prévoit le statut. Celui-ci prévoit également que le procureur et l'accusé peuvent interjeter appel du jugement ou de la peine prononcée par la Chambre de première instance. Les représentants légaux des victimes, la personne condamnée ou les propriétaires de bonne foi de biens affectés par les ordonnances de réparation peuvent aussi former des recours contre ces ordonnances. Tous les appels sont tranchés par la Chambre d'appel, composée de cinq juges.

VII. La nature complémentaire de la Cour pénale internationale

L'efficacité de la CPI ne devrait pas se mesurer au nombre d'affaires présentées devant la cour, mais plutôt à son impact sur le fonctionnement efficace des systèmes nationaux et par son principal succès.

En effet, la CPI n'est pas prévue pour remplacer les tribunaux nationaux, mais pour intervenir lorsque les structures et les tribunaux nationaux n'ont pas la volonté ni la capacité de mener des enquêtes et d'engager des poursuites[280].

Le principe de complémentarité représente la volonté expresse des États parties de créer une institution dont le champ d'action est global

---

[280] Article 17 du statut de Rome : questions relatives à la recevabilité :
« Eu égard au dixième alinéa du préambule et à l'article premier du présent statut, une affaire est jugée irrecevable par la Cour lorsque :

- L'affaire fait l'objet d'une enquête ou de poursuites de la part d'un État ayant compétence en l'espèce, à moins que cet État n'ait la volonté ou soit dans l'incapacité de mener véritablement à bien l'enquête ou les poursuites,
- L'affaire a fait l'objet d'une enquête de la part d'un État ayant la compétence en l'espèce et que cet État a décidé de ne pas poursuivre la personne concernée, à moins que cette décision ne soit l'effet du manque de volonté ou de l'incapacité de l'État de mener véritablement à bien des poursuites,
- La personne concernée a déjà été jugée pour le comportement faisant l'objet de la plainte, et qu'elle ne peut être jugée par la Cour en vertu de l'article 20, paragraphe 3 ;
- L'affaire n'est pas suffisamment grave pour que la Cour y donne suite.... ».

tout en respectant la souveraineté première des États en matière de compétence pénale. Par ailleurs, ce principe répond à un souci d'efficacité et d'efficience, dans la mesure où les États ont, en général, plus facilement accès aux éléments de preuve et témoins.

Par conséquent, lorsqu'il décide d'ouvrir une enquête ou d'engager des poursuites, le procureur doit tout d'abord évaluer la possibilité que les systèmes nationaux exercent ou non leur compétence à l'égard de crimes particuliers relevant de la compétence de la cour.

L'article 17 du statut de Rome prévoit des exceptions au principe de primauté de l'État en matière de compétence. La cour peut déclarer qu'une affaire est recevable lorsque l'État n'a pas la volonté ou est dans l'incapacité de mener véritablement à bien l'enquête ou les poursuites.

Il convient toutefois de rappeler que le principe qui sous-tend le concept de complémentarité veut que les États aient l'obligation de mener des poursuites contre leurs propres criminels.

Citons le préambule du statut de Rome qui illustre tout particulièrement ce principe : « il est du devoir de chaque État de soumettre à sa juridiction criminelle les responsables de crimes internationaux ».

VIII. La participation des victimes

L'une des grandes innovations du statut et du règlement de procédure et de preuve de la CPI est l'ensemble des droits accordés aux victimes. Pour la première fois de l'histoire de la justice pénale internationale, les victimes ont la possibilité, en vertu du statut de Rome, de présenter leurs observations et leurs arguments à la cour à différentes phases de la procédure.

Les dispositions du statut de Rome qui portent sur les victimes donnent à celles-ci la possibilité de se faire entendre et d'obtenir, le cas échéant, une forme de réparation pour les souffrances qu'elles ont endurées. Établissant un équilibre entre la justice punitive et la justice réparatrice, ces dispositions permettront à la CPI non seulement de traduire les criminels en justice, mais également de rendre justice aux victimes.

IX. Stratégie générale en matière de poursuite

Les situations dont doit connaître la CPI impliquent un grand nombre de crimes, de victimes et d'auteurs présumés.

Le bureau du procureur devrait-il inculper tous les auteurs présumés ? Le statut de Rome fournit certains éléments de réponse. Le préambule énonce que « les crimes les plus graves qui touchent l'ensemble de la communauté internationale ne sauraient rester impunis ». Il indique ensuite que les États parties au statut sont déterminés à « créer une Cour pénale internationale permanente et indépendante reliée au système des Nations-Unies, ayant compétence à l'égard des crimes les plus graves qui touchent l'ensemble de la Communauté internationale ». Dans cet esprit, le statut prévoit, dans son article 5[281], que « (1) la compétence de la Cour est limitée aux crimes les plus graves qui touchent l'ensemble de la communauté internationale ». Quant à l'article 17, il ajoute au motif de la complémentarité, un motif lié à la gravité de l'affaire. Il précise que la cour détermine qu'une affaire est irrecevable lorsque « l'affaire n'est pas suffisamment grave pour que la Cour y donne suite ». La notion de gravité ne devrait pas être exclusivement liée au fait ayant constitué le crime, mais aussi au degré de participation à sa commission.

Le bureau du procureur concentre donc ses efforts en matière d'enquêtes et de poursuite sur les personnes qui ont la plus lourde responsabilité, ainsi que nous le verrons dans l'examen des situations judiciaires.

Paragraphe 2 : Principes, procédures et stratégies

I. Saisine et procédures

L'efficacité de la CPI ne devrait pas se mesurer au nombre d'affaires présentées devant la Cour, mais plutôt à son impact sur le

---

[281] Article 5 : crimes relevant de la compétence de la cour :
« la compétence de la Cour est limitée aux crimes les plus graves qui touchent l'ensemble de la communauté internationale. En vertu du présent Statut, la Cour a compétence à l'égard des crimes suivants :

a) Le crime de génocide ;
b) Les crimes contre l'humanité ;
c) Les crimes de guerre ;
d) Les crimes d'agression ».

fonctionnement efficace des systèmes nationaux, marque de son principal succès.

En effet, la CPI n'est pas prévue pour remplacer les tribunaux nationaux, mais pour intervenir lorsque les structures et les tribunaux nationaux n'ont pas la volonté ni la capacité de mener des enquêtes et d'engager des poursuites[282].

Le principe de complémentarité représente la volonté expresse des États parties de créer une institution dont le champ d'action est global tout en respectant la souveraineté première des États en matière de compétence pénale. Par ailleurs, ce principe répond à un souci d'efficacité et d'efficience, dans la mesure où les États ont en général, plus facilement accès aux éléments de preuve et témoins.

Par conséquent, lorsqu'il décide d'ouvrir une enquête ou d'engager des poursuites, le procureur doit tout d'abord évaluer la possibilité que les systèmes nationaux exercent ou non leur compétence à l'égard de crimes particuliers relevant de la compétence de la cour.

L'article 17 du statut de Rome prévoit des exceptions au principe de primauté de l'État en matière de compétence. La cour peut déclarer qu'une affaire est recevable lorsque l'État n'a pas la volonté ou est dans l'incapacité de mener véritablement à bien l'enquête ou les poursuites.

Il convient toutefois de rappeler que le principe qui sous-tend le concept de complémentarité veut que les États aient l'obligation de mener des poursuites contre leurs propres criminels.

---

[282] Article 17 du statut de Rome : questions relatives à la recevabilité
« Eu égard au dixième alinéa du préambule et à l'article premier du présent Statut, une affaire est jugée irrecevable par la Cour lorsque :

- l'affaire fait l'objet d'une enquête ou de poursuites de la part d'un État ayant compétence en l'espèce, à moins que cet État n'ait la volonté ou soit dans l'incapacité de mener véritablement à bien l'enquête ou les poursuites,
- l'affaire a fait l'objet d'une enquête de la part d'un État ayant la compétence en l'espèce et que cet État a décidé de ne pas poursuivre la personne concernée, à moins que cette décision ne soit l'effet du manque de volonté ou de l'incapacité de l'État de mener véritablement à bien des poursuites,
- la personne concernée a déjà été jugée pour le comportement faisant l'objet de la plainte et qu'elle ne peut être jugée par la Cour en vertu de l'article 20, paragraphe 3 ;
- l'affaire n'est pas suffisamment grave pour que la Cour y donne suite… ».

Citons le préambule du Statut de Rome qui illustre tout particulièrement ce principe : « il est du devoir de chaque État de soumettre à sa juridiction criminelle les responsables de crimes internationaux ».

II. La participation des victimes

L'une des grandes innovations du statut et du règlement de procédure et de preuve de la Cour pénale internationale est l'ensemble des droits accordés aux victimes. Pour la première fois de l'histoire de la justice pénale internationale, les victimes ont la possibilité, en vertu du Statut de Rome, de présenter leurs observations et leurs arguments à la cour à différentes phases de la procédure.

Les dispositions du statut de Rome qui portent sur les victimes donnent à celles-ci la possibilité de se faire entendre et d'obtenir, le cas échéant, une forme de réparation pour les souffrances qu'elles ont endurées. Établissant un équilibre entre la justice punitive et la justice réparatrice, ces dispositions permettront à la CPI non seulement de traduire les criminels en justice, mais également de rendre justice aux victimes.

III. Stratégie générale en matière de poursuite

Les situations dont doit connaître la CPI impliquent un grand nombre de crimes, de victimes et d'auteurs présumés.

Le bureau du procureur devrait-il inculper tous les auteurs présumés ? Le statut de Rome fournit certains éléments de réponse. Le préambule énonce que « les crimes les plus graves qui touchent l'ensemble de la communauté internationale ne sauraient rester impunis ». Il indique ensuite que les États parties au statut sont déterminés à « créer une Cour pénale internationale permanente et indépendante reliée au système des Nations-Unies, ayant compétence à l'égard des crimes les plus graves qui touchent l'ensemble de la communauté internationale ». Dans cet esprit, le statut prévoit dans son article 5[283], que « (1) la compétence de la Cour est limitée aux

---

283 Article 5 : crimes relevant de la compétence de la Cour
« La compétence de la Cour est limitée aux crimes les plus graves qui touchent l'ensemble de la communauté internationale. En vertu du présent Statut, la Cour a compétence à l'égard des crimes suivants :

crimes les plus graves qui touchent l'ensemble de la communauté internationale ». Quant à l'article 17, il ajoute au motif de la complémentarité, un motif lié à la gravité de l'affaire. Il précise que la cour détermine qu'une affaire est irrecevable lorsque « l'affaire n'est pas suffisamment grave pour que la cour y donne suite ». La notion de gravité ne devrait pas être exclusivement liée au fait ayant constitué le crime, mais aussi au degré de participation à sa commission.

Le bureau du procureur concentre donc ses efforts en matière d'enquêtes et de poursuite sur les personnes qui ont la plus lourde responsabilité, ainsi que nous le verrons dans l'examen des situations judiciaires.

Section 2 : Bilan d'étape

De 2003 à 2006, la cour a accompli d'importants progrès dans ses enquêtes et ses procédures judiciaires et a élaboré une stratégie visant à rationaliser ses activités sur le long terme.

Paragraphe 1er : 2003 – 2006 : fonctionnalité des organes et démarrage des activités

Si le statut est entré en vigueur le 1er juillet 2002, la cour n'a réellement commencé à fonctionner qu'avec l'investiture des juges, du procureur et du greffier en mars, juin et juillet 2003 respectivement.

I. Le greffe

Au cours des deux premières années d'activité de la cour, le greffe s'est attaché à mettre sur pied des structures d'assistance administrative et opérationnelle destinées à appuyer l'ensemble des activités de la cour, tout en élaborant les dispositifs politiques et règlements indispensables à la poursuite de son propre mandat (participation des victimes et réparation, protection des témoins et de la défense, action de sensibilisation). Étant tenu de s'assurer que les structures administratives établies répondent aux besoins rencontrés par la Cour au fur et à mesure de sa mise en place, le greffe a instauré

---

a) Le crime de génocide ;
b) Les crimes contre l'humanité ;
c) Les crimes de guerre ;
d) Les crimes d'agression ».

des dispositifs politiques et autres procédures adéquates visant à garantir à l'ensemble des organes de la cour la fourniture des services conjuguant qualité et efficacité.

Le greffe a, entre autres, des attributions particulières de veiller à ce que les victimes désireuses de participer à la procédure pour obtenir des réparations bénéficient d'une représentation juridique adéquate. C'est dans ce cadre que le bureau du conseil public a été établi pour leur offrir l'assistance juridique requise. Afin d'aider les victimes à participer à toutes les phases de la procédure et introduire des demandes en réparation, le greffe a élaboré des formulaires standards de demande de participation et de demande en réparation. Consciente de la nécessité d'informer les populations concernées du mandat et des procédures de la CPI, la section de la participation des victimes et des réparations a organisé des campagnes de sensibilisation et créé des outils d'information sur les droits des victimes.

Les premiers éléments concrets d'une égalité des armes entre l'accusation et la défense ont également été mis en place.[284] La cour a établi un bureau du conseil public pour la défense, principalement chargée à fournir une assistance juridique aux conseils[285]. Il est chargé d'entreprendre des recherches sur la jurisprudence et les questions procédurales relatives aux droits de l'homme, aux droits de la défense et au procès équitable, ainsi que de présenter des conclusions à la chambre préliminaire concernant des questions spécifiques. Un procès équitable implique également la possibilité pour l'accusé comme pour les participants au procès de s'exprimer dans une langue qu'il maîtrise. Le greffe a entrepris la traduction régulière aux fins des audiences des documents dans des langues telles que l'acholi, le swahili ou le lingala. L'accès du public à la justice rendue par la cour

[284] La cour possède aujourd'hui une liste de conseillers autorisés à plaider forte de 235 avocats représentant différentes traditions juridiques et originaires de 48 pays du monde.

[285] Le bureau du conseil public pour la défense est devenu pleinement opérationnel en janvier 2007, après la nomination du conseil principal. Au bout d'une année, le bureau a conseillé et aidé tous les conseils *ad hoc* de la défense intervenant dans des situations devant la cour, comme pour la République démocratique du Congo (RDC), le Soudan et l'Ouganda. Il a également représenté et protégé les droits de la défense au cours de la phase préliminaire dans l'affaire « le procureur c. Thomas Lubanga Dyilo (RDC) » en apportant une assistance à l'équipe de la défense.

est un critère essentiel de son bon fonctionnement et relève du mandat du greffe[286].

Pour que les décisions prises à La Haye soient accessibles aux populations vivant sur les lieux des crimes, plusieurs bureaux extérieurs, victimes de la cour sur le terrain, ont été érigés par le bureau du greffe. Cinq bureaux remplissant les diverses tâches d'appui aux enquêtes, de protection des témoins, de victimes, de logistique ou de sensibilisation ont été mis en service dans quatre pays différents durant cette période.

L'accès à la justice s'entend aussi de la possibilité de consulter et d'utiliser des documents et des archives, et dépend donc de la qualité des infrastructures et des services de l'institution. À cet égard, la digitalisation de l'ensemble des documents utiles à la cour et l'accessibilité du site internet permettent au public de rester informé des activités quotidiennes de la cour.

II. Les chambres

Tout en assumant leurs tâches, les juges veillent à garantir l'équité, l'indépendance, l'impartialité et l'efficacité des procédures intentées devant la cour. À cette fin et conformément à l'article 52 du statut, ils ont adopté en mai 2004 le règlement de la cour qui décrit l'éventail complet des activités de cette dernière et fixe les modalités de son fonctionnement au quotidien. Lors de la séance plénière de mars 2005, les juges ont également adopté le code d'éthique judiciaire prévu par le règlement. Ce code constitue une première dans l'histoire des tribunaux pénaux internationaux.

Les juges se sont également penchés sur le volet technique des procédures. Leurs rencontres régulières au sein des chambres des sections et en séances plénières leur ont permis de coordonner et de débattre des questions d'intérêt commun telles que les aspects pratiques de la participation des victimes aux procédures, la divulgation de documents, la présentation des éléments de preuve, les services de traduction et d'interprétation ou encore les problèmes liés à la défense et aux accusés.

[286] Une stratégie de sensibilisation et d'information a été élaborée dans ce but en 2006. Voir le plan stratégique d'information et de sensibilisation de la CPI adopté par l'assemblée des États parties en 2006.

Le 17 février 2005, la chambre préliminaire 1 a rendu la première décision judiciaire jamais prise par une chambre de la cour dans une affaire en convoquant une conférence de mise en état, en présence du procureur et de ses représentants sur la situation en République démocratique du Congo. 51 décisions ont ensuite suivi pour l'année 2005 et 275 pour l'année 2006[287]. Parmi les décisions importantes durant cette période, on mentionnera la levée des scellés sur les premiers mandats d'arrêt et la première audience de comparution d'un accusé. En outre, les chambres ont adopté un large éventail de décisions sur des questions comme le droit des victimes à participer à la phase préliminaire des procès, le régime de divulgation pendant la phase préliminaire et les mesures permettant d'exploiter des occasions uniques d'obtenir des renseignements. La cour a aussi continué de se doter des moyens nécessaires pour garantir une participation effective des victimes et la protection des droits de la défense.

III. Le bureau du procureur

Le bureau du procureur a été confronté à plusieurs défis au cours des premières années de son mandat.

Cette section expose de manière détaillée la façon dont le bureau a ouvert ses enquêtes, recueilli des éléments de preuve, sollicité des mandats d'arrêt, procédé à l'arrestation d'un suspect majeur, élaboré ses politiques et ses procédures, structuré son organisation et collaboré avec les différents organes de la cour et les intervenants extérieurs.

A. Les enquêtes et poursuites

1. Défis rencontrés par le bureau du procureur

Au cours de ses trois premières années d'existence, le bureau a dû apprendre à faire face à trois défis majeurs en relation avec ses activités d'enquête et de poursuites.

Le **premier défi** auquel le bureau a été confronté était celui de savoir de quelle manière ouvrir ses affaires. Deux questions corrélatives se sont posées : celle des critères de sélection des situations qui feront l'objet d'une enquête et celle de la méthode à utiliser pour appliquer la compétence de la cour.

---

[287] Sources internes.

Concernant la sélection des situations, une fois les critères de compétences *ratione temporis* et *ratione materiae* avérés, le bureau s'appuie sur le critère de gravité tel que décrit ci-dessus.

Après avoir effectué une analyse minutieuse respectant les conditions de compétence, de recevabilité et les intérêts de la justice, le bureau en a conclu que les situations en République démocratique du Congo et au Nord de l'Ouganda constituaient les situations recevables les plus graves relevant de la compétence de la cour. La situation au Darfour déférée au procureur par le conseil de sécurité, répondait également de façon manifeste au critère de gravité. Les situations sélectionnées ont abouti à la perception d'une stratégie de poursuites fondée intentionnellement sur un critère géographique.

Le bureau comprend cette inquiétude, mais rappelle avec force que l'équilibre régional ne figure pas parmi les critères de sélection d'une affaire.

La possibilité d'ouvrir une enquête de sa propre initiative (*proprio motu)* représente un aspect essentiel de l'indépendance du bureau. Elle permet d'encourager et de favoriser **des renvois volontaires des États** dans ce qui constitue la première étape de la mise en œuvre de la compétence de la cour. Cette pratique a débouché sur des renvois qui sont devenus les deux premières situations de la cour, à savoir le nord de l'Ouganda et de la RDC. La méthode consistant à ouvrir des enquêtes après des renvois volontaires a augmenté les chances de bénéficier d'une coopération et d'un appui sur le terrain.

Le **deuxième défi** auquel le bureau du procureur a été confronté consistait à déterminer la manière de mener des enquêtes efficaces dans des environnements en proie à une violence constante. Le bureau a dû apprendre à se mettre en contact avec des témoins éventuels sans les exposer, à identifier des sites sûrs pour mener des auditions, à mettre sur pied des déplacements sécurisés discrets pour les enquêteurs et les témoins et à pourvoir à l'éventualité de déplacer les témoins dans des lieux sûrs. En outre, le bureau a dû apprendre à communiquer de manière efficace avec les témoins dans différentes langues dont certaines ne disposent pas de terminologie juridique nécessaire à l'audition. Au nord de l'Ouganda, il y a quatre langues locales (*acholi, lango, ateso et kumam*), trois dans le district de l'Ituri en RDC (*lendu*, lingala et variante régionale du swahili) et quatre au Darfour (*fur, zaghawa, massalit* et variante régionale de l'arabe).

Comme il n'existe que peu de traducteurs professionnels qualifiés, trouver des personnes ayant les compétences et l'expérience appropriées a nécessité le déploiement d'efforts conséquents.

Deux mesures essentielles pour relever les défis représentés par ces difficultés en matière de logistique ont été adoptées au travers d'une réduction de la durée et de la portée de l'enquête.

En se référant au statut, le bureau du procureur a adopté une politique consistant à concentrer ses efforts sur les crimes les plus graves et sur les personnes qui en portent *la plus grande responsabilité.* L'identification des personnes portant la plus grande responsabilité pour ces crimes dépend des éléments de preuve qui apparaissent dans le cadre de l'enquête. Le fait que la cour ne s'intéresse pas à une personne en particulier ne signifie nullement qu'une quelconque impunité ait été accordée. La cour vient compléter les efforts déployés sur le plan national et encourage toutes mesures prises à ce niveau à l'encontre d'autres auteurs de crimes. Le bureau a, du reste, décidé d'aborder la sélection des affaires de façon « ordonnée », ce qui signifie que les affaires relevant d'une situation sont choisies en fonction de leur **gravité.**

Ce défi nécessite aussi du bureau qu'il présente rapidement des affaires ciblées chaque fois que cela s'avère possible, tout en veillant à représenter l'éventail complet de la criminalité. En principe, les incidents seront choisis de manière à offrir un échantillon représentant des faits les plus graves et de principaux types de persécutions. Au nord de l'Ouganda, par exemple, le bureau a sélectionné six incidents parmi les centaines qui sont survenus et a inculpé cinq hauts dirigeants de l'ARS[288] de crimes contre l'humanité, y compris la réduction en esclavage, l'esclavage sexuel, le viol et le meurtre, et de crimes de guerre, notamment le fait de diriger intentionnellement des attaques contre la population civile, l'enrôlement d'enfants et l'incitation au viol et au pillage. Il peut arriver que certains conflits d'intérêts obligent le bureau à se concentrer exclusivement sur certains éléments de la criminalité d'un conflit donné.

En ce qui concerne la situation en RDC, le bureau enquêtait à l'origine sur un large éventail de crimes présumés, cherchant ainsi à représenter tous les aspects de la criminalité. Pour sa première affaire,

[288] ARS : Armée de Résistance du Seigneur.

le bureau a par la suite décidé de se concentrer sur le crime d'enrôlement et de conscription d'enfants de moins de 15 ans et sur leur utilisation aux fins de les faire participer activement aux hostilités. Par conséquent, après un examen minutieux des éléments de preuve réunis, y compris le lien existant entre l'accusé et le crime, et conformément à la nécessité de prouver les charges qui pèsent contre lui au-delà de tout doute raisonnable, le bureau a décidé de limiter les accusations à celles mentionnées ci-dessus dans l'affaire contre Thomas Lubanga Dyilo.

L'approche adoptée lors de la sélection des incidents et des accusations aide le bureau à réduire le nombre de victimes appelées à témoigner. Cela fait partie des mesures prises pour apporter une solution aux enjeux en matière de sécurité. De plus, le bureau, en collaboration avec l'unité d'aide aux victimes et aux témoins et la section de la sécurité, a élaboré des mesures permettant de protéger comme il se doit les victimes et le personnel de la CPI, y compris des systèmes d'intervention immédiate dont l'efficacité a déjà pu être démontrée à plusieurs reprises lorsque des menaces ont été signalées.

Le troisième défi pour l'ensemble de la cour est de trouver un moyen pour faire exécuter les mandats d'arrêt. Il s'agit peut-être là du problème le plus critique et le plus épineux du système créé par le statut de Rome : la cour ne dispose pas de sa propre force d'exécution des lois. Conformément au statut, c'est aux États parties qu'il incombe d'arrêter les suspects et de les livrer à la cour afin de faire l'objet de poursuites. Bien que les États soient habilités à exercer un contrôle sur leur territoire, ils éprouvent souvent des difficultés à exécuter les mandats. Durant ses trois premières années d'existence, la cour a pu répondre à ce défi dans l'affaire contre Thomas Lubanga Dyilo qui était déjà placé en détention. Il reste cependant impératif de recevoir davantage d'assistance pour faire exécuter les mandats d'arrêt délivrés dans le cadre de l'affaire relative à l'Armée de Résistance du Seigneur. Le bureau y voit un enjeu majeur de la prochaine phase de ses activités et juge qu'il est essentiel que les États parties informent le bureau des efforts qu'ils déploient à cet égard.

2. Renvois, communications, analyse et enquêtes

Au cours des trois premières années d'activité du bureau, le procureur a reçu trois renvois de la part d'États parties – l'Ouganda et la République centrafricaine – chacun d'entre eux ayant déféré la situation sur son propre territoire. Le procureur a également reçu un renvoi du conseil de sécurité au sujet de la situation du Darfour au Soudan.

En outre, le bureau a reçu jusqu'à la fin de juin 2006, 1918 communications de la part de particuliers ou de groupes d'au moins 107 pays différents.

Toutes les communications ont fait l'objet d'un examen initial visant à déterminer si elles fournissent une base éventuelle pour une analyse plus poussée, examen au cours duquel, il s'est avéré qu'environ 80 pourcents des communications ne relevaient manifestement pas de la compétence de la cour.

Sur les quelque 20 pourcents de communications justifiant une analyse plus poussée, dix situations ont fait l'objet d'une analyse approfondie. Sur ces dix situations, trois ont débouché sur une enquête (la RDC, le nord de l'Ouganda et le Darfour), deux ont été rejetées (le Venezuela et l'Irak)[289] et plusieurs ont fait et font actuellement l'objet d'une analyse.

Le bureau a sélectionné la RDC et le nord de l'Ouganda pour être les premières situations, car elles représentent les cas recevables les plus graves en application de la compétence du statut et, après le renvoi, le bureau a confirmé que la situation au Darfour remplissait manifestement le critère de gravité.

a. L'enquête en RDC

En septembre 2003, lors de la deuxième session de l'assemblée des États parties, le procureur a affirmé sa volonté de demander l'autorisation d'user de son pouvoir d'ouvrir une enquête de sa propre initiative (*proprio motu)* en RDC si nécessaire. Dans le même temps, il s'est réjoui publiquement de la possibilité d'un renvoi de la part de

[289] Concernant la situation au Venezuela, les renseignements disponibles n'ont pas fourni de base raisonnable de croire que les crimes présumés relevaient de la compétence de la cour. En ce qui concerne l'Irak, où la cour n'est compétente qu'à l'égard des actes des ressortissants d'États parties, les renseignements disponibles appuyaient une base raisonnable de croire qu'un nombre limité d'homicides intentionnels et/ou de traitements inhumains s'étaient produits. Cependant, les crimes présumés qui auraient été commis par des ressortissants des États parties en Irak ne se sont pas révélés remplir les conditions minimales requises de gravité. De plus, le procureur a relevé que des procédures nationales avaient été entamées concernant les incidents concernés.

la RDC dans la mesure où cela laissait présager une meilleure coopération. Le 03 mars 2004, le Président de la RDC a déféré la situation dans son pays au procureur. Après l'analyse requise par le statut de la compétence, de la recevabilité et des intérêts de la justice, une enquête relative à la situation a été ouverte le 21 juin 2004.

La première étape de l'analyse du bureau consistait à identifier, notamment en prenant en considération les facteurs de compétence *ratione temporis* de la cour, quelle région de la RDC avait connu les crimes les plus graves. Après avoir étudié l'ensemble de la RDC, le bureau a conclu que les crimes les plus graves auraient été commis en Ituri. Dans le cadre du conflit complexe en Ituri, où de nombreuses milices ont commis des crimes, le bureau a focalisé son enquête sur celles d'entre elles qui seraient responsables des crimes les plus graves.

Le bureau a formé une équipe conjointe, telle que définie dans sa politique, afin de mener cette enquête, rassemblant ainsi des membres du personnel spécialistes de différentes disciplines et appartenant à chacune des trois divisions du bureau. Les membres de l'équipe conjointe chargée de l'enquête relative à la RDC ont été envoyés depuis juillet 2004 et ont effectué plus de 70 missions à l'intérieur et à l'extérieur de la RDC, procédant à l'audition de près de 200 personnes. Afin de rendre ces missions plus faciles, un accord de coopération judiciaire a été signé entre le bureau et la RDC et des mécanismes de coopération ont été élaborés progressivement sur le territoire de la RDC avec l'aide de la MONUC et d'autres organisations concernées. La coopération de la RDC s'est avérée positive en dépit de défis importants auxquels les autorités de la RDC ont été confrontées. Des bureaux hors siège communs ont été créés avec le greffe à Kinshasa et à Bunia.

Protection des victimes et des témoins

Dans le cadre de l'enquête relative à la RDC ainsi que pour les autres situations qui font actuellement l'objet d'une enquête, l'attention portée, par le bureau à la sécurité et au bien-être des victimes et des témoins,[290] constituait une priorité majeure et un facteur clé pour définir les rapports avec les témoins et définir les éléments de crimes spécifiques.

[290] Article 68 du statut.

En outre, un mécanisme de protection des témoins a été mis en place avec l'appui des autorités de la RDC, y compris des systèmes d'alerte rapide.

Après 18 mois d'enquête intensive, le bureau a présenté, le 12 janvier 2006, une requête sous scellés aux fins de délivrer un mandat d'arrêt contre Thomas Lubanga Dyilo, ressortissant congolais et fondateur présumé de l'Union des Patriotes congolais (UPC) et de sa branche armée, les Forces patriotiques pour la Libération du Congo (FPLC). Le bureau accuse celui-ci de crimes d'enrôlement et de conscription d'enfants de moins de 15 ans et de les avoir fait participer activement à des hostilités. Le choix de la date de cette requête et du contenu des accusations a été dicté par une éventuelle remise en liberté imminente de Thomas Lubanga Dyilo. Il était placé en détention en RDC depuis mars 2005, tout comme des dirigeants d'autres milices, suite aux meurtres de Casques bleus des Nations-Unies le 25 février 2005. *Human Rights Watch* a critiqué les procédures militaires de la RDC principalement en raison de l'absence de chefs d'accusation contre les inculpés. Conformément à la législation congolaise, le procureur militaire chargé de l'affaire a reconduit la détention de Thomas Lubanga Dyilo chaque mois. La législation de la RDC exige qu'après douze mois consécutifs de détention, un juge militaire doit confirmer la mise en détention. Même si le bureau ne disposait pas de renseignements relatifs aux intentions éventuelles du juge militaire compétent, aucune infirmation disponible ne reliait Thomas Lubanga Dyilo à cette attaque. Il était donc possible que le juge militaire ordonne sa remise en liberté. Par conséquent, après avoir effectué un examen minutieux des éléments de preuves recueillis au cours de l'enquête, y compris les liens entre l'accusé et le crime, le bureau a décidé de présenter une requête aux fins de délivrance d'un mandat d'arrêt.

Le 10 février 2006, la chambre préliminaire I a délivré un mandat d'arrêt sous scellés à l'encontre de Thomas Lubanga Dyilo. Une demande d'arrestation et de remise a ensuite été transmise aux autorités congolaises.

Le 17 mars 2006, Thomas Lubanga Dyilo a été remis à la cour suite au premier mandat d'arrêt émis par la cour. Le même jour, les scellés du mandat d'arrêt ont été levés. Le transfèrement de celui-ci a constitué un exemple de coopération efficace entre l'État territorial (la

RDC), le greffe, la section préliminaire, les États parties, le conseil de sécurité et le bureau du procureur.

Selon le mandat d'arrêt dont les scellés ont été levés, Thomas Lubanga Dyilo, président de l'UPC et commandant en chef des FPLC, aurait exercé un contrôle en dernier ressort sur l'adoption et l'application des politiques et des pratiques de l'UPC et des FP, au rang desquelles figuraient la conscription et l'enrôlement d'enfants de moins de 15 ans dans le FP et l'utilisation d'enfants de moins de 15 ans aux fins de les faire participer activement à des hostilités. En ce qui concerne des accusations supplémentaires, le bureau a indiqué qu'il reportait l'enquête relative à d'autres crimes jusqu'à ce que son premier procès soit achevé.

Thomas Lubanga Dyilo a comparu pour la première fois le 20 mars 2006 en présence de son avocat, Me Jean Flamme. Depuis, la chambre préliminaire, le conseil de la défense et le bureau ont collaboré pour permettre la communication de plus de 5000 pages de renseignements, y compris des éléments de preuve à charge et à décharge et d'autres éléments[291]. Même si la majeure partie de cette activité judiciaire n'est pas des plus connues en raison de son caractère confidentiel, elle n'en nécessite pas moins un volume de travail considérable et une coopération très importante entre la chambre préliminaire, l'unité d'aide aux victimes et aux témoins, les services informatiques, l'équipe conjointe du bureau chargé de l'affaire relative à l'UPC et le conseil de la défense.

Durant cette même période, une deuxième équipe a été chargée d'enquêter sur des crimes qui auraient été commis par un autre groupe armé de l'Ituri.

b. L'enquête en Ouganda

En décembre 2003, le bureau a reçu un renvoi du Gouvernement ougandais concernant la situation de l'ARS. Il a informé le Gouvernement ougandais que, conformément à ses obligations d'impartialité, il estimerait que ce renvoi porte sur tous les crimes commis dans le nord de l'Ouganda et a conclu que les crimes qui auraient été commis par L'ARS étaient plus graves que les crimes éventuellement commis par d'autres groupes. Le bureau a, par

[291] Conformément aux dispositions de la règle 77 du règlement de procédure et de preuve.

conséquent, ouvert une enquête relative à L'ARS et procédé à l'analyse des crimes commis par d'autres groupes en tenant compte du critère minimal de gravité et de la complémentarité.

L'équipe conjointe chargée d'enquêter sur l'Ouganda a été recrutée au début 2004. Elle comprenait au total 15 fonctionnaires de la catégorie des administrateurs représentant les trois divisions du bureau. L'enquête a été ouverte le 28 juillet 2004. En dix mois à peine, les enquêteurs du bureau ont effectué plus d'une cinquantaine de missions sur le terrain et recueilli des renseignements suffisants pour lancer cinq mandats d'arrêt contre les hauts dirigeants de l'ARS.

Le 06 mai 2005, le bureau a présenté une demande sous scellés aux fins de délivrance des mandats d'arrêt contre Joseph Kony et quatre des principaux commandants de L'ARS qui auraient la responsabilité la plus lourde en ce qui concerne les crimes les plus graves. Ils sont accusés d'avoir commis des crimes contre l'humanité, y compris la réduction en esclavage, l'esclavage sexuel, le viol et le meurtre, et des crimes de guerre, y compris le fait de diriger intentionnellement des attaques contre la population civile, l'enrôlement d'enfants et l'incitation au viol et au pillage.

Le 08 juillet 2005, la chambre préliminaire II a délivré des mandats d'arrêt et des demandes d'arrestation et de remise. Elle a gardé les mandats sous scellés jusqu'au 13 octobre 2005 en raison d'inquiétudes pour la sécurité des victimes et des témoins.

L'efficacité de l'enquête relative au nord de l'Ouganda résulte de la coopération reçue de la part de la population et des autorités ougandaises, ainsi que de la politique d'enquêtes ciblées du bureau du procureur. Le bureau a sélectionné six incidents en se fondant sur les éléments de preuve recueillis qui se sont avérés représentatifs de crimes commis par L'ARS. Une équipe réduite d'enquêteurs a été capable, en peu de temps, de concentrer ses efforts sur la collecte de renseignements nécessaires pour faire le lien entre les crimes faisant l'objet de l'enquête et les personnes qui en portent la plus lourde responsabilité. Le fait d'avoir sélectionné six incidents a également réduit les risques en limitant le nombre de témoins qu'il fallait contacter.

Dès le début de l'enquête, la situation au nord de l'Ouganda se caractérisait par les efforts en cours en vue de régler le conflit et par une situation instable. En s'efforçant de répondre aux inquiétudes exprimées par les dirigeants locaux et de témoigner du respect pour les négociations de paix en cours, le bureau s'est montré discret au cours de l'enquête au nord de l'Ouganda. À aucun moment cependant, il n'a cessé d'enquêter.

Le bureau a déployé des efforts considérables pour engager un dialogue avec les communautés locales en Ouganda et pour évaluer les intérêts des victimes. Depuis février 2004, il a mené 20 missions sur le terrain pour rencontrer les parties locales et internationales concernées afin de prendre en compte le contexte et les intérêts des victimes. En mars et en juin 2006, le bureau, participant au programme de sensibilisation du greffe, a tenu des ateliers de travail approfondi avec plus de 150 dirigeants traditionnels, plus de 120 ONG, 60 représentants des autorités locales et 50 dirigeants religieux du nord et de l'est de l'Ouganda.

En mars 2005, le bureau a invité des responsables locaux acholi, des membres du parlement ougandais et des dirigeants religieux et traditionnels à La Haye pour s'entretenir avec le procureur.

Cette réunion a permis aux parties de mieux se comprendre et a débouché sur un accord permettant de continuer le dialogue en poursuivant le but commun de mettre fin à la violence. Une autre réunion s'est tenue en avril 2005 avec un éventail plus large de représentants des régions acholi, *ateso* et *madi*. Cette réunion a permis au bureau et aux dirigeants des communautés d'aboutir à un consensus s'articulant autour des questions relatives aux mécanismes traditionnels de justice et à la volonté du bureau de poursuivre les personnes qui portent les responsabilités les plus lourdes. Les discussions ont permis de réaffirmer que le bureau était conscient qu'il fallait mettre un terme à l'appui extérieur dont bénéficie L'ARS.

En octobre 2005, le bureau a signé un accord avec le Soudan pour l'exécution des mandats d'arrêt concernant L'ARS. Malgré le fait qu'il n'a en aucun cas la possibilité d'arrêter des aspects de sa propre initiative, il a élaboré des stratégies permettant d'appuyer les efforts d'arrestation. Une de ses stratégies consiste à encourager la coopération internationale et à dissuader l'appui et l'approvisionnement extérieurs à L'ARS. Il résulte de ces efforts et d'autres que L'ARS a perdu son refuge et a déplacé son quartier général du Soudan à la frontière de la RDC. Les crimes présumés qui auraient été commis par cette Armée dans le nord de l'Ouganda ont diminué de manière radicale depuis l'émission des mandats d'arrêt, bien que son activité criminelle présumée reste importante au Sud-Soudan et même en RDC.

c. L'enquête au Darfour

Le 31 mars 2005, le conseil de sécurité, par sa résolution 1593[292], a déféré la situation au Darfour au procureur, affirmant que la justice est essentielle pour apporter une paix et une sécurité durables au Darfour. Le lien entre la paix et la justice a été renforcé par la résolution 1674[293]relative à la protection des civils en période de conflit armé selon laquelle la prévention de tels conflits passe par l'adoption d'une démarche globale. Il est essentiel de mettre fin au règne de l'impunité-aux moyens de mécanismes nationaux et internationaux pour garantir que des exactions ne se reproduisent pas. Cette reconnaissance des liens importants existant entre la justice, la paix et la sécurité, deux ans seulement après la création de la cour, a constitué une grande avancée dans l'évolution du rôle de la justice internationale. Le renvoi a suscité de vives réactions au Soudan et le Gouvernement s'est engagé à mener lui-même des enquêtes et des poursuites à propos de toutes les affaires en question.

Le 05 avril 2005, le bureau a reçu plus 2500 pièces, y compris de la documentation, des séquences vidéos et des transcriptions d'audition qui avaient été recueillies par la commission internationale d'enquête pour le Darfour. Le même jour, le procureur a également reçu du secrétaire général des Nations-Unies une enveloppe sous scellés contenant les conclusions de la commission concernant les personnes qui pourraient être pénalement responsables des crimes commis au Darfour. Le procureur a considéré que cette liste de noms ne lui imposait aucune obligation et après lecture, il l'a remise sous scellés. Le bureau n'agit en effet que sur la base de ses propres enquêtes, menées de manière indépendante et autonome.

Il est primordial de respecter les lois existantes et le système judiciaire au Soudan. Même en ce qui concerne les affaires déférées par le conseil de sécurité, les conditions de recevabilité doivent être évaluées et le bureau doit respecter le principe de complémentarité. Le bureau a consacré deux mois à une analyse approfondie des activités judiciaires au Soudan en se fondant sur les renseignements fournis par le Gouvernement soudanais relatifs au système judiciaire du pays, à

[292] Résolution 1593 (2005) du conseil de sécurité des Nations-Unies.
[293] Résolution 1674 (2006) du conseil de sécurité des Nations-Unies.

l'administration de la justice pénale dans diverses parties du Darfour et aux systèmes traditionnels de résolution des différends. Le bureau a aussi fondé son analyse sur l'audition de plus d'une douzaine d'experts[294]. En se fondant sur cette analyse, le 1er juin 2005, le procureur a décidé qu'il existait « suffisamment de renseignements pour croire qu'il y avait bien des affaires qui seraient recevables dans le cadre de la situation au Darfour[295] ». En faisant état des conclusions du bureau, le procureur a insisté sur le fait que « cette décision n'exprime aucune détermination sur le système juridique soudanais en tant que tel, mais est essentiellement le résultat de l'absence de procédures pénales se rapportant aux affaires sur lesquelles il (le bureau) est susceptible de se focaliser ». Une enquête sur la situation au Darfour a ainsi été ouverte le 06 juin 2005 alors que le bureau continue d'évaluer la manière dont le système juridique soudanais traite ces questions.

L'identification des personnes qui portent la responsabilité la plus lourde pour les crimes les plus graves perpétrés au Darfour a constitué un défi majeur pour l'enquête.

Par ailleurs, le conflit en cours a empêché le bureau d'enquêter sur le terrain au Darfour, car les conditions nécessaires à la sécurité n'étaient pas réunies pour les victimes, les témoins et les membres du personnel. Outre une obligation morale, le bureau a l'obligation juridique de protéger les victimes et les témoins conformément aux articles 54.1(b) [296] et 68.1 [297] du statut. L'absence de système

---

[294] En matière de procédures nationales relatives aux crimes présumés relevant de la compétence de la cour qui auraient été commis au Darfour, sur les mécanismes qui sont à la disposition des particuliers pour signaler les crimes et avoir accès à la justice ainsi que sur les mécanismes *ad hoc* qui ont été créés par les autorités soudanaises dans le cadre du conflit au Darfour.

[295] www.icc-cpi.int/cases/ICC_Darfur-UNSC_Report-29-06-05_FR.pdf.

[296] Article 54 : **Devoirs et pouvoirs du Procureur en matière d'enquêtes** (1. b) : Le procureur : « prend les mesures propres à s'assurer l'efficacité des enquêtes et des poursuites visant des crimes relevant de la compétence de la Cour. Ce faisant, il a égard aux intérêts et à la situation personnelle des victimes et des témoins, y compris leur âge, leur sexe, tel que défini à l'article 7, paragraphe 3, et leur état de santé ; il tient «également compte de la nature du crime, en particulier lorsque celui-ci comporte des violences sexuelles, des violences à caractère sexiste ou des violences contre les enfants ; ».

[297] Article 68: **Protection et participation au procès des victimes et des témoins** (1) : « La Cour prend les mesures propres à protéger la sécurité, le bien-être physique et psychologique, la dignité et le respect de la vie privée des victimes et

opérationnel durable en matière de protection empêche toujours de mener une enquête efficace au Darfour. Le bureau a par conséquent enquêté sur les crimes et les activités présumés qui ont été perpétrés au Darfour sans se rendre dans cette région.

Le bureau a effectué plus d'une cinquantaine de missions dans une quinzaine de pays, passé au crible 500 témoins éventuels, auditionné officiellement près de 70 témoins, collecté et examiné plus de 9700 documents. Il a consulté de nombreuses organisations expertes ainsi de nombreux particuliers et a retenu un certain nombre de consultants experts afin de constituer une base de connaissances interne des domaines présentant une importance particulière, comme l'incidence des violences sexuelles et d'évaluation des taux de mortalité.

Par ailleurs, le bureau a sollicité la coopération du Gouvernement soudanais. Donnant suite à cette demande, le Gouvernement a autorisé quatre visites d'une délégation du bureau du procureur au Soudan. La première mission s'est concentrée sur les modalités de coopération et sur une discussion relative aux politiques du bureau du procureur aux procédures de la CPI.

Lors de la deuxième mission à Khartoum, en février 2006, la délégation a bénéficié d'un vaste programme de réunions avec les autorités locales, le pouvoir judiciaire et les forces de l'ordre. Le Gouvernement soudanais a collaboré avec le bureau « en autorisant des rencontres sans entraves avec les responsables demandés, au cours des réunions qui ont été officiellement enregistrées sur support vidéo »[298]. La délégation du bureau a eu de multiples entretiens avec des juges, des représentants du ministère public, des représentants des forces de police et d'autres ministères du Gouvernement.

Au cours de cette mission, le bureau a recueilli de nombreux renseignements visant à déterminer si le Gouvernement soudanais avait poursuivi le type d'affaires qu'il (le bureau) était susceptible de retenir à des fins de poursuite. En mai 2006, le Gouvernement

---

des témoins. Ce faisant, elle tient compte de tous les facteurs pertinents, notamment l'âge, le sexe tel que défini à l'article 7, paragraphe 3, et l'état de santé, ainsi que la nature du crime, en particulier, mais sans s'y limiter, lorsque celui-ci s'accompagne de violences contre les enfants. Le Procureur prend ces mesures en particulier au stade de l'enquête et des poursuites. Ces mesures ne doivent être ni préjudiciables ni contraires aux droits de la défense et aux exigences d'un procès équitable et impartial ».

[298] http://www.icc-cpi.int/library/cases/OTP_ReportUNSC_3-Darfur_French.pdf (p. 11).

soudanais a fourni un rapport écrit en réponse aux questions soumises par le bureau, fournissant ainsi des renseignements à propos des différentes phases du conflit du point de vue du Gouvernement, sur des questions ayant des structures militaires et de sécurité en activité au Darfour, au système juridique régissant la conduite des opérations militaires et aux activités de toute autre partie au conflit.

La troisième mission au Soudan en juin 2006, a impliqué des activités d'enquêtes plus poussées, y compris des réunions avec des officiers militaires pour mieux clarifier le rapport écrit. Durant cette période, le bureau a conclu huit accords avec des organisations et des entités internationales, en plus, d'accords de coopération en attente pour assister l'enquête relative au Darfour. De même, une quarantaine de demandes d'assistance ont été traitées.

3. Procédures et procès

L'évolution la plus importante en ce qui concerne la situation au nord de l'Ouganda et en RDC a été l'émission des mandats d'arrêt par les chambres préliminaires I et II.

La chambre préliminaire II a demandé des arrestations et des remises à l'Ouganda, à la RDC et au Soudan en exécution des mandats d'arrêt à l'encontre des commandants de l'ARS cités qui se déplaçaient dans ces trois pays. Une fois que toutes les mesures de sécurité requises ont été mises en place, les scellés des mandats d'arrêt ont été levés en octobre. Depuis lors, répondant à une requête du bureau, la chambre préliminaire a progressivement levé les scellés d'autres éléments du dossier, de façon à rendre la procédure aussi transparente que le permettent les préoccupations en matière de sécurité.

Thomas Lubanga Dyilo est devenu le premier accusé à comparaître devant la chambre préliminaire I, le 20 mars 2006.

Le bureau a également porté des questions fondamentales à l'intention de la chambre préliminaire et de la chambre d'appel, notamment :

- les différentes formes de participation des victimes au cours de la phase d'enquêtes ;
- la forme de la communication des renseignements à décharge ;
- les questions de sécurité pour/ en ce qui concerne les victimes ;

- les responsabilités respectives du bureau du procureur, de la chambre préliminaire et de la chambre d'appel ; et
- des sujets tels que le droit de l'accusé à un procès équitable, abordés dans des rapports de suivi.

B. Politiques et protocoles

1. Les règles générales

Le bureau a consacré ses trois premières années à l'élaboration et à la définition de ses politiques et de son règlement. Il a consulté des experts des tribunaux spéciaux et s'est inspiré d'autres efforts en matière de justice internationale afin de rédiger un règlement provisoire. Le règlement et les politiques du bureau ont été façonnés au cours des trois premières années au travers de la rédaction des documents, d'activité de consultation en continu sur des questions-clés de politique générale, de l'intégration des leçons tirées d'expériences semblables dans des institutions similaires et d'une révision fondée sur la propre expérience du bureau.

Entre la mi-août 2002 et l'engagement solennel du procureur à la mi-juin 2003, l'équipe préparatoire a élaboré et commencé plusieurs procédures de consultation d'experts dans le but de préparer des fondations solides pour la mise en place du bureau. Ces efforts ont donné lieu à la consultation de plus de 125 pénalistes et à la visite d'institutions nationales chargées de poursuites ayant l'expérience d'affaires complexes importantes comme le *Serious Fraud Office* (service de la répression des fraudes graves) du Royaume-Uni et le *Generalbundesanwalt beim Bundesgerichtshof* (procureur général près la cour fédérale de justice) en Allemagne.

Par conséquent, le bureau a élaboré un projet de document de politique ainsi qu'un projet de règlement qui définissent sa mission et sa structure, créent un code de conduite pour ses membres et fournissent les lignes directrices et les procédures normalisées de fonctionnement à suivre dans l'exécution de ses diverses tâches, comme l'ouverture et la conduite des enquêtes et des poursuites, la gestion de l'information et des éléments de preuve et ses communications externes.

Les 17 et 18 juin 2003, suite à l'engagement solennel du procureur, le bureau a tenu sa première audience publique pour présenter ses politiques et accueillir les réactions du public, y compris des États parties, des ONG et des milieux universitaires. Le bureau a intégré plusieurs de ces remarques dans une « communication relative à certaines questions politiques [le] concernant ».[299] Le document de politique souligne l'approche du bureau en matière de complémentarité et sa stratégie qui consiste à cibler les enquêtes et les poursuites.

En ce qui concerne la complémentarité, le bureau a élaboré et adopté une démarche positive, ce qui signifie qu'il encourage de véritables procédures nationales lorsque cela s'avère possible, qu'il s'appuie sur des réseaux nationaux et internationaux et qu'il participe à un système de coopération internationale. Dans le présent système de complémentarité, la plupart du travail effectué dans la perspective d'atteindre les objectifs fixés par le statut peut être réalisé par des systèmes nationaux dans le monde entier. Ainsi, le nombre d'affaires dont serait saisie la cour ou qui enclencherait ses procédures judiciaires ne doit pas représenter la mesure unique ou même décisive de son efficacité. Au contraire, le nombre croissant d'enquêtes et de procès, véritables au niveau national, pourrait très bien illustrer le fonctionnement réussi du système de Rome dans son ensemble. Dans ces circonstances, l'inactivité du bureau en matière d'enquête et de poursuites devrait être considérée comme une réussite[300] .

En outre, le bureau a continué de procéder à des consultations relatives à son règlement et aux questions de politique. En 2003, des consultations se sont tenues à l'appui de documents de politique relatifs à la « complémentarité en pratique » et à la « coopération internationale en matière d'enquêtes ». Trois ans plus tard, en 2006, l'approche en matière de politique et le document sur la « sélection des affaires » et les « intérêts de la justice » ont bénéficié d'informations obtenues après avoir tenu des consultations. Les politiques et le document se rapportant aux « intérêts de la justice » ont été déterminés au terme d'une série de débats et de réunions

---

[299]www.icc-cpi.int/otp/otp_policy.html.

[300] Le document de politique prévoyait également que le bureau concentrerait ses efforts en matière d'enquête et de poursuites sur les crimes les plus graves et les personnes qui portent la responsabilité la plus lourde pour ces crimes, comme l'explique le paragraphe 2(a).

L'annexe au document de politique fournit des renseignements supplémentaires et comprend un règlement provisoire relatif au traitement et à l'analyse de renseignements soumis dans le cadre de renvois et de communications.

organisés en février 2006 au Cap (Afrique du Sud) par le Centre international pour la justice transitionnelle. Le bureau prévoit de continuer à solliciter la participation d'experts, de particuliers et d'organisations qui ont de l'expérience dans le domaine de justice internationale.

Le bureau a également participé à deux colloques annuels réunissant les procureurs internationaux d'Arusha (Tanzanie) et de Freetown (Sierra Leone) pour échanger des informations et bénéficier de l'expérience des procureurs des autres tribunaux internationaux. Un troisième colloque s'est tenu à La Haye en octobre 2006.

Depuis novembre 2003, le bureau s'emploie également à énoncer une stratégie en matière de poursuites. Le premier projet a été achevé en février 2004 et une stratégie a été mise en place en 2006. Même si ce plan est coordonné avec le plan stratégique de la cour, la stratégie en matière de poursuites est indépendante et a été élaborée après une consultation approfondie de tous les membres du personnel du bureau du procureur et des responsables de haut niveau des autres organes.

2. Les règles spéciales

Outre ces politiques générales, le bureau a élaboré des procédures normalisées de fonctionnement et rédigé plus de 130 projets de politiques, de directives et de procédures normalisées de fonctionnement relatifs aux spécifiques de son travail. Ces protocoles traitent de sujets tels que :

- l'analyse de complémentarité ;
- la coopération (par exemple, en général, avec Interpol ;
- la gestion de la sécurité et le classement de son niveau ;
- l'évaluation des sources, les échantillons et la gestion des éléments de preuve ;
- la gestion des renseignements se rapportant à l'enquête sur les lieux du crime ;
- les enquêtes impartiales et les occasions uniques d'obtenir des renseignements ;
- les meilleures pratiques en matière d'enquête en ce qui concerne les pratiques et les directives relatives aux auditions ; différentes catégories de témoins (par exemple, des témoins et des suspects de crimes sexuels) ;

- les directives et un questionnaire pour enquêter sur les crimes sexuels et les crimes sexistes ;
- les directives en matière de crimes impliquant des enfants ou des enfants témoins ;
- les circonstances à décharge et la communication d'éléments à décharge ; et l'organisation de toutes les questions comme l'égalité des chances et de traitement en matière d'emploi des membres du personnel, les politiques en ce qui concerne les déplacements et les directives pour l'utilisation des interprètes sur le terrain.

C. Gestion et organisation

Afin que le bureau puisse remplir son mandat, sa gestion et son organisation doivent relever plusieurs défis, notamment pour savoir comment l'organiser pour faire face aux conflits qui ont lieu dans différentes parties du monde, impliquent différentes langues et se déroulent dans des cadres différents ; et comment peut-il remplir son mandat sans appareil d'État – sans ministère des Affaires étrangères, sans ministère de la Justice ni forces de police. Au sein du bureau, l'intégration et la cohésion du personnel doivent prendre en considération les différents modèles culturels et juridiques et les différentes formations des membres du personnel venant du monde entier. La structure du bureau doit maintenir l'indépendance fixée par l'article 42(2)[301] du statut, tout en utilisant les services fournis par l'administration commune partagée avec les juges et les avocats de la défense. La gestion et l'organisation du bureau doivent également fournir un bon point de départ pour le *maintien de l'impartialité* tout en bénéficiant de la coopération des États, des organisations internationales, des États, et des ONG. Tous ces besoins en matière de gestion et d'organisation ont été pris en considération en gardant à l'esprit le facteur primordial d'efficacité au regard des colis.

---

[301] Article 42(2) : « Le Bureau est dirigé par le Procureur. Celui-ci a toute autorité sur la gestion et l'administration du Bureau, y compris le personnel, les installations et les autres ressources. Le Procureur est secondé par un ou plusieurs procureurs adjoints, habilités à procéder à tous les actes que le présent Statut requiert du Procureur. Le Procureur et les procureurs adjoints sont de nationalités différentes. Ils exercent leurs fonctions à plein temps ».

1. Structure du Bureau

S'attaquer aux problèmes décrits ci-dessus nécessite une approche multidisciplinaire et axée sur la coopération. Aucun ensemble d'aptitudes ne suffit à lui seul pour exécuter les tâches du bureau. Ce dernier a par conséquent confirmé la mise en place d'une structure interdisciplinaire reliant les points forts de ses différentes parties. En particulier, la supervision stratégique qui oriente le bureau est assurée par le comité exécutif composé du procureur et des chefs des trois autres divisions. Le comité détermine la politique du bureau et supervise les opérations des équipes conjointes travaillant sur un projet. Chacune des équipes conjointes – les unités opérationnelles centrales du bureau – travaille sur des affaires différentes (la RDC, le nord de l'Ouganda ou le Darfour) et bénéficie de l'appui des trois divisions (*division de la compétence, de la complémentarité et de la coopération, division des poursuites* et *division des enquêtes*). Les divisions sont responsables du maintien de connaissances spécifiques, de la formation du personnel du recrutement et de la constance de la qualité.

La cour a renforcé ses fonctions administratives et le bureau s'appuie principalement sur les compétences du greffe en qualité de fournisseur de services. De nombreuses réalisations du bureau n'auraient pas été possibles sans les services fournis par le greffe à travers sa structure. Soucieux de faire face aux tensions découlant de l'opposition entre indépendance et administration commune, le bureau a collaboré avec les autres organes de la cour afin de déterminer une répartition des tâches propices à la cohésion, tout en permettant au procureur de préserver son indépendance et au greffe de garantir sa neutralité. La mise en œuvre du plan stratégique de la cour, au travers d'accords de prestation de services conclus entre les fournisseurs de service et les entités du bureau, devrait rendre les choses plus claires et permettre une coopération plus fiable entre le bureau et le greffe. Comme le bureau dépend du greffe sur le plan administratif, il ne dispose d'aucun appui important qui lui soit propre et ne maintient qu'une section des services réduite qui coordonne les besoins et les demandes de services des divisions du bureau et agit en liaison avec les fournisseurs de services du greffe et les entités qui en font la demande au sein du bureau.

2. Ressources humaines du bureau

Il est de la plus haute importance que le bureau sélectionne les administrateurs les plus compétents du monde entier. Lors de ses sélections, il recherche les services de personnes possédant les plus hautes qualités d'efficacité, de compétence et d'intégrité, conformément à l'article 44(2) du statut[302].

Il a été facile de relever ce défi dans un premier temps en raison de l'attrait de la mission de la cour et de l'éventail de postes disponibles, tant sur le plan des compétences requises que de la représentation géographique recherchée. Le système officiel d'engagement basé sur concours a fait que le bureau a reçu un grand nombre de candidatures du monde entier d'où sont ressortis des candidats aux qualifications exceptionnelles. La tâche qui consiste à trouver et à attirer une importante réserve de candidats s'est quelque peu compliquée puisque les postes disponibles sont actuellement définis par des besoins et des manquements plus spécifiques au bureau et des spécifications plus restreintes en matière de représentation géographique parmi les personnes nouvellement recrutées.

Une fois que des administrateurs aux compétences très élevées sont attirés et recrutés, un défi important consiste à gérer l'effet conjugué du rythme des enquêtes et du besoin d'une intégration rapide au sein du bureau et de l'harmonisation des nouveaux membres issus du monde entier et arrivant à des moments différents. Le bureau a consacré des efforts importants pour s'adapter à ce défi, cherchant à harmoniser les connaissances, à normaliser les techniques et à former les nouveaux membres du personnel, tout en créant des chaînes d'intégration permanente pour les nouveaux membres du personnel et en encourageant son unité.

L'expansion du bureau du procureur a été exponentielle : sa taille a été multipliée par cinq la première année, a doublé la deuxième et a encore augmenté de 25 pourcents la troisième année.

L'expansion rapide des activités de la cour, la croissance exponentielle du bureau du procureur et l'énergie considérable

---

[302] Article 44(2) : « Lorsqu'ils recrutent le personnel, le Procureur et le Greffier veillent à s'assurer les services des personnes possédant les plus hautes qualités d'efficacité, de compétence et d'intégrité, en tenant compte *mutais mutandis*, des critères énoncés à l'article 36, paragraphe 8 ».

nécessaire pour garder le rythme du bureau présentent des défis en ce qui concerne le maintien de la cohérence dudit bureau, l'unité au sein de l'équipe et la formation. Comme indiqué ci-dessus, il cherche à intéresser les personnes les plus qualifiées dans le domaine de la justice internationale. Pouvoir garder ces personnes, cela présente des défis majeurs pour garantir l'efficacité et l'efficience des activités du bureau.

Paragraphe 2 : 2007 – 2008 : la phase de croissance : l'action du procureur

C'est en tant que représentant du bureau du procureur et plus particulièrement de la division que je participe aujourd'hui à cette conférence, permettez-moi donc de mettre l'accent sur les activités du bureau du procureur dans le cadre de la phase de croissance de la cour.

Depuis 2007, le bureau a progressé dans l'ensemble des activités de son mandat.

I. Les quatre situations en cours

La situation en République démocratique du Congo (RDC)

En 2007, suite à la confirmation des charges le 29 janvier par la chambre préliminaire, le bureau a travaillé à la préparation du procès contre M. Thomas Lubanga Dyilo. Des questions de protection des témoins, de participation des victimes, de divulgation des preuves, d'expurgations, ont demandé beaucoup de travail de la part de l'équipe chargée de cette affaire. Le bureau du procureur est prêt pour le procès. Le **procès de M. Thomas Lubanga** a débuté le **26 janvier 2009**. Il est **le premier procès de l'histoire de la CPI**.

Dans le même temps, dans le cadre d'une seconde enquête en Ituri, le procureur a continué ses enquêtes et a demandé, fin juin 2007, l'émission de deux mandats d'arrêt. Les mandats d'arrêt émis par la chambre préliminaire I au début juillet 2007 ont abouti à l'arrestation et au transfert de M. Germain Katanga le 18 octobre 2007, puis de M. Mathieu Ngudjolo Chui, le 07 février 2008. Les affaires ont été jointes par la chambre préliminaire le 10 mars dernier 2008. Les charges contre MM. Katanga et Ngudjolo ont été confirmées le 30 septembre 2008. Leur procès devait débuter dans le courant de l'année 2009.

Le 28 avril enfin, la cour levait les scellés sur un mandat d'arrêt contre M. Bosco Ntaganda, accusé par le procureur d'être responsable, de par son rôle au sein des FPLC, des crimes pour lesquels Thomas Lubanga Dyilo, dirigeant de l'UPC et des FPLC au moment des crimes, a été renvoyé devant la chambre d'instance. M. Ntaganda est encore en liberté à l'heure où nous parlons et nous insistons sur l'importance de l'arrêter et de le remettre à la cour[303], afin de donner à la paix une chance dans l'est de la RDC, où M. Ntaganda se trouve aujourd'hui comme chef d'État-Major du groupe politico-militaire CNDP dirigé par Laurent Nkunda.

Outre son travail de préparation au procès et à l'audience de confirmation des charges et la continuation de son travail d'enquêtes en Ituri en relation avec ces affaires, le bureau du procureur est également en phase de préparation d'une troisième enquête en RDC. À ce titre, il s'intéresse de très près à la situation des crimes qui auraient été commis en Ituri, mais également au-delà, en particulier dans les deux provinces des Kivu, où des rapports font état de meurtres, de violences sexuelles, de déplacements forcés et autres crimes potentiellement de notre compétence qui auraient été commis par des membres de l'armée congolaise, des membres des FDLR, des membres du CNDP de Laurent Nkunda, et certains membres de groupes locaux tels les *Maï Maï*. En outre, le procureur s'intéresse de très près aux informations sur tous les individus qui auraient contribué à la commission de crimes par les groupes armés dans l'est de la RDC et qui auraient soutenu, financé, organisé ces groupes, où que soient ces personnes dans la région des Grands Lacs.

Les enquêtes du BDP se poursuivent donc dans une RDC toujours en proie à la violence.

La situation dans le nord de l'Ouganda

Les mandats d'arrêt à l'encontre de Joseph Kony et de hauts responsables de l'ARS pour des crimes contre l'humanité et des crimes de guerre restent en suspens aujourd'hui. Les responsables de

[303] Bosco Ntaganda sera arrêté à l'ambassade des États-Unis à Kigali et transféré le 18 mars 2013 à la CPI. Il sera jugé et condamné ; « la chambre considère Bosco Ntaganda coupable de meurtres, d'avoir dirigé intentionnellement des attaques contre des civils, de viols, d'esclavage sexuel, de persécutions et de pillages en tant que crimes de guerre et crimes contre l'humanité » a déclaré le juge Robert Fremr le 08 juillet 2019.

L'ARS bénéficient d'une nouvelle légitimité sur la scène internationale et profitent de cet état pour exiger le retrait des mandats d'arrêt lancés contre eux. Le bureau estime qu'il s'agit là d'un chantage inacceptable et continue ses efforts de coopération pour que l'ensemble de ses partenaires participent à l'arrestation et au transfert des criminels présumés.

Depuis le lancement des mandats d'arrêt, le bureau a reçu confirmation du décès de deux des responsables, Raska Lukwiya et Vincent Otti[304].

Le bureau continue de suivre L'ARS et de réunir des éléments de preuve sur ses activités criminelles. Des rapports crédibles font état de nouvelles entreprises de déstabilisation de la sous-région par L'ARS, depuis janvier 2008. La pleine coopération des États est sans cesse sollicitée par le procureur pour mettre en œuvre les mandats d'arrêt lancés en 2005 et pour permettre que la paix s'installe à nouveau dans la sous-région. Il appartient à l'ensemble de la communauté internationale d'ostraciser L'ARS et de mettre sa crédibilité en cause.

La situation au Darfour

Le 27 février 2007, le BDP a émis des demandes de citations à comparaître pour Ahmad Harun, ancien ministre délégué à l'intérieur du Gouvernement du Soudan, et Ali Muhammad Abd-Al-Rahman alias Ali Kushayb, chef de la milice Janjaouid.

Le 27 mai 2007, la chambre préliminaire a commué les demandes de comparution en mandats d'arrêt à l'encontre des deux accusés. Les mandats d'arrêt font état de 51 chefs d'accusation de crimes de guerre et de crimes contre l'humanité.

À l'heure actuelle, non seulement ces mandats d'arrêt n'ont pas été exécutés, mais Ahmad Harun, notamment responsable du déplacement forcé de millions de personnes vers des camps, a été promu au poste de ministre des Affaires humanitaires au Soudan. Il continue donc de décider du sort de ces millions de personnes en surveillant l'accès de la nourriture aux camps et la sécurité générale.

---

[304] Dominic Ongwen, ancien commandant de l'ARS (Lra) a été jugé devant la CPI pour déterminer s'il y aura un procès. Dominic Ongwen devra répondre de 70 chefs de crimes de guerre commis dans le nord de l'Ouganda entre 2002 et 2005.

Dans ses rapports au conseil de sécurité, le procureur continue de faire part du refus de coopérer du Soudan et rappelle régulièrement le contexte actuel de violences au Darfour. Les crimes continuent d'être commis au Darfour. Le procureur multiplie les rencontres, les rapports, les déclarations afin de faire pression sur le Soudan et sur l'ensemble de la communauté internationale pour que ces deux criminels soient arrêtés.

Par ailleurs, le 14 juillet 2008, le procureur a demandé aux juges de la CPI de délivrer un mandat d'arrêt contre le Président du Soudan, M. Omar Al Bashir[305], pour crimes de génocide, crimes contre l'humanité et crimes de guerre.

Le 4 mars 2009, la chambre préliminaire I de la CPI a délivré un mandat d'arrêt à l'encontre du Président soudanais pour crimes de guerre et crimes contre l'humanité. Il est soupçonné d'être pénalement responsable, en tant que co-acteur indirect d'attaques intentionnellement dirigées contre une importante partie de la population civile du Darfour, de meurtres, d'actes d'extermination, de viol, de torture, ainsi que de transfert forcé d'un grand nombre de civils et le pillage de leurs biens. C'est le premier mandat d'arrêt jamais délivré par la CPI à l'encontre d'un chef d'État en exercice.

Selon la chambre préliminaire I, sa qualité officielle de chef d'État actuellement en exercice n'exonère en aucun cas Omar Al Bashir de sa responsabilité pénale ni ne lui accorde une quelconque immunité à l'égard des poursuites engagées devant la CPI.

De l'avis des juges, les crimes susmentionnés auraient été commis pendant une campagne anti-insurrectionnelle menée pendant cinq ans par le Gouvernement soudanais contre le Mouvement/armée de libération du Soudan (MALS), le Mouvement pour la justice et l'égalité (MJE) et d'autres groupes armés s'opposant à lui au Darfour. Il est allégué que cette campagne a débuté peu après l'attaque de l'aéroport d'El Fasher en avril 2003 et résultait d'un plan commun adopté au plus haut niveau des autorités soudanaises par Omar Al Bashir et d'autres dirigeants politiques et militaires soudanais de haut rang. La campagne s'est poursuivie au moins jusqu'au 14 juillet 2008, date du dépôt de la requête du procureur aux fins de délivrance d'un mandat d'arrêt à l'encontre d'Omar Al Bashir.

---

[305] Le Président Omar El Béchir a été renversé, arrêté et incarcéré, mais non encore transféré à la CPI.

Une composante centrale de cette campagne était l'attaque illégale de la partie civile du Darfour, appartenant principalement aux groupes *four, massalit* et *zaghawa*, qui était considérée comme proche des groupes armés organisés s'opposant au Gouvernement soudanais au Darfour. Ladite population civile devrait être attaquée illégalement par les forces du Gouvernement soudanais, notamment les forces armées soudanaises et leurs alliés des milices Janjaouid, les forces de police soudanaises, le service du renseignement et de la sécurité nationale et la commission humanitaire.

La chambre a conclu que dans la mesure où il était en droit et en fait le Président du Soudan et le commandant en chef des Forces armées soudanaises, Omar El Bashir est soupçonné d'avoir coordonné l'élaboration et la mise en œuvre de la campagne anti-insurrectionnelle. Elle a également estimé à titre subsidiaire qu'il y a des motifs raisonnables de croire qu'il contrôlait toutes les branches de « l'appareil d'État » du Soudan et a utilisé ce contrôle pour assurer la mise en œuvre de ladite campagne.

Le mandat d'arrêt délivré à l'encontre d'Omar Al Bashir énumère sept chefs mettant en cause sa responsabilité pénale individuelle (art. 25-3-a), à savoir :

- cinq chefs de crimes contre l'humanité : meurtre – article 5 -1-a ; extermination – article 7-1-b ; transfert forcé – article 7-1-d ; torture – article 7-1-f et viol – article 7-1-g ;
- deuxième chef de crime de guerre : le fait de diriger intentionnellement les attaques contre une population civile en tant que telle ou contre des personnes civiles qui ne participent pas directement aux hostilités – article 8-2-e-i ; pillage – article 8-2-e.

Les juges ont ordonné aux greffiers de préparer dès que possible une demande de coopération sollicitant l'arrestation et la remise d'Omar Al Bashir et de la transmettre au Soudan, à tous les États parties au statut et à tous les membres du conseil de sécurité de l'ONU qui ne sont pas parties au statut, ainsi qu'à tout autre État si les circonstances l'exigent.

Les juges ont relevé qu'aux termes de la résolution 1593 du conseil de sécurité et des articles 25 et 103 de la charte des Nations-Unies, l'obligation du Gouvernement soudanais de coopérer pleinement avec la cour prévaut sur toute autre obligation que l'État du Soudan pourrait avoir contractée en vertu de tout autre accord international.

La chambre préliminaire I a également observé que le Gouvernement soudanais a systématiquement refusé toute coopération avec la cour depuis la délivrance, le 02 mai 2007, de mandats d'arrêt à l'encontre du ministre soudanais des Affaires humanitaires, Ahmad Harun, et d'un chef régional des milices Janjaouid, Ali Kushayb. Par conséquent, les juges ont insisté sur le fait que si le Gouvernement soudanais continue de ne pas s'acquitter des obligations de coopération susmentionnées, la chambre compétente peut conformément à l'article 87-7 du statut, « en prendre acte » et décider d' « en référer [...] au conseil de sécurité ».

De surcroît, les juges ont rappelé que dans le dispositif de la résolution 1593, le conseil de sécurité demande instamment à tous les États, qu'ils soient ou non parties au statut de Rome, ainsi qu'à toutes les organisations internationales, de « coopérer pleinement » avec la cour.

Enfin, dans le cadre d'une troisième enquête sur la situation au Darfour, le procureur a présenté des éléments de preuve des commandants rebelles pour leur responsabilité présumée dans des crimes commis le 29 septembre 2007 au Darfour à l'encontre des soldats du maintien de la paix de l'UA. Il s'agit de l'attaque la plus importante parmi celles menées contre des soldats du maintien de la paix. Un millier de soldats menés par des rebelles ont encerclé et attaqué le camp de *Haskanita* au Darfour-Nord, où 12 soldats du maintien de la paix ont été tués et huit autres blessés.

Au regard des éléments de preuve recueillis dans le cadre de la troisième enquête au Darfour, l'accusation a conclu qu'il y a des motifs raisonnables de croire que ces commandants rebelles portent la responsabilité pénale de trois chefs d'accusation de crimes de guerre présumés, à savoir le meurtre, des attaques dirigées intentionnellement contre le personnel ou des biens employés dans le cadre d'une mission de maintien de la paix et le pillage.

Les juges devraient rendre leur décision dans les prochains mois (actualiser).

La situation en République centrafricaine

Le 22 mai 2007, le procureur a annoncé l'ouverture d'une enquête en application de l'article 53 du statut de Rome.

Le bureau du procureur a analysé les informations disponibles et a conclu que les critères du statut de Rome relatifs à la compétence, à la recevabilité et aux intérêts de la justice étaient remplis dans la situation en RCA.

Des procédures nationales, y compris des enquêtes et des audiences préliminaires ont été menées en RCA à propos de crimes présumés susceptibles de relever de la compétence de la CPI, mais ces procédures n'étaient pas concluantes. En avril 2006, la Cour de cassation de la République centrafricaine a indiqué que, s'agissant des crimes présumés en question, les autorités nationales étaient dans l'incapacité de mener à bien les procédures judiciaires nécessaires, en particulier de recueillir les éléments de preuve et se saisir des accusés.

Rappelons que la politique menée par le procureur de la CPI consiste à se concentrer sur les crimes les plus graves. En République centrafricaine, ces derniers semblent avoir été principalement commis en 2002-2003 alors que la violence était à son comble. On relève en particulier de nombreuses allégations de viols et d'autres actes de violence sexuelle perpétrés à l'encontre de centaines de victimes signalées, mais également des assassinats et des actes de pillage. La violence sexuelle semble pourtant avoir constitué une composante centrale du conflit. Des rapports crédibles indiquent que des viols ont été commis contre les civils, y compris des cas concernant des personnes âgées, des fillettes et des hommes. Ces viols ont souvent été commis dans des cas concernant des personnes âgées, des fillettes et des hommes. Ces viols ont souvent été commis dans des circonstances de cruauté aggravante comme des viols commis par plusieurs auteurs, en présence de tiers, en obligeant parfois des proches à y prendre part. L'impact semble dévastateur, puisque de nombreuses victimes ont été mises à l'index et qu'un certain nombre d'entre elles auraient été infectées par le VIH.

En parallèle, le bureau du procureur continue de suivre avec attention les allégations des crimes commis depuis fin 2005. C'est ainsi que des meurtres et des incendies volontaires de villages ont été signalés en grands nombres. Le bureau du procureur s'intéresse de près à la question de savoir si les personnes responsables sont appelées à répondre de leurs actes.

Depuis que l'enquête est ouverte, la cour et le procureur ont déployé des efforts en vue de mettre en place l'infrastructure nécessaire à des activités d'enquête efficaces.

La cour s'est implantée de façon permanente sur le terrain à Bangui, la capitale. Le bureau de la CPI sur place a débuté ses activités le 18 octobre 2007. Il offre un appui logistique, technique et administratif important aux activités d'enquête et de sensibilisation.

La protection des victimes et des témoins constitue une priorité pour le procureur. Conformément au statut, le procureur et la cour sont tenus de prendre des mesures visant à protéger les victimes et les témoins. Le bureau du procureur et le greffe ont travaillé en étroite collaboration afin de s'assurer que les mécanismes appropriés sont en place pour garantir la sécurité des témoins.

La République centrafricaine ne dispose pas encore d'une législation qui mette en application ses obligations au regard du statut de Rome. La cour a précisé avec les autorités du pays les conditions qui régissent sa présence et ses activités sur le sol centrafricain, ainsi que les modalités pratiques de coopération judiciaire. Le Gouvernement centrafricain a ainsi conclu deux accords distincts en ce sens, respectivement avec le greffier et le procureur.

Le bureau du procureur cherche à améliorer la coopération avec un certain nombre d'acteurs nationaux, y compris des organisations non gouvernementales et des partenaires internationaux, et a présenté plusieurs demandes d'assistance dans le but de poursuivre l'enquête. Il maintient des contacts réguliers avec la société civile centrafricaine au travers de réunions organisées à Bangui et à La Haye depuis 2004. Il participe également à d'autres activités menées par la cour en vue de sensibiliser la société centrafricaine, comme des rencontres avec des journalistes, des dirigeants religieux, diverses organisations de la société civile et des membres de l'appareil judiciaire de la République centrafricaine. Il projette de maintenir et d'élargir les contacts avec la population centrafricaine au travers de programmes radiophoniques interactifs.

Le 24 janvier 2008, le procureur Luis Moreno Ocampo s'est rendu à Bangui afin de rencontrer des victimes et la population de la RCA. Il a rencontré les membres du Gouvernement à propos de la coopération qui est fournie actuellement en vue de soutenir notre enquête et discuté également des mécanismes visant à ce que les auteurs des crimes les plus récents répondent de leurs actes.

Ces multiples efforts ont abouti à l'arrestation, le 24 mai 2008, de Jean-Pierre Bemba, président du Mouvement de Libération du Congo (MLC), un groupe politico-militaire qui est intervenu dans le conflit armé de 2002 à 2003 en République centrafricaine, poursuivant une stratégie de terreur et de violence contre les populations civiles, marquée en particulier par une campagne de viols massifs et des pillages. La chambre préliminaire de la CPI a délivré un mandat d'arrêt contre M. Bemba le 23 mai. Ce mandat est resté sous scellés jusqu'à son arrestation le 24 mai.

L'audience de confirmation des charges contre M. Bemba a eu lieu du 12 au 15 janvier 2009.

M. Bemba est accusé de cinq chefs de crimes de guerre et de trois chefs de crimes contre l'humanité commis sur le territoire de la République centrafricaine pendant la période allant du 25 octobre 2002 au 15 mars 2003[306].

II. Les analyses en cours

C'est sur la base de l'article 15 du statut de Rome que le BDP recherche activement des informations concernant des crimes de la juridiction de la cour.

Actuellement, le BDP analyse des situations sur trois continents. Il examine si des crimes relevant de la juridiction de la cour ont été commis ; il analyse les questions de compétence et de recevabilité et détermine si l'ouverture d'une enquête servirait les intérêts de la justice.

Certaines de ces situations ont été rendues publiques, voici quelques précisions sur leurs statuts.

Le BDP continue d'analyser la situation en Côte d'Ivoire, État non partie au statut de Rome, mais ayant accepté la compétence de la cour par voie de déclaration en octobre 2003. Les autorités ivoiriennes

[306] Jean Pierre Bemba avait été acquitté en appel en juin 2016 de crimes de guerre et de crimes contre l'humanité.

n'ont à ce jour pas pris les mesures nécessaires pour faciliter le travail du BDP sur le terrain, malgré les requêtes répétées du procureur[307].

L'analyse de la situation en Colombie suit toujours son cours. Le procureur y a effectué deux visites officielles en octobre 2007 et en août 2008 durant lesquelles il a rencontré le Président de la Colombie, un certain nombre de chefs politiques, des magistrats, des procureurs et des représentants d'ONG. L'objectif premier de ces missions était de collecter des informations relatives aux efforts de poursuite entrepris par les juridictions colombiennes, conformément au principe de complémentarité.

Suite à la détérioration de la situation au Kenya, le procureur a reçu un certain nombre de rapports contenant des informations sur des allégations de crimes relevant de la compétence de la cour. Le procureur a requis des informations supplémentaires auprès d'une multitude d'institutions au Kenya et la situation est en cours d'analyse[308].

Le BDP continue en Afghanistan et analyse aujourd'hui la situation en Grégorie et à Gaza.

Section 3 : Impact et stratégies

Si les activités croissantes de la cour ne font pas l'unanimité, il n'en reste pas moins vrai qu'elles ne cessent de se densifier : la cour s'est fixé de nouveaux défis pour accroître son efficacité.

Paragraphe 1er : Les critiques

Depuis ses premières heures d'existence, la cour fait l'objet de critiques concernant son fonctionnement, son fondement statutaire et ses activités judiciaires.

---

[307] Ces enquêtes ont abouti à l'émission de deux mandats d'arrêt contre l'ancien Président ivoirien Laurent Gbagbo et le ministre de la Jeunesse Charles Blé Goudé et leur extradition vers la CPI respectivement en 2011 et 2013. Ils ont été jugés et acquittés pour crimes contre l'humanité en février 2019. L'examen du recours de la procureure Fatou Bensouda attend d'être examiné par la chambre d'appel de la CPI.
[308] Deux mandats d'arrêt ont été émis contre l'actuel Président du Kenya UHURU KENYATTA et son Vice-Président William RUTO.

I. Les critiques statutaires : la faillite de la coopération internationale

À la différence des systèmes judiciaires nationaux ou des tribunaux militaires de Nuremberg et de Tokyo, la CPI n'a pas été dotée par son statut d'un appareil coercitif lui permettant de mettre en œuvre ses décisions sur le territoire des États. Qu'il s'agisse de l'arrestation et du transfert d'individus, d'enquête ou de saisie, la CPI dépend entièrement de la coopération des États, à la différence des TPI où le conseil de sécurité peut enjoindre à un État de coopérer.

L'obligation de coopérer prévue dans le chapitre IX du statut ne s'applique qu'aux États parties au statut de Rome, ce qui, pour certains observateurs, limiterait considérablement le champ d'activité du bureau du procureur. Si un suspect se trouvait localisé dans un État non partie au statut de Rome, son arrestation et son transfert seraient difficiles à mettre en œuvre. Voilà qui limiterait considérablement l'efficacité de l'action du procureur.

Par ailleurs, les États parties au statut de Rome bénéficieraient d'une liberté trop large en matière de coopération, puisque le procureur ne peut ordonner la coopération, mais simplement la solliciter[309].

Le procureur de la CPI devrait faire plus d'efforts que ses collègues des TPI *ad hoc* pour garantir une coopération efficace, ce qui ralentirait le rythme des procédures.

Le fait que seuls quatre accusés ont été transférés au centre de détention de Scheveningen fait dire à certains auteurs comme le Professeur Shabas que le procureur ne mettrait pas suffisamment les États face à leurs obligations de coopérer.[310]

Un autre exemple des obstacles qu'impliquerait cette coopération étatique serait clairement illustré par la situation au Soudan. Alors que la situation a été déférée au bureau du procureur sous la bannière du chapitre VII de la CNU[311], alors que les mandats d'arrêt contre Ahmed

---

[309]Article 87 (a) du statut de Rome. « La Cour est habilitée à adresser des demandes de coopération aux États parties ».

[310]W. Shabas, « The ICC at 5: The Work of the Office of the Prosecutor », Mexico City, 21 august 2007.

[311]Chapitre VII de la charte des Nations-Unies : Action en cas de menace contre la paix, de rupture de la paix et d'acte d'agression.

Haroun et Ali Kushayb ont été délivrés le 27 avril 2007, la situation reste au point mort. Le Soudan, non partie au statut de Rome, refuse de coopérer avec le bureau du procureur, et le consortium d'États qui ont pourtant appelé de leurs vœux l'examen par le procureur de la situation au Darfour, se montrent réticents à coopérer et privilégient désormais les négociations politiques visant à aboutir à un accord pour le déploiement d'une mission de l'ONU. Ainsi que l'écrit Derdres Clancy,[312] « en l'absence de coopération du Soudan, le Procureur de la CPI, entièrement dépendant des États et de la communauté internationale pour exécuter les ordonnances de la Cour, en est réduit à implorer ».

II. Les critiques institutionnelles et juridiques

Des conflits d'autorité auraient surgi entre le procureur et les chambres. Derrière ces conflits d'autorité se profilerait une question plus fondamentale qui inquiète certains observateurs, celle des conflits entre deux systèmes juridiques différents : le système romano-germanique qui accorde un grand pouvoir d'intervention aux magistrats et le système anglo-saxon qui prévoit un procureur autonome. Ces conflits seraient source de tensions et de retardements de procédure.

Des conflits auraient également lieu entre le procureur et le greffe sur la question de la protection des témoins. Si le greffe s'inquiète de la charge de cette protection pour le budget de la cour, le bureau du procureur et la défense doivent s'assurer que tous les témoins reçoivent la protection qui leur permettra de participer aux procès. Pour certains observateurs, il s'agit là d'intérêts difficilement conciliables.

III. Les critiques judiciaires

1. Extrême lenteur du processus judiciaire

Le Professeur Shabas a parlé de la CPI comme du plus lent tribunal pénal international de l'histoire en le comparant aux autres juridictions internationales. La CPI a commencé ses activités en 2003 et depuis, la société civile internationale est toujours en attente du premier procès.

---

[312]D. Clancy, *Enquête au Darfour : entre impasse et habileté politique*, Le Moiteur Journal de la Coalition pour la CPI.

D'autres observateurs comparent la CPI au tribunal irakien en notant que le tribunal de Bagdad a jugé huit individus en moins de trois années alors que la CPI continuerait d'analyser « des charges squelettiques » après plus de cinq années d'enquête[313].

2. Faiblesses des actes d'accusation, petits calibres des accusés, seules les milices rebelles seraient l'objet de poursuites

Après la révélation par le BDP de l'acte d'accusation contre Thomas Lubanga Dyilo, un certain nombre d'opinions se sont inquiétées de la faiblesse des charges retenues. Lubanga ne devra en effet répondre que des crimes de guerre relatifs à l'enrôlement, à la conscription et à l'utilisation d'enfants de moins de 15 ans. Certaines organisations de la société civile congolaise ont réclamé que l'on ajoute des charges de meurtre à son encontre.

De la même manière, il est reproché aux actes d'accusation de ne pas suffisamment mettre l'emphase sur les crimes de nature sexuelle.

Un certain nombre d'analystes se sont étonnés du choix du procureur de viser Katanga et Lubanga, considérés comme des petites pointures, au lieu d'exploiter les pistes des cerveaux de conflit de l'est congolais.

Les mêmes critiques ont surgi après l'émission des demandes de comparution à destination d'Ahmad Harun et Ali Kushayb. Antonio Cassese a ainsi commenté les premières preuves collectées par le procureur contre les deux Soudanais en parlant d'une *stratégie des petits pas* du procureur et en regrettant le peu d'impact de ces décisions[314].

Il est également reproché au BDP de ne poursuivre que des combattants issus de milices rebelles alors que les membres des milices ou des forces gouvernementales ne seraient jamais inquiétés[315].

---

313 T. Cruvellier, « De Bagdad à La Haye, doubles standards », International Justice Tribune, 2 novembre 2006.

314 A. Cassese, F. Petit, « La stratégie des petits pas » de la CPI au Darfour, International Justice Tribune, 5 mars 2007.

315 W. Shabas, *Présentation de Mexico City*, 21 août 2007.

3. Une justice à sens unique

Voilà l'une des critiques les plus récurrentes de la part des opposants aux juridictions internationales, et ce, depuis le début de l'histoire de ces tribunaux.

Ainsi Serge Sur rappelle qu' « il importe non seulement que la justice soit juste, mais encore qu'elle paraisse juste [...], les TPI risquent d'apparaître comme une justice des vainqueurs, qui ne se met en marche que sous la pression d'un certain nombre de grands États »[316].

Le fait que les affaires aujourd'hui portées à l'attention des magistrats concernent toutes les situations en Afrique fait dire à certains qu'il s'agit d'une nouvelle tentative du « Nord » d'imposer ses valeurs au « Sud », sans que les grandes puissances soient inquiétées.

4. La CPI serait une menace contre la paix

Selon certains observateurs, la lutte contre l'impunité des criminels de guerre ébranlerait la mise en œuvre de processus de paix lorsque ceux-ci s'accompagnent d'amnisties. L'ambassadeur du Soudan aux Nations-Unies a déclaré le 20 septembre 2007 que le procureur avait pour objectif d' « anéantir le processus de paix » au Darfour en décidant de poursuivre un officiel du Gouvernement de Khartoum. La communauté internationale, après avoir appelé de ses vœux l'examen de la situation au Darfour par la CPI, semble faire écho aux propos de l'ambassadeur de coopérer pleinement à l'arrestation et au transfert d'Harun, craignant qu'un tel transfert ne fasse avorter les négociations visant à un déploiement d'une force de sécurité de l'Onu.

De son côté, l'ARS a posé comme condition préalable à tout accord de paix avec le Gouvernement ougandais le retrait des mandats d'arrêt lancés contre elle par le BDP de la CPI en 2005.

En République démocratique du Congo, la récente arrestation de Katanga fait craindre à certains une recrudescence des violences.

La CPI constituerait une menace contre la paix et fragiliserait davantage la réconciliation nationale.

---

[316] S. Sur, « Le droit international pénal entre l'État et la société internationale », *Actualité et Droit International,* octobre 2001.

Paragraphe 2 : Quelques éléments de réponse

I. Sur le plan statutaire

Le principe de complémentarité a des effets positifs sur la lutte contre l'impunité. Il incite en effet les juridictions nationales à poursuivre les auteurs des crimes les plus graves et à intégrer dans leur propre corpus législatif, les éléments du statut de Rome. Ainsi, en septembre 2005, le caporal anglais Donald Payne a été poursuivi pour crime de guerre par les tribunaux militaires britanniques sur la base de la loi de 2001 qui a incorporé les crimes énoncés dans le statut de Rome. L'Angleterre est donc devenue le premier pays à pleinement faire application du principe de complémentarité en condamnant un de ses criminels sur la base du statut de Rome. Voilà une des réussites du principe de complémentarité.

Par ailleurs, il convient de rappeler que la complémentarité a été mise en place pour assurer la bonne exécution de la justice internationale et pour ne pas heurter l'un des attributs premiers de la souveraineté des États. Sans le principe de complémentarité, il n'y aurait pas de statut de Rome et par conséquent, pas de CPI.

La complémentarité permet de laisser aux États qui en sont capables et qui en ont la volonté, la charge de juger leurs propres criminels selon leurs propres traditions juridiques. Une des critiques qui fait rage contre la cour et la justice internationale plus largement est qu'elle impose des valeurs occidentales à des pays de traditions juridiques différentes. La complémentarité prévient cela en garantissant que les crimes les plus graves ne restent pas impunis tout en respectant la souveraineté des États. De tous les États.

II. Sur le plan institutionnel

La cour est une institution juridique à vocation universelle qui a ainsi le défi de fusionner les deux systèmes juridiques et d'en créer un, unique et perfectionné pratiqué par les meilleurs juristes. À titre d'exemple, le rôle joué par les victimes durant la phase du procès est très révélateur de l'innovation apportée par la cour. Voilà l'une des réussites de cette fusion de cultures juridiques différentes. Les conflits entre les différents organes ne sont pas propres à la CPI et ne peuvent évidemment pas être attribués aux différentes cultures juridiques qui sont la richesse. Des conflits d'intérêts entre les différents organes de l'appareil judiciaire existent par ailleurs dans les systèmes juridiques nationaux.

Par ailleurs, si les organes sont parfois soumis à des impératifs contradictoires, ils restent guidés par une seule et même ambition : mettre fin à l'impunité des criminels de guerre. C'est pourquoi un conseil de coordination regroupant le président de la cour, le procureur et le greffier veille à coordonner les activités administratives présentant un intérêt commun pour tous les organes de la cour, en se réunissant mensuellement.[317]

III. Sur le plan judiciaire

En réponse à la critique relative à la lenteur des activités judiciaires de la cour, il convient de rappeler qu'à la différence des tribunaux *ad hoc* créés à la fin des conflits, la cour examine des affaires dans des États potentiels autant que celle de son personnel.

En outre, à la différence des TPI, la CPI n'a pas été créée pour juger d'une situation particulière ou d'un conflit d'identité. Il appartient à l'équipe du procureur de sélectionner quelles situations feront l'objet d'enquêtes et de poursuites. Cet examen préliminaire respecte en tout point les exigences liées à l'intérêt supérieur de la justice et nécessite donc un certain temps.

Quant aux choix de poursuites du procureur, ils sont uniquement guidés par l'objectif de poursuivre les individus qui portent la plus lourde responsabilité dans la commission des actes les plus graves, selon les éléments dont dispose le bureau. Chacun des individus aujourd'hui poursuivis par le bureau a fait l'objet d'enquêtes précises et détaillées. Les éléments de preuve dont le bureau dispose à l'encontre de ces individus prouvent leur degré de responsabilité et de participation qu'il s'agisse des responsables de milices rebelles ou gouvernementales.[318]

Par ailleurs, le bureau a fait le choix d'isoler et de mettre l'accent sur le crime relatif à l'enrôlement, à la conscription et à l'utilisation

[317] Voir la Stratégie intégrée en matière de relations extérieures, d'information et de sensibilisation.

[318] Quant à la critique selon laquelle les États ne seraient pas inquiétés, l'exemple du Darfour est une réponse en soi. Haroun est ministre au sein du Gouvernement de Khartoum et Kushayb est l'un des chefs de la milice Janjaouid, censée être soutenue et organisée par Khartoum.

d'enfants de moins de 15 ans. Les enfants soldats sont les premières victimes des conflits armés en Afrique. Il appartient à la CPI de jouer son rôle dissuasif au stade de la répression de ce crime inqualifiable en véhiculant le message que le recrutement d'enfants soldats fera systématiquement l'objet de poursuites. D'ailleurs, le message semble déjà avoir été lancé. Lors de son récent voyage en Colombie, le procureur a pu constater la prise de conscience de la situation des enfants soldats par les autorités et la société civile colombiennes. Voilà l'une des conséquences heureuses de l'affaire Lubanga.

Par ailleurs, la cour tire son mandat du statut de Rome. Les États parties ont donc fait le choix de signer puis de ratifier le statut et de s'obliger envers la communauté internationale. Aucun État ne décide seul du sort d'un autre État.

Les situations actuellement en cours de poursuites devant la cour, à l'exception du Soudan, ont été renvoyées au BDP par les États eux-mêmes.

La complémentarité reste au cœur du système de La Haye qui précise que le bureau connaîtra seulement des situations qui ne peuvent faire l'objet de poursuites au niveau national. Les États ont donc un rôle essentiel à jouer dans le processus judiciaire devant la CPI. Ils restent compétents. Trois des affaires aujourd'hui pendantes devant la CPI concernent trois États qui n'ont pas la capacité logistique de poursuivre leurs criminels et s'en sont remis volontairement à la juridiction de la cour.

Enfin, rappelons une nouvelle fois que les activités d'analyse et d'enquête du BDP s'étendent sur trois continents. La cour est une institution internationale apolitique dont le mandat est judiciaire ; elle ne pratique pas la « justice des plus forts ».

Enfin, ainsi que le procureur l'a rappelé lors de son discours à Nuremberg en juin 2007, ce ne sont pas les décisions de la CPI qui ébranlent le processus de paix et les initiatives de règlement des conflits. Au contraire, l'impact positif de la CPI et le poids de la loi pour prévenir le retour à la violence sont évidents : l'effet dissuasif a commencé à se faire ressentir, notamment dans le cas de la Côte d'Ivoire où la perspective de poursuites contre les personnes qui prônaient la haine semble avoir contraint les principaux acteurs à conserver une certaine mesure. En Colombie, l'activité législative et les procédures à l'encontre des paramilitaires ont été influencées par les dispositions du statut de Rome. La justice internationale, la justice nationale, la quête des vérités et les négociations de paix peuvent et doivent fonctionner de concert.

La véritable menace qui pèse sur une paix durable viendrait de la non-exécution des décisions de la cour. S'ils sont laissés en liberté, les criminels conditionnent l'arrêt des violences à l'une ou l'autre forme d'immunité. S'assurer de la pleine coopération de tous les acteurs de la communauté internationale pour mettre en œuvre les décisions de la Cour et lutter efficacement contre l'impunité des criminels reste donc le principal défi de la Cpi.

Citons l'ancien Secrétaire Général des Nations Unies, M. Koffi Annan qui déclarait, à ce titre en 2004 : *« il n'est possible de consolider la paix dans la période qui suit immédiatement la fin d'un conflit, et de la préserver durablement, que si la population est assurée d'obtenir réparation à travers un légitime de règlement des différends et d'administration équitable de la justice »*[319]

Paragraphe 3 : Défis et perspectives de la cour

I. La prise en compte des victimes

Alors que le rôle des victimes d'atrocité est réduit à un simple témoignage dans les autres tribunaux internationaux, la CPI leur reconnaît le droit de participer aux différentes étapes de la procédure et leur permet ainsi de commencer leur propre de travail de reconstruction. Une décision datant du 17 janvier 2006 par la chambre préliminaire I a confirmé que les victimes pourront « exposer leurs vues et leurs préoccupations et déposer des pièces à conviction en relation avec [les] enquêtes en cours ». Cette nouvelle étape dans l'histoire de la justice pénale internationale a été largement saluée par les ONG de défense des droits humains. Sidiki Kaba de la FIDH commentait cette victoire en 2006 dans ces termes :

« C'est une première judiciaire internationale [...] pour la première fois la violation des droits fondamentaux des victimes, les préjudices

[319] Rapport du secrétaire général sur le rétablissement de l'État de droit et l'administration de la justice pendant la période de transition dans les sociétés en proie à un conflit et sortant d'un conflit, 23 août 2004.

subis et leur droit à défendre leurs intérêts sont reconnus par un tribunal, la CPI ».[320]

Cette participation étendue des victimes est également source d'inquiétudes pour le procureur et les avocats de la défense. Ils craignent en effet des conséquences sur la conduite équitable et rapide du procès, notamment par rapport à la possibilité offerte aux victimes de consulter des documents confidentiels qui comportent des informations sur certains témoins ou encore sur l'opportunité que les victimes ont de produire des documents et de demander à la chambre préliminaire d'ordonner des mesures.

Pour ambitieuse qu'elle soit, la participation des victimes constitue l'un des défis majeurs de la cour puisque les modalités de cette participation restent encore à déterminer.

Dans la logique de cette reconnaissance du statut de victimes, la création du fonds au profit des victimes a constitué une étape fondamentale. Comme le constate Antoine Garapon, « la condamnation officielle du crime ne suffit pas, elle doit se traduire par des compensations ».[321]

Le fonds au profit des victimes a été établi en 2002 comme un établissement indépendant chargé d'aider les victimes dans les pays où la cour a ouvert une enquête. Parmi les projets mis en œuvre par le fonds, nous avons un projet de réadaptation pour les victimes de viol dans le Sud-Kivu et un projet de chirurgie reconstructive au nord de l'Ouganda pour les personnes défigurées par le conflit.

II. Le développement des procès *in situ*

Les juges de première instance du procès de Thomas Lubanga ont récemment appelé le greffe à réaliser une étude de faisabilité concernant la tenue d'audience en République démocratique du Congo lors de l'ouverture de son procès.

Cette étude a minutieusement examiné chacun des éléments touchant à la concrétisation de cette entreprise, tels que la recherche d'un site adéquat, les questions de sécurité, la proximité avec les

---

[320] H. V. Stuart, « Qui va contrôler les victimes à la CPI ? », *International Justice Tribune*, 27 février 2006.

[321] A. Garapon, « Indemnisation des victimes : le passif de l'histoire », *International Justice Tribune*, 19 avril 2004.

communautés concernées, la nécessité d'assurer une vraie couverture médiatique au procès, la logistique ou les conséquences de cette opération au quotidien pour le travail au siège de la cour. Le Gouvernement congolais n'a finalement pas été dans la mesure d'autoriser la tenue de telles audiences, faisant valoir le fait qu'il existait le risque de raviver des tensions ethniques.

Malgré le fait que ce projet ne verra pas le jour, la planification d'un procès *in situ* a permis à la cour de mieux comprendre les enjeux d'une telle entreprise.

La perspective de développement des procès *in situ* est largement saluée par les ONG de défense des droits humains et par la plupart des observateurs comme un procès dans le sens d'une meilleure visibilité des activités judiciaires de la cour et d'une justice plus proche des victimes. L'une des critiques adressées aux tribunaux pénaux internationaux résidait précisément dans le déficit de communication et dans le fait que les crimes sont jugés dans l'ambiance aseptisée de locaux européens.

La cour reste donc mobilisée à poursuivre son engagement à examiner la possibilité d'un procès *in situ* quand cela servira les intérêts de la justice.

III. Renforcement et coordination de la justice internationale

L'efficacité de la lutte contre l'impunité passe également par une coordination des activités institutionnelles, judiciaires et juridiques de l'ensemble des juridictions pénales internationales.

Le système naissant de justice pénale internationale comprend plusieurs cours et tribunaux pénaux internes et internationaux. La cour continue de développer les échanges avec les autres juridiques du système. Les responsables et le personnel de la cour rencontrent régulièrement leurs homologues du tribunal pénal international pour l'ex-Yougoslavie, du tribunal pour le Rwanda, du tribunal spécial pour la Sierra Leone et d'autres institutions pour échanger des informations et mettre en commun les enseignements qu'ils tirent de leurs expériences respectives.

À titre d'exemple, le bureau du procureur de la CPI participe chaque année à l'organisation des colloques annuels des procureurs des cours et tribunaux internationaux.

La coopération entre la cour et le tribunal spécial pour la Sierra Leone a atteint un niveau exceptionnel et sans précédent. En vertu d'un mémorandum d'accord conclu le 13 avril 2006, la cour fournit au tribunal spécial des services et des installations pour les audiences et la détention, ainsi que d'autres formes d'aide, lui permettant de mener le procès de Charles Taylor à La Haye. Durant la période considérée, la cour et le tribunal spécial ont coopéré pour mettre en œuvre le mémorandum d'accord. Le procès de Charles Taylor s'est ouvert à La Haye le 04 juin 2007, dans les locaux de la CPI.

IV. Renforcement de la coopération internationale

Le défi essentiel de la CPI reste celui du développement de la coopération internationale : inciter l'ensemble des partenaires de la CPI à remplir leurs obligations, ce qui est vital pour l'efficacité des activités juridiques et judiciaires de la cour. La division de la compétence, de la complémentarité et de la coopération (DCCC) est l'un des piliers de la cour s'agissant des activités de coopération.

A. La coopération avec les États, les organisations internationales et la société civile

Le chapitre IX du statut de Rome définit le cadre juridique des différentes formes de coopération internationale et d'entraide judiciaire. En 2007, la cour a adressé un certain nombre de demandes de coopération aux États parties, à d'autres États et à des organisations internationales, notamment des demandes d'arrestation concernant la situation au Darfour.

L'accord sur les privilèges et immunités de la CPI en vigueur depuis le 22 juillet 2004, permet à la cour de s'acquitter de ses missions sans entraves sur le territoire des États parties et autorise les victimes et les témoins à s'y déplacer pour se rendre à la cour. Entre 2006 et 2007, dix États parties au statut de Rome [322]sont devenus parties à l'accord sur les privilèges et immunités.[323] Les États non parties au statut de Rome peuvent aussi ratifier l'accord ou y adhérer. La cour conclut avec les États des accords complémentaires sur des

[322] L'Albanie, l'Argentine, la Grèce, l'Irlande, l'Italie, le Monténégro, la République centrafricaine, la République de Corée, la République démocratique du Congo et l'Uruguay.

[323] Rapport de la CPI pour 2006/07, disponible sur htt://www.icc-cpi.int/library/organs/presidency/ICC_Rport_to_UN_2006_2007_French.pdf

questions spécifiques de coopération, en particulier la protection et la représentation des États, des organisations internationales et de la société civile pour les tenir informés de ses travaux et examiner des questions d'intérêt commun. Elle tient régulièrement des séances d'information à l'attention des membres du corps diplomatique.

La coopération avec l'UA et les États d'Afrique est particulièrement importante aux yeux de la cour, puisque toutes les situations dont elle est saisie concernent des États d'Afrique. Le président, le premier vice-président, le procureur adjoint chargé des poursuites et le greffier multiplient donc les rencontres et les exposés des activités de la cour auprès du comité, des représentants permanents de l'UA.

En 2007, la cour a renforcé son dialogue avec les États parties au statut de Rome à propos du concours que peuvent lui apporter les États et les organisations internationales. Elle a présenté au bureau de l'assemblée des États parties un rapport précisant le type de coopération dont elle a besoin, insistant notamment sur les domaines suivants : l'adoption de lois portant application du statut de Rome en droit interne, la conclusion d'accords complémentaires, l'appui à l'exécution des décisions de la cour, notamment en ce qui concerne l'arrestation et la remise, le renforcement de l'appui individuel et collectif des États à la cour et les diverses formes de coopération pratique en matière de protection des témoins, d'aide aux témoins, de logistique et de sécurité. Ce rapport servira de base aux discussions des groupes de travail du bureau à La Haye et à New-York ainsi qu'à l'élaboration du rapport du bureau sur le thème de la coopération internationale.

B. La coopération avec l'Onu

La coopération avec l'organisation reste essentielle, tant au plan institutionnel que dans les diverses situations et affaires. L'appui de l'Onu est d'une grande aide à la cour, en ceci qu'elle a facilité ses opérations sur le terrain. La cour continue de coopérer avec le bureau de la coordination des affaires humanitaires et la Mission de l'Organisation des Nations-Unies en République démocratique du Congo (MONUC). La cour a noué des liens solides avec plusieurs fonds, programmes et autres organismes des Nations-Unies, dont le Programme des Nations-Unies pour le développement, le Haut-commissariat des Nations-Unies pour les réfugiés et le Fonds des

Nations-Unies pour l'enfance, bénéficiant de leur appui sur le terrain. Par ailleurs, la cour a pris des mesures pour faciliter encore les échanges d'informations et la coopération avec l'Onu en créant à New-York un bureau de liaison, installé dans ses locaux et pleinement opérationnel depuis la fin de janvier 2007. Ce bureau a renforcé les liens entre la cour, l'organisation et les États membres, aidant ces derniers à mieux connaître la cour. Cette meilleure compréhension a facilité les échanges d'informations nécessaires au succès de la coopération entre la cour et l'organisation.

C. Le rôle de la DCCC

La Division de la compétence, de la complémentarité et de la coopération analyse les renvois et les communications et contribue à obtenir la coopération nécessaire aux activités du bureau du procureur. Elle est en charge de faciliter la coopération de la cour avec l'ensemble de ses partenaires.

Elle a pour rôle d'obtenir la coopération requise pour les activités du bureau auprès d'une multitude d'intervenants parmi lesquels les Nations-Unies, les États parties, l'UE, l'UA, l'Organisation des États américains, la Ligue arabe, Interpol, les États concernés, les ONG, la MONUC, ainsi qu'auprès de tous les États qui apportent leur soutien.

La division peut solliciter différentes formes de coopération auprès de ce large éventail de partenaires internationaux.

Elle peut ainsi formuler **des demandes d'assistance**, telles que des demandes de déposition de témoins ou de personnes présentant un certain intérêt ; des demandes d'accès à des documents ou des missions d'enquête sur le territoire d'un État spécifique.

Dans le cadre **des mesures d'exécution** des décisions de la cour, la division joue un rôle clé en ceci qu'il lui appartient de préparer des demandes aux fins d'arrêter une personne poursuivie par la cour ou encore des demandes de transit.

Parmi les autres formes de coopération, retenons l'identification et la localisation de personnes ou d'objets ; la conduite de perquisitions et de saisies ; la protection des victimes et des témoins et la conservation d'éléments de preuve entre autres.

Conclusion

Après quinze années, le système de Rome est en mouvement. Les analyses et les enquêtes avancent, les procès débutent et les perspectives de développements institutionnels et judiciaires se multiplient. Le nombre de ratifications augmente de manière constante et régulière. De nombreux États nous font confiance et légitiment ainsi davantage l'existence de la cour.[324]

Pour autant, les difficultés auxquelles doit faire face la CPI sont réelles. Il faut, dans tous les cas, renforcer la coopération des États en matière de mandats d'arrêt. Pour que la cour démontre de façon définitive son efficacité et associe sa crédibilité, il faut procéder aux arrestations. La cour peut contribuer à mobiliser les efforts déployés à l'échelle internationale et appuyer les coalitions qui regroupent les partisans de telles arrestations, mais ce sera en fin de compte aux États parties qu'il reviendra de prendre la décision, d'appliquer la loi.

---

[324] Le 14 mars 2008, le Gouvernement du Madagascar a déposé son instrument de ratification du statut de Rome. Le statut entrera en vigueur pour Madagascar le 1er juin 2008, ce qui portera à 106 le nombre total d'États parties au statut de Rome.

DEUXIÈME PARTIE :

LES ACTEURS DU PRÉTOIRE INTERNATIONAL

CHAPITRE 4 :

L'AGENT DIPLOMATIQUE ET LA REPRÉSENTATION DE L'ÉTAT CAMEROUNAIS DEVANT LE PRÉTOIRE INTERNATIONAL

Par

Martial Tchienzette[325]

Introduction

La représentation de l'État devant le prétoire international peut paraître abstraite, voire sibylline, à moins que *in limine litis*, l'État ne soit envisagé comme une fiction juridique. Cependant, au-delà de l'approche *marchéenne* qui ne voit en l'État qu'un espace territorial constitué d'une population administrée par un Gouvernement dont l'autorité s'exerce à l'intérieur de frontières bien définies, il faudrait dire qu'il s'agira davantage pour nous de personnaliser l'État en le situant par là même dans un contexte global qui implique la prise en compte des autres composantes de cette sphère. Cette approche aurait sans doute été difficile à l'aube du réalisme politique qui reconnaissait l'État comme une sorte d'entité toute puissante dont les limites ne se posaient que par rapport à la puissance d'un autre État.

Or, avec l'avènement du transnationalisme, la fin du tout étatique, on a pu assister à l'émergence d'acteurs nouveaux dans le jeu international. Il faut donc pour l'État exercer le pouvoir souverain dans le respect des obligations internationales ; lesquelles obligations prennent désormais en compte – cela vient d'être dit – des acteurs nouveaux des relations internationales. Les États dans leur rapport avec l'extérieur n'ont plus seulement à faire à d'autres États, mais

---

[325] Internationaliste.

également aux organisations internationales, autre sujet de droit international. Ces organisations n'ont pas, comme les États, une compétence générale, elles ont des compétences d'attribution 2. Et c'est précisément cette compétence d'attribution qui fonde la responsabilité des États en droit international. La responsabilité internationale des États renvoie à des conséquences rattachées à la violation des obligations internationales des États (comportement illicite). Sans vouloir rentrer dans les méandres de la question de la responsabilité internationale, il convient tout de même de souligner que la responsabilité ne peut être établie que par une institution reconnue à cet effet. Elle peut être non judiciaire (arbitrale) ou judiciaire (cours et tribunaux). C'est ce cadre juridictionnel qui constitue à proprement parler le prétoire international.

Le prétoire international renvoie à l'ensemble des cours et tribunaux *ad hoc* ou permanents appelés à connaître des litiges opposant les États et même les individus d'un État. Le prétoire généralement est composé de juges reconnus pour leurs qualifications en droit international. Il fonctionne généralement selon les principes d'indépendance, de collégialité et d'impartialité. Dans la quasi-totalité des cas mettant en cause les États, et quand bien même il sera fait référence à la logique de certaines instances judiciaires internationales qui ont la compétence de leur compétence, il importe de relever que ces instances ne peuvent s'autosaisir. Les États y recourent donc soit en qualité de demandeurs soit en qualité de défendeurs. Dans un cas comme dans l'autre, les États sont appelés à produire des mémoires faisant valoir leurs arguments. Or, l'État comme nous avons tenu à le préciser plus haut, est une fiction juridique ; il ne peut agir qu'au travers de ses représentants, parmi lesquels les acteurs diplomatiques qui occupent une place de choix. Que faudrait-il alors entendre par acteur diplomatique sinon l'ensemble des diplomates du ministère des Relations extérieures ou en poste dans des missions diplomatiques et qui interviennent dans le cadre des dossiers liés au contentieux impliquant l'État ?

Le problème de fond qui semble donc se poser lorsque l'on se conforme à l'analyse de la thématique des « acteurs et la représentation de l'État devant le prétoire international » peut paraître simpliste et résumé sous la forme de la compétence d'acteurs diplomatiques en matière de représentation de l'État devant les juridictions internationales. En fait, il ne s'agit que d'un volet réducteur de votre problématique qui inclut cet aspect pour le dépasser par la suite afin d'être circonscrite dans le cadre plus large de l'organisation de la représentation de l'État par les acteurs diplomatiques devant le prétoire international.

L'évidente hypothèse qui pourrait guider une telle analyse serait sans doute celle de la centralité, voire du caractère incontournable de l'acteur diplomatique en matière de représentation de l'État devant les juridictions internationales. Cette hypothèse est construite autour du mythe de la représentation internationale de l'État qui depuis une période moyenâgeuse à la convention de Vienne de 1961 sur les relations diplomatiques, a pratiquement légué au diplomate le sacro-saint rôle du représentant de l'État à l'étranger. Cette représentation a semblé se généraliser avec l'avènement des institutions judiciaires internationales.

Si la question de la compétence de l'acteur diplomatique en matière de représentation de l'État devant le prétoire international se pose avec acuité (1), il faut dire néanmoins que l'intervention de l'État devant une juridiction internationale ne commence ni ne s'arrête dans le cadre circonférentiel du prétoire. Les activités, dans le cadre du prétoire international, ne pourraient être mieux perçues que si l'on intégrait dans le cadre de cette étude, les activités des acteurs diplomatiques durant la phase de préparation de l'intervention devant le prétoire (II), durant la phase contentieuse (III) et également en matière d'application de la décision issue du prétoire international (IV).

Section 1 : La question de la compétence de l'agent diplomatique en matière de représentation de l'État devant le prétoire international

Dans le contexte actuel de mondialisation, l'agent diplomatique qui jadis apparaissait comme le représentant par excellence de l'État au plan international (A), est de plus en plus concurrencé par une multitude d'acteurs internes qui s'érigent en véritables représentants de jure ou de facto de l'État (B).

A. Une compétence certes reconnue

Au Cameroun, la division des affaires juridiques du ministère des Relations extérieures est chargée de la défense des intérêts de l'État devant les instances internationales. Le décret 2005/286 du 30 juillet 2005 portant organisation du ministère des Relations extérieures consacre sa section II à la division des affaires juridiques et des traités.

L'article 12 de ce décret dispose à cet effet en son alinéa 1 :

« Placée sous l'autorité d'un chef, la Division des affaires juridiques et des Traités est chargée :

- de la défense des intérêts de l'État en justice chaque fois que le Département est concerné ;
- des avis sur les questions de droit international dont est saisi le Département et sur les aspects juridiques des questions traitées dans les autres services du ministère ;
- du règlement des différends entre le Cameroun et les États-tiers ou les organismes privés étrangers, en liaison avec les administrations concernées ».

L'article 14, alinéa 1 renvoyant à la cellule des affaires législative, réglementaire et contentieuse de la division suscitée, reconnaît que cette cellule est chargée, entre autres du suivi « du règlement des différends entre le Cameroun et les États-tiers ».

La reconnaissance au ministère des Affaires étrangères de la compétence de représentation de l'État devant les instances internationales n'est pas une innovation spécifique au Cameroun. Au contraire, il s'agit d'un principe quasi universel et appliqué depuis des siècles. En effet, cet attribut de représentation générale est consacré en France depuis François 1 et 3 au XVIe siècle. Mais c'est véritablement en 1589 avec la création d'un des tout premiers « départements » des affaires étrangères que l'acteur diplomatique sera essentiellement comme l'instrument de la souveraineté extérieure dont le rôle principal sera de coordonner l'action extérieure de l'État et de le représenter devant les instances internationales.

Cette centralité de l'acteur diplomatique est également admise dans un certain nombre d'États à travers leurs décrets portant organisation de leurs ministères des Relations extérieures.

En Afrique occidentale, le décret n° 183-2008/PM fixant les attributions du ministre des Affaires étrangères et de la Coopération de la Mauritanie reconnaît en son article 2 : « le ministre des Affaires étrangères et de la Coopération a pour mission générale de promouvoir, sous la haute autorité du Président de la République et dans le cadre de la politique générale du Gouvernement, la politique extérieure et les relations internationales de la République islamique de Mauritanie. Dans ce cadre, il coordonne et harmonise tous les secteurs intéressant la Mauritanie dans ses relations avec l'étranger ». L'article 47 du même texte ajoute que la direction des affaires juridiques et consulaires est chargée de représenter l'État dans toute question se rapportant au contentieux international.

En Afrique centrale, au Tchad, en République centrafricaine par exemple, les décrets présidentiels portant organisation du ministère des Relations extérieures confirment également cet état de fait en reconnaissant que ce département ministériel a la charge de défendre les intérêts de l'État devant les juridictions internationales.

En Afrique du Nord, au Maroc par exemple, l'organigramme du ministère des Relations extérieures reconnaît à la direction des affaires juridiques et des traités la fonction de connaître des conflits diplomatiques, consulaires ou de toute autre nature engageant le royaume et de tous les aspects juridiques afférents aux activités extérieures du ministère.

En Afrique australe et en Afrique méridionale, il n'est pas dérogé à la règle.

En Europe, en Asie comme en Amérique, la centralité des acteurs diplomatiques reste la règle. En Italie comme en France par exemple, la division des affaires juridiques du ministère des Relations extérieures est chargée entre autres de :

- la représentation de l'État dans les procès devant les cours internationales ;
- l'activité d'instruction pour la préparation des dossiers y relatifs ;
- recruter des experts ;
- la coordination avec les autres administrations pour assurer la défense de l'État.

Le rôle prééminent du ministère des Relations extérieures du Cameroun en matière de représentation de l'État devant le prétoire international se traduit donc par le fait que la qualité d'agent officiel de l'État devant les juridictions internationales devrait appartenir à la division des affaires juridiques de ce ministère. C'est elle qui devrait être habilitée à accomplir tous les actes de procédure au nom de l'État : demandes adressées au greffe, établissement des mémoires et observations dans la phase écrite de la procédure, plaidoirie à l'audience, le cas échéant avec l'appui de certains experts nationaux ou internationaux. Cette division devrait s'acquitter de cette tâche grâce au concours d'un nombre de diplomates, juristes pour la plupart.

À cet égard, le contentieux africain se trouve soumis à la règle applicable à l'ensemble du contentieux international ; c'est le ministère des Affaires étrangères par l'action de sa direction juridique, qui est censé représenter le Cameroun devant l'ensemble des juridictions internationales, qu'elles aient un caractère permanent ou, comme les tribunaux arbitraux, un caractère temporaire. Il est dès lors fréquent comme on le verra ci-dessous que l'agent du Gouvernement se fasse assister par des conseillers choisis parmi les membres reconnus pour leur maîtrise du droit dans le cadre de l'exercice d'une profession d'avocat ou au sein des universités aussi bien au plan national qu'international.

Le conditionnel longuement utilisé dans le cadre de cette sous-partie l'a été à dessein. En effet, la représentation de l'État devant le prétoire international n'est plus seulement « la chose gardée » des acteurs diplomatiques. Il existe aujourd'hui une profusion d'autres acteurs intervenant aussi bien au plan national qu'international en matière de représentation de l'État près les juridictions internationales. Il ne serait donc pas superfétatoire d'admettre qu'en ce domaine, l'acteur diplomatique est de plus en plus concurrencé.

B. Une compétence concurrence malgré tout

La concurrence et non la compétition, faudrait-il le préciser, a lieu à deux niveaux et va souvent dans le sens de la recherche de la complémentarité. Ce peut être dans le cadre de la coordination interministérielle ou parfois même si ce sont des hypothèses rares, il peut s'agir d'une représentation de l'État à l'international par un département technique sans nécessairement la collaboration du ministère des Relations extérieures.

La coordination interministérielle, en effet, est un aspect important des modalités de la défense de l'État.

Chaque affaire intéresse, outre le ministère des Relations extérieures, au moins un, voire plusieurs autres départements ministériels, celui ou ceux qui sont directement concernés *ration materiae* par l'objet du litige. Il s'agit le plus souvent des ministères de la Justice (pour tout ce qui touche à l'activité des juridictions, aux droits de l'Homme, etc.), mais aussi, occasionnellement, d'autres départements ministériels (affaires sociales, environnement, défense, etc.). Il convient de souligner que c'est davantage devant la commission africaine des droits de l'Homme et des Peuples que plusieurs départements techniques camerounais sont mis à contribution.

Par exemple, le décret n° 2005/122 du 13 avril 2005 portant organisation du ministère de la Justice consacre son chapitre VII à la direction des droits de l'Homme et de la coopération internationale. Son article 35 dispose en effet :

« (1) placée sous l'autorité d'un Directeur des Droits de l'Homme et de la Coopération internationale est chargée :

- du suivi au sein du ministère de la Justice, des questions des droits de l'homme et de la coopération, notamment avec les partenaires internationaux, en liaison avec les administrations et organismes concernés ;
- (2) Elle comprend :
- la sous-direction des Droits de l'Homme ;
- la sous-direction de la Coopération internationale ;
- le bureau des archives et du classement ».

La sous-direction des droits de l'homme qui nous concerne spécifiquement dans le cas d'espèce est régulée par l'article 30 qui stipule qu'elle est chargée de :

« - l'animation et de la coordination de l'action de la chancellerie en matière d'application des règles nationales et internationales relatives à la protection des droites de l'homme ;

- la préparation de la défense de l'État devant les instances internationales des droits de l'homme en liaison avec les administrations ».

La direction des affaires juridiques du ministère des Finances est également chargée de la défense des intérêts de l'État en justice chaque fois que le ministère est impliqué dans une affaire. L'on pourrait penser qu'il s'agit simplement d'une justice nationale, mais à y regarder de près, ce texte peut être interprété de façon extensive au point d'englober également la défense à titre principal des intérêts de l'État devant les juridictions internationales si l'objet du litige a trait à une question en rapport avec les finances.

En effet, autant il s'est agi du ministère de la Justice, autant il s'agit du ministère des Finances, autant il s'agira de tout autre département ministériel ayant un service juridique s'estimant apte à représenter l'État lorsqu'il s'agira d'une question ayant trait à son champ de compétence.

Ce qui est important de souligner ici, c'est que le rôle de ce département technique est indéniable, mais le ministère des Relations extérieures devrait rester au centre de la représentation de l'État devant le prétoire international que ce soit pendant la phase contentieuse ou simplement pendant les réunions interministérielles ou de coordination.

Durant ces réunions, la priorité très souvent est accordée aux stratégies de défense et de présentation des arguments. Un accès important est donc mis sur les grandes lignes de l'argumentation qui sera présentée spécialement dans la procédure écrite, qui est largement déterminante. La coordination dans des cas précis peut être confiée à un département technique qui travaillera en étroite collaboration avec le ministère des Relations extérieures. Même si tel n'est pas toujours le cas au Cameroun, il est arrivé pour des pays comme la France que l'objet des réunions de coordination interministérielles ait pour but de privilégier un règlement à l'amiable. En effet, dans le contentieux des droits de l'Homme par exemple, la décision assez fréquente de rechercher avec le requérant le règlement amiable du litige après que la requête a été déclarée recevable, lorsque la probabilité d'une condamnation de la France au terme du procès semble suffisamment forte que l'équité paraît le justifier ; l'hypothèse la plus idoine.

Cette compétence concurrencée est confirmée par les textes portant organisation de ce ministère tel que l'on a pu le constater ci-dessus. Le constat d'ordre général est que ces différents ministères disposent chacun d'une direction chargée des affaires juridiques qui, en pratique, rentre dans une logique concurrentielle à la division des affaires juridiques et des traités du ministère des Affaires des relations extérieures.

La compétence de l'agence diplomatique ayant été étudiée à la fois selon une approche exclusive et partagée, il incombe à présent de se consacrer à la préparation de la représentation de l'État devant le prétoire international.

Section 2 : L'acteur diplomatique et la préparation de la représentation de l'État devant le prétoire international

La préparation de la représentation de l'État devant le prétoire international peut se faire avant tout plan (A) et en privilégiant la recherche de soutien de la part d'autres États (B).

A. L'acteur diplomatique et la préparation nationale de la représentation de l'État

La fonction de conseil de la division des affaires juridiques et des traités du ministère des Relations extérieures en matière de défense des intérêts de l'État au plan international est rappelée dans le texte même qui détermine sa compétence.

Celle-ci donne son avis au ministre des Relations extérieures et fait valoir cet avis lors des différentes réunions de coordination nationale. En empruntant le raisonnement d'Abraham Rony, l'on est bien contraint de reconnaître qu'à cet égard, trois questions fondamentales se posent. À qui la division donne-t-elle ses avis ? Sur quelles bases ? Selon quelles procédures ?

1. *À qui la division donne-t-elle ses avis ?* En principe, comme il l'a été dit ci-dessus, au ministre des Relations extérieures ainsi qu'aux directions géographiques et multilatérales du département impliqué dans le cadre du litige opposant le Cameroun à un autre État. Dans le cadre du litige ayant opposé le Cameroun au Nigéria, la direction des Nations-Unies et de la coopération décentralisée ainsi que la direction de l'Union Africaine du ministère des Relations Extérieures, recevaient également des avis de la division des affaires juridiques et des traités. Cette solution serait parfaitement satisfaisante si le ministère des Relations extérieures était le seul à intervenir en matière de représentation de l'État. Or, à l'autre extrémité, se situent certains

ministères qui estiment bénéficier en leur sein des compétences juridiques requises et ont par la suite tendance à agir de manière autonome. C'est ainsi que le ministère de la Justice dispose de juristes en de nombreux domaines relevant pour l'essentiel du droit international privé. Le problème est en pareil cas pour le ministère des Relations extérieures de demeurer informé des négociations en cours, de matière à pouvoir les infléchir lorsque des questions de principe se posent, sans errer cependant dans des détails techniques qu'il n'est pas toujours à même d'apprécier entièrement.

Existent enfin des situations intermédiaires dans la plupart des ministères techniques. Ces ministères disposent le plus souvent soit d'un service, soit d'un bureau juridique chargé de les conseiller principalement en droit interne et accessoirement en droit international. Nombre de ces conseillers juridiques sont des magistrats, des diplomates, des enseignants de droit.

En définitive, il apparaît que la division des affaires juridiques et des traités donne ses conseils au ministre des Affaires étrangères et à tous les services du ministère et qu'elle a en outre des relations suivies avec d'autres départements qui lui demandent son avis dans un certain nombre de cas, soit par écrit, soit par oral.

2. *Sur quelles bases la division donne-t-elle ses avis ?* La question est d'importance, car un avis juridique n'est le plus souvent utile que s'il est fourni avant la décision. Le grand problème est donc pour le juriste d'être consulté en temps opportun et de ne pas être appelé, comme un pompier à la rescousse ultime. Et cela a très souvent été le cas en pratique.

Dans cette perspective, la difficulté ne réside pas dans le fait que les décideurs pourraient ne pas souhaiter les juristes. Elle résulte beaucoup plus souvent du fait qu'ils ne réalisent pas que la mesure qu'ils envisagent de perdre peut soulever des problèmes de droit. Aussi, l'efficacité d'un service juridique dépend-elle avant tout de la question de savoir s'il est informé en temps utile des situations existantes et des décisions proposées, de manière à pouvoir prendre lui-même l'initiative et à faire connaître à l'avance son point de vue.

Pour la division des affaires juridiques du ministère des Relations extérieures, la première source d'information est constituée par les télégrammes échangés entre le département et les postes diplomatiques, télégrammes par lesquels le premier donne ses instructions au second, tandis que ces derniers rendent compte de la situation locale et sollicitent des directives. La difficulté à cet égard résulte de la prolifération de l'information et du fait que les télégrammes sont diffusés selon des critères sans rapport avec les préoccupations qui sont celles de la division des affaires juridiques. Il appartient donc à cette dernière de faire le tri pour identifier parmi les milliers de télégrammes échangés chaque jour, ceux qui doivent être lus plus attentivement et susciter éventuellement une réaction.

Une autre source d'information est constituée par les correspondants de la division dans d'autres ministères ou auprès de certaines missions diplomatiques. Les conseillers juridiques de nombreux départements ministériels (par exemple ceux du ministère de la Justice) sont en relation de travail avec la division et signalent souvent à celle-ci les difficultés qu'ils rencontrent en vue de tenter de peser d'un poids commun dans la recherche de solutions juridiquement acceptables afin de pouvoir le moment venu, obtenir gain de cause pour le compte du Cameroun devant le prétoire international.

3. *Comment la division des affaires juridiques et des traités donne-t-elle son avis ?* Elle le fait soit sur une demande, soit de sa propre initiative. Elle répond donc aux questions qui lui sont posées, mais peut en outre adresser d'elle-même une note au ministère, à son cabinet ou à n'importe quel service du ministère, en informant les directions intéressées. Elle peut également préparer des lettres sollicitant les instructions de la haute hiérarchie (présidence de la République) quant à la position à défendre par rapport aux suggestions qui lui auront été faites.

Compte tenu des urgences, les consultations ainsi données sont très souvent orales. Un certain nombre d'agents du département dans les services les plus variés consultent de la sorte les membres de la division sur l'attitude à prendre dans telle ou telle affaire. Le ministre ou son cabinet en font autant et le plus souvent, demandent une réponse rapide, voire immédiate. C'est dire que l'activité du jurisconsulte ne laisse pas à la réflexion un temps analogue à celui que peut lui consacrer le juge ou l'enseignant. Elle comporte une part de risque, mais il ne peut en être autrement : mieux vaut une réponse affirmée qui sera prise en considération, qu'une réponse tardive qui interviendra après l'évènement.

La division, bien évidemment, et cela a déjà été mentionné, peut être amenée à formuler des avis oraux au cours des réunions internes ou interministérielles auxquelles elle participe dans le cadre de la préparation d'un mémoire accusateur ou d'un mémoire en défense devant le prétoire international. Pendant la tenue de ces réunions interministérielles, le rôle du ministère des Relations extérieures pourrait également consister à chercher d'éventuels soutiens internationaux dans le cadre de la procédure en cours mettant en cause le Cameroun.

B. L'agent diplomatique et la recherche des soutiens étatiques

Dans la phase de la préparation de la représentation de l'État devant le prétoire international, il pourrait également revenir aux acteurs diplomatiques, la tâche de recherche des soutiens internationaux auprès d'autres États. L'acceptation d'un État d'intervenir en faveur d'un autre dans le cadre d'une procédure en cours auprès d'une instance internationale peut répondre à plusieurs idéaux.

Une telle intervention peut être consécutive à une concession informelle faite à l'État intervenant comme tiers. Une telle intervention peut également être motivée par la question objet du différend, laquelle peut être une question concernant directement l'État intervenant comme tiers. Ce fut par exemple le cas de la Guinée équatoriale qui est intervenue dans le cadre du différend frontalier opposant le Cameroun au Nigéria en faisant valoir l'intérêt qui à l'observation, rejoignait ceux du Nigéria. Même si l'intervention d'un État tiers ne lie pas forcément l'auguste juridiction internationale, elle peut influencer sa décision définitive. C'est pourquoi le rôle de l'acteur diplomatique reste assez important en l'espèce. Il convient néanmoins de préciser que l'intervention d'un État tiers dans une procédure en cours obéit à une réglementation bien précise.

En effet, les articles 62 et 63 du statut de la CIJ consacrent l'intervention en tant que moyen mis à la disposition des États tiers en vue de faciliter leur participation éventuelle à un procès concernant un litige avec d'autres États.

La première condition *sine qua non* pour qu'une intervention puisse se produire dans la procédure de la CIJ, est qu'un État tiers la demande, en déposant au greffe de la cour une requête à fin d'intervention ou une déclaration d'intervention.

Il existe également une deuxième condition nécessaire : c'est que l'intervention demandée par l'État tiers concerne une affaire contentieuse principale bien précise et que celle-ci soit toujours pendante devant la cour. C'est la nature des différends soumis à la cour qui explique le recours d'États tiers à l'intervention. Parfois aussi, il peut s'agir d'un simple jeu d'alliances expliquant alors la volonté d'un État de venir en appui à son allié qui se trouve opposé à un autre État.

Cependant, la Cour, pour autoriser l'intervention d'un État tiers, tient compte essentiellement du fait que les intérêts juridiques de l'État tiers, soient non seulement touchés par décision, mais qu'ils constituent l'objet même de ladite décision.

Si la représentation de l'État devant le prétoire international ne commence pas véritablement dans l'enceinte de ce prétoire, il faut souligner qu'il en constitue le nœud fondamental.

Section III : L'acteur diplomatique et la phase contentieuse internationale

L'étude de l'acteur diplomatique dans le cadre de la phase contentieuse devra, à notre sens, permettre d'élucider davantage le rôle de celui-ci en matière de représentation de l'État devant les juridictions internationales, que ce soit au niveau de la procédure qu'à celui de la matérialisation des actes du procès (A). Cette phase est d'autant plus importante qu'elle aidera également à comprendre l'étroitesse de la collaboration qui existe entre les acteurs diplomatiques et les experts circonstanciels (B).

A. L'agent diplomatique, la procédure contentieuse et la matérialisation des actes du prétoire

L'État peut être demandeur ou défendeur à l'instance. En tant que demandeur, il est initiateur des actes de procédures dirigés contre tous ceux qui lui causent un préjudice. En droit international, les règles obéissant à la saisine d'une juridiction ne sont pas les mêmes selon qu'il s'agit d'une juridiction uniquement compétente pour connaître des litiges opposant les États, d'une juridiction qui admet le recours individuel ou d'une juridiction qui juge les individus et non les États.

Les affaires sont portées devant les juridictions internationales telles que la CIJ selon le cas, soit par notification du compromis, soit par une requête adressée au greffier. Dans les deux cas, l'objet du différend et les parties doivent être indiqués. Le greffier donne immédiatement communication de la requête à tous les intéressés. Il en informe également les membres des Nations-Unies par l'entremise du secrétaire général, ainsi que les autres États admis à ester en justice devant la cour.

Dans le cadre des juridictions qui admettent les recours individuels, la procédure est toute autre et l'État, très souvent, a une position de défendeur. En effet, les plaintes pour le cas de commission africaine des droits de l'homme et des peuples doivent être introduites par écrit à ladite commission via ses adresses de courrier, courriel, numéro de fax.[326]

La formule suivante doit être insérée au sommet de la page :

« Cette plainte est introduite en vertu de l'article 55 de la charte africaine des droits de l'homme et des peuples et de l'article 103 (G) (3) du règlement de la commission africaine des droits de l'homme et des peuples ».

Il faudra ensuite fournir les informations suivantes :

1. préciser l'identité de l'auteur (personne qui introduit la plainte),

2. indiquer si la personne introduisant la plainte souhaite garder l'anonymat,

3. préciser si l'auteur est la victime présumée, un parent de la victime présumée, une ONG ou un individu,

4. préciser le nom du pays visé par la plainte,

5. fournir une description des faits de la prétendue violation des droits de l'homme,

6. énoncer les articles de la charte africaine que l'auteur de la plainte considère violés par l'État concerné,

---

[326] Commission africaine des Droits de l'Homme et des Peuples, PO Box 673, Banjul, *The Gambial*. Tél : 00 2 20 392962. Fax : 00 2 20 390764. Courriel : achpr@achpr.gm.

7. énoncer les mesures engagées par l'auteur pour épuiser les voies de recours internes. Vous pouvez, par exemple, fournir des détails sur toute action en justice ou enquête menée par les autorités sur la question. Si vous considérez que les juridictions locales ne sont pas efficaces, vous devez motiver cette affirmation. Il faudra, enfin,

8. préciser si l'affaire est considérée par un autre organe africain ou international.

Cependant, il faut noter que le principe internationalement reconnu voudrait que lorsqu'un État intervient en qualité de demandeur, l'introduction de l'instance soit faite par une lettre signée de l'ambassadeur en poste ou accréditée auprès du pays abritant le siège de l'institution judiciaire à saisir. Cette lettre est adressée au greffier de la juridiction saisie. II est à nouveau perçu le rôle prépondérant de l'acteur diplomatique en matière de représentation de l'État devant le prétoire international. C'est ainsi que pour le cas du différend frontalier terrestre et maritime entre le Cameroun et le Nigéria, la requête introductive d'instance avait été signée par Son Excellence Madame Isabelle Bassong, alors ambassadrice du Cameroun également accrédité auprès des Pays-Bas. La CIJ est précisément située à La Haye aux Pays-Bas.

En tant que défendeur, l'État est attrait devant une juridiction. La mission diplomatique est alors destinataire de tous les actes de procédures dirigés contre l'État. Bien plus, elle se présente comme le fusible naturel entre la juridiction internationale et la centrale [327] (voire entre la juridiction internationale et le Cameroun). À ce titre, elle reçoit les actes de greffe, procède à la recherche et à la collecte des informations pratiques, contribue en collaboration avec les compétences nationales et parfois internationales à la rédaction des mémoires ou conclusions. Les acteurs diplomatiques intervenant dans le cadre de la représentation camerounaise devant le prétoire international ne sont donc pas qu'en poste au sein des missions diplomatiques.

En effet, la compétence consultative de la division des affaires juridiques et des traités du ministère des Relations extérieures constitue un aspect important de son activité ; elle n'en est pour autant pas la seule. Cette vision devrait en principe jouer traditionnellement le rôle d'agent du Gouvernement au contentieux. Dans certains pays

[327] Nom familièrement donné au ministère des Relations extérieures.

comme la France, elle a toujours exercé cette fonction devant la CIJ et devant les tribunaux arbitraux (solution retenue d'ailleurs dans la plupart des services juridiques). De manière plus originale et plus récente, elle a été amenée à faire de même en ce qui concerne d'une part le contentieux communautaire à Luxembourg et d'autre part, le contentieux des droits de l'homme à Strasbourg.[328]

La procédure devant les juridictions internationales a généralement deux phases : l'une écrite, l'autre orale. La procédure écrite comprend la communication à juger et à partir des mémoires, des contre-mémoires et éventuellement des répliques, ainsi que des toutes pièces et de documents à l'appui.

La communication se fait par l'entremise du greffier dans l'ordre et les délais déterminés par la cour. Toute pièce produite par l'une d'elles doit être communiquée à l'autre en copie certifiée conforme. La procédure orale, quant à elle, consiste en l'audition par la cour de témoins, experts, agents, conseils et avocats.[329]

La division des affaires juridiques et des traités du ministère des Relations extérieures participe donc pleinement à la préparation des mémoires écrits du Cameroun en ce qui concerne le contentieux des droits de l'homme devant la commission africaine des droits l'homme et des peuples. Il a généralement été entendu que le ministère des Relations extérieures ferait valoir en étroite collaboration avec le ministère de la Justice le point de vue national dans les recours interétatiques.

Comme cela vient d'être dit, il faut retenir de cette importante sous-partie que les États n'ont pas de représentants permanents auprès des cours.

Quand une affaire portée devant la cour les concerne, ils communiquent habituellement avec le greffe par l'intermédiaire de leur ministère, celui des Relations extérieures ou de leur ambassadeur dans le pays où se trouve la cour. Devenant parties au différend, ils se font représenter par un agent qui, normalement, est un ambassadeur ou un conseiller juridique du ministère des Relations extérieures. Cet agent a un statut comparable à celui d'un chef de mission diplomatique spécial,

---

[328] Abraham Ronny, « La France devant les juridictions européennes », conseiller d'État, directeur des Affaires juridiques au ministère des Affaires étrangères, Le Seuil, Pouvoirs, janvier 2001, N° 96, p. 164.
[329] V. l'article 43 du statut de la CIJ.

c'est-à-dire qu'il est habilité à engager son pays, verbalement et par écrit lors de toutes les phases de l'affaire en question. C'est donc l'agent qui intervient en toute circonstance où un acte formel est attendu de la part du Gouvernement qu'il représente, à commencer par la requête introductive d'instance et qui, en règle générale, ouvre les plaidoiries et souvent, dirige la plus grande partie de la procédure orale.

Les États peuvent également désigner un agent adjoint et, en tout cas des conseils, avocats ou autres experts dont ils peuvent avoir besoin, lesquels n'ont pas forcément la nationalité de l'État qu'ils vont représenter.

B. La collaboration acteur diplomatique, acteur *administrativo*-technique et experts

Dans sa mission d'agent du Gouvernement et de gestion des contentieux devant les juridictions internationales, le ministère des Relations extérieures du Cameroun peut faire appel à des contributions extérieures. Elles les sollicitent toutefois, en cas de nécessité. Il peut s'agir de conseil appartenant le plus souvent, à la communauté universitaire nationale ou internationale ou encore comme cela a déjà été précisé, des membres du barreau.

Il ne s'agit pas là d'une spécificité camerounaise. Pour l'accomplissement de ses fonctions, le service du contentieux diplomatique et des traités du ministère des Affaires étrangères d'Italie fait par exemple recours non seulement au personnel du ministère, mais aussi à la collaboration d'experts en matière juridique. Il s'agit normalement de magistrats, de professeurs universitaires et d'avocats qui collaborent dans des secteurs particuliers qui nécessitent un degré de spécialisation adéquat.

D'autres experts juridiques prêtent leur collaboration auprès des représentations diplomatiques de la République italienne et ils assistent le chef de la mission dans des domaines portant sur le droit international ou ayant nature juridique et/ou internationale. La collaboration dans l'enceinte du prétoire implique également une action en intervention bien concertée entre les différents membres de la délégation camerounaise ; étant entendu que l'acteur diplomatique est très souvent, et selon l'appréciation de la haute hiérarchie, entouré de représentants de l'administration technique.

Lorsque le verdict est rendu en faveur du Cameroun dans la mesure où il s'agissait d'un différend interétatique, le rôle de l'acteur diplomatique oblige de prolonger la portée du prétoire pour l'inscrire dans le cadre de l'accompagnement de la mise en œuvre effective de la décision rendue par le tribunal.

C. L'acteur diplomatique et l'application de la décision issue du prétoire international

L'importance de l'acteur diplomatique prolonge, on le constate, l'emprise du prétoire international jusqu'au niveau de l'application de la décision issue dudit prétoire. En règle générale, si l'État camerounais n'a pas obtenu gain de cause, il se plie à la décision des instances internationales. [330] Mais lorsqu'il obtient gain de cause comme ce fut le cas à l'insu de la décision de la CIJ du 10 octobre 2002, lue en session publique par le juge camerounais, il est logique que la partie adverse s'incline face au verdict. L'acteur diplomatique devra veiller à l'application de cette décision qui peut se faire normalement ou de façon douloureuse.

L'application normale suppose que l'État adverse s'est engagé à accepter la décision de la cour. Les acteurs diplomatiques des deux États devront alors s'évertuer à matérialiser cette décision. S'il s'agit d'un litige frontalier, les deux États devront procéder à la démarcation et à l'abornement tel que les territoires frontaliers auront été définis par la cour. Mais dans la grande majorité des cas, les décisions issues du prétoire international sont difficilement acceptées par les États n'ayant pas eu gain de cause. L'acteur diplomatique devra à nouveau mettre en place une stratégie de négociation, de pourparlers et parfois, suggérer à la hiérarchie d'accepter de faire des concessions eu égard à l'objet de querelle. Lorsque ces différentes négociations s'avèrent infructueuses, il reviendra à nouveau à l'acteur diplomatique dans le cadre d'une décision rendue par la CIJ (en règle générale, le représentant permanent du Cameroun auprès des Nations-Unies), la tâche de saisir le conseil de sécurité au sens de l'article 94, alinéa 2 pour contraindre l'État qui refuse de s'exécuter à le faire.

Dans le cadre une fois de plus du litige ayant opposé le Cameroun au Nigéria, la voie de la diplomatie a fini par triompher grâce à la signature,

---

[330] V. A. Oloa Zambo, *L'affaire du Cameroun septentrional Cameroun/Royaume-Uni*, Paris, L'Harmattan, janvier 2007.

puis à la mise en œuvre, sous l'impulsion des acteurs diplomatiques, de l'accord de *Greentree*[331].

Conclusion

Au total, il convient de souligner que, quelle que soit la position procédurale du Cameroun (défenderesse ou demanderesse), sa représentation devant le prétoire international devrait toujours être assurée selon les mêmes modalités, qui combinent en principe le rôle prééminent du ministère des Relations extérieures et la coordination interministérielle la plus étroite.

Or, en pratique, on a pu observer que parfois, le ministère des Relations extérieures n'est pas partie prenante, certains départements techniques agissant de façon quasi autonome. Ce constat invalide notre hypothèse de base et nous amène à reconnaître la primauté de principe, mais très souvent circonstancielle du ministère des Relations extérieures en matière de représentation de l'État du Cameroun devant le prétoire international.

C'est sans doute le lieu de préciser que cette coordination est avant tout celle d'un chercheur, d'un internationaliste qui a bien voulu apporter de plus amples précisions sur une question dont la littérature semble peu abondante. Il ne s'agit donc pas forcément d'un point de vue de diplomate. Les observations étant subjectives, elles ne sauraient donc engager l'État en quelque point que ce soit.

Bibliographie sommaire

Badie Bertrand, Smouts Marie-Claude, *Le retournement du monde, Sociologie de la scène internationale,* Paris, Dalloz, 3e édition, 1999.

De Lacharrière (Guy, « la politique juridique extérieure de la France », Revue internationale de droit comparé, 1959, Volume 41, Numéro 4, pp. 1072-1073.

Eyffinger Arthur et Willeveen Arthur, *La Cour internationale de justice 1946 – 1996*, Londres, Martinus Publisher, 1999.

Gros André, « Origines et traditions de la fonction de jurisconsulte du département des affaires étrangères », *Mélanges offerts au doyen Trotabas*, Lgdj, 1970, pp. 187-195.

331 A. D. Olinga, *L'Accord de Greentree du 12 juin 2006 relatif à la presqu'île de Bakassi*, L'Harmattan, 187 p., 2009.

Guillaume Gilbert, « La direction des affaires juridiques du ministère des Affaires étrangères : conseil juridique et action diplomatique », Mélanges de Lacharrière « Guy Ladreit de Lacharrière et la politique extérieure de la France », Paris, Masson, 1989, pp. 267- 278.

Olinga Alain Didier, *L'Accord de Greentree du 12 juin 2006 relatif à la presqu'île de Bakassi,* Paris, L'Harmattan, février 2009.

Oloa Zambo Anicet, *L'Affaire du Cameroun septentrional Cameroun / Royaume–Uni*, Paris, L'Harmattan, janvier 2007.

Plaisant François, *Le Ministère des Affaires étrangères*, Paris, Ed. Milan, *http//www.geoscopies.net/geoscopies/espaces/e241plai.php.*

Puissochet Jean Pierre, « La fonction juridique au ministère des Affaires étrangères », *Cahiers de la Fonction publique et de l'administration*, novembre 1993, n° 118, pp. 12-13.

Ronny Abraham, « La France devant les juridictions européennes », Le Seuil, Pouvoirs, janv. 2001, n° 96, pp. 143 -160.

Sauron Jean Luc, « L'application du droit de l'Union européenne », La documentation française 2000, (deuxième éd.), pp. 102-126.

http : //www.//maec.gov.ma/

http://www.format-prod.com/droit-etudiats/organisations-internationales.html

CIJ : www.cif-icf.org

Actes du colloque sur *La fonction juridique dans les administrations centrales*, sous la présidence de Renaud Denois de Saint Marc.

Delarue Jean Marie, « Les directions juridiques des ministères », conseiller d'État, ancien directeur des libertés publiques et des affaires juridiques au ministère de l'Intérieur.

Pochard Marcel, « Les missions juridiques dans les administrations centrales », conseiller d'État, rapporteur général de la section du rapport et des études du conseil d'État.

Dal Farra Thierry, « Le recours aux prestations extérieures par les services nationaux », avocat –conseil.

CHAPITRE 5 :

LES ACTEURS ADMINISTRATIFS, TECHNIQUES, JUDICIAIRES ET PARA JUDICIAIRES

Par

Michel Mahouve[332]

Introduction

D'emblée et en guise d'introduction à mon intervention, je voudrais féliciter les organisateurs du séminaire sur l'opportunité qu'ils offrent à la communauté scientifique et administrative camerounaise, de dresser un tableau d'ensemble de la pratique juridique du Cameroun dans la défense des intérêts de l'État devant le prétoire étranger, que ces intérêts soient d'ordre financier, économique, diplomatique, sécuritaire, etc.

Avant d'émettre un jugement de valeur sur l'état et la qualité de cette défense conditionnée essentiellement par la qualité même de ses acteurs, il me plaît humblement, pour être sûr que nous parlons de la même chose, de donner ma compréhension de l'expression « prétoire étranger ».

Du **prétoire étranger**, on peut d'abord faire une lecture que je qualifierais d'horizontale. Il s'agirait alors des juridictions étatiques et arbitrales des pays étrangers devant lesquelles l'État camerounais ou ses démembrements sont actionnés ou ont actionné.

On peut ensuite en donner une lecture verticale, en y entendant les juridictions internationales *lato sensu.* Ici, on peut d'abord mentionner les juridictions interétatiques à l'instar de la CIJ qui règle des

[332] Directeur des droits de l'homme et de la coopération internationale [332] au ministère de la Justice ; enseignant associé à l'IRIC.

différends entre États ; ou encore le tribunal de la mer[333] ; ou supra nationales comme les juridictions pénales internationales ou les juridictions des droits de l'homme, à l'instar de la cour africaine des droits de l'homme et des peuples à laquelle le Cameroun sera bientôt partie[334].

On peut ensuite y inclure ce que la doctrine la plus courante qualifie de quasi-juridictions, notamment dans le domaine des droits de l'homme : il s'agit ici des organes des traités qui ont vocation à être saisis par des particuliers qui se prétendent victimes de la part d'un État partie à un traité de violations des droits qui leur sont reconnus par ces instruments internationaux et qui sollicitent soit une réparation, soit que des remèdes soient apportés pour prévenir la répétition de ces violations. Ce droit de pétition est aussi reconnu par certaines de ces conventions, à des États par le biais des communications étatiques. À cette phase quasi-contentieuse, on peut ajouter que le contrôle sur le rapport qu'exercent ces quasi-juridictions en matière d'application par les États parties des droits de l'homme constitue aussi, à travers la défense de ces rapports, un exercice qui peut parfaitement être classé dans le champ de la défense des intérêts de l'État devant le prétoire étranger. C'est au demeurant à ce double exercice, soit de réponse aux communications dirigées contre l'État du Cameroun, soit de défense des rapports devant les organes des traités relatifs aux droits de l'homme que je me réfèrerai abondamment dans les développements ultérieurs, s'agissant d'un domaine que je connais assez bien.

Des développements seront naturellement consacrés à d'autres champs matériels de cette défense, à la lumière de la connaissance quelque peu indirecte que j'en ai, prenant le risque que les organisateurs ont accepté eux-mêmes de courir, m'ayant rassuré que les autres exposés déjà faits combleraient mes lacunes.

La défense de l'État devant les juridictions internes fait l'objet d'une réglementation laconique et vétuste (décret n° 73-49 du 08 février 1973 et décret n° 78/527 du 12 décembre 1978)[335]. En

---

*Les vues et opinions exprimées dans cette contribution n'engagent pas le ministère de la Justice et sont de la responsabilité exclusive de l'auteur.

1 Voir M. Mouldit Marsit, *Le Tribunal du droit de la mer* (Présentation et textes officiels), Pedone, Paris, 1999.

334 Le Cameroun n'est pas encore membre de la cour.

335Lire en cela :

revanche, aucune réglementation précise n'existe, s'agissant de la défense des intérêts de l'État devant les juridictions étrangères. Seule une lecture extensive du décret n° 84-162 du 18 avril 1984 créant une cellule juridique au sein de certains départements ministériels peut apparaître comme un embryon ou une amorce d'organisation de la défense de l'État devant le prétoire étranger par une identification de certains des acteurs institutionnels de cette défense, à savoir les cellules et autres divisions juridiques des ministères en liaison avec la division des affaires juridiques du secrétariat général de la présidence de la République.

Ce sont ces acteurs et leur rôle, comme indiqué supra, que nous allons analyser tout au long de notre contribution.

Faute d'un cadre juridique clair et cohérent, l'empirisme en cette matière devient la règle. Ceci s'observe surtout à l'occasion des différends devant les juridictions nationales étrangères où les acteurs camerounais se recrutent au sein des ministères ou entreprises publiques ou parapubliques, de la primature, de la présidence de la République et du monde parajudiciaire (I). Devant les juridictions internationales au sens large, les acteurs sont aussi variés au regard de la spécificité de la matière chaque fois en cause (II).

I. La chaîne des intervenants dans la défense des intérêts de l'État devant les juridictions étatiques ou arbitrales étrangères

La défense des intérêts de l'État revêt deux phases : la phase préparatoire (A) et la phase active ou effective de la défense (B). Il peut arriver que les mêmes acteurs soient impliqués dans ces deux phases ou que certains se contentent d'exercer une mission de pilotage, d'autres de relais.

- l'excellent article du Professeur Bipoun Woum, « La représentation de l'État en justice au Cameroun », Revue camerounaise de droit, n° 28, 1984, pp. 17-57.
- l'exposé du Professeur Joseph Marie Bipoun Woum, « Le cadre général de la défense des intérêts de l'État devant le for étranger », contenu dans cet ouvrage au chapitre préliminaire.

A. Dans la phase préparatoire

Lorsque l'État, à travers un département ministériel, un établissement public ou une société parapublique, est demandeur ou défendeur devant une juridiction nationale étrangère, c'est généralement ce ministère ou cette entreprise qui est aux avant-postes de cette défense. Sa cellule juridique ou division juridique s'il ou elle en dispose, étudie ou initie le dossier.

Deux schémas ont souvent été mis en œuvre. Soit cette structure elle-même saisit l'avocat de son choix pour effectuer les diligences judiciaires utiles, soit elle se réfère aux services du Premier ministre qui organise alors une concertation et donne les orientations nécessaires à cette défense, en y associant de plus en plus le ministère de la Justice, présumé disposer de ressources juridiques pour aider à cette défense. Le pilotage peut s'arrêter à ce niveau. Mais très souvent, s'agissant des questions de justice à l'étranger et qui peuvent nécessairement avoir des implications diplomatiques, la division juridique du secrétariat général de la présidence est impliquée dans ce pilotage.

Dans tout ce processus, la représentation diplomatique du Cameroun, s'il en existe dans le pays dont la juridiction est saisie, sert souvent de boîte aux lettres pour recevoir les actes de procédure, les transmettre dans une direction ou l'autre. Et c'est ici qu'on observe quelques fois une « gestion bureaucratique » des actes de justice, soumis la plupart du temps à des délais : délais de notification, délais de production de mémoires et autres conclusions, délais dans l'exercice des recours, etc. Combien de condamnations le Cameroun a-t-il fait l'objet ou combien de fois a-t-il été forclos dans les recours disponibles, parce que la transmission des actes n'a pas été faite avec la diligence nécessaire ?

Dans tous les cas, c'est du sérieux et du professionnalisme de tous les acteurs impliqués dans la phase préparatoire de la défense que dépendent en grande partie les succès de cette défense au fond.

B. Dans la phase effective

L'accès devant les juridictions nationales étrangères est soumis à des conditions ou modalités déterminées par chaque législation domestique ou par les conventions internationales auxquelles sont parties les États concernés par un litige.

Devant certaines juridictions et dans certains pays, l'État, personne morale, est représenté par un avocat ou un jurisconsulte. La représentation consiste en une substitution du client par son conseil. Non seulement celui-ci plaide et conclut dans l'intérêt de son client, mais il l'engage comme si c'était le client lui-même présent à l'audience par son avocat de qui émanent les déclarations ou écrits.

Cette activité pose donc les problèmes de mandat et de responsabilité délicats[336].

Un mandat *ad litem* est délivré à cet effet. Devant d'autres juridictions, le monopole de plaidoirie de l'avocat est en concours avec le droit pour les parties d'être représentées par tout mandataire muni d'un pouvoir spécial. On peut donc retrouver des responsables administratifs des ministères, des entreprises publiques ou de la présidence de la République ou de la primature dans ce dernier rôle.

De manière générale, pour plaider ou représenter les parties devant certaines juridictions étrangères nationales, les avocats inscrits au barreau du Cameroun ont besoin de faire élection de domicile dans une étude d'un confrère de l'État étranger. Certaines conventions de coopération en matière judiciaire auxquelles le Cameroun est partie donnent aux avocats des États parties le droit de représenter ou d'assister leurs clients devant les juridictions des États concernés, à charge pour eux de se conformer à la législation de l'État où se trouve la juridiction saisie[337].

En toutes hypothèses, il peut toujours s'avérer utile de s'entourer du concours d'un avocat ou jurisconsulte exerçant dans l'État étranger qui, en principe, connaît et maîtrise mieux les procédures de cet État.

La maîtrise des procédures et de la matière en cause se positionne également comme un gage de succès devant les juridictions internationales où les acteurs administratifs techniques comme

---

[336]J. Hameli, A. Damien, *Les règles de la profession d'avocat,* Dalloz, 8e éd., Paris 1995, p. 243.

[337]Voir pour des exemples, des récents, l'accord de coopération judiciaire entre les États membres de la CEMAC du 28 janvier 2004 (art. 6). La convention de coopération et d'entraide judiciaire entre les États membres de la CEEAC du 18 mars 2006 (art. 14).

judiciaires ou parajudiciaires sont le plus souvent choisis en raison de leur connaissance du domaine en cause.

II. La chaîne des intervenants devant les juridictions et quasi-juridictions internationales

Le Cameroun n'étant pas encore partie au statut de Rome de la CPI ou directement concerné par les juridictions pénales internationales *ad hoc* pour l'ex-Yougoslavie et le Rwanda ni par les juridictions pénales internationales à l'image du tribunal spécial pour la Sierra Leone – même si par le biais d'une intervention, il peut être amené à défendre ses intérêts devant ces juridictions[338] - nous ne nous intéressons pas à ce volet. Bien plus, il s'agit des juridictions qui mettent en jeu non la responsabilité des États, mais celle individuelle de personnes physiques[339] même si elles ont agi sous le manteau de l'État[340], pour la répression des crimes qui heurtent la conscience universelle (crimes contre l'humanité, crimes de guerre, crime de génocide).

En revanche, deux exemples emblématiques de la défense des intérêts de l'État devant des juridictions internationales retiendront notre attention et nous permettront d'identifier les acteurs convoqués à cette défense. Il s'agit de la défense devant la CIJ devant les « instances internationales des droits de l'homme ».

A. Les acteurs de la défense devant la CIJ

Devant « l'organe judiciaire principal des Nations-Unies » [341]que constitue la CIJ, la représentation de l'État est prévue tant par le statut de la cour que par son règlement. Elle se décompose en représentation juridico-politique et en assistance technique juridique. Peut-on penser que le juge *ad hoc* assure également une fonction de représentation de l'État qui l'a désigné ?

---

[338] Voir par exemple art. 72 par. 4 qui prévoit que « si un État apprend que des renseignements ou des documents de l'État sont ou seront probablement divulgués à un stade quelconque de la procédure, et s'il estime qu'une telle divulgation porterait atteinte aux intérêts de sa sécurité nationale, cet État a le droit d'intervenir en vue d'obtenir le règlement de la question selon les dispositions du présent article ».

[339] Voir par ex. art. 25 du statut de la CPI du 17 juillet 1998.

[340] Voir art. 27 du statut de la CPI.

[341] Art. 92 de la charte des Nations-Unies.

L'article 42 par. 1er du statut de la cour prévoit que les États en procès devant cette instance sont représentés par des agents. Le contentieux devant la CIJ est peuplé de nombreux exemples de désignation comme agents des autorités gouvernementales qui ne sont pas forcément des juristes. L'agent est le représentant du Chef de l'État concerné devant la cour. Comme le dispose l'article 40 du règlement de la cour : « tous les actes accomplis au nom des parties le sont par des agents. Ceux-ci doivent avoir au siège de la Cour un domicile élu auquel sont adressées toutes les communications relatives à l'affaire. Les communications envoyées aux agents des parties sont considérées comme ayant été adressées aux parties elles-mêmes ». Les agents sont généralement assistés d'une kyrielle de collaborateurs qui leur apportent l'assistance juridique et l'expertise technique nécessaire au succès des intérêts défendus.

1. L'assistance juridique et l'expertise technique

Au terme de l'article 42 par. 2 du statut de la cour, « elles [les parties] peuvent se faire assister devant la Cour par des conseils ou des avocats ». Ceux-ci interviennent dans la phase écrite et orale de la procédure. Le terme *conseil* laisse à notre sens indiquer que l'assistance est assurée par un juriste titulaire de la qualification professionnelle de conseiller juridique ou disposant de connaissances juridiques d'un bon niveau. On peut penser à un professeur ou un enseignant de droit.

Les avocats sont généralement dans l'ordre interne des personnes qui, nanties des diplômes exigés par la loi et ayant prêté serment devant la justice, appartiennent à un barreau à la discipline duquel ils sont soumis.

Dans la pratique de la cour, les États, pour marquer le rang, pour ne pas dire la place honorifique qu'ils veulent donner à tel ou tel conseil, ou avocat dans leur défense, leur confère le titre soit de co-agent, soit d'agent adjoint. Mais en réalité, l'État n'est représenté que par son agent et les co-agents ou agents adjoints qui participent aux débats au titre de l'assistance juridique. Aux conseils et avocats, il faut également ajouter au titre de l'assistance, les experts qui sont tenus de prêter serment avant tout exposé oral. Lorsqu'ils déposent devant la cour à l'initiative des parties, ils sont pris en charge par celles-ci.

2. Le juge *ad hoc* et la fonction de représentation de l'État

Le juge *ad hoc*[342] est un juge occasionnel spécialement désigné pour un litige déterminé et dont la mission prend fin en même temps que le procès qui a motivé sa désignation (voir règlement de la cour). Ce juge participe à la décision dans des conditions de complète égalité avec les autres juges.

L'appel à un juge *ad hoc* vise à garantir l'égalité des parties devant la cour. En effet, lorsque l'une des parties n'a pas un membre de la cour de sa nationalité alors que c'est le cas pour l'autre partie, elle dispose de la faculté de désigner un juge *ad hoc*[343].

Sans être véritablement son représentant, ce juge *ad hoc* est censé mieux connaître son système juridique et même son approche du problème. Bien que des verrous soient mis en place par le statut et le règlement pour assurer la neutralité du juge *ad hoc* (voir art. 17[344] et 24 du statut[345] et 8 du règlement de la CIJ[346]), sa désignation par un État précis tend à relativiser cette neutralité et constitue une véritable exception à la maîtrise par la cour de son fonctionnement interne[347].

---

[342] Monsieur Philémon Beb à Don fut désigné juge *ad hoc*, dans le différend du Cameroun septentrional devant la CIJ en 1961.

[343] E. J. de Arechaga, « Chapitre XIV, Cour internationale de Justice, art. 92 » *in La charte des Nations-Unies*, commentaire article par article (dir.) J. P. Cot et A. Ouellet, Economica, 2e éd., Paris, 1991, p. 1255.

[344] Article 17 du statut de la CIJ : « (1) Les membres de la Cour ne peuvent exercer les fonctions d'agent, de conseil ou d'avocat dans aucune affaire.
(2) Ils ne peuvent participer au règlement d'aucune affaire dans laquelle ils sont antérieurement intervenus comme agents, conseils ou avocats de l'une des parties, membres d'un tribunal national ou international, d'une commission d'enquête, ou à tout autre titre.
(3)En cas de doute, la Cour décide ».

[345] Article 24 du statut de la CIJ : « (1) Si, pour une raison spéciale, l'un des membres de la Cour estime devoir ne pas participer au jugement d'une affaire déterminée, il en fait part au Président.
(2).Si le Président estime qu'un des membres de la Cour ne doit pas, pour une raison spéciale, siéger dans une affaire déterminée, il en avertit celui-ci.
(3). Si, en pareil cas, le membre de la Cour et le Président sont en désaccord, la Cour décide ».

[346] Article 8 du règlement de la CIA : *« (*1) La déclaration solennelle que doivent faire les juges *ad hoc* conformément aux articles 20 et 31, paragraphe 6, du Statut est la même que la déclaration prévue à l'article 4, paragraphe 1, du présent Règlement ».

[347] D. Carreau, *Droit international*, Pedone, Paris, 5e éd. 1997, p. 609.

***

On peut, s'agissant du Cameroun, s'interroger sur les critères du choix, aussi bien des acteurs politiques, administratifs, judiciaires que parajudiciaires qui ont constitué l'équipe de défense du Cameroun dans l'affaire de la frontière terrestre et maritime avec le Nigéria[348]. Le succès remporté par cette équipe ne peut que conforter dans l'idée d'une désignation judicieuse des uns et des autres. Personne ne peut en réalité, à des exceptions près, remettre en doute la solidité juridique et technique de cette équipe. De toute façon, qu'on le veuille ou non, l'on navigue dans ces eaux-là au cœur même du pouvoir discrétionnaire du Chef de l'État.

Les droits de l'homme, relevant dans une large mesure de la sphère politique dans un État, la défense des intérêts de l'État dans ce domaine obéit-elle aussi à des choix discrétionnaires des acteurs de cette défense ? C'est à cette interrogation entre autres que nous allons répondre.

B. Devant les instances internationales des droits de l'homme

Même si cela ne correspond guère à la philosophie des droits de l'homme et à leur finalité première, la protection des droits de l'homme aboutit de nos jours à la protection d'intérêts essentiellement financiers[349].

Placé auprès du secrétariat général de la présidence de la République, ce comité a entre autres pour missions :

- la rédaction, la présentation et la défense de tous les rapports du Cameroun au titre des conventions relatives aux droits de l'homme ;
- l'élaboration et la présentation des réponses aux interpellations[350] du Cameroun devant les organes de contrôle.

---

[348] Arrêt du 10 oct. 2002.

[349] P. Tavernier, « Harmonie et contradictions dans l'évolution du droit de la responsabilité internationale » in R. Ben Achour et S. Laghman (dir.), *Harmonie et contradictions en droit international*, Pedone, Paris, 1996, p. 232.

[350] La terminologie ici est en réalité défectueuse ; le terme « plaintes » ou « communications » aurait été approprié.

La composition de ce comité fait essentiellement appel aux représentants d'un certain nombre d'administrations. Le parlement y est également représenté, le comité national des droits de l'homme et des libertés aussi. D'autres personnalités peuvent être désignées en raison de leur compétence ou expertise. Il est en outre prévu que le comité peut faire appel à toute personne, institution, organisation non gouvernementale ou internationale pouvant apporter une contribution à la réalisation de sa mission. La création de ce comité est une initiative heureuse, mais apparemment restée lettre morte, du moment où les membres de ce comité n'ont jamais été effectivement désignés.

Peut-on dire aujourd'hui que la création au sein du ministère de la Justice d'une direction des droits de l'homme et de la coopération internationale[351] (DDHCI) dont l'une des sous-directions est chargée de « la préparation de la défense de l'État devant les instances internationales des droits de l'homme, en liaison avec les administrations concernées » vient définitivement sonner le glas du comité technique ?

Tout laisse à le penser. La pratique administrative depuis la création de cette direction ne me semble pas démentir cette lecture. Toutefois, il faut nuancer en disant que la DDHCI pour l'essentiel, prépare les premières moutures des rapports – pour l'essentiel périodiques, étant donné que la plupart sinon tous les rapports initiaux ont été déposés et défendus devant les instances compétentes universelles ou régionales – qui sont validées au cours d'une réunion interministérielle à la présidence de la République, au ministère des Relations extérieures ou au ministère de la Justice. La même démarche est appliquée pour les réponses aux communications, c'est-à-dire aux plaintes pour violation des droits de l'homme engagées contre le Cameroun. Que ce soit donc le contrôle sur rapport qui est « la technique de droit commun du contrôle de l'application des droits de l'homme »[352] ou le contentieux de cette application par voie de plainte, la rédaction de l'État à cette logique d'investigation des organes de contrôle[353] est marquée du sceau de la concertation et de la pluridisciplinarité.

---

[351] Voir art. 55 et 56 du décret n° 2005/122 du 15 avril 2005 portant organisation du ministère de la Justice.

[352] P. M. Dupuy, *Droit international public*, Dalloz, 1984, p. 426.

[353] R. De gouttes, « La préparation des rapports français devant les organes mondiaux de protection des droits de l'homme » in H. Thierry et E. Decaux. *Droit*

En effet, que ce soit avant la création de la direction des droits de l'homme ou depuis celle-ci, les rapports écrits du Cameroun ont toujours été le fruit d'une concertation étroite entre tous les ministères intéressés et les personnes-ressources identifiées. Dès la réception de la demande de présentation du rapport devant le comité concerné par le Haut-Commissariat aux droits de l'homme ou sur initiative propre, le ministère des Relations extérieures saisit tous les services compétents en leur demandant une contribution écrite qui retrace les mesures prises ou à prendre pour donner effet aux dispositions de la convention en cause. C'est sur la base de ces conditions qu'un avant-projet de rapport est élaboré, communiqué aux services concernés et discuté en réunion interministérielle. C'est à l'issue de cette concertation que le rapport acquiert son caractère définitif et est adressé au Haut-Commissariat via notre mission à Genève.

La multidisciplinarité des rapports du Cameroun [354]se traduit par la fourniture d'une information et d'une documentation variée sur tous les aspects de la mise en œuvre de la convention concernée.

Le moment le plus crucial de la logique du contrôle sur rapport est celui de sa défense devant le comité concerné. Celle-ci implique une bonne approche organisationnelle et une exigence de rigueur quant au fond. Mais force est de constater que ces impératifs ne sont pas nécessairement pris en compte et rejoignent très souvent l'amateurisme et le clientélisme de la défense du Cameroun devant les juridictions nationales étrangères.

S'agissant de l'organisation de la défense, si en principe le projet d'exposé oral préliminaire du chef de la délégation est rédigé avec soin et très souvent discuté au sein d'une réunion interministérielle, la composition de la délégation qui se rendra devant le comité, même si elle reflète théoriquement la pluridisciplinarité en raison des sujets susceptibles de donner lieu à des questions, n'est pas toujours, dans son rendu effectif, une agrégation de l'expertise nationale ou même gouvernementale en cette matière. La présidence de la République a

---

international et droits de l'homme : la pratique juridique française dans le domaine de la protection internationale des droits de l'homme, Montchrestien, Paris, 1990, p. 168.

[354] Même si selon les comités, la contribution de certains départements ministériels est plus importante matériellement parlant, par exemple s'agissant des rapports aux comités des droits de l'enfant ou contre l'élimination de toutes formes de discriminations à l'égard des femmes.

généralement pour principe, au nom d'une relative souveraineté des chefs de départements ministériels, de laisser ceux-ci désigner eux-mêmes leurs représentants au sein des délégations. Lorsqu'on connaît le favoritisme et/ou la méconnaissance des enjeux en cause, on peut aisément imaginer que ce ne sont pas les cadres les plus outillés qui se retrouvent toujours dans ces délégations… avec les conséquences qu'on sait. Il est arrivé très souvent que la personne qui a pris part aux réunions interministérielles de concertation, qui a même élaboré la contribution de la structure qu'elle représente, ne soit pas celle qui prend la route … du comité[355].

Sur l'impératif de la rigueur de la défense au fond, elle se justifie parce que le Gouvernement a l'obligation de répondre complètement et loyalement à toutes les questions orales des membres du comité, ce d'autant plus que ces réponses sont publiées *in extenso* dans le rapport du comité. À ce stade, notre défense souffre quelques fois de précision à cause de l'absence d'expertise de certains membres de la délégation.

Sauf devant la Commission africaine des droits de l'homme et des peuples où l'État mis en cause et le conseil de la personne plaignante peuvent plaider oralement et faire valoir leurs moyens de défense devant les comités onusiens, la procédure est essentiellement écrite. Les conclusions et observations sous forme de mémoires du Cameroun, notamment devant le comité des droits de l'homme, sont rédigées dans la même dynamique de concertation interministérielle ci-dessus décrite. On peut cependant déplorer que dans deux communications portées devant le comité des droits de l'homme, le Cameroun ait été condamné sans s'être défendu, à cause de la gestion bureaucratique des procédures que j'ai déplorée plus haut.

Sur ce volet relatif à la défense des intérêts du Cameroun devant les instances internationales de protection des droits de l'homme, il convient de souligner qu'avec la ratification annoncée du protocole à la charte africaine des droits de l'homme et des peuples relatif à la cour africaine des droits de l'homme et des peuples, notre pays aura à faire à un *« véritable tribunal »* des droits de l'homme dont les décisions seront obligatoires, contrairement à celles des comités onusiens ou de la commission africaine qui n'ont que valeur de

---

[355] Cela a été effectivement le cas dans la plupart des communications dont la commission est saisie à l'encontre de l'État du Cameroun.

recommandation, même si la soumission de plus en plus observée des États à celles-ci leur confère *de facto* un caractère obligatoire.

Le paragraphe 2 de l'article 10 de ce protocole énonce le droit de toute partie de se faire représenter devant la cour avec la précision de la liberté du choix du conseil juridique. Il y a là désormais un nouveau champ opératoire de la défense des intérêts de l'État qui va s'ouvrir et nécessiter une expertise avérée, si l'on veut efficacement préserver les intérêts du Cameroun.

Conclusion

En guise de conclusion, nous pouvons dire que la défense des intérêts de l'État s'accommode mal des approximations et de l'amateurisme jusqu'ici observés. Les lourdes condamnations qui sont souvent le résultat de l'irrespect des délais de procédure ou de l'incurie dans l'exercice des voies de recours portent un préjudice grave à notre pays en grevant des ressources financières qui auraient pu servir à la réalisation de projets d'intérêt général.

Sans un encadrement juridique et institutionnel de cette défense, nous assisterons encore à cette saignée de nos ressources. À cet égard, on peut penser à créer, soit au ministère de la Justice, soit à celui des Relations extérieures, une division chargée exclusivement de ce suivi en termes de représentation, d'assistance de l'État devant le prétoire étranger, de conception d'une banque de données sur ce contentieux et du suivi de l'exécution des titres délivrés à ou contre l'État. Ce n'est certes pas la panacée, mais c'est peut-être là l'un des moyens de mettre fin au flou artistique qui règne dans ce domaine.

Bref curriculum vitae du Dr Michel Mahouve

Michel Mahouve est magistrat Hors Hiérarchie et occupe le poste de directeur des Droits de l'Homme et de la Coopération internationale au ministère de la justice, après un passage dans les juridictions du Cameroun, à différents postes judiciaires (parquets et sièges). Il participe depuis une dizaine d'années à de nombreuses réunions internationales, notamment dans les domaines des droits de l'homme, du droit international humanitaire, du droit pénal international. Il a contribué à la rédaction des rapports du Cameroun à différents organes des traités relatifs aux droits de l'homme et a fait partie des équipes de leur défense devant lesdits comités (comité des droits de l'homme, comité contre la torture, commission africaine des droits de l'homme et des peuples).

Il est par ailleurs titulaire de diplômes universitaires, dont un Doctorat en droit de l'université Panthéon-Assas (Paris II), obtenu avec la mention très honorable avec félicitations du jury en 2004, après soutenance d'une thèse intitulée : *La protection des droits fondamentaux de la personne en droit extraditionnel camerounais.*

Il a commis un certain nombre d'articles scientifiques dont :

-« Le droit de ne pas être soumis à la torture à l'épreuve des circonstances exceptionnelles », Juridis période n° 40, octobre-novembre-décembre 1999 ;

- « Le système pénal OHADA ou l'uniformatisation à mi-chemin », Revue Penant n° 846, janvier-mars 2004 ;

- « Les juridictions pénales internationales », Juridis Périodique n° 59, juillet-août-septembre 2004, p. 90 ;

- « La répression des violations du droit international humanitaire au niveau national et international », Revue de droit international et de droit comparé à Bruxelles, Année 2005, pp. 229-273 ;

- « Le nouveau juge d'instruction camerounais : un juge à la recherche de son autonomie » (avec Hermine Kembo), Revue de science criminelle et de droit pénal comparé, n° 2, avril 2008, p. 319.

TROISIÈME PARTIE :

L'EXÉCUTION DES DÉCISIONS INTERNATIONALES

CHAPITRE 6 :

LES IMMUNITÉS DE L'ÉTAT EN DROIT INTERNATIONAL

Par

Alain Didier Olinga

Annexe tirée de la doctrine+

Les conditions de l'immunité de juridiction des États étrangers

Par François Mélin (Civ. 2e, 12 juill. 2017, FS-P+B, n° 15-29.334 commenté le 14 septembre 2017, Dalloz actualité).

Les États étrangers bénéficient de l'immunité de juridiction lorsque l'acte qui donne lieu au litige participe, par sa nature ou sa finalité, à l'exercice de la souveraineté de ces États et n'est donc pas un acte de gestion.

La jurisprudence admet, de manière traditionnelle, que les États étrangers bénéficient d'une immunité de juridiction, qui leur permet d'échapper à la compétence des juridictions françaises. La source de cette immunité peut être trouvée dans les règles de droit international public gouvernant les relations entre États[356], dans les principes du droit international régissant les immunités des États étrangers, [357] dans

[356] Civ. 1re, 20 oct. 1987, n° 85-18.608.

[357] Civ. 1re, 6 juill. 2000, n° 98-19.068, D. 2000. 209 ; *ibid.* 2001. 2139, chron. J. Moury ; RTD com. 2001. 409, obs. E. Loquin ; Rev. arb. 2001. 114, note Leboulanger.

la coutume internationale [358]ou dans une règle coutumière du droit public international[359].

Cette immunité n'a toutefois pas une portée absolue. Son étendue a été définie par la chambre mixte de la Cour de cassation, dans un arrêt du 20 juin 2003 [360]: « les États étrangers et les organismes qui en constituent l'émanation ne bénéficient de l'immunité de juridiction qu'autant que l'acte qui donne lieu au litige participe, par sa nature ou sa finalité, à l'exercice de la souveraineté de ces États et n'est donc pas un acte de gestion ». Il y a donc lieu de considérer que l'immunité est relative et non absolue[361].

Les immunités de l'État devant le prétoire étranger en droit international

Le débat sur les immunités de l'État devant le prétoire étranger a pris de l'envergure en droit international ces dernières années. C'est que, face à l'interventionnisme de plus en plus croissant de l'État dans le secteur économique et l'implication accrue de ses plus hauts dirigeants dans des actes de violation des droits humains, la nécessité d'une réaction à l'échelle globale s'avérait nécessaire en vue de la préservation des droits des personnes privées. Il faut dire, d'entrée de jeu, que les immunités dont il est question dans cette étude s'entendent de l'immunité de juridiction et de l'immunité d'exécution. Il s'agit, pour le premier cas, du privilège par lequel un État échappe à la compétence des tribunaux étrangers et dans le second cas, de l'absence d'exécution forcée et de mesures conservatoires sur les biens de l'État. Pour Gerhard Hafner, ces immunités ont pour but « de protéger la souveraineté d'un État en soustrayant celui-ci à la juridiction d'un autre ; ainsi, [elles sont] la conséquence de l'absence de toute hiérarchie en droit international (…) ».

---

[358] Crim. 13 mars 2001, n° 00-87.215, D. 2001. 2631, et les obs., note J.-F. Roulot ; *ibid.* 2355, obs. M.-H. Gozzi ; RSC 2003. 894, obs. M. Massé ; RTD civ. 2001. 699, obs. N. Molfessis.

[359] CE 14 oct. 2011, n° 329788, *Mme Saleh*, Lebon avec les concl. ; AJDA 2011. 1980 ; *ibid.* 2482, note C. Broyelle ; RFDA 2012. 46, concl. C. Roger-Lacan ; *ibid.* 2013. 417, chron. C. Santulli.

[360] Cass., ch. mixte, 20 juin 2003, n° 00-45.629, D. 2003. 1805, et les obs. ; Rev. crit. DIP 2003. 647, note H. Muir Watt ; JDI 2003. 1115, obs. I. Pingel.

[361] Civ. 1re, 9 mars 2011, n° 09-14.743, D. 2011. 890, obs. I. Gallmeister ; Rev. crit. DIP 2011. 385.

En outre, la définition de l'État doit être précisée en l'espèce. Traditionnellement, en droit international, l'État se définit comme une personne morale dotée de la personnalité juridique, et dont les éléments constitutifs sont le territoire, la population, le Gouvernement et la souveraineté. Toutefois, cette définition, semble-t-il, est superficielle et la convention des Nations-Unies sur les immunités de l'État a cru devoir préciser en son article 2 que le terme « État » désigne l'État et ses divers organes de Gouvernement, les composantes d'un État fédéral ou les subdivisions politiques de l'État qui sont habilités à accomplir des actes dans l'exercice de l'autorité souveraine et agissent à ce titre ; les établissements ou organismes d'État ou autres entités, dès lors qu'ils sont habilités à accomplir et accomplissent effectivement des actes dans l'exercice de l'autorité souveraine de l'État ; les représentants de l'État agissant à ce titre. L'État ici ne se limite donc pas à l'acteur public et institutionnel, mais prend également en considération les personnes physiques qui agissent en son nom et pour son compte.

Dès lors, et pour aller à l'essentiel, la question que nous nous posons est celle de savoir quel traitement le droit international réserve aux immunités traditionnellement reconnues à l'État lorsque celui-ci, y compris ses représentants se retrouvent devant le prétoire étranger.

Pour répondre à cette question, nous reviendrons d'abord sur les sources des immunités de l'État devant le prétoire étranger en droit international (I) avant d'analyser leur portée juridique (II).

I. Les sources juridiques des immunités de l'État devant le prétoire étranger en droit international

Les immunités de l'État devant le prétoire étranger tirent principalement leur source, en droit international, de la coutume internationale, les conventions internationales n'y jouant qu'un rôle subsidiaire. En effet, il est de notoriété établi que « s'agissant des États, la matière des immunités est régie, historiquement, par des règles coutumières de droit international ».

En effet, suite aux traités de Westphalie de 1648 qui mettent fin à la guerre de Trente Ans, la souveraineté devient le trait distinctif de l'État moderne sur la scène internationale. En vertu de cette souveraineté, qui confère à l'État « la compétence de la compétence », il va s'établir progressivement un principe selon lequel un État ne saurait se soumettre à la juridiction de ses pairs. C'est ce que traduit la maxime latine *par in parem non habet juridictionem.* Cette position sera d'ailleurs reprise par la CIJ qui, pour condamner le mandat d'arrêt lancé par la Belgique contre Abdoulaye Ndombasi Yerodia, alors ministre des Affaires étrangères de RDC au moment des faits qui lui étaient reprochés, n'a eu d'autres référents plus forts que la coutume internationale. La haute cour de La Haye fait en effet remarquer que « les immunités résultant du droit international coutumier, notamment celles des ministres des Affaires étrangères, demeurent opposables devant les tribunaux d'un État étranger, même lorsque ces tribunaux exercent une compétence pénale élargie sur la base de diverses conventions internationales (...) ». Cette source coutumière a été progressivement clarifiée à travers la consécration de conventions internationales sur la question.

Les sources conventionnelles traitant de la question des immunités de l'État devant le for étranger ont connu une évolution relativement récente avec le phénomène de la codification. Il n'en demeure pas moins qu'elles demeurent des sources subsidiaires en la matière, le droit international coutumier en demeurant le fondement principal. Il s'agit de la convention des Nations-Unies sur les immunités juridictionnelles des États et de leurs biens du 17 janvier 2005 et de la convention de Vienne du 18 avril 1961 sur les relations diplomatiques.

La convention des Nations-Unies sur les immunités juridictionnelles des États et de leurs biens est le premier texte de compromis à vocation universelle spécifiquement consacré à la question des immunités de l'État. Elle est l'aboutissement du travail de codification de la Commission du Droit international (CDI) entamé en 1978. Conformément à ce texte, « un État jouit, pour lui-même et pour ses biens, de l'immunité de juridiction devant les tribunaux d'un autre État, sous réserve des dispositions de la présente convention » (article 5).

S'agissant de la convention de Vienne sur les relations diplomatiques, elle accorde à l'agent diplomatique une immunité de juridiction absolue en matière pénale et une immunité de juridiction civile et administrative atténuée (article 31). Cette convention rentre bien dans la logique de la précédente, dans la mesure où l'agent diplomatique accrédité à l'étranger n'agit pas pour son propre compte, mais pour celui de l'État dont il n'est que le représentant.

Les sources juridiques des immunités de l'État devant le prétoire étranger ayant été rapidement identifiées, il nous appartient désormais de nous appesantir sur leur portée en droit international.

II. La relativité des immunités de l'État devant le prétoire étranger en droit international

L'idée paraît toute simple : devant le prétoire étranger, l'État jouit des immunités de juridiction et d'exécution. Mais les choses ne sont pas aussi simples, dans la mesure où il existe des circonstances dans lesquelles celles-ci peuvent être levées. C'est que tous les actes de l'État ne bénéficient pas de l'immunité devant le prétoire étranger. En effet, « seules se verront accorder l'immunité, les activités "spécifiquement publiques", notion qui correspond approximativement à celle d'actes de puissance publique ou d'actes adoptés dans le cadre d'une mission de service public ». En ce sens, faut-il encore apprécier la teneur des actes posés par l'État, afin de savoir si effectivement ceux-ci peuvent être rangés au titre d'actes de puissance publique et donc couverts par l'immunité ou non. Dans un pareil scénario, on parle d'immunité relative, par opposition aux immunités absolues qui n'admettent aucune exception.

Dans tous les cas, en se référant à la convention des Nations-Unies sur les immunités juridictionnelles des États et de leurs biens, on identifie aisément les circonstances dans lesquelles l'immunité de juridiction de l'État ne peut être invoquée devant le for étranger. Il s'agit des cas où l'État a donné son consentement à l'exercice de la juridiction d'un autre État ; la participation à une procédure devant un tribunal ; des demandes reconventionnelles ; des transactions commerciales ; des contrats de travail ; des dommages aux personnes ou aux biens ; la propriété, possession et usages de biens ; de la propriété intellectuelle ou industrielle ; la participation à des sociétés ou autres groupements ; des navires dont un État est le propriétaire ou l'exploitant et d'un accord d'arbitrage (articles 7 à 17). À contrario, cela signifie que dans toutes les autres hypothèses, l'immunité de juridiction de l'État demeure.

En ce qui concerne l'immunité d'exécution, le texte s'inscrit également dans le registre de la protection des biens de l'État. Ceux-ci ne peuvent faire l'objet d'une saisie, d'une saisie-arrêt, d'une saisie-exécution que dans les hypothèses où l'État a explicitement consenti à l'application de telles mesures, qu'il a réservé ou affecté des biens à la satisfaction de la demande qui fait l'objet de cette procédure ou qu'il a été établi que les biens sont spécifiquement utilisés ou destinés à être utilisés par l'État autrement qu'à des fins de service public non commerciales et sont situés sur le territoire de l'État du for (articles 18 et 19).

Pour Jean-Flavien Lalive, les limites à l'immunité absolue de l'État devant le prétoire étranger doivent être recherchées au-delà même de la volonté de la puissance publique. Pour celui-ci en effet, elles découlent du principe de justice ou de légalité. Il pense à ce titre que « c'est l'idée moderne de la sécurité juridique : l'État doit respecter la règle de droit, cette obligation étant assortie, dans les systèmes les plus évolués, d'un mécanisme de contrôle juridictionnel ». Pour cet auteur donc, seul le droit prime ; les immunités ne devant point s'apparenter à un régime de non-droit.

Malheureusement, dans le contexte international actuel, force est de reconnaître que l'immunité de l'État étranger demeure une « anomalie frappante, mais inévitable d'un ordre juridique encore à demi anarchique »[362]. Il suffit, pour s'en convaincre, de lire le préambule de la convention des Nations-Unies sur les immunités juridictionnelles des États de leurs biens selon lequel « les règles du droit international coutumier continuent de régir les questions qui n'ont pas été réglées dans les dispositions de la présente Convention ».

Nous ferons abstraction ici de la convention européenne sur les immunités des États, adoptée le 16 mai 1972 et dont la portée opératoire est limitée aux États du conseil de l'Europe ; de même que la convention de Vienne du 24 avril 1963 sur les relations consulaires dont le jeu des immunités s'inspire essentiellement de la convention de Vienne sur les immunités diplomatiques, toutefois à un degré moindre[363].

---

[362] David RUZIE, *Droit international public*, Paris, Dalloz, 14e édition, 1999, p. 70.
Gerhard HAFNER, « L'immunité d'exécution dans le projet de convention des Nations-Unies sur les immunités juridictionnelles des États et de leurs biens » in *Droit des immunités et exigences du procès équitable*, Paris, Pedone, 2004.
Isabelle PINGEL (dir.), « Introduction » in *Droit des immunités et exigences du procès équitable*, Paris, Pedone, 2004, p. 7.
La Cour internationale de Justice, La Haye, CIJ, 5e édition, 2004, p. 182.

[363] Patrick DAILLIER et Alain PELLET, *Droit international public*, Paris, LGDJ, 7e édition, 2002, p. 452.

Conformément à l'article 21 de la convention des Nations-Unies sur les immunités juridictionnelles des États et de leurs biens, certains biens de l'État, de par leur nature, bénéficient systématiquement de l'immunité de juridiction et d'exécution[364]. Il s'agit notamment des biens utilisés ou destinés à être utilisés dans l'exercice des fonctions de la mission diplomatique ou des postes consulaires de l'État, des biens de caractère militaire, etc.[365].

---

[364] Jean-Flavien LALIVE, « Immunité de juridiction des États et organisations internationales » in *RCADI*, 1953 (III), p. 214.
[365] Jean-Flavien LALIVE, *Ibid.*, p. 290.

CHAPITRE 7 :

L'EXÉCUTION DES DÉCISIONS DE JUSTICE ET DES SENTENCES ARBITRALES

Par

Boniface Banamba

Section 1 : Les modalités classiques d'exécution des décisions de justice et des sentences arbitrales

Ce sont des procédures qui sont normalement déclenchées lorsque l'une des parties se trouve en situation de rupture contractuelle, parce qu'elle s'est révélée défaillante dans l'exécution de ses engagements à l'échéance convenue.

La partie non défaillante peut exiger judiciairement l'exécution de l'obligation de son contractant. Mais préalablement à toute action judiciaire et avant tout recours aux voies d'exécution, le créancier impayé peut souhaiter explorer la voie du recouvrement amiable. En effet, le contentieux n'est pas la voie la plus satisfaisante (coût, délais de procédure, soucis de bonnes relations d'affaires…) Le recouvrement amiable devient alors la voie recherchée. C'est le second thème de notre intervention. D'ailleurs, l'expérience prouve que l'on passe de l'exécution volontaire à l'exécution forcée par une gamme de situations intermédiaires aux contours incertains où se mêlent incitations, pressions et menaces.

Parler des modalités classiques de l'exécution des décisions de justice et des sentences arbitrales, c'est supposer dès le départ que la préférence a été donnée à la voie contentieuse (la justice étatique ou la justice arbitrale étant des modes contentieux de règlement des différends).

A priori, le sujet que nous allons traiter n'est pas nouveau, il est même très vaste. L'espace mis à notre disposition et le délai qui nous est imparti nous en interdit un traitement exhaustif. Il faut donc donner à notre invitation un intérêt, en élaguant un certain nombre de questions, en identifiant le centre d'intérêt du sujet.

D'abord, on sait que tout créancier, qui a à sa disposition une décision condamnant son débiteur, a une vocation générale à utiliser les voies d'exécution que lui offre le droit, à défaut d'exécution spontanée de la part du débiteur. Il importe peu a priori que ces mesures de contrainte soient pratiquées contre un État. Il n'y a donc aucun intérêt à faire une étude sur les saisies.

Par ailleurs, notre droit interne se montre hostile à toute utilisation des voies d'exécution contre l'État ou ses démembrements (art. 30 AUPSCVE)[366] ; que leur déploiement ait pour base un jugement ou une sentence arbitrale. Il nous apparaît donc inutile de les évoquer sous l'angle des rapports internes, les choses étant différentes dans l'ordre international. Nous venons là de circonscrire notre propos : en effet, notre entretien portera sur l'exécution des décisions juridictionnelles condamnant un État impliqué dans les rapports internationaux. C'est le problème général de l'environnement international du droit de l'exécution. Il invite à une triple interrogation :

- à quelles conditions un jugement étranger ou une sentence arbitrale étrangère peut avoir force exécutoire ?
- Quel est le régime de la mise en œuvre de l'exécution forcée ?
- Y a-t-il des obstacles aux poursuites qui tiennent à la personnalité de certains débiteurs ?

Les deux premières interrogations sont de nature plus générale (I) ; la dernière est particulière à la personnalité de l'État étranger (ou d'une personne morale de droit public) qui sera toujours tentée de faire échec aux poursuites de ses créanciers et se réclamant d'une immunité (II).

[366] Article 30 de l'acte uniforme portant organisation des procédures simplifiées de recouvrement et des voies d'exécution : « L'exécution forcée et les mesures conservatoires ne sont applicables aux personnes qui bénéficient d'une immunité d'exécution ».

I. Les interrogations de nature générale

Une première interrogation concerne la nécessité pour le créancier de détenir un titre exécutoire (A).

La deuxième interrogation dont l'importance ne fait aucun doute est celle relative à la détermination de la loi applicable à la mise en œuvre de l'exécution forcée (B).

A. La détention d'un titre exécutoire

Le problème classique auquel on pense d'emblée est celui de l'exequatur des décisions visées. En effet, le jugement étranger, parce qu'il a été rendu au nom d'une souveraineté étrangère, ne constitue un titre exécutoire dans notre pays que si, à la suite d'une procédure d'exequatur portée devant le juge du for, celui-ci l'a déclaré exécutoire.

En général, le tribunal compétent est celui du lieu où demeure la partie contre laquelle l'exécution est poursuivie. En outre, il est important de souligner que le jugement étranger ne devient exécutoire qu'à partir du moment où la décision du juge de l'exequatur remplit elle-même toutes les conditions requises pour avoir force exécutoire. Il faut donc que la décision portant exequatur ait été signifiée à celui contre lequel l'exécution sera poursuivie et que cette décision ne puisse plus faire l'objet d'un recours suspensif d'exécution.

Il est important de signaler que l'immunité dont bénéficie un État ne peut s'opposer à une procédure d'exequatur. On dit que l'exequatur doit être distingué à l'exécution elle-même. Enfin, avant l'exequatur, la décision étrangère peut servir de base à une mesure conservatoire.

L'exequatur est aussi nécessaire à la sentence arbitrale. C'est au cours de la phase que va se vérifier l'efficacité de la sentence arbitrale. Il est important d'avoir une bonne justice, à la condition bien évidemment que cette justice se fasse obéir. Si cette exigence est déjà difficilement satisfaite par la justice étatique, on peut comprendre alors que les difficultés soient plus accrues pour la justice arbitrale. Cette dernière considération tient à la nature particulière de l'arbitrage qui est une justice privée, d'origine conventionnelle.

Concrètement, grâce à la sentence arbitrale rendue, le bénéficiaire va se trouver conforté dans ses droits, qu'il peut faire valoir à l'encontre du débiteur et parfois même des tiers. Si l'exécution de la sentence par le débiteur est spontanée, les problèmes relatifs à la reconnaissance et l'exécution de la sentence ne se posent pas. À ce titre, selon les statistiques, 70 % environ des sentences rendues dans le cadre du commerce international, sont spontanément et volontairement exécutées par la partie condamnée. Mais en cas d'exécution spontanée, le débiteur accepte la sentence et n'exerce aucune voie de recours. Dans le cas contraire, le bénéficiaire est contraint d'en obtenir la réalisation, au besoin par la contrainte. Et pour ce faire, le créancier qui veut s'en prévaloir doit soumettre le jugement arbitral à une procédure d'exequatur ou à une procédure de reconnaissance.

La quasi-totalité des règlements ou des lois organisant l'arbitrage traite de la reconnaissance et de l'exequatur. Ces deux notions sont théoriquement distinctes, mais en pratique, cette distinction n'a pas d'intérêt. En effet, les conditions nécessaires à l'obtention et aux modalités de la reconnaissance de la sentence ne sont pas différentes de celles de l'exequatur, même si les deux notions sont un objet sensiblement différent.

La reconnaissance se distingue de l'exequatur en ce sens que la sentence soumise à une procédure de reconnaissance n'est pas destinée à être exécutée. C'est une procédure qui tend à obtenir du juge, l'admission de son existence. Par exemple, lorsqu'une sentence a débouté une partie au procès arbitral, l'autre partie (la partie gagnante) aura besoin, à un moment donné, d'opposer ce résultat à son adversaire. Une partie réclame le paiement d'une créance. La sentence rejette sa demande. Il n'y a pas exécution en tant que telle ; mais pour éviter qu'une demande nouvelle soit présentée plus tard devant une autre juridiction, le défendeur aura besoin d'obtenir une officialisation de la sentence rendue en sa faveur.

En fait, le rôle de la reconnaissance reste limité et les parties voudront le plus souvent solliciter l'exequatur, même dans le cas où la sentence ne serait pas normalement destinée à l'exécution.

La procédure d'exequatur est une procédure qui intervient, comme la reconnaissance, postérieurement à la condamnation prononcée au fond par l'arbitre. Mais elle se présente comme une formalité préalable à l'exécution forcée. Le juge de l'exequatur ne condamne pas une partie et ne prend aucune mesure relative aux biens à saisir éventuellement. C'est la raison pour laquelle ici, comme en présence d'un jugement soumis à une procédure d'exequatur, la question de l'immunité d'exécution ne peut être invoquée au cours de l'instance en exequatur.

Mais dans tous les cas, comme pour un jugement étranger non *exequaturé*, la détention d'une sentence emporte l'autorisation de procéder immédiatement à des mesures conservatoires dans l'État requis.

B. La question de détermination de la loi applicable à la mise en œuvre des mesures d'exécution forcée

Le droit de l'exécution constitue l'exercice d'un pouvoir de contrainte qui, en droit international public, est un monopole de l'État sur son territoire. Cela se traduit en droit international privé (conflits de juridictions) par un infléchissement des solutions habituelles. Aucune clause attributive de juridiction, aucune convention d'arbitrage ne peut remettre en cause le monopole de l'État où se trouvent situés les biens qui font l'objet d'une saisie. Dans le même ordre d'idées, aucun juge étranger, ni aucune loi étrangère ne peuvent jouer le moindre rôle dans la mise en œuvre de la contrainte, dès lors qu'elle doit s'exercer sur le territoire d'un autre pays.

La situation des biens sur le territoire d'un État est une condition à la fois nécessaire et suffisante de l'exercice de la contrainte par les autorités de cet État. Dans cette perspective, les procédures d'exécution du droit camerounais s'appliquent donc à tous les biens localisés au Cameroun et à ceux-là seulement. La règle en droit international privé est ainsi l'application de la loi du juge saisi.

Le principe a nettement été posé par la Cour de cassation dans un arrêt de 1931 : « les tribunaux français ne peuvent, sans porter atteinte au principe de l'indépendance et de la souveraineté respective des États, connaître, en dehors de l'exequatur, d'une demande de nullité, ni en mainlevée d'une saisie-arrêt pratiquée en pays étranger, en vertu d'une décision des autorités judiciaires de ce pays, ladite saisie fût-elle intervenue à la requête d'un créancier français au préjudice d'une partie saisie française elle-même ».

II. La question des immunités d'exécution

À l'échelle internationale, la position de l'État est moins confortable, l'immunité d'exécution est moins acceptée (A) et d'ailleurs, on assiste de plus en plus à une extension de l'assiette des biens saisissables, ce qui constitue une garantie supplémentaire apportée aux créanciers de l'État (B).

A. Protection des créanciers assurée par le refus de l'immunité d'exécution

L'immunité d'exécution de l'État et des personnes morales de droit public est de moins en moins observée, à l'image de l'immunité de juridiction. En effet, la jurisprudence tient de plus en plus compte de l'activité exercée par le bénéficiaire de l'immunité pour lui reconnaître ou non le bénéfice de ce privilège.

De même, les personnes privées, partenaires des États, sont de plus en plus exigeantes lorsqu'elles effectuent des transactions commerciales avec un État. Elles subordonnent systématiquement la conclusion des contrats à la renonciation par l'État de son immunité d'exécution. La possibilité pour l'État de renoncer à son immunité d'exécution a été consacrée par certaines conventions internationales (convention de Vienne de 1961 sur les relations diplomatiques et de 1963 sur les missions consulaires).

En tout état de cause, la renonciation, seule voie pour échapper à l'obstacle de l'immunité, peut être expresse, c'est l'hypothèse la plus courante (1). Mais sous l'action de la jurisprudence, elle peut aussi être tacite (2).

1. La renonciation expresse

Parfois, elle est prévue dans les traités bilatéraux ou multilatéraux autorisant les saisies de certains types de biens appartenant aux États signataires. Très souvent, elle résulte de l'insertion d'une clause de renonciation dans le contrat. Dans l'affaire Uinzy c. République du Congo,[367] la cour d'appel de Paris reconnaît comme saisissables, les sommes figurant sur le compte de la mission diplomatique de ce pays en considérant que l'État congolais avait solennellement « renoncé de

[367]Affaire Uinzy c. République du Congo, cour d'appel de Paris, Arrêt du 27 juin 1996.

manière expresse et non équivoque à son immunité d'exécution, que cette renonciation est... générale quant aux biens susceptibles de faire l'objet d'une mesure d'exécution ».

Mais pour la jurisprudence exigeante, il ne suffit pas que cette clause soit insérée, il faut encore qu'elle soit précise. En effet, la jurisprudence a d'abord admis que cette renonciation pouvait être formulée en termes généraux (exemple : l'État renonce au bénéfice de l'immunité d'exécution). Mais par la suite, la même jurisprudence a été obligée de tempérer les ardeurs des créanciers. Ainsi, dans l'affaire Noga, la cour d'appel de Paris décide que, « la seule mention sans autre précision,... que l'emprunteur renonce à tout droit d'immunité... ne manifeste pas la volonté non équivoque de l'État emprunteur de renoncer... à se prévaloir de l'immunité diplomatique d'exécution ». Cette décision vient prouver que l'immunité n'est pas absolue.

Certains biens de l'État font l'objet en effet d'une protection particulière par des conventions particulières. Ainsi, dans une affaire qui opposait l'État du Cameroun et la société *Del Favero*, les juges anglais ont refusé d'ordonner la vente de l'immeuble abritant les services de l'ambassade du Cameroun à Londres, alors que dans la convention de prêt, le contrat de base, le Cameroun avait lui-même renoncé expressément à l'immunité qui protégeait cet immeuble. Dans cette affaire, comme dans l'affaire Noga, les tribunaux viennent rappeler qu'il y a des limites à la renonciation.

2. la renonciation tacite

Elle résulte soit de la signature par l'État d'une clause compromissoire, soit de ce que l'État aura adopté des comportements équivoques.

- L'acceptation d'une clause compromissoire par l'État signifie que celui-ci a renoncé à son immunité de juridiction. Mais normalement, la renonciation à l'immunité de juridiction n'entraîne pas logiquement renonciation à l'immunité d'exécution. Ces deux immunités ne peuvent être placées au même niveau.

Pourtant, après avoir rappelé jusqu'à une époque récente que ni l'acceptation d'une clause compromissoire, ni la renonciation à l'immunité de juridiction n'impliquent renonciation à l'immunité d'exécution, la jurisprudence considère désormais que la renonciation à l'immunité de juridiction équivaut à une renonciation à l'immunité d'exécution[368] ; la saisie avait été pratiquée en France entre les mains de la Banque de France. La cour d'appel de Paris avait ordonné la main levée de la saisie pratiquée, mais la Cour de cassation a jugé que le simple fait de soumettre le litige à un tribunal arbitral et de s'engager à exécuter la sentence arbitrale équivaut à une renonciation par l'État à son immunité d'exécution. C'est une décision que nous trouvons logique. En effet, à quoi sert-il de reconnaître le caractère obligatoire de la convention d'arbitrage si par la suite, on refuse la même reconnaissance à la sentence arbitrale ? Dans une décision rendue le 20 juin 1996, la cour d'appel de Rouen a estimé à ce propos :

> « qu'en souscrivant à des clauses compromissoires, sans lesquelles à l'évidence les marchés n'auraient été conclus, puis en s'y soumettant, l'État tunisien a ainsi accepté les règles de droit commun du commerce international, qu'il a pu par là même renoncer à son immunité de juridiction et, les conventions devant s'exécuter de bonne foi, à son immunité d'exécution ».

- Le rôle de la jurisprudence est ici primordial, car elle prend en compte, en les interprétant favorablement au profit des créanciers, tantôt une abstention, la non contestation d'une saisie par l'État par exemple, tantôt un acte positif, la déclaration de soumission à une décision (avant ou après le jugement, l'État fait une déclaration solennelle selon laquelle il se soumettra à la décision qui sera rendue) ou plus généralement, l'exercice d'une activité économique et commerciale.

Il a ainsi été décidé que les biens de l'État doivent être distingués entre ceux qui sont affectés à une mission de service public et ceux qui sont affectés à une activité de droit privé ou plus exactement à « l'activité économique ou commerciale qui est à l'origine du titre du créancier saisissant »[369]. Dans un autre cas où le débiteur était une entreprise publique[370], il a été jugé que, ne sont pas protégés par l'immunité d'exécution, les biens d'une entreprise publique dont le patrimoine est affecté à une activité économique ayant une origine commerciale. On a considéré en son temps que cet arrêt conférait une protection plus renforcée au créancier de l'organisme public.

---

[368] Affaire société Creighton c. État du Qatar.
[369] Affaire Eurodif c. République islamique d'Iran (1984).
[370] Affaire Sonatrach c. Migeon (1985).

B. Protection assurée par une extension du domaine des biens saisissables

Cette extension est née de la difficulté à résoudre la question de savoir quels sont les biens de l'État pouvant faire l'objet de mesure d'exécution forcée.

L'hypothèse est la suivante. Un État a conclu directement un contrat. Par la suite, il est condamné pour mauvaise exécution. Le créancier, muni de la décision *exequaturée*, voudrait faire exécuter la décision, mais se heurte à une difficulté : les biens appartenant à l'État débiteur sont soit insuffisants, soit totalement protégés par l'immunité, quand ils ne sont pas inexistants. Peut-il alors se retourner vers les biens des démembrements de l'État débiteur ?

Après avoir décidé que les émanations de l'État ne peuvent pas répondre des dettes de l'État débiteur d'une personne privée[371], la Cour de cassation a revisité sa position. Elle affirme désormais qu'il est permis aux créanciers privés de l'État de procéder à de telles mesures[372]. Dans toutes ces affaires, les tribunaux ont validé les saisies pratiquées contre la SNH, la SPCC parce que de par leur fonctionnement, ces sociétés dépendent entièrement de l'État. Dans l'affaire SPCC c. Walker, la Cour de cassation justifie sa décision par le fait que :

> « si d'ordinaire la tutelle ou même le contrôle d'un État sur une personne morale au travers de ses dirigeants, et la mission de service public qui lui est dévolue, ne suffisent pas pour la considérer comme une émanation de l'État congolais impliquant son assimilation à celui-ci, en l'espèce, l'État congolais s'est réservé à l'égard de la SNPC, non pas un simple pouvoir de contrôle, mais un véritable pouvoir d'orientation et d'approbation constitutif d'une véritable ingérence, lequel vide de toute réalité l'autonomie de la SPC qui pourrait résulter de son statut de société immatriculée au registre des opérateurs économiques ».

Une telle extension du domaine d'exercice des mesures d'exécution sur l'État, participe du souci pour la jurisprudence essentiellement, de faire régner la justice entre les acteurs du commerce international. En fait, c'est plus généralement la sauvegarde des intérêts du commerce international qui justifie une telle prise de position.

---

[371] Cass, 21 juillet 1987, affaire Benvenutti Bonfant.

[372] Affaire société nationale des Pétroles du Congo c. Société Walker international, 6 février 2007 ; affaire société nationale des Pétroles du Congo c. Aff. Cap Inc. ; affaire Winslow c. SNH, 14 novembre 2007.

Depuis quelques années, on réfléchit dans le cadre des efforts de prévention et de gestion des crises financières pour une réforme des dispositifs de prêts existants. Les projets envisagés s'inspirent des principes des législations nationales relatives au droit des entreprises en difficulté au droit de la faillite.

Deux formules sont proposées :

La première est la forme fondée sur une action majoritaire et est adaptée à la dette *titrisée* ; une majorité qualifiée de créanciers pourrait accepter par vote de nouvelles conditions dans le cadre d'un accord de restructuration de la dette du pays. Les créanciers minoritaires ne pourraient bloquer de tels accords, ni faire appliquer les conditions des contrats d'émissions originaux. En d'autres termes, ils seraient tenus de respecter la décision de la majorité qualifiée.

La seconde formule est celle que veut promouvoir le FMI dans son projet de « tribunal » pour examiner le cas des pays menacés de banqueroute.

Selon ce projet, les États incapables de rembourser leurs dettes pourraient se mettre sous la protection d'un tribunal international des faillites.

Il s'agirait de mettre en place un tribunal international auquel l'État en difficulté s'adresserait pour être protégé contre ses créanciers, le temps de sa convalescence. Sous la houlette de trois ou quatre « juges » des faillites, un plan serait élaboré afin de restructurer la dette et de prévoir un nouvel échéancier des remboursements imposé à tous les créanciers ainsi placés sur le même plan. Cette procédure éviterait la panique des marchés et l'intervention de prédateurs.

Ce système, qui s'apparente à celui en vigueur pour les entreprises dans de nombreux pays du monde, ne suscite pas que des applaudissements. Les ONG voudraient que les États indigents puissent annuler purement et simplement les dettes contractées pour l'achat des produits ou de constructions inutiles ou néfastes pour le développement. Les banques américaines sont farouchement hostiles au projet qui risque de les amener à négocier leurs créances avec une partie des pays en développement. Ces derniers, et notamment le G 24 qui regroupe les pays émergents, craignent que le mécanisme ne provoque un durcissement des conditions financières accordées par les banques.

On remarquera que les États-Unis sont totalement divisés sur la question. On retrouve ici l'opposition entre les Américains qui font confiance aux seuls créanciers pour résoudre une crise, et ceux qui préfèreraient qu'une autorité indépendante supervise l'opération de sauvetage. C'est en 2003 que ce débat a eu lieu. Pourtant, il garde une grande actualité.

ANNEXES JURISPRUDENCE

ANNEXE N° 3 :

COUR DE CASSATION, PREMIÈRE CHAMBRE CIVILE, 15 JUILLET 1999

Donne acte à la société *Ced Viandes* de son intervention.

Attendu que la société Dumez bâtiment, aux droits de laquelle vient la société Dumez Gtm a participé en 1984, à l'exécution d'un marché passé par le ministère de la Défense d'Irak ; que la loi irakienne du 16 septembre 1990, ayant interdit aux sociétés étrangères l'accès aux instances arbitrales et judiciaires de cet État, la société Dumez a assigné l'État irakien devant le tribunal de grande instance de Nanterre qui, par jugement du 9 octobre 1991 devenu irrévocable, l'a condamné à lui payer le prix des travaux effectués ; que la société Dumez a demandé la validation des saisies-arrêts qu'elle a fait pratiquer en 1992 sur les fonds détenus en France pour le compte de l'Irak, par différents établissements bancaires, dont la Bnp, ainsi que sur les fonds détenus par la Banque centrale d'Irak, la banque *Rafidain* et la banque *Al Rasheed.*

Sur le second moyen, pris en ses deux branches :

Attendu que la société Dumez Gtm reproche à l'arrêt attaqué d'avoir décidé que la Banque centrale d'Irak, la banque *Rafidain* et la *Rasheed Bank* n'étaient pas des émanations de l'État d'Irak alors, selon le moyen, d'une part, qu'en se bornant à faire état de l'apparence créée par le statut des trois banques sans rechercher, comme elle y était invitée, si, contrairement à cette apparence, il n'existait pas, en pratique et au regard des ingérences de l'État irakien, une confusion de patrimoines entre chacune de ces banques et l'État irakien et si ces banques n'étaient pas, en fait, dépourvues d'autonomie, la cour d'appel a privé sa décision de base légale, au regard de l'article 2092 du Code civil ; et alors, d'autre part, que la cour d'appel n'exclut pas l'existence d'ingérences de l'État irakien auxquelles sont soumis les établissements financiers considérés du fait du régime politique en vigueur, a constaté au surplus, que la Banque centrale d'Irak était dépendante de l'État par l'origine publique de ses fonds et le contrôle très strict auquel elle est soumise tant dans ses organes de direction que dans ses résultats, qu'elle devait verser au Trésor public les bénéfices dégagés et que le patrimoine propre des banques considérées était constitué de biens séparés de l'État, donc initialement publics ou destinés à le redevenir, de sorte qu'en considérant néanmoins que ces établissements ne constitueraient pas des émanations de l'État irakien, la cour d'appel a violé l'article 2092 du Code civil.

Mais attendu que le contrôle exercé par un État ne suffit pas à faire considérer les organismes qui en dépendent comme des émanations de cet État ; que l'arrêt attaqué qui, contrairement à l'affirmation du moyen, ne tient pas pour établie l'existence d'une émergence de l'État irakien, relève que tant la Banque centrale d'Irak que la banque *Rafidain* et la *Rasheed Bank* avaient des activités purement privées et réalisaient des opérations commerciales courantes, ce qui impliquait l'existence d'un patrimoine propre, que ce patrimoine était spécialement et uniquement affecté à leurs activités bancaires et que sa gestion faisait l'objet d'un budget et d'une comptabilité distincts ; qu'il a pu en déduire, sans encourir les griefs du moyen, qu'aucun des établissements concernés ne réunissait les conditions nécessaires pour être qualifiés d'émanation de l'État irakien impliquant leur assimilation à cet État ; d'où il suit que le moyen n'est fondé en aucune de ses deux branches.

Mais sur le premier moyen, pris en sa première branche :

Vu l'article 455 du nouveau code de procédure civile.

Attendu que pour décider que l'État irakien était fondé à opposer à la société Dumez Gtm son immunité d'exécution à la saisie pratiquée sur les fonds de l'ambassade d'Irak en France et constater que ladite saisie était sans effet. L'arrêt attaqué relève qu'en dépit des sanctions internationales dont il a fait l'objet, l'Irak reste un État souverain, toujours membre de l'Organisation des Nations-Unies, et dont la souveraineté a d'ailleurs été réaffirmée par la résolution 687 adoptée par le conseil de sécurité dans sa séance du 3 avril 1991.

Attendu qu'en statuant ainsi, sans répondre aux conclusions invoquant les limitations apportées à la souveraineté de l'État irakien découlant des sanctions internationales et, notamment de la résolution 687 imposant à l'Irak d'honorer scrupuleusement toutes ses obligations au titre du service et du remboursement de sa dette extérieure, de sorte que cet État ne pourrait plus opposer son immunité d'exécution, la cour d'appel a violé le texte susvisé.

Par ces motifs, et sans qu'il y ait lieu de statuer sur la deuxième branche du premier moyen :

Casse et annule, mais seulement en ce qu'il a décidé que l'État irakien était fondé à opposer à la société Dumez Gtm, la fin de non-recevoir tirée de l'immunité d'exécution, l'arrêt rendu le 3 juillet 1997, entre les parties, par la cour d'appel de Paris ; remet, en conséquence, quant à ce, la cause et les parties dans l'état où elles se trouvaient avant ledit arrêt et, pour être fait droit, les renvoie devant la cour d'appel de Paris, autrement composée.

ANNEXE N° 4 :

LA COUR DE CASSATION, ORDONNANCE DU PREMIER PRÉSIDENT DU 14 MARS 1995

Attendu que, par requête du 25 novembre 1994, la société Bec Frères et la société des Grands Travaux d'Afrique nous ont demandé, par application de l'article 1009-1 du nouveau code de procédure civile, d'ordonner le retrait, du rôle de la cour, de l'instance ouverte sur la déclaration de pourvoi formée le 18 mai 1994 par le ministère tunisien de l'Équipement et inscrite sous le n° 94-14.924.

Attendu que par deux ordonnances du 15 avril 1991, le président du tribunal de grande instance de Paris a déclaré exécutoires en France les sentences arbitrales des 8 février et 13 septembre 1990.

Attendu que par arrêt rendu, le 24 février 1994, la cour d'appel de Paris a confirmé les deux ordonnances d'exequatur du 15 avril 1991 et a condamné le ministère tunisien de l'Équipement à verser diverses sommes à la société Bec Frères et à la société des Grands Travaux d'Afrique.

Attendu que, bien que n'ayant pas réglé les causes de ces condamnations, le ministère tunisien de l'Équipement entend s'opposer à ce qu'il lui soit fait application des dispositions de l'article 1009-1 du nouveau code de procédure civile.

Attendu qu'il fait essentiellement valoir que l'application en cause de l'article 1009-1 du nouveau code de procédure civile conduirait à les priver de la possibilité d'invoquer l'immunité d'exécution reconnue aux États.

Attendu cependant que les dispositions du texte susvisé sont étrangères à l'immunité d'exécution, laquelle a pour but de faire obstacle aux actes d'exécution forcée sur les biens appartenant à l'État concerné.

Qu'en effet, le retrait du rôle prescrit par l'article 1009-1 du nouveau code de procédure civile n'est qu'une mesure d'administration et de régulation destinée à rappeler le caractère extraordinaire du recours en cassation et à faire assurer au bénéficiaire d'une décision de justice exécutoire la pleine effectivité des prérogatives qui lui ont été reconnues par les juges du fond, le tout conformément aux règles fondamentales de l'organisation judiciaire.

Attendu que cette mesure, simplement provisoire dans ses effets et conservatoire de tous droits, voies et moyens, peut être sollicitée dès que la déclaration de pourvoi, saisissant la Cour de cassation, a été déposée au greffe de la juridiction et sans avoir à attendre l'expiration des délais de production des mémoires en demande ou en défense.

Attendu qu'en l'espèce, il n'est justifié d'aucune circonstance de nature à faire craindre ou présumer des conséquences manifestement excessives en cas d'exécution de l'arrêt de la cour d'appel de Paris.

Qu'en cet état, il y a lieu d'accueillir la requête des sociétés Bec frères et Travaux d'Afrique,

PAR CES MOTIFS :

Faisant application des dispositions de l'article 1009-1 du nouveau code de procédure civile sur la requête de la société Bec frères et la société des Grands Travaux d'Afrique ;

Disons qu'est retirée du rôle de la cour d'instance ouverte sur la déclaration de pourvoi formulée le 18 mai 1994 par le ministère tunisien de l'Équipement à l'encontre de l'arrêt de la cour d'appel de Paris en date du 24 février 1994 (pourvoi n° 94-14.924), la créance qu'elle invoque ;

Que la nature des droits et valeurs saisis n'est pas précisée dans l'acte ; qu'en application de l'article 178 du décret du 31 juillet 1992, les droits et valeurs dont le débiteur est titulaire sont saisis auprès de la société ou de la personne morale émettrice ; que si cette saisie conservatoire devait porter sur les actions de l'État du Qatar dans la *Qatar National Bank*, il n'est pas établi que cette activité de nature commerciale de par les statuts de cette banque, soit en relation avec le marché passé par la société *Crighton Limited* ;

Alors que si l'immunité d'exécution des États est de principe lorsqu'ils n'y ont pas renoncé, elle ne couvre pas les biens affectés à une activité économique ou commerciale de droit privé que si l'affectation des biens à une activité de droit privé peut être présumée, notamment, lorsqu'ils sont affectés à l'activité qui est l'objet de la demande en justice, elle peut également se déduire d'autres circonstances ; qu'ainsi, l'affectation à une activité de droit privé peut résulter de la seule nature des biens saisis ; que des droits d'associés ou des valeurs immobilières détenus par un État dans une entreprise ayant une activité commerciale doivent être présumés affectés à une activité économique de droit privé ; qu'en décidant que la société *Crighton Limited* ne pouvait saisir les droits d'associés et les valeurs mobilières détenues par l'État du Qatar auprès de la *Qatar National Bank*, dont l'activité est commerciale, faute d'établir que l'activité de la banque était en relation avec le marché passé, alors que l'affectation à une activité privée de ces biens ressortait suffisamment de la nature commerciale de l'activité de la banque, les juges du fond ont violé les principes de droit international privé régissant les immunités des États étrangers.

La Cour, en l'audience publique du 6 juin 2000, où étaient présents : M. Lemontey, président, M. Bargue, conseiller rapporteur, MM. Renard-Payen, Ancel, Durieux, Mme Bénas, MM. Guéri Sempère, conseillers, Mmes Cassuto-Teytaud, Barberot, Catry, conseillères référendaires, M. Roehrich, avocat général, Mme Aydalot, greffière de chambre ;

Sur le premier moyen :

Vu les principes du droit international régissant les immunités des États étrangers, ensemble l'article 24 du règlement d'arbitrage de la Chambre de commerce international ;

Attendu qu'en exécution de sentences arbitrales devenues définitives, la société américaine *Crighton Limited*, reconnue créancière du ministère des Affaires municipales et de l'Agriculture du Gouvernement de l'État du Qatar, a fait procéder, d'une part, à deux saisies-attributions sur des sommes au nom de ce ministère par la Qatar National Bank et par la Banque de France et, d'autre part, à deux saisies conservatoires de droits d'associés et de valeurs mobilières détenues par ces deux banques ;

Attendu que pour ordonner la mainlevée de l'ensemble de ces saisies, l'arrêt attaqué retient qu'il n'est pas établi par la société *Crighton Limited* que l'État de Qatar ait renoncé à l'immunité d'exécution et que le fait d'avoir accepté une clause d'arbitrage peut faire présumer la renonciation à cette immunité, qui est distincte de l'immunité de juridiction ;

Qu'en statuant ainsi, alors que l'engagement pris par l'État signataire de la clause d'arbitrage d'exécuter la sentence dans les termes de l'article 24 du règlement d'arbitrage de la Chambre de commerce international impliquant renonciation de cet État à l'immunité d'exécution, la Cour d'Appel a violé les principes et ceux susvisés ;

Par ces motifs et sans qu'il y ait à statuer sur le second moyen ;

Casse et annule, dans toutes ces dispositions, l'arrêt rendu le 11 juin 1998, entre les parties, par la cour d'appel de Paris ; remet, en conséquence, la cause et les parties dans l'état où elles se trouvaient avant ledit arrêt et, pour être fait droit, les renvoie devant la cour d'appel de Paris, autrement composée.

Section 2 : Les négociations et transactions

Les dernières années nous ont nourris de nombreux exemples qui sont la parfaite illustration de l'affirmation selon laquelle « un mauvais arrangement vaut mieux qu'un bon jugement ». Dans les différents rapports que le FMI publie annuellement et qui traitent des litiges en matière de dette souveraine, on note qu'il y a toujours un avantage pour le pays débiteur de rechercher un règlement négocié de sa dette. Les raisons qui ont milité en faveur de la promotion des modes alternatifs de règlement des litiges trouvent dans cet exemple toute leur expression ! Il faut privilégier la négociation.

Le Cameroun l'a appris à ses dépens en 2003. En effet, à la suite de deux condamnations par défaut devant les tribunaux londoniens, le créancier – un fond vautour – a pratiqué avec succès une saisie des comptes de la SNH domiciliés au Crédit lyonnais à Paris, pour un montant de 25 milliards de francs (le principal de la dette était de 5 milliards ; le reste représentant les intérêts). Pourtant, les parties étaient parvenues au terme de négociations à un montant correspondant au tiers du montant finalement saisi.

Les choses commencent simplement. Le créancier peut relancer son débiteur ou le mettre en demeure.

Il peut d'abord relancer son débiteur à l'expiration des délais contractuels ou dans le cas d'un défaut constaté. Il est au demeurant possible d'organiser une amplification dans le caractère comminatoire de la relance, allant de l'invitation à exécuter ses obligations jusqu'à la menace d'assignation. Aucun formalisme n'est exigé.

Le créancier peut encore choisir de mettre en demeure son débiteur. La mise en demeure est un acte par lequel le créancier demande solennellement à son débiteur d'exécuter son obligation. À défaut, il est présumé lui accorder un délai pour s'exécuter et ne peut donc demander ni l'exécution forcée du contrat, ni l'attribution de dommages et intérêts.

L'État débiteur qui ne peut pas s'acquitter de sa dette, mais qui entend éviter tout contentieux, répondra pour montrer sa bonne disponibilité à négocier ou à rechercher un accord.

Avec les multilatéraux (FMI, BM, BAD), on est plutôt en présence de ce qu'on pourrait appeler le « paiement résigné » : c'est celui qui est obtenu par l'effet d'une pression psychologique plus ou moins forte, exercée sur l'État débiteur pour l'inciter à exécuter lui-même sa propre dette, tout en lui faisant comprendre qu'il est préférable d'exécuter volontairement ce qu'il doit s'il veut obtenir la poursuite des financements nécessaires aux différents programmes du Gouvernement.

En tout cas, pour obtenir un paiement volontaire, il est souvent nécessaire que l'une des parties prenne l'initiative de certaines démarches. Le recouvrement amiable consiste ainsi à accompagner, en marge de tout contentieux, les démarches nécessaires pour amener le débiteur à payer ce qu'il doit.

Les négociations peuvent se dérouler de manière formelle dans le cadre de la médiation ou de manière informelle, entre les parties sans intervention d'un tiers indépendant. Dans tous les cas, les négociations, dans la recherche d'un règlement amiable, constituent la voie incontournable (I). La transaction à laquelle les parties vont aboutir en constitue un résultat parmi tant d'autres (II).

I. Les négociations, comme moyen de règlement de la dette

Notre recommandation est : négocier avant, négocier pendant et négocier après. En fait, les négociations doivent être envisagées différemment, selon qu'il y a un procès ou non.

A. Avant tout procès

Certaines mesures de précaution doivent être prises. Il y a des mesures générales et des mesures ponctuelles.

- les mesures générales

Parce que les fonds agissent légalement, l'accent doit être mis sur le contrat. Il faut bien négocier les contrats et être attentif aux clauses du contrat. À cet effet, il faut :

- vérifier qu'une clause ultérieure n'atténue pas un avantage résultant d'une précédente clause du même contrat. Exemple de clause dangereuse :

« Article 15 : Du règlement des litiges

Les parties conviennent de soumettre tout litige relatif à l'exécution du contrat au Tribunal de Grande instance de Paris.

Toutefois, en cas de nécessité, les prêteurs se réservent le droit de saisir toute juridiction de leur choix ».

- Éviter de prévoir comme domiciliation pour les notifications, l'ambassade du pays emprunteur à l'étranger.

Mais, il faut d'abord et avant tout bien connaître sa dette, c'est-à-dire, quel est le montant des engagements, quels sont les créanciers, quel est le niveau de remboursement. La création des caisses autonomes est du reste la formule qui a été trouvée pour pallier les difficultés inhérentes au remboursement de la dette.

En d'autres termes, il est nécessaire d'identifier toutes les créances anciennes (créances avec les banques, créances avec les autres pays africains (créances postales nées de l'émission des mandats, créances d'origine militaire issues des contrats de ventes d'armes avec les anciens pays du bloc de l'Est. Ces contrats sont souvent conclus sous le sceau du secret et sont très incontrôlables, dettes mêmes publiques, mais dès lors que le créancier n'est pas membre du club de Paris… dettes résultant d'emprunts garantis, dettes nées des emprunts rétrocédés, créances sur les sociétés, mais garanties par un organisme public.

Il est nécessaire de connaître sa dette actuelle et la suivre. Cela passe par la précision de ce que l'on considère comme dette de l'État au sens large. L'élargissement de plus en plus de l'assiette des saisies aux biens des émanations de l'État pour les dettes contractées par l'État directement, incite à une redéfinition de la dette de l'État. Connaître sa dette permet d'être mieux armé en cas de cession d'une créance détenue sur l'État.

- les mesures ponctuelles

On vise ici les précautions à prendre en cas de cession d'une créance détenue sur lui lorsque le pays débiteur est informé de l'existence d'une cession de créances.

En effet, lorsqu'un État est informé d'une cession par notification, il est toujours important d'y répondre défavorablement. Il faut refuser la qualité de créancier au cessionnaire. Ce refus est important pour un éventuel procès. Mais ce refus doit être assorti d'une ouverture, de la disponibilité à négocier. La négociation est nécessaire (grâce à la négociation, le Cameroun a réalisé une plus-value d'environ 230 milliards et contre un paiement d'environ 33 milliards aux différents fonds). Les deux positions ne sont pas contradictoires. Les correspondances adressées au nouveau créancier ou à tout autre cessionnaire doivent être rédigées au conditionnel ; cette prudence évite un engagement indiscutable du débiteur.

Il faut préparer la négociation. D'abord, il faut entreprendre des recherches relatives à la créance en cause. Cette précaution permettra de procéder éventuellement à une réconciliation des chiffres. Dans le cas du Cameroun, au cours d'une réconciliation des chiffres avec un fonds, il s'est dégagé un gap 7 milliards de F CFA en faveur du Cameroun. Du coup, le créancier est fragilisé.

Il faut parcourir le contrat et rechercher les failles en faveur du débiteur. La négociation est importante, car elle atténue les frais. Un procès coûte très cher (selon les standards internationaux, les avocats sont rémunérés à hauteur de 10 % des sommes, objet du contentieux).

Il faut toujours poser comme préalable non seulement la fixation d'une date d'arrêt du cours des intérêts, mais le refus de négocier sur les intérêts. On peut connaître le montant approximatif auquel la dette a été rachetée ; c'est le prix de la dette du pays sur le marché secondaire, en fonction de la notation des entreprises de rating.

B. En cas de procès

Lorsqu'un État est informé de l'ouverture d'un procès contre lui, il faut préparer le procès, être attentif aux différentes notifications de la justice et se défendre. En même temps, il faut négocier.

Il y a actuellement une trentaine de procès en cours déclenchés par les fonds vautours à l'égard des PPTE.

Trois peuvent être présentés en exemple.

- Affaire Kingston c. République du Congo

S'il y a un exemple aussi qui fait écho en matière de fonds vautours concernant la dette des pays pauvres, c'est la République du Congo.

La République du Congo a fait l'objet de deux procès très récemment, l'un en Grande-Bretagne et l'autre aux États-Unis, toujours à l'initiative de la société Kingston qui est un fonds vautour dont 40 % des parts sont détenus par *Eliot & Partners*. Ce fonds vautour est domicilié à Grand Caïman. La justice anglaise a autorisé une saisie de 19 milliards à l'encontre de la République du Congo sous le prétexte que le Congo avait « organisé son insolvabilité ».

La justice britannique, sur la base de l'« organisation de cette insolvabilité », a autorisé l'action oblique qui est donc la possibilité pour ce fameux fonds vautour de saisir les avoirs détenus par le Congo sur des tiers, (des courtiers sur le pétrole) et l'action oblique, grâce à la justice britannique, a permis à un fonds d'aller saisir des créances cette fois détenues par le Congo sur des tiers qui sont tout à fait solvables, ce qui interdit désormais au Congo de vendre son pétrole. Ce même recours, on l'a eu aux États-Unis, également contre le Congo.

- Affaire Donegal c. Zambie

La décision de la haute cour en Angleterre est symbolique. En quoi s'agit-il d'une décision symbolique venant de la justice britannique ?

Rappelons que le fonds de Donegal était domicilié aux Îles vierges britanniques, un paradis fiscal. Le montant qui a en fin de compte été payé par la Zambie était d'environ 7,6 milliards, certes moins que ce que demandait le fonds de Donegal, mais il ne faut pas rapprocher ce montant de 7,6 milliards aux 25 milliers demandés par le fonds Donegal et considérer que c'est une victoire. La comparaison doit être faite avec le montant réellement investi par le fonds de Donegal. Or, il n'a investi que 1,5 milliard. Symboliquement, c'est une victoire pour la Zambie. On ne peut donc pas se contenter d'une décision considérée comme favorable parce qu'elle ne satisfait pas à la totalité de la demande du débiteur.

Ces exemples sont symptomatiques et démontrent que le procès n'est pas une voie à suivre. Il faut donc privilégier la négociation dans cette hypothèse et le rôle du juriste est encore hautement important.

Le juriste doit être attentif à tout ce qui se dit au cours des négociations. Le négociateur doit toujours consulter son juriste avant de formuler une réponse lorsque le juriste ne conduit pas les négociations. En fait, il est primordial de faire conduire les négociations par un juriste, avocat de l'État, assisté du juriste en charge des questions de la dette et de la défense de l'État. En face, il y a toujours au moins trois avocats.

Bien évidemment, dans l'équipe des négociateurs chargés de représenter l'État débiteur, il faut avoir une personne habilitée à prendre les décisions qui s'imposent (*decisions maker*) ou qui est en contact permanent avec l'autorité habilitée à prendre rapidement les décisions qui s'imposent.

La négociation s'impose même en cas de décision défavorable contre l'État. Et lorsqu'elle est réussie, les parties ont à leur disposition plusieurs instruments.

II. Les résultats des négociations

Les parties ont plusieurs instruments à leur disposition. Tout dépend en réalité de ce que l'État débiteur et son créancier veulent : certains instruments laissent potentiellement survivre la dette, dont le règlement est recherché par un redéploiement de celle-ci. Ils sont ainsi considérés comme moins bons. D'autres, parce qu'ils effacent potentiellement la dette, sont considérés comme meilleurs.

Ainsi, à l'issue des négociations avec leurs créanciers, certains États ont accepté de mettre en place de nouvelles modalités de paiement en remplacement de la convention originaire. L'exemple le plus connu est la titrisation, qui consiste en une émission d'obligations pour le remboursement de sa dette. La Côte d'Ivoire a choisi cet instrument pour le remboursement de sa dette commerciale extérieure.

Juridiquement, la titrisation dans le cas de ce pays s'analyse en une novation, car elle implique une mutation de l'obligation par changement de modalités. Le premier rapport juridique qui est éteint survit dans le nouveau rapport et demeure tant que le débiteur ne s'est pas acquitté de sa dette.

C'est ce que malheureusement la Côte d'Ivoire est en train de connaître. Les crises politiques successives qu'a connues ce pays et qui ont gravement affecté son économie ont conduit à une accumulation des arriérés augmentés des intérêts. On se retrouve à la case de départ ; et aujourd'hui, les créances sur ce pays sont recherchées et l'exposent, d'autant qu'il vient d'atteindre le point de décision.

Imprudentes, les autorités ivoiriennes n'ont pris aucune précaution pour se protéger dans le cas d'une éventuelle nouvelle restructuration. C'est la situation dans laquelle elles se trouvent aujourd'hui. Or, les moyens sont nombreux pour faciliter la restructuration de la dette obligatoire. Il suffisait d'inclure dans les conventions de titrisation certaines clauses tendant à dissuader plus tard les créanciers dissidents de faire obstacle à un accord. Ces outils comprennent :

- les clauses d'action majoritaire en vertu desquelles les conditions de restructuration recevant l'aval d'une majorité de porteurs ont force obligatoire pour la minorité ;
- les clauses de partage par lesquelles les fonds récupérés par un porteur dans le cadre d'une procédure judiciaire doivent être partagés avec les autres au prorata du nombre d'obligations détenues ;
- les clauses de représentation collective dont l'objet est de faciliter le rassemblement d'une majorité en permettant aux obligations de se faire représenter aux réunions par des mandataires.

Pour tout dire, le choix fait par la Côte d'Ivoire pour rembourser sa dette commerciale extérieure était un mauvais choix.

Une autre formule est la transaction.

En effet, les parties peuvent également parvenir à un accord dans le cadre de la transaction, qui n'est pas en elle-même une issue, mais la concrétisation d'un accord. Le langage commun peut parfois faire penser que tout aboutissement amiable donne lieu à une transaction.

On définit la transaction comme une convention par laquelle les parties mettent fin à une contestation ou préviennent une contestation. Mais il existe un élément essentiel à l'existence d'une transaction, c'est l'exigence de concessions réciproques. En d'autres termes, la transaction doit comporter de part et d'autre, une renonciation correspondant à l'obtention d'une contrepartie et un avantage réciproque, même limité. Aussi, en l'absence de concessions réciproques, il n'y a pas de transaction au sens juridique de cette notion.

L'intérêt de la transaction tient au fait que les droits nationaux en font un contrat particulier, qui a l'autorité de la chose jugée, à l'instar du jugement étatique ou de la sentence arbitrale. Si la transaction n'est pas exécutée, le créancier est en droit d'exiger le remboursement de la créance primitive.

Enfin, nous avons la formule la plus usitée pour le règlement de la dette extérieure commerciale, le *buy back* ou le rachat de celle-ci à une valeur généralement inférieure au montant de la créance.

Généralement, les intérêts ne sont pas pris en compte. Il est d'ailleurs recommandé de refuser de négocier sur les intérêts. L'un des paramètres de fixation du prix de rachat est le prix de la dette dans le marché international de la dette. On peut connaître le montant approximatif auquel la dette a été rachetée ; c'est le prix de la dette du pays sur le marché secondaire.

C'est la formule adoptée par le Cameroun à deux reprises lors des négociations dans le cadre du club de Londres (le rachat a été fait à hauteur de 14,5 % de la valeur nominale). Cela a permis d'effacer la dette à près de 80 %. Par la suite, des négociations plus difficiles ont été engagées avec les créanciers non acceptants du club de Londres. Là, il s'agissait essentiellement des fonds vautours qui réunissaient une créance d'un peu plus de 272 milliards (40 milliards en principal et le reste représentant les intérêts). Les négociations se sont terminées en fin 2008 par un rachat qui a permis à l'État de réaliser un gain substantiel d'environ 238 milliards.

Brève présentation du Pr Banamba Boniface

Le Professeur Boniface BANAMBA fait ses études supérieures à l'université de Yaoundé, à l'université de Paris Nanterre et à l'université de Panthéon-Assas Paris II.

Il est habilité à diriger des recherches et est titulaire d'un Brevet de Traduction et de terminologie juridique anglo-américaine, de l'institut de Droit comparé de l'université Panthéon-Assas Paris II. Il est spécialisé en droit international privé de droit du Droit de Commerce international, mode alternatif de règlement des litiges. Il est enseignant à la Faculté des Sciences juridiques et politiques de l'université de Yaoundé II à Soa. Le Professeur Boniface BANAMBA est Maître de conférences associé à l'Université catholique d'Afrique centrale (UCAC), à l'Institut des Relations internationales du Cameroun (IRIC) et dans les autres universités d'État du Cameroun.

Auteur de plusieurs travaux de recherche, le Professeur Boniface BANAMBA a occupé les fonctions de Chef de la cellule juridique à la Caisse autonome d'Amortissement à Yaoundé.

QUATRIÈME PARTIE :

LA PRATIQUE À L'INTERNATIONAL

CHAPITRE 8 :

LE RAPATRIEMENT DES FONDS D'ORIGINE ILLICITE GARDÉS DANS LES PAYS ÉTRANGERS

Par

Ibrahima Sambe[373]

Introduction

« Aie le courage de reconnaître que, peut-être, je dis bien peut-être, l'esclavage n'aurait pas pris cet essor sans la cupidité de certains potentats africains »[374].

« Notre économie est gravement affaiblie, conséquence de la cupidité et de la responsabilité de certains… »[375].

Ces constats sont la preuve qu'au fil du temps, le désir immodéré de fortune et d'argent a développé chez certaines personnes des comportements qui ont engendré de profondes blessures pour leur pays, ou parfois, au-delà.

Ainsi, on peut relever qu'entre l'esclavage dont l'abolition a sonné il y a plus d'un siècle et la crise financière que vivent actuellement les États-Unis et l'Europe et surtout, les pays en développement ont connu une saignée financière sans précédent, occasionnée par de multiples détournements d'avoirs et de pratique de corruption à grande échelle.

---

[373] Magistrat/Auditeur à la cour de justice de l'UEMOA.

[374] E. Boundzeki Dongala, « Un fusil dans la main, un poème dans la poche », novembre 2003.

[375] B. Obama, 1er discours de Président sur les marches du Capitole à Washington le 20 janvier 2009.

Ces phénomènes, dont les auteurs ne sont personne d'autre que des autorités politiques, les membres de leurs familles ou de leur entourage, ainsi que des agents publics de la haute administration, ont constitué un frein au développement économique des pays pollués pour des raisons sur lesquelles tout le monde s'accorde.

- Les détournements de fonds ont considérablement réduit la capacité d'intervention des États à cause de la réduction des ressources budgétaires.
- La corruption a faussé le jeu économique, car servant souvent à faciliter la vente de projets inadaptés ou surfacturés et à huiler les mécanismes du pillage des sous-sols par les multinationales.
- Le pillage des richesses par les dirigeants et l'impunité dont ils jouissent fait obstacle à toute possibilité de développement démocratique et de construction d'un État de droit.

C'est pourquoi on peut affirmer avec Jean François Marmontel qu'« il n'est rien d'indigne et de bas que la cupidité n'engendre »[376].

Mais face à la cupidité des dirigeants et agents publics, notamment de ceux des pays en développement, la communauté internationale a, depuis quelques années, commencé à se mobiliser pour entreprendre des actions contre les détournements et la corruption et surtout, pour favoriser le rapatriement des fonds d'origine illicite mis en sécurité dans des pays étrangers. C'est ainsi que hormis les démarches entreprises par certains États pour rapatrier les fonds illicites cachés par des dictateurs déchus, plusieurs initiatives concertées ont milité en faveur de ce rapatriement, notamment dans le cadre des Nations-Unies.

En septembre 1999, le président nigérian O. Obasanjo a demandé à l'assemblée générale des Nations-Unies, l'adoption d'une convention internationale pour le rapatriement de la richesse de l'Afrique acquise de manière illégale et gardée à l'étranger. Auparavant, seule la convention des Nations-Unies contre le trafic illicite de stupéfiants et de substances psychotropes, ratifiée le 20 décembre 1988 à Vienne, avait évoqué le principe de la restitution des produits du crime (art. 5).

Par la suite, la convention des Nations-Unies contre la criminalité transnationale organisée adoptée en 2000, évoquera les modalités de

---

[376] J. F. Marmontel, Bélizaire, 1767.
M. I. Sambe, magistrat/auditeur à la cour de justice de l'UEMOA.

confiscation et la disposition du produit du crime ou des biens confisqués.

Le premier instrument juridique mondial en faveur du rapatriement des avoirs d'origine illicite est la convention des Nations-Unies contre la corruption. Elle a été adoptée par l'assemblée générale des Nations-Unies le 31 octobre 2003 et ouverte à la signature du 9 au 11 décembre 2003 à Mérida au Mexique.

Elle est entrée en application le 14 décembre 2005, date du dépôt de la 30e ratification et comprend des dispositions précises et détaillées sur la coopération internationale envisagée sous toutes ses formes et dans toutes ses modalités : extradition, entraide judiciaire, transfert des procédures pénales, coopération entre les services de détection et de répression, enquêtes conjointes et des normes relatives au recouvrement des avoirs.

L'attitude de la communauté internationale s'explique par le fait que les montants en cause sont tels qu'il s'agit d'un véritable enjeu de financement du développement. À titre d'exemple,

* le représentant du Nigéria déclarait lors de la 57e session de l'assemblée générale des Nations-Unies en 2002, que les actes de corruption et de transfert de fonds illicites avaient contribué dans une large mesure à la fuite des capitaux, l'Afrique étant la première victime de ce phénomène puisqu'il estimait à au moins 400 milliards de dollars, les sommes détournées et dissimulées dans les pays étrangers [377] ;

* selon l'Union européenne, « les actifs africains volés détenus dans des comptes en banque à l'étranger équivalent à plus de la moitié de la dette externe du continent » [378] ;

* l'ONG *Transparency International*, dans sa déclaration de « Nyanga » en juin 2001, estimait que 20 et 40 milliards de dollars « ont été pendant des décennies appropriés de manière illégale et corrompue par des hommes politiques, la plupart en Afrique »[379].

---

[377] Nations-Unies, janvier 2002, Étude mondiale sur le transfert de fonds d'origine illicite, en particulier de fonds provenant de la corruption, assemblée générale, A/AC. 261/12 Vienne.

[378] Commission des communautés européennes, juin 2003, Dialogue sur l'Afrique de l'Union européenne, Bruxelles.

[379] *Transparency International*, 13 mars 2001, *Déclaration de Nyanga,* Berlin.

Or, un rapport publié par la Banque mondiale et l'ONUDC [380] nous apprend que chaque opportunité de recouvrir 100 millions de dollars permettrait :

- de financer un programme complet de vaccination pour 4 millions d'enfants ; ou
- de fournir de l'eau courante à quelque 250 millions de ménages ; ou
- de financer les traitements pendant une année complète de plus de 600 millions de personnes vivant avec le VIH Sida.

C'est fort de ces contacts que M. Robert B. Zoellick, président de la Banque mondiale affirmait qu' :

> « aucun refuge ne devrait exister pour ceux qui volent les pauvres. Aider les pays en développement à recouvrer l'argent qui leur a été volé est essentiel pour pouvoir financer des programmes sociaux et pour prévenir les dirigeants corrompus qui n'échapperont pas à la loi »[381].

Il faut cependant se rendre à l'évidence que malgré la volonté affichée par la communauté internationale et l'existence d'instruments juridiques qui traitent de la question, le rapatriement de ces fonds d'origine illicite n'est pas encore chose aisée. En atteste la modicité des sommes restituées par rapport aux avoirs détournés.

En effet, *Transparency International* (France), reprenant les conclusions d'un document de travail produit en mars 2007, dans le cadre du Comité catholique contre la Faim et pour le Développement (CCFD), révèle que :

> « le total des avoirs détournés par les dirigeants de 29 régimes corrompus s'établirait entre 100 et 180 milliards de dollars. Bien que les faits de corruption à l'origine de ces détournements soient connus, la restitution des avoirs illicites est un processus rarement mis en œuvre. Au total, seulement 4 milliards de dollars ont été restitués à l'issue de sept (7) procédures de recouvrement. Les fonds gelés s'élèvent à 2,7 milliards de dollars [382]».

Les développements qui suivent vont porter sur les instruments juridiques qui prévoient le rapatriement des fonds d'origine illicite

---

[380] « La Banque mondiale et l'ONUDC accélèrent les démarches de recouvrement des avoirs volés dans les pays en développement », in www.worldbank.org.

[381] Le 17 septembre 2007 – à l'occasion du lancement par la Banque mondiale, en partenariat avec les Nations-Unies, d'une nouvelle initiative en vue d'aider les pays en développement à recouvrer plusieurs milliards de dollars en avoirs.

[382] La lettre de transparence n° 34, octobre 2007.

gardés dans les pays étrangers (I), sur les procédures de rapatriement de ces fonds (II) et sur les difficultés liées à leur rapatriement effectif (III). Ils nous donneront peut-être une idée sur la possibilité d'inverser la tendance actuelle.

I. Les instruments juridiques prévoyant le rapatriement des fonds d'origine illicite gardés dans les pays étrangers

En l'absence d'une convention internationale spécifiquement dédiée à la question du rapatriement des fonds d'origine illicite gardés dans les pays étrangers, ce sont les conventions contre la criminalité internationale et la corruption qui prennent en charge la volonté exprimée par la communauté internationale de voir les « actifs pillés » revenir à leurs légitimes propriétaires.

Mais ces conventions n'ont pas toutes prévu des dispositions relatives au rapatriement des fonds d'origine illicite gardés dans les pays étrangers.

Certaines d'entre elles contiennent seulement des dispositions relatives à l'engagement des adhérents à prendre des mesures permettant la saisie et la confiscation des avoirs mal acquis, l'entraide judiciaire aux fins des enquêtes et des procédures pénales engagées par une partie. Il en est ainsi :

- de la convention du conseil de l'Europe relative au blanchiment, au dépistage, à la saisie et à la confiscation des produits du crime du 8 novembre 1990 (articles 7, 8, 11, 13, 15…).
- de la convention sur la lutte contre la corruption d'agents publics étrangers dans les transactions commerciales internationales (convention OCDE, adoptée le 21 novembre 1997, signée à Paris le 17 décembre 1997 et entrée en vigueur le 15 février 1999 (articles 9 et 12) ;
- de la convention pénale du conseil de l'Europe sur la corruption, ouverte à la signature le 27 janvier 1999 et entrée en vigueur le 1er juillet 2002 (articles 19, 23, 24 et 26).

À notre connaissance, l'arsenal législatif permettant la saisie et la restitution des fonds d'origine illicite se trouve dans les conventions des Nations-Unies contre la criminalité transnationale organisée (A), de l'UA sur la prévention et la lutte contre la corruption (B), du conseil de l'Europe relative au blanchiment, au dépistage, à la saisie et à la confiscation des produits du crime et au financement du terrorisme (C) et des Nations-Unies contre la corruption (D).

A. La convention des Nations-Unies contre la criminalité transnationale organisée

Cette convention a été adoptée le 15 novembre 2000 par l'assemblée générale des Nations-Unies. Elle est entrée en vigueur le 29 septembre 2003.

Elle affiche sa vocation à permettre la restitution du produit des infractions suivantes, lorsque celles-ci ont une nature transnationale conformément aux dispositions du paragraphe 2 de l'article 3 [383] : la participation à un groupe criminel organisé (article 5), le blanchiment du produit du crime (article 6), la corruption (article 8) et l'entrave au bon fonctionnement de la justice (article 23).

En effet, outre les dispositions des articles 12 et 13 qui sont consacrées aux mesures de confiscation et de saisie et à celles relatives à la coopération internationale aux fins de confiscation que les États se sont engagés à prendre, l'article 14 tranche de manière expresse, la question de la restitution[384].

---

[383] Publication des Nations-Unies, décembre 2003.

[384] Intitulé « Disposition du produit du crime ou des biens confisqués », cet article précise :

- « Un État partie qui confisque le produit du crime ou des biens en application de l'article 12 ou du paragraphe 1 de l'article 13 de la présente convention en dispose conformément à son droit interne et à ses procédures administratives.
- Lorsque les États parties agissent à la demande d'un autre État partie en application de l'article 13 de la présente Convention, ils doivent, dans la mesure où leur droit interne le leur permet et si la demande leur en est faite, envisager à titre prioritaire de restituer le produit du crime ou les biens confisqués à l'État partie requérant, afin que ce dernier puisse indemniser les victimes de l'infraction ou restituer ce produit du crime ou ces biens à leurs propriétaires légitimes.
- Lorsqu'un État partie agit à la demande d'un autre État partie en application des articles 12 et 13 de la présente Convention, il peut envisager spécialement de conclure des accords ou arrangements prévoyant :
  - De verser la valeur de ce produit ou de ces biens, ou les fonds provenant de leur vente, ou une partie de ceux-ci, au compte établi en application de l'alinéa c du paragraphe 2 de l'article 30 de la présente Convention et à des organismes intergouvernementaux spécialisés dans la lutte contre la criminalité organisée ;

B. La convention de L'Union africaine sur la prévention et la lutte contre la corruption

La convention de l'UA sur la prévention et la lutte contre la corruption a été adoptée le 11 juillet 2003 à Maputo au Mozambique. Elle est entrée en vigueur le 5 août 2006 conformément à son article 23.

En vertu de son article 4, la convention de l'UA sur la prévention et la lutte contre la corruption est applicable aux actes de corruption et autres infractions relatives notamment :

- au détournement par un agent public ou autre personne, de biens appartenant à l'État ou à ses démembrements qu'il a reçus dans le cadre de ses fonctions, à des fins n'ayant aucun rapport avec celles auxquelles ils sont destinés, à son propre avantage, à celui d'une institution ou encore à celui d'un tiers ;
- à l'enrichissement illicite ;
- à l'usage ou la dissimulation du produit de l'un quelconque des actes visés dans l'article 4.

Les objectifs définis à l'article 2 de la convention ne laissent pas entrevoir une réelle volonté des États parties à faire de celle-ci un fondement légal de la restitution ou du rapatriement des fonds illicitement acquis par les agents publics, notamment.

On peut relever cependant que relativement à cette question, la convention de l'UA sur la prévention et la lutte contre la corruption contient un certain nombre d'engagements que les États parties doivent respecter.

Ainsi, en est-il des dispositions des articles 16 et 19 qui portent sur la « confiscation et la saisie des produits et moyens de la corruption » et sur la « coopération internationale » et desquelles il résulte que :

- chaque État partie adopte les mesures législatives nécessaires pour :

- De partager avec d'autres États parties, systématiquement ou au cas par cas, ce produit ou ces biens, ou les fonds provenant de leur vente, conformément à son droit interne ou à ses procédures administratives ».

- « la recherche, l'identification, le repérage, la gestion et le gel ou la saisie, par ses autorités compétentes, des moyens et produits de la corruption, en attendant le jugement définitif ;
- la confiscation des produits ou des biens d'une valeur correspondant à celle de ces produits, tirés des infractions définies dans la présente Convention ;
- le rapatriement des produits de la corruption... ».

- Les États parties s'engagent, dans l'esprit de la coopération internationale, à... :

  « encourager tous les pays à prendre des mesures législatives pour éviter que les agents publics jouissent des biens mal acquis, en bloquant leurs comptes à l'étranger et en facilitant le rapatriement des fonds volés ou acquis de façon illégale dans les pays d'origine ».

Ces engagements précités sont complétés par ceux relatifs au « secret bancaire » et surtout à l'existence d'un « mécanisme de suivi » par la création d'un comité consultatif sur la corruption et les infractions assimilées au sein de l'UA.

C. La convention du conseil de l'Europe relative au blanchiment, au dépistage, à la saisie et à la confiscation des produits du crime et au financement du terrorisme

Cette convention a été ouverte à la signature le 16 mai 2005 à Varsovie et est entrée en vigueur le 1er mai 2008.

Elle contient des dispositions générales (articles 1 à 6) qui exigent à chaque partie d'adopter les mesures législatives et autres nécessaires pour :

- lui permettre de confisquer des instruments, des biens blanchis et des produits ou des biens dont la valeur correspond à ces produits ;
- lui permettre d'identifier, de rechercher, de geler ou de saisir rapidement les biens susceptibles de donner lieu à confiscation... afin notamment de faciliter l'exécution des mesures de confiscation ultérieures ;
- s'assurer que les mesures de gel, de saisie et de confiscation portent sur les catégories de biens qu'elle énumère ;
- assurer une gestion adéquate des biens gelés ou saisis...

Mais c'est l'article 25 de la convention qui se prononce sur la restitution. Il dispose en effet qu'(e) :

- une partie qui confisque des biens en application des articles 23 et 24 de la convention, en dispose conformément à son droit interne et à ses procédures administratives ;
- lorsqu'une partie agit à la demande d'une autre partie en application des articles 23 et 24 de cette convention, elle doit, dans la mesure où son droit interne le lui permet et si la demande lui est faite, envisager à titre prioritaire de restituer les biens confisqués à la partie requérante, afin que cette dernière puisse indemniser les victimes de l'infraction ou restituer ces biens à leur propriétaire légitime ;
- lorsqu'une partie agit à la demande d'une autre partie en application des articles 23 et 24 de cette convention, elle peut envisager spécialement de conclure des accords ou arrangements prévoyant de partager ces biens avec d'autres parties, systématiquement ou au cas par cas, conformément à son droit interne ou à ses procédures administratives.

D. La convention des Nations-Unies contre la corruption

Adoptée le 31 octobre 2003, la convention des Nations-Unies contre la corruption est entrée en vigueur le 14 décembre 2005.

Son article premier qui définit son objet révèle qu'elle permet, entre autres, « de promouvoir, faciliter et appuyer la coopération internationale et l'assistance technique aux fins de la prévention de la corruption et de la lutte contre celle-ci, y compris le recouvrement d'avoirs ».

La convention énumère une large gamme d'infractions pour lesquelles les États parties doivent prendre les mesures législatives et autres nécessaires pour leur conférer le caractère d'infraction pénale au sens du droit national de chaque État.

Ces infractions contenues dans les articles 15 et 25 sont : la corruption d'agents publics nationaux, la corruption d'agents publics étrangers et de fonctionnaires d'organisations internationales publiques, la soustraction, le détournement ou autre usage illicite de biens par un agent public, le trafic d'influence, l'abus de fonctions, l'enrichissement illicite (*une augmentation substantielle du patrimoine d'un agent public que celui-ci ne peut raisonnablement justifier par rapport à ses revenus légitimes),* la corruption dans le secteur privé, la soustraction de biens dans le secteur privé, le blanchiment des produits du crime, le recel et l'entrave au bon fonctionnement de la justice.

La convention exige également des États de prendre les mesures nécessaires pour établir la responsabilité des personnes morales qui participent à la commission des infractions précitées, de même que celles destinées à conférer le caractère d'infraction pénale à la complicité et à la tentative (articles 26 et 27).

Pour marquer l'importance qu'elle attache au rapatriement des fonds d'origine illicite gardés dans les pays étrangers, la convention a érigé la restitution en principe fondamental et lui a accordé son chapitre V intitulé « Recouvrement des avoirs » (articles 51 à 59).

C'est l'article 57 qui contient les dispositions de fond relatives à la restitution et à la disposition des avoirs. Il révèle qu'(e) :

- un État partie ayant confisqué des biens en application de l'article 31 ou 55 de la convention en dispose, y compris en les restituant à leurs propriétaires légitimes antérieurs, en application du paragraphe 3 du présent article et conformément aux dispositions de la convention et à son droit interne ;
- chaque État partie, conformément aux principes fondamentaux de son droit interne, doit prendre des mesures législatives et autres nécessaires pour permettre à ses autorités de restituer les biens confisqués, lorsqu'il agit à la demande d'un autre État partie, conformément à la convention et compte tenu des droits des tiers de bonne foi ;
- en considération de tout ce qui précède, on peut affirmer que la volonté de la communauté internationale a permis de poser, peu à peu, les fondements juridiques de rapatriement des fonds d'origine illicite gardés à l'étranger. Mais le succès dans la mise en œuvre des instruments juridiques ci-dessus, exige encore plus de volonté que celle ayant donné lieu à leur considération.

- Ce succès passe par le respect par chaque État des engagements internationaux et bilatéraux souscrits, notamment en ce qui concerne les procédures mises en place.

II. Les procédures de rapatriement des fonds d'origine illicite

Compte tenu du nombre d'États parties et de leur diversité, la convention des Nations-Unies contre la corruption a une portée plus large et plus ambitieuse que toutes les autres conventions contre la corruption. Ces facteurs sont, selon l'ONG *Transparency International,* ses plus grandes forces, mais aussi ses plus grands défis.

Elle est la convention qui accorde la plus grande importance à la question de la restitution au point que son article 51 dispose que la restitution d'avoirs est un principe fondamental de la convention, et les États parties s'accordent mutuellement la coopération et l'assistance la plus étendue à cet égard.

C'est pourquoi, l'analyse des procédures de rapatriement des fonds d'origine illicite peut, en grande partie, être axée sur le contenu de cette convention, même s'il existe d'autres procédures de rapatriement qui émanent d'autres sources.

A. La procédure de rapatriement des fonds d'origine illicite dans la convention des Nations-Unies contre la corruption

Le nouveau cadre applicable au recouvrement des avoirs définis par la convention offre deux possibilités d'entamer une procédure en recouvrement : la première est celle du recouvrement direct des biens et la seconde est celle du recouvrement de biens par la coopération internationale aux fins de confiscation.

1. La procédure du recouvrement direct de biens

L'application de l'article 53 de la convention des Nations-Unies contre la corruption implique la prise, par chaque État partie, d'un certain nombre de mesures qui vont constituer les procédures applicables sur le plan interne pour permettre à tout autre État partie de faire reconnaître son droit de propriété sur des biens obtenus de manière illicite.

Les exigences de l'article 53 précité sont relatives à la prise de mesures nécessaires pour permettre :

- à un autre État partie d'engager devant ses tribunaux une action civile en vue de voir reconnaître l'existence d'un droit de propriété sur des biens acquis au moyen d'une infraction établie conformément à la convention ;
- à ses tribunaux d'ordonner aux auteurs d'infractions établies conformément à la présente convention de verser une réparation ou des dommages-intérêts à un autre État partie ayant subi un préjudice du fait de telles infractions ;
- à ses tribunaux d'ordonner aux autorités compétentes, lorsqu'ils doivent décider d'une confiscation, de reconnaître le droit de propriété légitime revendiqué par un autre État partie sur les biens acquis au moyen d'une infraction établie conformément à la présente convention.

2. La procédure de recouvrement de biens par la coopération internationale aux fins de confiscation

Le principe de la coopération internationale est posé par l'article 43 (notamment le paragraphe 1) de la convention. Il dispose que les États parties coopèrent dans les deux domaines suivants :

- en matière pénale, conformément aux dispositions des articles 44 à 50 de la convention, c'est-à-dire sur les questions relatives à l'extradition, au transfèrement des personnes condamnées, à l'entraide judiciaire, au transfert des procédures pénales, à la coopération entre les services de détection et de répression, aux enquêtes conjointes et aux techniques d'enquête spéciales ;
- dans les enquêtes et procédures concernant des affaires civiles et administratives relatives à la corruption, lorsqu'il y a lieu et conformément à leur système juridique interne.

Mais c'est l'article 54 de la convention qui définit les mécanismes de recouvrement de biens par la coopération internationale aux fins de confiscation en énumérant les mesures à prendre par chaque État partie pour assurer et accorder l'entraide prévue à l'article 55.

La confiscation qui est définie par la convention comme « la dépossession permanente de biens sur décision d'un tribunal ou d'une autre autorité compétente » est une phase importante précédant la restitution. Elle se réalise par application de la procédure de « coopération internationale aux fins de confiscation » de l'article 55.

Cet article 55 précise aussi bien les suites à réserver à la demande de confiscation que le contenu d'une telle demande.

a- Les suites à réserver à la demande d'un État partie.

L'État partie qui reçoit d'un autre État partie ayant compétence pour connaître d'une infraction établie conformément à la convention des Nations-Unies une demande de confiscation du produit du crime, des biens, des matériels ou autres instruments visés au paragraphe 1 de l'article relatif au gel, à la saisie et à la confiscation, qui sont situés sur son territoire, doit transmettre à ses autorités compétentes :

- la demande en vue de faire prononcer une décision de confiscation et, si celle-ci intervient, de la faire exécuter ; ou afin qu'elle soit exécutée dans les limites de la demande,

- la décision de confiscation prise par un tribunal situé sur le territoire de l'État partie requérant conformément au paragraphe 1 de l'article 31 et à l'alinéa a) de l'article 54 de la convention ; pour autant qu'elle porte sur le produit du crime, les biens, les matériels ou autres instruments visés au paragraphe 1 de l'article 31, qui sont situés sur son territoire.

Dans l'hypothèse où la demande tend à la prise de mesures pour identifier, localiser et geler ou saisir le produit du crime, les biens, les matériels ou les autres instruments visés au paragraphe 1 de l'article 31 de la convention, l'État partie requis prend des mesures en vue d'une confiscation ultérieure à ordonner soit par l'État partie requérant, soit comme suite à la demande de confiscation formulée en vertu du paragraphe 1 de l'article 55, par l'État partie requis.

Ces décisions ou mesures sont prises par l'État partie requis conformément à son droit interne et sous réserve des dispositions dudit droit et conformément à ses règles de procédure ou à tout accord ou arrangement bilatéral ou multilatéral le liant à l'État partie requérant.

b- La nature de la demande

La demande est portée à l'autorité centrale qui, dans l'État partie requis, a la responsabilité et le pouvoir de recevoir les demandes d'entraide judiciaire et, soit de les exécuter, soit de les transmettre aux autorités compétentes pour exécution (article 46, paragraphe 12).

Elle est adressée par écrit ou, si possible, par tout autre moyen pouvant produire un document écrit dans une langue acceptable pour l'État partie requis, dans des conditions permettant audit État partie d'en établir l'authenticité. En cas d'urgence, et si les États parties en conviennent, la demande peut être faite oralement, mais doit être confirmée sans délai, par écrit.

En vertu du paragraphe 3 de l'article 55, la demande doit contenir les mentions générales énumérées par le paragraphe 15 de l'article 46. Il s'agit des renseignements suivants :

- la désignation de l'autorité dont émane la demande ;
- l'objet et la nature de l'enquête, des poursuites ou de la procédure judiciaire auquels se rapporte la demande, ainsi que le nom et les fonctions de l'autorité qui en est chargée ;
- un résumé des faits pertinents, sauf pour les demandes adressées aux fins de la signification d'actes judiciaires ;
- une description de l'assistance requise et le détail de toute procédure particulière que l'État partie requérant souhaite voir appliquer ;
- si possible, l'identité, l'adresse et la nationalité de toute personne visée ; et
- le but dans lequel le témoignage, les informations ou les mesures sont demandés.

Outre les mentions générales sus énumérées, la demande doit contenir celles spécifiques suivantes :

- lorsque la demande relève de l'alinéa a) du paragraphe 1 de l'article 55, une description des biens à confisquer, y compris, dans la mesure du possible, le lieu où ceux-ci se trouvent et, selon qu'il convient, leur valeur estimative et un exposé des faits sur lesquels se fonde l'État partie requérant qui soit suffisant pour permettre à l'État partie requis de demander une décision de confiscation sur le fondement de son droit interne ;

- lorsque la demande relève de l'alinéa b) du paragraphe 1 de l'article 55, une copie légalement admissible de la décision de confiscation émanant de l'État partie requérant sur laquelle la demande est fondée, un exposé des faits et des informations indiquant dans quelles limites il est demandé d'exécuter la décision, une déclaration spécifiant les mesures prises par l'État partie requérant pour aviser comme il convient, les tiers de bonne foi et garantir une procédure régulière, et une déclaration selon laquelle la décision de confiscation est définitive ;
- lorsque la demande relève du paragraphe 2 de l'article 55, un exposé des faits sur lesquels se fonde l'État partie requérant et une description des mesures demandées ainsi que, lorsqu'elle est disponible, une copie légalement admissible de la décision sur laquelle la demande est fondée.

En tout état de cause, la coopération prévue par le paragraphe 7 de l'article 55 peut être refusée par l'État partie requis ou les mesures conservatoires levées si l'État partie requérant ne lui fait pas tenir, en temps voulu, des preuves suffisantes ou si le bien est de valeur minime. Dans ce cas, l'État partie requis donne à l'État partie requérant la faculté de présenter ses arguments en faveur du maintien de la mesure.

Le recouvrement des fonds d'origine illicite gardés à l'étranger dépend en définitive de la promptitude des États parties à prendre les mesures législatives préconisées dans la convention et à instaurer des cadres de coopération conformément à ladite convention ou de manière bilatérale. Dans tous les cas, la procédure utilisée trouve son dénouement dans la restitution.

B. La restitution et la disposition des avoirs confisqués

La convention des Nations-Unies exige l'adoption par chaque État partie conformément aux principes fondamentaux de son droit interne, des mesures législatives et autres nécessaires pour permettre à ses autorités compétentes de restituer les biens confisqués, lorsqu'il agit à la demande d'un autre État partie et compte tenu des droits des tiers de bonne foi.

Ainsi, l'article 57 dispose qu'un État partie qui a confisqué des biens en application de l'article 31 ou de l'article 55 en dispose, y compris en les restituant à leurs propriétaires légitimes antérieurs, en application de son paragraphe 3 et conformément aux dispositions de la convention et à son droit interne.

Le processus de restitution se présente comme suit :

- dans les cas de soustraction de fonds publics ou de blanchiment de fonds publics soustraits, visés aux articles 17 et 23 de la convention, lorsque la confiscation a été exécutée conformément à l'article 55 et sur la base d'un jugement définitif rendu dans l'État partie requérant, *exigence à laquelle il peut renoncer*, l'État partie requis restitue les biens confisqués à l'État partie requérant ;
- dans le cas du produit de toute autre infraction visée par la convention, lorsque la confiscation a été exécutée conformément à l'article 55 de la convention et sur la base d'un jugement définitif dans l'État partie requérant, *exigence à laquelle il peut renoncer*, l'État partie requis restitue les biens confisqués à l'État partie requérant, si l'une des deux conditions suivantes est remplie :
    - lorsque l'État partie requérant fournit des preuves raisonnables de son droit de propriété antérieur sur lesdits biens à l'État partie requis ou ;
    - lorsque ce dernier reconnaît un préjudice à l'État partie requérant comme base de restitution des biens confisqués.
- Dans tous les autres cas, l'État partie requis envisage à titre prioritaire de restituer les biens confisqués à l'État partie requérant, de les restituer à ses propriétaires légitimes antérieurs ou de dédommager les victimes de l'infraction.

Il faut relever que dans le cadre de ce processus de restitution, il n'est pas exclu que l'État requis se donne la possibilité de déduire les dépenses raisonnables encourues pour enquêtes, poursuites ou procédures judiciaires ayant abouti à la restitution ou à la disposition des biens confisqués en application de l'article 57 ou que l'État partie requérant et État partie requis décident de conclure, au cas par cas, des accords ou des arrangements mutuellement acceptables pour la disposition définitive des biens confisqués.

C'est certainement dans le cadre de ces accords et arrangements mutuels que la restitution peut se faire avec des conditions ou par l'intermédiaire d'un tiers. Par ce biais, c'est l'État requis qui trouve le moyen d'orienter l'utilisation des fonds restitués en faveur du bien-être des populations ou de l'allégement des charges de l'État requérant. Par exemple[385] :

- dans le cas Marcos[386], il a fallu attendre cinq années pour que l'argent restitué soit confié au Gouvernement des Philippines, notamment parce que les autorités suisses souhaitaient que le Gouvernement philippin utilise l'argent en faveur de la population, notamment pour indemniser les victimes des violences des droits de l'homme ;

- dans le cadre de la restitution des fonds détournés par l'ancien Président Sani Abacha du Nigéria, la Suisse a fait appel à la Banque mondiale pour contrôler l'utilisation des fonds restitués. Il a été mis en place un comité de surveillance (monitoring) auquel ont participé les ONG suisses et nigérianes, mais c'est la Banque mondiale qui en a assuré la coordination ;

- l'argent du régime irakien restitué a été utilisé, pour une majeure partie, par les États-Unis pour pallier des *besoins urgents en Irak* et seulement pour une petite partie, au fonds de développement pour l'Irak, chargé de la reconstruction.

On peut se poser des questions sur l'opportunité des accords et arrangements qui sont souvent plus imposés qu'acceptés par les pays spoliés, mais il faut reconnaître qu'ils ont le mérite d'éviter que les fonds restitués ne reprennent le sens inverse parce que, mis entre les mains de dirigeants eux-mêmes corrompus ou du clan de l'auteur de l'infraction…

À côté des procédures prévues par la convention des Nations-Unies contre la corruption, il existe d'autres procédures de rapatriement des

---

385 Les exemples sont tirés du « Document de travail » du CCFD ; *Biens mal acquis… profitent trop souvent* ; *la fortune des dictateurs et les complaisances occidentales*, mars 2007.
386 Ancien Président des Philippines.

avoirs d'origine illicite cachés à l'étranger, notamment les procédures utilisant la voie politique.[387]

Le document de travail du CCFD (Comité catholique contre la Faim et pour le Développement) de mars 2007 en cite deux : la décision politique d'un État et les résolutions des Nations-Unies.

- La décision politique d'un État

Les autorités politiques d'un État peuvent prendre la décision de geler les fonds sur leur territoire de toute personne physique ou morale. Une telle décision doit être complétée par la définition de modalités de restitution. Par exemple :

- l'*Executive order*[388] du Président de la République qui a permis de bloquer des avoirs de Mugabe et d'une centaine de dignitaires du régime zimbabwéen aux États-Unis ;
- le conseil de l'Union européenne peut aussi décider de bloquer des fonds par un règlement[389].

- Les résolutions des Nations-Unies

Le conseil de sécurité des Nations-Unies peut, par une résolution, ordonner aux États membres de bloquer les biens et les fonds de toute personne qui irait contre l'intérêt de la charte des Nations-Unies. Cela a été fait dans le cas des fonds de Saddam Hussein et des dignitaires du régime irakien, par la résolution 1483 du conseil de sécurité des Nations-Unies du 22 mai 2003. Cette résolution prévoit non seulement le blocage des fonds, mais aussi leur restitution par l'intermédiaire du fonds de développement pour l'Irak.

III. Les difficultés liées au rapatriement des fonds d'origine illicite

Les développements qui précèdent montrent que l'arsenal législatif pour saisir et restituer les fonds d'origine illicite s'est considérablement enrichi.

---

[387] *Biens mal acquis... profitent trop souvent.* « La fortune des dictateurs et les complaisances occidentales », Document de travail du CCFD, mars 2007.
[388] Un ordre exécutif ou décret présidentiel du Président des États-Unis d'Amérique..
[389] Cas Taylor, avril 2004.

Pour autant, les instruments juridiques relatifs au rapatriement des fonds d'origine illicite gardés à l'étranger resteront condamnés au rang des déclarations de principes tant que ne seront pas levés les nombreux obstacles qui empêchent leur mise en œuvre effective.

En effet, selon les Nations-Unies, les États qui entreprennent de recouvrer des avoirs se heurtent à de nombreuses difficultés[390].

A. Les difficultés d'ordre juridique

On peut noter à ce niveau qu'(e) :

- le non-respect par les États parties de l'engagement à prendre les mesures législatives édictées par les Conventions est un obstacle majeur à la mise en œuvre desdites conventions ;
- certains États spoliés peuvent éprouver des difficultés ou se trouver dans l'impossibilité de répondre aux conditions minimales requises pour bénéficier d'une entraide judiciaire, notamment en ce qui concerne l'obligation de prouver qu'une infraction a été commise et que les avoirs en sont le produit ou, encore moins, être en mesure d'offrir les garanties d'une procédure régulière exigées par les États requis, ce qui est une préoccupation en matière de preuve ;
- les questions relatives à l'immunité des hommes d'État et agents publics internationaux empêchent, la plupart du temps, toute poursuite judiciaire à leur encontre pendant l'exercice de leur mandat ;
- la fusion du produit d'infractions de corruption avec d'autres avoirs ou avec le produit d'autres infractions peut avoir comme conséquence des demandes de restitution concurrentes de deux ou plusieurs États qui cherchent à recouvrer les mêmes fonds ;
- un jugement définitif de l'État requérant, prouvant que les fonds bloqués sont de nature illicite, avant de procéder à leur restitution peut être systématiquement exigé.

---

[390]Rapport du secrétaire général qui fait suite à la résolution 60/207 de l'assemblée générale en date du 22 décembre 2005, « action préventive et lutte contre la corruption et le transfert d'avoirs d'origine illicite ».

B. Les difficultés d'ordre pratique

On peut relever ici que :

- la rapidité et la complexité des transferts compliquent les tentatives de confiscation et de restitution des fonds d'origine illicite gardés à l'étranger. En effet, les virements électroniques peuvent garantir l'anonymat et sont souvent extrêmement difficiles à suivre. En conséquence, en l'état actuel des choses, pour des transactions faites sur une très courte durée, il faut des années pour démêler l'écheveau de ces transactions d'après de nombreux spécialistes ;
- le manque chronique de transparence dans le système financier international, symbolisé par les paradis fiscaux, est aussi un obstacle majeur au gel et à la restitution des avoirs d'origine illicite. En effet, ces paradis fiscaux empêchent la localisation des fonds, servent à les blanchir et, au cas où ils seraient traqués, leur offrent une voie de repli idéale.

À ce propos et en ce qui concerne l'Europe, le juge Jean de MAILLARD écrivait : « En l'état actuel de la législation européenne, les chances offertes à un magistrat de démanteler un réseau criminel sont pratiquement nulles... Il faut dix-huit mois pour obtenir les relevés bancaires d'un compte panaméen ouvert en Suisse. Les délais sont interminables au Liechtenstein. Comment atteindre un réseau qui en l'espace de quelques heures, grâce à l'informatique et avec l'appui de quelques juristes et financiers habiles, a fait valser l'argent criminel d'un paradis à l'autre, en multipliant à dessein les écrans ? »[391]

C. Les difficultés d'ordre politique

Il en existe certaines qui sont liées :

- au fait que les efforts entrepris pour obtenir la restitution des fonds ou des avoirs illicites récupérés peuvent être entravés ou retardés par certaines préoccupations quant à leur volonté des autorités ou des enquêteurs agissant pour le compte de l'État requérant. Ces préoccupations peuvent tenir à des soupçons

---

[391] Jean de Maillard, « Un monde sans loi. La criminalité financière en image », Stock, 2003.

selon lesquels les actions en recouvrement seraient inspirées par des motivations d'ordre politique ;

- au fait qu'il peut arriver aussi que les deux parties ne parviennent pas à trouver un accord quant à la procédure à suivre pour la restitution.

Conclusion

À l'occasion de l'adoption de la convention contre la corruption par l'assemblée générale des Nations-Unies, M. Koffi Annan, secrétaire général de l'Onu, déclarait que :

> « Ce sont les pauvres qui pâtissent le plus de la corruption, car, là où elle sévit, les ressources qui devraient être consacrées au développement sont détournées, les Gouvernements ont moins de moyens pour assurer les services de base, l'inégalité et l'injustice gagnent et les investisseurs et donateurs étrangers se découragent ».

Ainsi, en demandant la saisie et la restitution des fonds d'origine illicite gardés à l'étranger, les États spoliés veulent que justice soit rendue à leurs populations qui, victimes des conséquences des détournements, de la corruption, de l'enrichissement illicite… ne peuvent, en l'état de choses, aspirer à un niveau de vie raisonnable.

Il faut donc, par la mise en œuvre complète et efficace des instruments juridiques existants, parvenir à arrêter la saignée des pays en développement, localiser, confisquer et rapatrier les fonds d'origine illicite discrètement gardés à travers des « labyrinthes » que seuls les initiés peuvent emprunter.

Il y a une certaine nécessité à faire vite. Cette nécessité s'explique par le fait que malgré l'entrée en vigueur de conventions destinées à lutter contre ces fléaux et à favoriser le rapatriement des fonds d'origine illicite à leurs véritables propriétaires, on ne peut pas affirmer qu'il y'a eu de grands changements dans ce domaine.

Dans de nombreux pays en développement où la corruption, les détournements, l'enrichissement illicite ont atteint un niveau élevé, on assiste à un pillage du patrimoine national alors que les moyens financiers font cruellement défaut aux Gouvernements pour prendre en charge les services de base.

Or, envisageant l'ampleur des effets de la corruption sous un autre angle, la Banque mondiale affirme, dans une étude sur les ramifications de la corruption en matière de prestation de services, qu'en gagnant un point d'écart type dans l'indice de corruption du Guide international des risques pays, on peut faire diminuer de 29 % les taux de mortalité infantile et faire augmenter de 52 % le taux de satisfaction des bénéficiaires des services publics de santé et de 30 % à 60 % la satisfaction de la population devant l'amélioration du réseau routier.

Le risque de ne pas entrevoir les changements escomptés est donc réel, il est d'autant plus réel que, malgré tous les efforts fournis, les fonds restitués ou gelés sont négligeables à cause surtout de la dimension politico-économique que renferme, pour les pays développés, la question de la restitution des fonds d'origine illicite gardés dans leurs banques.

En effet, comme relevé dans le document du travail du CCFD de mars 2007, au-delà même de l'activité économique générée par ces apports de liquidités, sanctionner leurs alliés d'hier ou d'aujourd'hui peut exposer les autorités de ces pays et leur entourage à des révélations dont ils peuvent se passer ou à des représailles et autres pertes de débouchés.

C'est dire que beaucoup de chemin reste à parcourir et tout le monde doit veiller au respect par tout le monde des conventions en vigueur.

Bibliographie sommaire

Convention des Nations-Unies contre la criminalité transnationale organisée, Nations-Unies, 2000.

Convention de l'Union africaine sur la prévention et la lutte contre la corruption, Maputo, 11 juillet 2003.

Convention du Conseil de l'Europe relative au blanchiment, au dépistage, à la saisie et à la confiscation des produits du crime et au financement du terrorisme, Varsovie, 16 mai 2005.

Alexandra Phaëton, « Biens mal acquis des dictateurs africains en France. Comprendre les mécanismes des biens mal acquis, les dessous de la criminalité économique de la Françafrique, pour la restitution des fonds aux populations spoliées. Pour une réforme de la politique de la France en Afrique », AGIR, mars 2007, www.survie-france.org.

CHAPITRE 9 :

LA PRATIQUE DES ACTES DE JUSTICE

Par

Emmanuel Tang [392] **et Anne Yolande Ngo Minyogog**[393]

CAS PRATIQUE

La société SICA est une société anonyme de droit camerounais régie par la réglementation OHADA ; l'État camerounais en est actionnaire majoritaire.

Afin de répondre aux exigences de la Banque mondiale et du FMI, le Gouvernement camerounais a dû envisager de privatiser cette société ou au moins confier la gestion de son portefeuille clients à une structure dans laquelle l'État du Cameroun n'avait pas de participation directe. Un appel d'offres pour la privatisation de la SICA est lancé le 5 septembre 1999 par le Gouvernement camerounais.

La SARL HIVINE en qualité d'adjudicataire provisoire.

Le 19 mai 2000, la SARL HIVINE se transforme en SA, conformément aux exigences de l'appel d'offres et le 30 juin 2000, l'assemblée générale de la SICA a pris acte de la décision du Gouvernement de transférer son portefeuille à l'adjudicataire.

L'État camerounais, représenté par le ministre des Finances et la SA HIVINE, ont conclu le 1er octobre une convention dite de transfert de portefeuille de la SICA à la HIVINE à compter du 2 janvier 2001 moyennant un prix de rachat d'un milliard de FCFA.

---

392 Docteur d'État en droit des affaires et en droit minier, avocat – ancien président général de l'Ordre des Avocats du Cameroun

393 Avocat au Barreau du Cameroun, expert en propriété intellectuelle agréée à l'OAPI.

Entre autres de ces obligations, la HIVINE désignée comme repreneur, devait se charger de recouvrer les créances détenues par la SICA sur certains créanciers et le total des sommes recouvrées serait reversé à la SICA.

En vertu d'une clause de cette convention :

> « Tous différends découlant du présent contrat ou en relation avec celui seront tranchés définitivement suivant le règlement d'arbitrage de ces CCI (Chambre de Commerce internationale) par un ou plusieurs arbitres nommés par les parties ».

Cinq ans après la reprise de la SICA, la société HIVINE n'a pas reversé les sommes recouvrées conformément à la convention.

Après épuisement des voies amiables, le liquidateur de l'actif résiduel de la SICA décide de mettre en œuvre la clause d'arbitrage pour obtenir le reversement la HIVINE desdites sommes.

GROUPE I

Vous êtes le conseil de la SICA ; il vous est demandé de rédiger la demande d'arbitrage.

Le liquidateur a soumis une demande d'arbitrage en date du 1er novembre 2007 enregistrée sous le n° 22 auprès du secrétariat de la CIA.

Le 15 janvier, la société HIVINE, par le biais de son conseil, présente ses moyens de défense qui sont pour l'essentiel des objections à la compétence de la cour et la demande de jonction d'une nouvelle partie, notamment l'État du Cameroun.

Par une sentence préliminaire, la cour décide que l'arbitrage aura lieu ; elle décide également de joindre l'État comme partie à l'arbitrage.

Le dossier est ensuite transmis aux arbitres qui convoquent le 25 juin 2005 les parties et leurs conseils à la signature de l'acte de mission.

GROUPE II

Rédiger un projet d'acte de mission.

La société HIVINE, après avoir reçu le projet de l'acte de mission dont elle avait participé à l'élaboration, fait savoir aux arbitres qu'elle ne le signera pas.

Après un échange de mémoires entre les parties, le tribunal arbitral a prononcé la clôture des débats pour sentence à être rendue le 22 janvier 2009.

Vous êtes le collège d'arbitres chargés de la rédaction de la sentence. À la date prévue, le tribunal rend une sentence définitive d'incompétence et dit qu'il n'a pas vocation à examiner l'appel en garantie de l'État du Cameroun. La Société SICA a-t-elle des voies de recours contre cette décision ?

GROUPE III

Vous êtes le conseil du groupe SICA à qui il demande de rédiger le recours approprié.

CHAPITRE 10 :

ACTE DE MISSION

Conformément à l'article 23 du règlement d'arbitrage de la CCI entré en vigueur le 1er mars 2017.

Par

Annie Laure Zang [394]

Arbitrage de la CCI *** /****

Société SICA / Société HIVINE

Les parties et leurs représentants

Demandeur/s	Représenté/s par
Société SICA	Me Yolande Ngo Minyogog
Rue 1 456 Yaoundé	Avocat au Barreau du Cameroun
	2, Avenue Immeuble FONADER 1.2367 Yaoundé BP 20 501 Yaoundé-Cameroun
	Tel (237) 222 22 83 65 Fax (237) 222 23 40 63 cabinetminyogog@minyogoglawfirm.com

Défendeur/s	Représenté/s par
Société HIVINE	Me Emmanuel Tang
Rue 2 456 Douala	Cabinet Tang Law Firm

---

[394] Spécialiste du contentieux international et de l'arbitrage, doctorante à l'université de Douala (Cameroun).

Le Tribunal arbitral

Dr Zock Atara	Pr Banamba	Dr Kenfack Douajni
Société Camerounaise de Contentieux international (SC2I) BP 12 686 Yaoundé, Cameroun	Cabinet *Banamba Associates* New York, USA	Association pour la Promotion de l'arbitrage en Afrique (APAA) Abidjan, Côte d'Ivoire

Secrétaire administratif

Cabinet Me Jean Claude Midelel

Avocat au barreau du Cameroun, membre du barreau de Paris

Rue 655 Montmartre

+33 47 87 20 485

+33 21 64 51 635

Équipe de gestion de la procédure CCI

Bureau d'Amérique du Nord

Conseiller : Pill ADAMS

Conseiller adjoint : Laureen Odjuku

New York, NY 10036

États-Unis

I. Termes définis

1. Les termes définis ci-après sont utilisés dans le présent acte de mission :

- Chambre de commerce internationale (« CCI »)

- Cour internationale d'arbitrage de la Chambre de commerce internationale (« cour »)

- Secrétariat de la Cour internationale d'arbitrage (« secrétariat »)

- Règlement d'arbitrage de la CCI entré en vigueur le 1er janvier 2012 (« règlement »)

- Tribunal arbitral, composé d'un ou de plusieurs arbitres (« tribunal »)

- Demandeur/s, Défendeur/s et, le cas échéant, partie/s intervenante/s, pris collectivement (« parties »)

II. Parties et leurs représentants

2. Tout ajout ou toute modification d'informations concernant le siège social d'une partie ou les représentants légaux d'une partie qui interviendrait postérieurement à la signature du présent acte de mission doit être notifié aux autres parties, au tribunal et au secrétariat par écrit et sans délai après la survenance de l'évènement donnant lieu à cet ajout ou à cette modification.

3. Lorsqu'il existe entre un nouveau représentant d'une partie et un arbitre un lien dont le tribunal estime qu'il pourrait donner lieu à un conflit d'intérêts, les parties conviennent que le tribunal peut prendre les mesures appropriées pour assurer l'intégrité de l'arbitrage, y compris des mesures d'exclusion du nouveau représentant de la partie de toute participation à tout ou une partie de l'arbitrage.

4. En signant le présent acte de mission, les parties confirment que les représentants des parties susvisés sont dûment autorisés à agir et à s'exprimer dans le cadre du présent arbitrage au nom et pour le compte de la partie qui les a nommés, en particulier aux fins de la signature du présent acte de mission. Chacun peut valablement exercer ses pouvoirs et compétences individuellement ou collectivement.

III. Constitution du tribunal

5. Le tribunal a été constitué comme suit :

Le 20 décembre 2007, Pezard Éliane a été nommée en qualité de co-arbitre par la cour au nom du demandeur sur proposition du comité national de la CCI du Cameroun, conformément à l'article 13 (3).

Le 15 janvier 2008, Osman Iddi a été nommé en qualité de co-arbitre directement par la cour au nom du défendeur, conformément à l'article 13 (3) du règlement.

Le 17 janvier 2008, Kamara Hassan a été confirmé en qualité d'arbitre unique/de président du tribunal par la cour, sur la base de sa désignation conjointe par les co-arbitres, conformément à l'article 13 (1) du règlement.

6. Les parties conviennent de la désignation de Garrabos Lucien en qualité de secrétaire administratif du tribunal, en conformité avec la partie relative aux secrétaires administratifs de la note aux parties et

aux tribunaux arbitraux sur la conduite de l'arbitrage, conformément au règlement d'arbitrage de la CCI.

7. En signant le présent acte de mission, chacune des parties confirme que le tribunal a été correctement constitué.

8. En conséquence, les parties renoncent à formuler de quelconques objections concernant des éléments dont elles avaient connaissance à la date de signature.

IV. Notifications et communications

9. Conformément à l'article 3 du règlement, les parties et le tribunal sont tenus d'envoyer des copies de toutes les correspondances écrites directement aux représentants de toutes les autrcs parties, à chaque arbitre et au secrétariat, simultanément, aux adresses indiquées aux pages 1 et 2 du présent acte de mission.

10. Les communications sont envoyées aux représentants des parties par courriel aux adresses électroniques indiquées ci-dessus au plus tard à la date fixée par le tribunal, le cas échéant, et par courrier uniquement si la demande en est faite.

11. Les documents doivent être envoyés au secrétariat uniquement sous forme électronique.

12. Sous réserve de toute exigence légale obligatoire qui pourrait s'appliquer, et à moins que les parties n'en conviennent autrement, (1) l'acte de mission peut être signé en plusieurs exemplaires et (2) ces exemplaires peuvent être numérisés et communiqués au secrétariat, conformément à l'article 3 du règlement par courriel ou par tout autre moyen de télécommunication permettant de fournir une preuve de l'envoi.

13. De la même manière, sous réserve de toute exigence légale obligatoire qui pourrait s'appliquer, les parties peuvent convenir (1) que toute sentence sera signée par les membres du tribunal arbitral en plusieurs exemplaires et/ou (2) que ces exemplaires seront regroupés pour former un fichier électronique unique que le secrétariat notifiera aux parties par courriel ou par tout autre moyen de télécommunication permettant de fournir une preuve de l'envoi, conformément à l'article 34 du règlement.

V. Procédure à la date des présentes

14. Le 1er novembre 2007, le secrétariat a reçu une demande d'arbitrage soumise par le demandeur.

15. Dans sa demande, le demandeur indiquait que, conformément à la convention d'arbitrage, l'arbitrage était soumis à un arbitre unique ou à un tribunal composé de trois membres et proposait que l'arbitrage soit soumis à un arbitre tribunal composé de trois membres et désignait Pezard Éliane en qualité de co-arbitre.

16. Le secrétariat de la cour a notifié la demande d'arbitrage au défendeur le 16 novembre 2007.

17. Le 15 janvier 2008, à la suite d'une prolongation de délai accordée par le secrétariat, le secrétariat a reçu une réponse à la demande d'arbitrage soumise par le défendeur. Le secrétariat a également reçu une demande d'intervention de l'État du Cameroun soumise par le défendeur.

18. Dans la réponse, le défendeur indiquait que, conformément à la convention d'arbitrage, l'arbitrage était soumis à un tribunal composé de trois membres [et désignait Osman Iddi en qualité de co-arbitre.

19 La cour, par une sentence préliminaire, a décidé que l'arbitrage aura lieu et a également décidé de ne pas joindre l'État du Cameroun comme partie à l'arbitrage.

20. Conformément à l'article 16 du règlement, le dossier a été remis au tribunal le 17 janvier 2008.

21. Comme l'exige l'article 24 du règlement, le tribunal a tenu une conférence sur la gestion de la procédure qui s'est déroulée sous la forme d'une conférence téléphonique le 18 janvier 2008, afin de consulter les parties sur les mesures procédurales susceptibles d'être adoptées, conformément à l'article 22 (2) du règlement et à l'appendice IV du règlement.

VI. Convention d'arbitrage

22. Le demandeur a formé des demandes en application de la convention d'arbitrage comprise dans l'accord de liquidation en date du 1er octobre 2000 signé par les gérants des différentes sociétés, qui prévoit ce qui suit :

« Tous différends découlant du présent contrat ou en relation avec celui-ci seront tranchés définitivement suivant le règlement d'arbitrage CCI (Chambre du Commerce internationale) par un ou plusieurs arbitres nommés par les parties ».

VII. Droit matériel applicable

23. Le droit applicable choisi par la société HIVINE et la société SICA a été entériné dans la clause libellée ainsi :

« Le droit applicable est celui en vigueur dans l'espace OHADA, suivant cette convention tout différend survenant sera soumis à l'arbitrage devant la Chambre du Commerce internationale par un ou plusieurs arbitres nommés par les parties ».

VIII. Règles de procédures applicables

24. Conformément à l'article 19 du règlement, la procédure est régie par le règlement et, dans le silence de ce dernier, par les règles que les parties ou à défaut le tribunal, déterminent, en se référant ou non à une loi nationale de procédure applicable à l'arbitrage.

IX. Langue de l'arbitrage

25. Suivant la convention d'arbitrage entre les parties la langue de l'arbitrage est le Français.

X. Lieu de l'arbitrage

26. Conformément à l'article 18 (2) du règlement, le tribunal peut, après consultation des parties, tenir des audiences et réunions en tout autre endroit qu'il estime opportun.

27. Conformément à l'article 18 (3) du règlement, le tribunal peut délibérer en tout endroit qu'il considère comme opportun.

XI. Positions respectives des parties et décisions respectives sollicitées par les parties

28. Les résumés ci-après visent à satisfaire l'exigence posée à l'article 23 (1) du règlement et sont sans préjudice de quelconques allégations, arguments, affirmations et contestations supplémentaires ou complémentaires énoncés dans les écritures déjà versées au dossier et dans des conclusions ou écritures qui seraient formulées ou présentées à l'avenir dans le cadre du présent arbitrage, sous réserve des dispositions de l'article 23 (4) du règlement.

29. En conséquence, les parties ne peuvent former de nouvelles demandes hors des limites du présent acte de mission une fois que celui-ci a été signé ou approuvé, sauf autorisation du tribunal qui tient compte de la nature de ces nouvelles demandes, de l'état d'avancement de la procédure et de toutes autres circonstances pertinentes.

30. Aucune indication ou omission dans le résumé de l'une ou l'autre des parties ne sera interprétée comme une renonciation ou comme un aveu concernant un point de fait ou de droit. Le résumé ne reflète ni des faits établis par le tribunal, ni des aveux formulés par une autre partie.

31. Les résumés des positions respectives des parties et des décisions sollicitées par les parties, fournis dans le présent acte de mission, sont établis sur la base des écritures présentées par les parties à la date des présentes : demande d'arbitrage datée du 1er novembre 2007, réponse à la demande d'arbitrage datée du 15 janvier 2008.

32. Un résumé des faits établis sur la base des écritures des parties est fourni ci-après.

33. En signant le présent acte de mission, les parties ne signifient ni leur accord avec le résumé de la position de l'autre partie exposé ci-après, ni leur absence d'objection à ce résumé.

A- Position du/des demandeur/s et décisions sollicitées par le/s demandeur/s [À compléter]

B- Position du/des défendeur/s et décisions sollicitées par le/s défendeur/s

34. [Le/s défendeur/s [et la/les partie/s intervenante/s] soulève/nt des objections en matière de compétence pour les motifs suivants : ____.]

35. Le tribunal par une sentence préliminaire a confirmé sa compétence à juger de cette affaire sur la base de la convention d'arbitrage.

36. En signant le présent acte de mission, le défendeur ne signifie pas sa renonciation à ses objections en matière de compétence et de jonction de l'État du Cameroun à la procédure.

XII. Montant en litige

37. [Le montant en litige est actuellement quantifié à US $/euros/ [autre devise] ____.] /[À la date des présentes, le/s montant/s des demandes quantifiées du/des demandeur/s est/sont de ____ et le/s montant/s des demandes reconventionnelles quantifiées du/des défendeur/s est/sont de ____.] /[Le montant en litige n'est pas quantifié à l'heure actuelle ; le/s demandeur/s, /le/s/ défendeur/s, /le/s parties déterminera/ont le montant de sa/ses/leurs demande/s ou quantifiera/ont le préjudice au cours de l'arbitrage.]

XIII. Points litigieux à résoudre

38. Les points litigieux à résoudre par le tribunal peuvent inclure, de façon non limitative, les points suivants : [: À compléter 1) inclure tous les points relatifs à la compétence et aux coûts devant être résolus par le tribunal ; 2) lorsque l'acte de mission docompléterit faire l'objet d'une approbation, identifier tout point relatif à la compétence en tant que point litigieux à résoudre]

39. En tout état de cause, les points litigieux à résoudre sont les points qui découlent des écritures des parties, y compris de leurs écritures à venir, ainsi que ceux qui sont pertinents à l'égard de la décision relative aux demandes et moyens de défense respectifs des parties, sans que cela fasse obstacle à l'application de l'article 23 (4) du règlement.

40. Le tribunal est libre de trancher tout point litigieux par la voie de sentences partielles ou intérimaires ou par la voie d'une sentence finale, comme il l'estime approprié, et après avoir donné à chaque partie la possibilité d'être suffisamment entendue.

XIV. Autres questions de procédure

41. Toutes les questions de procédure peuvent être résolues par la voie d'ordonnances de procédure adoptées après consultation des parties.

42. Les ordonnances de procédure peuvent être adoptées par le président seul au nom du tribunal, après consultation des co-arbitres. En cas d'urgence, le président peut, après avoir tenté de consulter les co-arbitres, rendre des ordonnances de procédure et formuler des instructions seul.

43. Conformément à l'article 22 (1) du règlement, le tribunal et les parties conviennent de faire tous leurs efforts pour conduire la procédure d'arbitrage avec célérité et efficacité en termes de coût, eu égard à la complexité et à l'enjeu du litige. Le tribunal et les parties peuvent envisager d'ajouter des dispositions relatives à tout accord de confidentialité, à toute taxe sur la valeur ajoutée à payer sur les honoraires des arbitres, à tout renvoi à des instruments juridiques non contraignants comme les Règles de l'Association internationale du barreau (IBA) sur l'administration de la preuve et les lignes directrices de l'IBA sur la représentation des parties et à tout renvoi à l'utilisation des services d'expertise ou la possibilité de résoudre un litige selon le règlement de médiation de la CCI. Le tribunal peut demander au Centre international de la CCI de proposer des experts selon le règlement de proposition d'experts et de tiers. Les parties peuvent, à tout moment et sans préjudice aucun de l'arbitrage en cours, demander à résoudre ce litige selon le règlement de médiation de la CCI.

XV. Signature de l'acte de mission

L'arbitrage : (ville, pays)

Signatures :

____________	____________	____________
Nom	Nom	Nom
Au nom et pour le compte du/des Demandeur/s		Au nom et pour le compte du/des Défendeur/s
Date :	Date :	Lieu
____________	____________	____________

Biobibliographie

Mademoiselle *Zang Tsila Annie Laura* :

- est doctorante en Droit public international à l'université de Douala ;
- a un master 2 en en Relations internationales, option contentieux international (IRIC) ;
- a un master 1 en en Relations internationales, option contentieux international (IRIC) ;
- a une licence en Droit et administration publique (FSJP-université de Yaoundé 2) ;
- a à son actif un procès simulé d'arbitrage, contentieux international des investissements et du commerce international, IRIC, 2015.

<u>Activités de recherche</u>

Zang Tsila Annie Laura, « Les différends opposant les pays développés aux pays en voie de développement devant l'OMC », Thèse de doctorat/PH.D, Université de Douala, sous la direction du Pr Kam Yogo Emmanuel (en cours de rédaction).

Zang Tsila Annie Laura, « Le contentieux africain devant l'organe de règlement des différends de l'OMC », Mémoire de master 2 en Relations internationales, option contentieux international, IRIC, 2016.

Zang Tsila Annie Laura, « La participation du Cameroun au système de règlement des différends de l'OMC », Rapport de stage master 1 en Relations internationales, option contentieux international à la division des Affaires juridiques du ministère du Commerce, IRIC, 2013.

CONCLUSION GÉNÉRALE

Sur la défense des intérêts de l'État devant le prétoire international

Par

François Mballa Mekongo[395]

[395] Juriste d'entreprise, journaliste principal, directeur juridique (EDC Cameroun).

Face à la toute-puissance de l'État, pourrait-on l'imaginer assis sur un banc des accusés ? Une utopie pour ceux qui partagent une culture régalienne de l'État à travers un État fort, inattaquable, inapprochable, *injusticiable* et contre lequel aucune décision de justice ne peut être exécutée. Ce sont en principe les appréhensions qu'on pourrait exprimer face à cette première approche. Toute autre est la réalité.

En effet, derrière la notion régalienne de l'État, il se décline cette autre réalité qu'induit l'État de droit. Un État de droit est un système institutionnel dans lequel la puissance publique est soumise au droit. L'État est soumis au principe essentiel du respect de ses normes juridiques ; chacun étant soumis au même droit, que ce soit l'individu ou bien la puissance publique elle-même. En conséquence de ce qui précède, un particulier est susceptible de « contester les actions de l'État ou [celles] d'un dirigeant politique s'il les considère comme illégales »[396].

Cette règle est valable en droit interne et se justifie à travers le développement d'un droit administratif interne, applicable devant les juridictions administratives et judiciaires nationales. Ceci induit que l'État, personne morale désincarnée et qui este en justice, doit défendre ses droits et ses intérêts devant les juridictions.

La présence de l'État devant les tribunaux soulève une autre préoccupation, à savoir quel est l'organe d'État qui est appelé à défendre l'État devant les tribunaux ? En principe, il existe un corps social à qui échoit le monopole de la défense devant les juridictions ; c'est le corps des avocats[397]. Toutefois, dans le cadre de son activité judiciaire, l'État s'est entouré d'un corps de fonctionnaires et autres agents de l'État pour défendre ses intérêts devant les tribunaux : ils sont généralement connus sous le vocable de « représentants de l'État en justice » quand le procès se déroule par devant les juridictions nationales ou étrangères, ou « d'agents judiciaires de l'État » [398] lorsque l'État comparaît devant des juridictions régionales ou internationales.

---

[396] Toupictionnaire : le dictionnaire de politique, État de droit, Définition de l'État.

[397] Loi n° 90/059 du 19 décembre 1990 portant organisation de la profession d'avocat au Cameroun.

[398] Le représentant de l'État devant la CIJ ou la cour de justice de la CEMAC ou devant toute autre juridiction internationale, est désigné « agent judiciaire ».

Il convient cependant de relever que par devant certaines juridictions internes, notamment le tribunal de grande instance, la cour d'appel, la cour suprême, le conseil constitutionnel ; ainsi que par devant certaines juridictions étrangères [399] , régionales [400] ou internationales, le ministère de l'avocat est obligatoire. Ceci étant, l'État a pris grand soin à organiser la défense de ses intérêts par des agents publics. Assez souvent, ces agents sont assistés par des avocats nationaux ou étrangers. La désignation dans ce cas tient compte des enjeux du litige, de la nature de la procédure qui peut être judiciaire ou arbitrale.

C'est dans le souci d'apporter plus d'expertise aux acteurs du prétoire international que l'Association des anciens participants de l'IDLO (API Cameroun) a organisé un séminaire international tenu les 21 et 24 avril 2009 à l'Institut des Relations internationales du Cameroun (IRIC) à Yaoundé au Cameroun sur « la défense des intérêts de l'État devant le prétoire étranger ».

Dans un chapitre préliminaire, le Professeur Joseph Marie Bipoun Woum aborde largement dans son exposé la question de la représentation de l'État en justice. Dans une étude parue dans la revue camerounaise de droit[401], cet éminent enseignant de droit retrace l'historique de la représentation de l'État en droit camerounais[402]. Dans un autre extrait publié en annexe 2[403], une autre expérience de la technique de la représentation de l'État en justice est développée à travers un exposé sur le « rôle du représentant de l'État ».

Ceci étant, cet ouvrage s'articule autour de quatre parties :

---

[399] L'État du Cameroun, par diverses procédures, a comparu devant le tribunal de grande instance de Paris, le tribunal de Prud'homme de Bobigny, le tribunal de grande instance de Frankfurt, la cour d'appel de Paris, la cour de cassation française, etc.

[400] La cour commune de justice et d'arbitrage de l'OHADA, la cour de justice de la CEMAC, etc.

[401] Étude versée en annexe 1 du présent ouvrage.

[402] Annexe 1 : Bipoun Woum Joseph-Marie, « La représentation de L'État en justice au Cameroun », *Revue camerounaise de droit*, n° 28, 1984, pp. 17-57.

[403] Annexe 2 : Le rôle du représentant de L'État ; Source : ministère des Domaines et des Affaires foncières, Manuel du représentant de l'État devant les instances judiciaires (dans le cadre du contentieux foncier et domanial, JURILEX international, pp. 15-21.

La première partie présente les juridictions internationales. Dans la pratique du contentieux international, les États règlent leurs litiges devant des instances judiciaires nationales, internationales ou des instances arbitrales. Dans un chapitre particulier, le Professeur Marcellin Nguele Abada expose longuement sur les juridictions arbitrales d'une part, et les juridictions judiciaires internationales, d'autre part. Dans un second chapitre, le Docteur Zock Atara revient plus en détail sur les instances non juridictionnelles, mettant l'accent sur les modes alternatifs de règlement des différends (MARD) que sont la négociation, la médiation, la transaction ou l'arbitrage. Au chapitre trois, le magistrat sénégalais Amady Ba, en service au bureau du procureur à la CPI expose de long en large, sur les attributions de la CPI qui a son siège à La Haye aux Pays-Bas. Dans sa présentation, l'expert de la CPI dresse un historique de cour à partir du tribunal de Nuremberg pour juger les auteurs de la Deuxième Guerre mondiale.

La deuxième partie présente les acteurs du prétoire international. Dans le chapitre quatre, Monsieur Tchienzette explique le rôle du diplomate dans la représentation de l'État devant les juridictions internationales aux côtés des acteurs administratifs, techniques, judiciaires et para-judiciaires. Ces aspects sont abondamment développés par un expert de haut vol, le Docteur Michel Mahouve qui élabore le contenu du chapitre cinq.

Une fois que la justice interne ou internationale est rendue, il faut pouvoir donner effet aux arrêts et sentences arbitrales intervenus.

La troisième partie du livre est consacrée à l'exécution des décisions de justice et des sentences arbitrales internationales. Ainsi qu'on pourra le noter, nonobstant l'existence d'un arrêt ou d'une sentence arbitrale, son exécution peut se heurter à la mise en œuvre des immunités de l'État en droit international. Le Professeur Alain Didier Olinga y avait consacré d'importants développements dans le chapitre six, développements illustrés par un article de doctrine. Au chapitre sept, le Professeur Banamba Boniface conduit d'importants développements à la pratique de l'exécution des jugements et sentences arbitrales étrangères. L'auteur de ce chapitre revisite également le recours à la négociation et à la transaction pour exécuter et terminer ce type de litiges.

S'agissant d'un échange qui se voulait le plus pratique possible, la quatrième partie de l'ouvrage revisite la pratique du contentieux à l'international. Un accent particulier a été mis sur le rapatriement des fonds d'origine illicite dans les pays étrangers. Dans le chapitre 8, le magistrat Ibrahima Sambe de la cour de justice de l'UEMOA revient abondamment sur les accords internationaux qui régissent la lutte contre le blanchissement d'argent. Me Tang Emmanuel et Me Yolande Ngo Minyogog sont deux avocats rompus à l'action judiciaire et arbitrale devant les juridictions internationales. Ils ont animé le chapitre 9 consacré à la pratique des actes de justice. La responsabilité de nous présenter un acte de mission en matière d'arbitrage échoit à une experte en contentieux international, familière de l'arbitrage, Mlle Annie Laure Zang, doctorante en droit international.

Il est indéniable que les professionnels du prétoire international trouveront de la matière dans leurs différentes démarches. Tel est demeuré le vœu de l'Association des anciens participants de l'IDLO (API Cameroun), celui de la Société camerounaise du Contentieux international (SC2I), organisateurs du séminaire sur le thème : « La représentation de l'État devant le prétoire étranger » et éditeur de cet ouvrage.

ANNEXES :

DÉCRETS ET CIRCULAIRES SUR LA DÉFENSE DES INTÉRÊTS DE L'ÉTAT EN JUSTICE

ANNEXE 5

RÉPUBLIQUE DU CAMEROUN **PAIX – TRAVAIL-PATRIE**

-------------   ---------

CIRCULAIRE N° 001 / CAB/PM DU 04 JAN 2000
Relative au fonctionnement des structures juridiques des départements ministériels.-

LE PREMIER MINISTRE, CHEF DU GOUVERNEMENT,

À Mesdames et Messieurs :
- **Les ministres d'État,**
- **Les ministres.**

Les textes organiques des différents départements ministériels ont institué, sous forme de Cellules, de Divisions ou de Directions suivant le cas, des structures juridiques chargées de missions bien précises, à savoir :

- préparer et mettre en forme les projets de textes de nature législative ou réglementaire initiés par le ministère ou soumis à la signature du ministre ;
- émettre un avis juridique sur les questions importantes relevant du ministère ;
- s'assurer de la régularité juridique des engagements du ministère ;
- assurer de défense des intérêts de l'État en justice lorsque le ministère est impliqué dans une affaire.

Dans le contexte de l'heure, caractérisé par la réaffirmation des principes de l'État de droit et de soumission des institutions à la légalité républicaine, l'importance, la spécificité et la délicatesse de ces missions méritent d'être rappelées.

Or, mon attention a été attirée sur le fait que les Cellules, Divisions ou Directions juridiques des ministères ne sont ni convenablement, ni pleinement utilisées pour les fonctions qui leur sont assignées.

Ces structures sont marginalisées et contournées dans le circuit ministériel d'élaboration des textes, victimes de la méfiance, de cloisonnement des directions techniques, et du recours de plus en plus développé et pas toujours justifié aux expertises juridiques externes à l'administration.

Il s'ensuit une maîtrise à la fois inégale et insuffisante des contraintes juridiques du travail gouvernemental, se traduisant notamment par une dégradation continue de la qualité des projets issus des ministères et un suivi peu satisfaisant des intérêts de l'État en justice.

Afin de mettre un terme à de telles pratiques, je vous demande de revaloriser les fonctions juridiques et contentieuses au sein des ministères, en faisant fonctionner correctement les organes spécialisés créés à cet effet.

Je vous invite en particulier à édicter par note de service, des procédures organisant le rôle des structures juridiques :

1) dans la mise en forme des projets de textes ;

2) dans le suivi des affaires contentieuses ;

3) en matière de contrôle à priori de la légalité des actes et décisions émanant des ministères ;

4) ladite note de service devra également préciser les procédures de collaboration permanente entre les directions techniques et les structures juridiques, ainsi que toutes mesures propres à inciter les directions techniques à recourir utilement aux services et avis spécialisés des structures juridiques.

Tout recours aux expertises juridiques externes à l'administration devra être exceptionnel, et procéder d'une nécessité avérée.

Il devra au préalable être soumis à l'avis des services juridiques ministériels, qui devront eux-mêmes dissuader de se décharger de leurs tâches sur les professionnels privés, surtout lorsque les conditions sont trop onéreuses.

Je vous engage à apporter tout votre appui à ces structures, en leur accordant votre confiance personnelle et en veillant à ce que tous les autres organes des ministères les intègrent mieux aux différentes procédures de travail.

Je vous invite en outre, à mettre à leur disposition des moyens humains et matériels adéquats, et à veiller à ce que n'y soient désignés que des juristes chevronnés, et que leurs personnels aient régulièrement accès à des sessions de formation permanente.

Je n'hésiterai pas moi-même, chaque fois que de besoin, à intervenir au cas par cas pour que ces services soient pleinement associés au travail gouvernemental.

J'attache du prix au respect scrupuleux et à l'application effective des prescriptions contenues dans la présente circulaire./-

YAOUNDÉ, le 04 JAN. 2000

LE PREMIER MINISTRE,
CHEF DU GOUVERNEMENT,

(è) Peter MAFANY MUSONGE

ANNEXE 6

RÉPUBLIQUE DU CAMEROUN	**PAIX – TRAVAIL-PATRIE**
-------------	---------

LETTRE -CIRCULAIRE N° 001/ CAB/PM DU 04 JAN 2006 relative à la défense de l'État en justice.

LE PREMIER MINISTRE, CHEF DU GOUVERNEMENT,

À Mesdames et Messieurs :

- **les Vice-Premiers Ministres ;**
- **les ministres d'État :**
- **les ministres.**

Mon attention a été attirée sur le fait que la plupart des recours contentieux impliquant l'État au niveau de la chambre administrative de la cour suprême, sont jugés en l'absence de représentants de départements ministériels, entraînant de ce fait, de fréquentes condamnations par défaut de celui-ci.

Ces condamnations ont pour conséquence, d'une part, la dégradation de l'image de l'administration qui apparaît aussi auprès de l'opinion publique comme étant peu soucieuse du respect de la légalité et d'autre part, d'obérer le trésor public à travers le paiement par l'État, de lourds dommages et intérêts.

Or, les textes organiques des différents départements ministériels ont institué, sous forme de division ou de direction, suivant le cas, des structures juridiques chargées notamment d'assurer la défense des intérêts de l'État en justice lorsque celui est partie dans une affaire.

Par ailleurs, en application des dispositions pertinentes de la loi n° 75/17 du 08 décembre 1975 fixant la procédure devant la cour suprême statuant en matière administrative, la haute juridiction a toujours veillé à informer les chefs de départements ministériels des recours introduits à l'encontre des administrations dont ils ont la charge afin que ceux-ci puissent désigner la/les personne/s devant assurer la défense des intérêts de l'État dans les délais impartis.

Mais cette procédure s'est régulièrement heurtée à l'indifférence, voire à une négligence pour le moins inadmissible.

Aussi, afin de mettre un terme à une telle attitude, je vous demande de veiller à ce que les structures juridiques chargées entre autres, de la défense de l'État en justice, puissent dorénavant fonctionner de façon optimale ; ce qui implique la revalorisation de la fonction contentieuse au sein de vos départements ministériels.

La revalorisation en question requiert la mise à la disposition des structures concernées des moyens humains et matériels et la désignation en leur sein de juristes chevronnés.

Vous veillerez en outre à suivre avec toute l'attention requise les procès dans lesquels vos départements ministériels sont impliqués afin que cessent les condamnations par défaut de l'État.

Enfin, je vous invite à m'adresser désormais un compte rendu au terme de chaque procédure contentieuse impliquant vos départements ministériels respectifs.

J'attache du prix au respect scrupuleux et à l'application effective des prescriptions contenues dans la présente lettre-circulaire./-

YAOUNDÉ, LE 04 JAN 2006

LE PREMIER MINISTRE,
CHEF DU GOUVERNEMENT,

(é) INONI Éphraïm

ANNEXE 7

RÉPUBLIQUE DU CAMEROUN — **PAIX – TRAVAIL-PATRIE**

LETTRE -CIRCULAIRE N° 002/ CAB/PM DU 20 AVRIL 2009 relative à la constitution de services d'avocats professionnels dans le cadre de la défense des intérêts de l'État en justice.

LE PREMIER MINISTRE, CHEF DU GOUVERNEMENT,

À Mesdames et Messieurs :

- **les Vice-Premiers Ministres ;**
- **les ministres d'État ;**
- **les ministres ;**
- **les ministres Délégués.**

Il m'a été donné de constater que les départements ministériels et certains organismes publics placés sous les tutelles recourent de plus en plus aux services d'avocats professionnels pour assurer la défense des intérêts de l'État de ses démembrements en justice. À cet effet, des conventions sont souvent signées entre ces avocats et des administrations concernées.

Si le recours aux services d'avocats professionnels a pour objectif bien compris, le renforcement de la défense des intérêts de l'État à l'occasion de procès dans lequel il est impliqué, cette pratique a cependant lieu à des dérapages, notamment :

- les montants exorbitants des honoraires servis à ces avocats, parfois sans commune mesure avec les prestations réalisées ;
- la pratique, non prévue par la réglementation en vigueur, du paiement d'honoraires indexés sur le résultat du procès.

S'il reste constant en outre que les conventions d'honoraires sont librement négociées entre l'avocat et son client dans le cadre d'un procès, celles-ci ne doivent point se muer, pour le cadre d'espèce, en prétexte d'octroi de libéralités ou d'enrichissement indu au détriment de la collectivité nationale.

Aussi, en vous réitérant les termes de ma circulaire n° 001/CAB/PM du 4 janvier 2006 relative à la défense des intérêts de l'État en justice par laquelle je vous avais prescrit, entre autres, l'amélioration du fonctionnement des cellules juridiques ou des divisions des affaires juridiques de vos départements ministériels respectifs, à travers la nomination en leur sein de juristes chevronnés, ainsi que le renforcement de leurs moyens d'action, je vous demande de ne recourir aux services des avocats professionnels que de manière exceptionnelle, c'est-à-dire uniquement lorsque la complexité du contentieux en question requiert une telle assistance.

En tout état de cause, je vous invite à négocier dorénavant les montants des honoraires des avocats professionnels avant constitution définitive de leurs services, lesquels devront être soumis au préalable à la validation des ministres chargés de la justice.

J'attache du prix au respect et à l'application des présentes prescriptions./-

YAOUNDÉ, LE 20 AVRIL 2009

LE PREMIER MINISTRE,
CHEF DU GOUVERNEMENT,

(é) INONI Éphraïm

ANNEXE 8

RÉPUBLIQUE DU CAMEROUN | **PAIX – TRAVAIL-PATRIE**

LETTRE -CIRCULAIRE N° 005/ CAB/PM DU 27 OCT. 2009 relative à la constitution de services d'avocats dans le cadre de la défense des intérêts de l'État en justice.

LE PREMIER MINISTRE, CHEF DU GOUVERNEMENT,

À Mesdames et Messieurs :

- **les Vice-Premiers Ministres ;**
- **les ministres d'État ;**
- **les ministres ;**
- **les ministres Délégués ;**
- **les Secrétaires d'État.**

Il m'est donné de constater que les départements ministériels et certains organismes publics placés sous votre tutelle recourent de plus en plus aux services d'avocats pour assurer la défense des intérêts de l'État et de ses démembrements en justice. À cet effet, des conventions sont souvent signées entre ces avocats et les structures concernées.

Si le recours aux services d'avocats a pour objectif bien compris le renforcement de la défense des intérêts de l'État ou de ses démembrements à l'occasion des procès dans lesquels ils sont impliqués, cette pratique a cependant donné lieu à des dérapages dont, notamment :

- les montants exorbitants des honoraires servis à ces avocats, parfois sans commune mesure avec les prestations réalisées ;
- la pratique, non prévue par la réglementation en vigueur, du paiement d'honoraires indexés sur le résultat du procès.

S'il reste constant en outre que les conventions d'honoraires sont librement négociées entre l'avocat et son client dans le cadre d'un procès, celles-ci ne doivent point se muer en prétexte d'octroi de libéralités ou d'enrichissement indu au détriment de la collectivité nationale.

Aussi, en vous réitérant les termes de ma circulaire n° 001/CAB/PM du 04 janvier 2006 relative à la défense des intérêts de l'État en justice par laquelle je vous avais prescrit, entre autres, la dynamisation des cellules juridiques ou des divisions des affaires juridiques de vos départements ministériels respectifs à travers la nomination en leur sein de juristes chevronnés et le renforcement de leurs moyens d'action, je vous demande de ne recourir aux services d'avocats que de manière exceptionnelle, c'est-à-dire uniquement lorsque la complexité du contentieux concerné requiert une telle assistance.

En tout état de cause, je vous invite à négocier dorénavant le montant des honoraires des avocats avant leur constitution définitive.

J'attache du prix au respect et à la stricte application des prescriptions qui abrogent celles antérieures contraires, notamment celles de la lettre circulaire n° 002/CAB/PM du 20 avril 2009 relative à la constitution des services d'avocats professionnels dans le cadre de la défense des intérêts de l'État en justice./-

YAOUNDÉ, LE 27 OCTOBRE 2009

LE PREMIER MINISTRE,
CHEF DU GOUVERNEMENT,

(é) Philémon YANG

ANNEXE 9

RÉPUBLIQUE DU CAMEROUN — **PAIX – TRAVAIL-PATRIE**

DÉCRET n° 78/527 du 15 décembre 1978
portant création d'une indemnité au profit des défenseurs de l'État en Justice.

LE PRÉSIDENT DE LA RÉPUBLIQUE,

Vu la Constitution du 2 juin 1972 modifiée et complétée par la Loi n° 75/1 du 9 mai 1975 ;
Vu l'Ordonnance n° 72/4 du 26 août 1972 portant organisation de la profession d'Avocat ;
Vu la Loi n° 75/1 du 8 décembre 1975 fixant la procédure à suivre devant la Cour suprême statuant en matière administrative ;
Vu le Décret n° 73/51 du 10 février 1973 relatif à la défense de l'État en justice ;

DÉCRÈTE :

ARTICLE 1ER : Il est créé une indemnité de 20 000 francs au profit des fonctionnaires chargés d'assurer la défense des intérêts de l'État en justice.

Cette indemnité n'est pas imposable. Elle est due après chaque jugement ou arrêt à l'exception des décisions avant dire droit.

ARTICLE 2 : Pour bénéficier de l'indemnité créée par le présent décret, le défenseur de l'État en justice doit produire, outre la décision qui le désigne en cette qualité, un extrait du jugement ou de l'arrêt rendu et un certificat de service fait, délivré par l'autorité administrative compétente concernée.

ARTICLE 3 : Sont exclus du bénéfice de cette indemnité :

a) sans préjudice des poursuites disciplinaires qu'ils encourent les agents qui, régulièrement désignés pour défendre les intérêts de l'État en justice, ne se sont pas acquittés de cette mission ;
b) sans préjudice des poursuites disciplinaires et pénales qu'ils encourent, les agents contre lesquels il aura été établi un fait de corruption ou de connivence avec la partie adverse au détriment des intérêts de l'État, et ceci même si le résultat final du procès a été favorable à l'administration.

ARTICLE 4 : L'indemnité relative à la défense de l'État en justice est imputée sur le budget de l'État, chapitre des dépenses communes.

ARTICLE 5 : Le présent Décret qui prend effet pour compter de la date de sa signature, sera enregistré et publié au journal partout où besoin sera./-

YAOUNDÉ, le 15 décembre 1978

LE PRÉSIDENT DE LA RÉPUBLIQUE,

(é) AHMADOU AHIDJO

ANNEXE 10

RÉPUBLIQUE DU CAMEROUN

PAIX – TRAVAIL-PATRIE

DÉCRET N° 2015/ 457 / DU 13 OCTOBRE 2015
fixant une indemnité au profit des Agents publics chargés de la défense en justice des intérêts de l'État.

LE PRÉSIDENT DE LA RÉPUBLIQUE,

Vu la Constitution ;
Vu la loi n° 90/059 du 19 décembre 1990 portant organisation de la Profession d'avocat ;
Vu la loi n° 2006/015 du 29 décembre 2006 portant organisation judiciaire modifiée par celle de 2011/027 du 14 décembre 2011 ;
Vu la loi n° 2006/016 du 29 décembre 2006 fixant l'organisation et le fonctionnement de la Cour suprême ;
Vu la loi n° 2006/017 du 29 décembre 2006 fixant l'organisation, les attributions et le fonctionnement des Tribunaux régionaux des Comptes ;
Vu la loi n° 2006/022 du 29 décembre 2006 fixant l'organisation et le fonctionnement des Tribunaux administratifs ;
Vu la loi n° 2011/028 du 14 décembre 2011 portant création d'un Tribunal criminel spécial, modifiée et complétée par celle de 2012/011 du 16 juillet 2012 ;
Vu le décret n° 2012/389 du 10 septembre 2012 portant organisation du ministère de la Justice ;

DÉCRÈTE :

ARTICLE 1ER :- (1) La défense des intérêts de l'État ainsi que la représentation de l'État en justice sont assurées par le département ministériel directement concerné, avec l'assistance du ministère la Justice.

(2) À ce titre, les administrations publiques, les institutions publiques, les établissements publics et autres organisations de même nature peuvent se faire représenter devant les juridictions par un agent public désigné par l'autorité compétente.

ARTICLE 2 : L'agent public chargé d'assurer la défense en justice des intérêts de l'État bénéficie d'une indemnité de deux cent cinquante mille (250 000) francs CFA.

Cette indemnité concerne une seule et même affaire ;

Elle n'est pas imposable ;

Elle est due après chaque jugement ou arrêt, à l'exception des décisions avant dire droit.

ARTICLE 3 : Sont exclus du bénéfice de cette indemnité :

c) sans préjudice des poursuites disciplinaires qu'ils encourent les agents qui, régulièrement désignés pour défendre les intérêts de l'État en justice, ne se sont pas acquittés de cette mission ;
d) sans préjudice des poursuites disciplinaires et pénales qu'ils encourent, les agents contre lesquels il aura été établi un fait de corruption ou de connivence avec la partie adverse au détriment des intérêts de l'État, et ceci même si le résultat final du procès a été favorable à l'administration.

ARTICLE 4 : Est exclu du bénéfice de l'indemnité prévue à l'article 2 :

e) sans préjudice des poursuites disciplinaires qu'il encourt, l'agent public qui, régulièrement désigné pour défendre les intérêts de l'État en Justice, ne s'est pas acquitté de cette mission ;
f) sans préjudice des poursuites disciplinaires qu'il encourt, l'agent public contre lequel il aurait été établi un fait de corruption ou de connivence avec la partie adverse au détriment des intérêts de l'État, même si le résultat final du procès a été favorable à l'administration.

ARTICLE 5 : L'indemnité relative à la défense de l'État en justice est imputée sur le budget de l'État, chapitre des dépenses communes.

ARTICLE 6 : Sont abrogées toutes dispositions antérieures contraires, notamment du décret n° 73/51 du 10 février 1973 relatif à la défense de l'État en justice, modifié par le Décret n° 73/648 du 18 octobre 1973 et le Décret n° 78/527 du 15 décembre 1978 portant création d'une indemnité au profit des défenseurs de l'État en justice.

ARTICLE 7 : Le présent Décret sera enregistré, publié suivant la procédure d'urgence, puis inséré au journal officiel en français et en anglais./-

YAOUNDÉ, le 13 octobre 2015

LE PRÉSIDENT DE LA RÉPUBLIQUE,

(é) Paul BIYA

ANNEXE 11

REPUBLIC OF CAMEROON **PEACE – WORK – FATHERLAND**

---------   ----------

DECREES N° 2015 / 457 OF 13 OCT 2015
To determine a allowance paid to Public Agents for the defence of the State interest before the Courts.

THE PRESIDENT OF THE REPUBLIC.

Mindful of the Constitution;
Mindful of Law N° 90/059 of the 19th of December 1990 to organize Practice at the Bar;
Mindful of Law N° 2006/016 of the 29th of December 2006 o judicial organization;
Mindful of Law N° 2006/016 of the 29th of December 2006 relating to the organization and functioning of the Supreme Court;
Mindful of Law N° 2006/017 of the 29th of December of the Regional Audit Courts;
Mindful of Law N° 2006/022 of the 29th of December relating to the organization and the functioning of the Administrative Courts;
Mindful of Law N° 2011/028 of the 14th of December 2011 to set up a Special Criminal Court amended and supplemented by Law N° 2012/011 of the 16th of July 2012;
Mindful of Decree N° 2012/389 of the 10th of September 2012 on the organization of the Ministry of Justice,

HEREBY DECREES AS FOLLOWS

ARTICLE 1.- (1) The defence of the State interest as well as legal representation of the State before the Courts shall be carried out, by the concerned Ministerial Department with the assistance of the Ministry of Justice.

(2) To that effects, Public Administrations, Public Institutions, Public Enterprises as well as other Institutions of the same nature shall be represented before the competent Courts by Public Agents appointed by a competent authority.

ARTICLE 2.- The Public Agent in charge of the defence of the State interest before the Courts
This allowance is for one matter only;
It is not taxable;

It is payable after every judgment of ruling except interlocutory rulings.

ARTICLE 3.- To benefit from the allowance, as stated in article 2 above the Public Agent assigned to defend the State before the Court shall furnish the following documents :

- an appointment decision ;
- an extract of judgment or ruling rendered ;
- a service certificate, delivered by the concerned competent administrative authority, on presentation of a complete mission report.

ARTICLE 4.- Is exempted to benefit from the allowance in article 2 above :

a) Without prejudice, faces disciplinary sanctions, a Public Agent regularly assigned to defend the State interest before the Court fail to executed the assignment ;

b) Without prejudice, faces both disciplinary and criminal sanctions, a Public Agent who is involved in any corruption, in connivance with the other party, at the detriment of the State interest, even if the final outcome of the matter is in favor of the Administration.

ARTICLE 5 : The allowance for the defence of the State interest is charged to State Budget on general expenditures head.

ARTICLE 6.- Are repeals all previous repugnant thereto, in particular Decree N° 73/51 of the 10th of February 1973 relating to the defence of the State interest before the Courts amended by Decree N° 73/648 of the 18th of October 1973 and Decree N° 78/572 of the 25th of December 1978 to determine an allowance to the defence of the State interest before the Courts.

ARTICLE 7.- This Decree shall be registered, published according to the procedure of urgency and inserted in the Official Gazette in English and French./-

YAOUNDÉ, 13 OCT 2015

(é) PAUL BIYA
PRESIDENT OF THE REPUBLIC

ANNEXE 12

CONVENTION DE VIENNE SUR LES RELATIONS DIPLOMATIQUES DE 1961

Les États parties à la présente convention,

Rappelant que, depuis une époque reculée, les peuples de tous les pays reconnaissent le statut des agents diplomatiques ; conscients des buts et des principes de la charte des Nations-Unies concernant l'égalité souveraine des États, le maintien de la paix et de la sécurité internationale et le développement de relations amicales entre les nations ;

Persuadés qu'une convention internationale sur les relations et immunités diplomatiques contribuerait à favoriser les relations d'amitié entre les pays, quelle que soit la diversité de leurs régimes constitutionnels et sociaux ;

Convaincus que le but desdits privilèges et immunités est non pas d'avantager des individus, mais d'assurer l'accomplissement efficace des fonctions des missions diplomatiques en tant que représentants des États ;

Affirmant que les règles du droit international coutumier doivent continuer à régir les questions qui n'ont été expressément réglées dans les dispositions de la présente convention ;

Sont convenus de ce qui suit :

Article 1er.
Aux fins de la présente Convention, les expressions suivantes s'entendent comme il est précisé ci-dessous :
L'expression « chef de mission » s'entend de la personne chargée par l'État accréditant d'agir en cette qualité ;
L'expression « membres de la mission » s'entend du chef de la mission et des membres du personnel de la mission ;
L'expression « membres du personnel de la mission » s'entend des membres du personnel diplomatique, du personnel administratif et technique et du personnel de service de la mission ;
L'expression « membres du personnel diplomatique » s'entend des membres du personnel de la mission qui ont qualité de diplomates ;
L'expression « agent diplomatique » s'entend du chef de la mission ou d'un membre du personnel diplomatique de la mission ;
L'expression « membres du personnel administratif et technique » s'entend des membres du personnel de la mission envoyés dans le service administratif et technique de la mission ;
L'expression « membres du personnel de service » s'entend des membres du personnel de la mission, employés au service domestique de la mission ;

L'expression « domestiques privés » s'entend des personnes employées au service domestique d'un membre de la mission, qui ne sont pas des employées de l'État accréditant ;
L'expression « locaux de la mission » s'entend des bâtiments ou des parties des bâtiments et du terrain attenant qui, quel qu'en soit le propriétaire, sont utilisés aux fins de la mission, y compris la résidence du chef de la mission.

Article 2.
L'établissement de relations diplomatiques entre États et l'envoi de missions diplomatiques permanentes se font par consentement mutuel.

Article 3.
Les fonctions d'une mission diplomatique consistent notamment à :

- représenter l'État accréditant auprès de l'État accréditaire ;
- protéger, dans l'État accréditaire les intérêts de l'État accréditant et de ses ressortissants, dans les limites admises par le droit international ;
- négocier avec le Gouvernement de l'État accréditaire ;
- s'informer par tous les moyens licites des conditions et de l'évolution des évènements dans l'État accréditaire et faire un rapport à ce sujet au Gouvernement de l'État accréditant ;
- promouvoir les relations amicales et développer les relations économiques, culturelles et scientifiques entre l'État accréditant et l'État accréditaire.

Aucune disposition de la présente convention ne saurait être interprétée interdisant l'exercice de fonctions consulaires par une mission diplomatique.

Article 4.
L'État accréditant doit s'assurer que la personne qu'il envisage d'accréditer comme chef de la mission auprès de l'État accréditaire a reçu l'agrément de cet État.
L'État accréditaire n'est pas tenu de donner à l'État accréditant les raisons d'un refus d'agrément.

Article 5.
L'État accréditant, après notification aux États accréditaires intéressés, peut accréditer comme chef de la mission ou affecter un membre du personnel diplomatique, suivant le cas auprès de plusieurs autres États, à moins que l'un des États accréditaires ne s'y oppose expressément.
Si l'État accréditant accrédite un chef de mission auprès d'un ou plusieurs autres États, il peut établir une mission diplomatique dirigée par un chargé d'affaires *ad intérim* dans chacun des États où le chef de la mission n'a pas sa résidence permanente.
Un chef de mission ou un membre du personnel diplomatique de la mission peut représenter l'État accréditant auprès de toute organisation internationale.

Article 6.
Plusieurs États peuvent accréditer la même personne en qualité de chef de mission auprès d'un autre État, à moins que l'État accréditaire ne s'y oppose.

Article 7.
Sous réserve des dispositions des articles 5, 8, 9 et 11, l'État accréditant nomme à son choix les membres du personnel de la mission. En ce qui concerne les attachés militaires, navals, ou de l'air, l'État accréditaire peut exiger que leurs noms lui soient soumis à l'avance aux fins d'approbation.

Article 8.
Les membres du personnel diplomatique de la mission auront en principe la nationalité de l'État accréditant.
Les membres du personnel diplomatique de la mission ne peuvent être choisis parmi les ressortissants de l'État accréditaire qu'avec le consentement de cet État, qui peut en tout temps le retirer.
L'État accréditaire peut se réserver le même droit en ce qui concerne les ressortissants d'un État tiers qui ne sont pas également ressortissants de l'État accréditant.

Article 9.
L'État accréditaire peut, à tout moment et sans avoir à motiver sa décision, informer l'État accréditant que le chef ou tout autre membre du personnel diplomatique de la mission est *persona non grata* ou que tout autre membre du personnel de la mission n'est pas acceptable. L'État accréditant rappellera alors la personne en cause ou mettra fin à ses fonctions auprès de la mission, selon le cas. Une personne peut être déclarée *non grata* ou non acceptable avant d'arriver sur le territoire de l'État accréditaire.
Si l'État accréditant refuse d'exécuter ou n'exécute pas dans le délai raisonnable les obligations qui lui incombent aux termes du paragraphe 1 du présent article, l'État accréditaire peut refuser de reconnaître à la personne en cause la qualité de membre de la mission.

Article 10.
Sont notifiés au ministère des Affaires étrangères de l'État accréditaire ou tel autre ministère dont il aura été convenu :
- la nomination des membres de la mission, leur arrivée et leur départ définitif ou la cessation de leurs fonctions dans la mission ;
- l'arrivée et le départ définitif d'une personne appartenant à la famille d'un membre de la mission, et, s'il y'a lieu, le fait qu'une personne devient ou cesse d'être membre de la famille d'un membre de la mission ;
- l'arrivée et le départ définitif de domestiques privés au service de personnes visées à l'alinéa a) ci - dessus, et, s'il y'a lieu, le fait qu'ils quittent le service desdites personnes ;
- l'engagement et le congédiement de personnes résidant dans l'État accréditaire, en tant que membres de la mission ou en tant que domestiques privés ayant droit aux privilèges et immunités.

Toutes les fois qu'il est possible, l'arrivée et le départ définitif doivent également faire l'objet d'une notification préalable.

Article 11.
À défaut d'accord sur l'effectif de la mission, l'État accréditaire peut exiger que cet effectif soit maintenu dans les limites de ce qu'il considère comme raisonnable et normal, eu égard aux circonstances et conditions qui règnent dans cet État et aux besoins de la mission en cause.
L'État accréditaire peut également, dans les mêmes limites et sans discrimination, refuser d'admettre les fonctionnaires d'une certaine catégorie.

Article 12.
L'État accréditant ne doit pas, sans avoir obtenu au préalable le consentement exprès de l'État accréditaire, établir des bureaux faisant partie de la mission dans d'autres localités que celles où la mission elle-même est établie.

Article 13.
Le chef de la mission est réputé avoir assumé ses fonctions dans l'État accréditaire dès qu'il a présenté ses lettres de créance ou dès qu'il a notifié son arrivée et qu'une copie figurée de ses lettres de créance a été présentée au ministère des Affaires étrangères de l'État accréditaire, ou à tel autre ministère dont il aura été convenu, selon le principe en vigueur dans l'État accréditaire, qui doit être appliqué d'une manière uniforme.

L'ordre de présentation des lettres de créance ou d'une copie figurée de ces lettres est déterminé par la date et l'heure d'arrivée du chef de la mission.

Article 14.
Les chefs de mission sont répartis en trois classes, à savoir :
- celle des ambassadeurs ou nonces accrédités auprès des chefs d'État et des autres chefs de mission ayant rang équivalent ;
- celle des employés, ministres ou internonces accrédités auprès des chefs d'État ;
- celle des chargés d'affaires accrédités auprès des ministères des Affaires étrangères.

Sauf en ce qui touche la préséance et l'étiquette, aucune différence n'est faite entre les chefs de mission en raison de leur classe.

Article 15.
Les États conviennent de la classe à laquelle doivent appartenir les chefs de leurs missions.

Article 16.
Les chefs de mission prennent rang dans chaque classe suivant la date et l'heure à laquelle ils ont assumé leurs fonctions, conformément à l'article 13.
Les modifications apportées aux lettres de créance d'un chef de mission qui n'impliquent pas de changements de classe, n'affectent pas son rang de préséance.
Le présent article n'affecte pas les usages qui sont ou seraient acceptés par l'État accréditaire en ce qui concerne la préséance du représentant du Saint-Siège.

Article 17.
L'ordre de préséance des membres du personnel diplomatique de la mission est notifié par le chef de la mission au ministère des Affaires étrangères ou à tel autre ministère dont il aura été convenu.

Article 18.
Dans chaque État, la procédure à suivre pour la réception des chefs de mission doit être uniforme à l'égard de chaque classe.

Article 19.
Si le poste de chef de la mission est empêché d'exercer ses fonctions, un chargé d'affaires *ad intérim* agit à ce titre provisoire comme chef de la mission. Le nom du chargé d'affaires *ad intérim* sera notifié soit par le chef de la mission, soit, au cas où celui-ci est empêché de l'affaire, par le ministère des Affaires étrangères de l'État accréditant, au ministère des Affaires étrangères de l'État accréditaire ou à tel autre ministère dont il aura été convenu.

Au cas où aucun nombre du personnel diplomatique de la mission n'est présent dans l'État accréditaire, un ombre du personnel administratif et technique peut, avec le consentement de l'État accréditaire, être désigné par l'État accréditant pour gérer les affaires administratives courantes de la mission.

Article 20.
La mission et son chef ont le droit de placer le drapeau et l'emblème de l'État accréditant sur les locaux de la mission, y compris la résidence du chef de la mission, et sur les moyens de transport de celui-ci.

Article 21.
L'État accréditaire doit, soit faciliter l'acquisition sur son territoire, dans le cadre de sa législation par l'État accréditant des locaux nécessaires à sa mission, soit aider l'État accréditant à se procurer des locaux d'une autre manière.
Il doit également, s'il en est besoin, aider les missions à obtenir des logements convenables pour leurs membres.

Article 22.
Les locaux de la mission sont inviolables. Il n'est pas permis aux agents de l'État accréditaire d'y pénétrer, sauf avec le consentement du chef de la mission.

L'État accréditaire a l'obligation spéciale de prendre toutes les mesures appropriées afin d'empêcher que les locaux de la mission ne soient envahis ou endommagés, la paix de la mission troublée ou sa dignité amoindrie.
Les locaux de la mission, leur ameublement et les autres objets qui s'y trouvent, ainsi que les moyens de transport de la mission, ne peuvent faire l'objet d'aucune perquisition, réquisition, saisie ou mesure d'exécution.

Article 23.
L'État accréditant et le chef de la mission sont exempts de tous impôts et taxes nationaux, régionaux ou communaux, au titre des locaux de la mission dont ils sont

propriétaires ou locataires, pourvu qu'il ne s'agisse pas d'impôts ou taxes perçus en rémunérations de services particulièrement rendus. L'exemption fiscale prévue dans le présent article ne s'applique pas à ces impôts et taxes lorsque, d'après la législation de l'État accréditaire, ils sont à la charge de la personne qui traite avec l'État accréditant ou avec le chef de la mission.

Article 24.
Les archives et documents de la mission sont inviolables à tout moment et en quelque lieu qu'ils se trouvent.

Article 25.
L'État accréditaire accorde toutes facilités pour l'accomplissement des fonctions de la mission.

Article 26.
Sous réserve de ses lois et règlements relatifs aux zones dont l'accès est interdit ou réglementé pour des raisons de sécurité nationale, l'État accréditaire assure à tous les membres de la mission la liberté de déplacement et de circulation sur son territoire.

Article 27.
L'État accréditaire permet et protège la libre communication de la mission pour toutes fins officielles. En communiquant avec le Gouvernement ainsi qu'avec les autres missions et consulats de l'État accréditant où qu'ils se trouvent, la mission peut employer tous les moyens de communication appropriés, y compris les courriers diplomatiques et les messages en code ou en chiffre. Toutefois, la mission ne peut installer et utiliser un poste émetteur de radio qu'avec l'assentiment de l'État accréditaire.

La correspondance officielle de la mission est inviolable. L'expression *correspondance officielle* s'entend de toute correspondance relative à la mission et à ses fonctions.
La valise diplomatique ne doit être ni ouverte ni retenue.

Les colis constituant la valise diplomatique doivent porter des marques extérieures visibles de leur caractère et ne peuvent contenir que des documents diplomatiques ou des objets à usage officiel.
Le courrier diplomatique, qui doit être porteur d'un document officiel attestant sa qualité et précisant le nombre de colis constituant la valise diplomatique, est, dans l'exercice de ses fonctions, protégé par l'État accréditaire. Il jouit de l'inviolabilité de sa personne et ne peut être soumis à aucune forme d'arrestation ou de détention.

L'État accréditant ou la mission, peut nommer des courriers diplomatiques *ad hoc*. Dans ce cas, les dispositions du paragraphe 5 du présent article seront également applicables, sous réserve que les immunités qui y sont mentionnées cesseront de s'appliquer dès que le courrier aura remis au destinataire la valise diplomatique dont il a la charge.

La valise diplomatique peut être confiée au commandant d'un aéronef commercial qui doit atterrir à un point d'entrée autorisé. Ce commandant doit être porteur d'un document officiel indiquant le nombre de colis constituant la valise, mais il n'est pas considéré comme un courrier diplomatique. La mission peut envoyer un de ses membres prendre, directement et librement, possession de la valise diplomatique du commandant de l'aéronef.

Article 28.
Les droits et redevances perçus par la mission pour des actes officiels sont exempts de tous impôts et taxes.

Article 29.
La personne de l'agent diplomatique est inviolable. Il ne peut être soumis à aucune forme d'arrestation ou de détention. L'État accréditaire le traite avec le respect qui lui est dû et prend toutes mesures appropriées pour empêcher toute atteinte à sa personne, sa liberté et sa dignité.

Article 30.
La demeure privée de l'agent diplomatique jouit de la même inviolabilité et de la même protection que les locaux de la mission.
Ses documents, sa correspondance et, sous réserve du paragraphe 3 de l'article 31, ses biens jouissent également de l'inviolabilité.

Article 31.
L'agent diplomatique jouit de l'immunité de la juridiction pénale de l'État accréditaire. Il jouit également de l'immunité de sa juridiction civile et administrative, sauf qu'il s'agit :

- d'une action réelle concernant un immeuble privé situé sur le territoire de l'État accréditaire, à moins que l'agent diplomatique ne le possède pour le compte de l'État accréditant aux fins de la mission ;

- d'une action concernant une succession dans laquelle l'agent diplomatique figure comme exécuteur testamentaire, administrateur, héritier ou légataire, à titre privé et non pas au nom de l'État accréditant ;

- d'une action concernant une activité professionnelle ou commerciale, quelle qu'elle soit, exercée par l'agent diplomatique dans l'État accréditaire en dehors de ses fonctions officielles.
L'agent diplomatique n'est pas obligé de donner son témoignage.

Aucune mesure d'exécution ne peut être prise à l'égard de l'agent diplomatique, sauf dans les cas prévus aux alinéas a, b et c du paragraphe 1 du présent article, et pourvu que l'exécution puisse se faire sans qu'il soit porté atteinte à l'inviolabilité de sa personne ou de sa demeure.
L'immunité de juridiction d'un agent diplomatique dans l'État accréditaire ne saurait exempter cet agent de la juridiction de l'État accréditant.

Article 32.
L'État accréditant peut renoncer à l'immunité de juridiction des agents diplomatiques et des personnes qui bénéficient de l'immunité en vertu de l'article 37.
La renonciation doit toujours être expresse.

Si un agent diplomatique ou une personne bénéficiant de l'immunité de juridiction en vertu de l'article 37 engage une procédure, il n'est plus recevable à invoquer l'immunité de juridiction à l'égard de toute demande reconventionnelle directement liée à la demande principale.
La renonciation à l'immunité de juridiction pour une action civile ou administrative n'est pas censée impliquer la renonciation à l'immunité quant aux mesures d'exécution du jugement, pour lesquelles une renonciation distincte est nécessaire.

Article 33.
Sous réserve des dispositions du paragraphe 3 du présent article, l'agent diplomatique est, pour ce qui est des services rendus à l'État accréditant, exempté des dispositions de sécurité sociale qui peuvent être en vigueur dans l'État accréditaire.

L'exemption prévue au paragraphe 1 du présent article s'applique également aux domestiques privés qui sont au service exclusif de l'agent diplomatique, à condition :

- qu'ils ne soient pas ressortissants de l'État accréditaire ou n'y aient pas leur résidence permanente ; et
- qu'ils soient soumis aux dispositions de sécurité sociale qui peuvent être en vigueur dans l'État accréditant ou dans un État tiers.

L'agent diplomatique qui a à son service des personnes auxquelles l'exemption prévue au paragraphe 2 du présent article ne s'applique pas, doit observer les obligations que les dispositions de sécurité sociale de l'État accréditaire imposent à l'employeur.
L'exemption prévue aux paragraphes 1 et 2 du présent article n'exclut pas la participation volontaire au régime de sécurité sociale de l'État accréditaire pour autant qu'elle est admise par cet État.
Les dispositions du présent article n'affectent pas les accords bilatéraux ou multilatéraux relatifs à la sécurité sociale qui ont été conclus antérieurement et elles n'empêchent pas la conclusion ultérieure de tels accords.

Article 34.
L'agent diplomatique est exempt de tous impôts et taxes, personnels ou réels, nationaux, régionaux ou communaux, à l'exception :

- des impôts indirects d'une nature tels qu'ils sont normalement incorporés dans les prix des marchandises ou des services ;

- des impôts et taxes sur les biens immeubles privés situés sur le territoire de l'État accréditaire, à moins que l'agent diplomatique ne les possède pour le compte de l'État accréditant, aux fins de la mission ;
- des droits de succession perçus par l'État accréditaire, sous réserve des dispositions du paragraphe 4 de l'article 39 ;
- des impôts et taxes sur les revenus privés qui ont leur source dans l'État accréditaire et des impôts sur le capital prélevés sur les investissements effectués dans des entreprises commerciales situées dans l'État accréditaire ;
- des impôts et taxes perçus en rémunération de services particuliers rendus ;
- des droits d'enregistrement, de greffe, d'hypothèse et de timbre en ce qui concerne les biens immobiliers, sous réserve des dispositions de l'article 23.

Article 35.
L'État accréditaire doit exempter les agents diplomatiques de toute prestation personnelle, de tout service public de quelque nature qu'il soit, des charges militaires telles que les réquisitions, contributions et logements militaires.

Article 36.
Suivant les dispositions législatives et réglementaires qu'il peut adopter, l'État accréditaire accorde l'entrée et l'exemption des droits de douane, taxes et autres redevances connexes autres que les frais d'entreposage, de transport et frais afférents à des services analogues sur :
- les objets destinés à l'usage officiel de la mission ;
- les objets destinés à l'usage personnel de l'agent diplomatique ou des membres de sa famille qui font partie de son ménage, y compris des effets destinés à son installation.

L'agent diplomatique est exempté de l'inspection de son bagage personnel, à moins qu'il n'existe des motifs sérieux de croire qu'il contient des objets ne bénéficiant pas des exemptions mentionnées au paragraphe 1 du présent article, ou des objets dont l'importation ou l'exportation est interdite par la législation ou soumise aux règlements de quarantaine de l'État accréditaire. En pareil cas, l'inspection ne doit se faire qu'en présence de l'agent diplomatique ou de son représentant autorisé.

Article 37.
Les membres de la famille de l'agent diplomatique qui font partie de son ménage bénéficient des privilèges et immunités mentionnés dans les articles 29 à 36, pourvu qu'ils ne soient pas ressortissants de l'État accréditaire.

Les membres du personnel administratif et technique de la mission, ainsi que les membres de leurs familles qui font partie de leurs ménages respectifs, bénéficient, pourvu qu'ils ne soient pas ressortissant de l'État accréditaire ou n'y aient pas leur résidence permanente, des privilèges et immunités mentionnés dans les articles 29 à 5, sauf que l'immunité de la juridiction civile et administrative de l'État accréditaire mentionnée au paragraphe 1 de l'article 31 ne s'applique pas aux actes accomplis en dehors de l'exercice de leurs fonctions. Ils bénéficient aussi des privilèges mentionnés au paragraphe 1 de l'article 6 pour ce qui est des objets importés lors de leur première installation.

Les membres du personnel de service de la mission qui ne sont pas ressortissants de l'État accréditaire ou n'y ont pas leur résidence permanente, bénéficient de l'immunité pour les actes accomplis dans l'exercice de leurs fonctions et de l'exemption des impôts et taxes sur les salaires qu'ils reçoivent du fait de leurs services ainsi que de l'exemption prévue à l'article 33.

Article 38.
Les domestiques privés des membres de la mission qui ne sont pas ressortissants de l'État accréditaire ou n'y ont pas leur résidence permanente, sont exemptés des impôts et taxes sur les salaires qu'ils reçoivent du fait de leurs services. À tous autres égards, ils ne bénéficient des privilèges et immunités que dans la mesure admise par l'État accréditaire. Toutefois, l'État doit exercer sa juridiction sur ces personnes de façon à ne pas entraver d'une manière excessive l'accomplissement des fonctions de la mission.

À moins que des privilèges et immunités supplémentaires n'aient été accordés par l'État accréditaire, l'agent diplomatique qui a la nationalité de l'État accréditaire ou y a sa résidence permanente, ne bénéficie de l'immunité de juridiction et de l'inviolabilité que pour les actes officiels accomplis dans l'exercice de ses fonctions.

Les autres membres du personnel de la mission et les domestiques privés qui sont ressortissants de l'État accréditaire, ou qui y ont leur résidence permanente ne bénéficient des privilèges et immunités que dans la mesure où cet État les leur reconnaît. Toutefois, l'État accréditaire doit exercer sa juridiction sur ces personnes de façon à ne pas entraver d'une manière excessive l'accomplissement des fonctions de la mission.

Toute personne ayant droit aux privilèges et immunités en bénéficie dès qu'elle pénètre sur le territoire de l'État accréditaire pour gagner son poste ou, si elle se trouve déjà sur ce territoire, dès que sa nomination a été notifiée au ministère des Affaires étrangères ou à tel autre ministère dont il aura été convenu.

Lorsque les fonctions d'une personne bénéficiant des privilèges et immunités prennent fin, ces privilèges et immunités cessent normalement au moment où cette personne quitte le pays ou à l'expiration d'un délai raisonnable qui lui aura été accordé à cette fin, mais ils subissent jusqu'à ce moment, même au cas de conflit armé. Toutefois, l'immunité subsiste en ce qui concerne les actes accomplis par cette personne dans l'exercice de ses fonctions comme membre de la mission.

Article 39
En cas de décès d'un membre de la mission, les membres de sa famille continuent de jouir des privilèges et immunités dont ils bénéficient, jusqu'à l'expiration d'un délai raisonnable leur permettant de quitter le territoire de l'État accréditaire.

En cas de décès d'un membre de la mission qui n'est pas ressortissant de l'État accréditaire ou n'y a pas sa résidence permanente ou d'un membre de sa famille qui fait partie de son ménage, l'État accréditaire permet le retrait des biens meubles, à l'exception de ceux qui auront été acquis dans le pays et qui font l'objet d'une prohibition d'exportation au moment de son décès. Il ne sera pas prélevé de droits de succession sur les meubles dont la présence dans l'État accréditaire était uniquement due à la présence dans cet État du défunt en tant que membre de la mission ou membre de la famille d'un membre de la mission.

Article 40.
Si l'agent diplomatique traverse ou se trouve sur le territoire d'un État tiers qui lui a accordé un visa de passeport au cas où ce visa est requis, pour aller assumer ses fonctions ou rejoindre son poste ou pour rentrer dans son pays, l'État tiers lui accordera l'inviolabilité et toutes autres immunités nécessaires pour permettre son passage ou son retour. Il fera de même pour les membres de sa famille qui bénéficient des privilèges et immunités qui accompagnent l'agent diplomatique ou qui voyagent séparément pour le rejoindre ou pour rentrer dans leur pays.
Dans des conditions similaires à celles qui sont prévues au paragraphe 1 du présent article, les États tiers ne doivent pas entraver le passage sur leur territoire des membres du personnel administratif et technique ou de service de la mission et des membres de leur famille.

Les États tiers accordent à leur correspondance et aux autres communications officielles et transit, y compris les messages en code ou en chiffre, la même liberté et protection que l'État accréditaire. Ils accordent aux courriers diplomatiques auxquels un visa de passeport a été accordé et ce visa était requis, et aux valises diplomatiques en transit, la même inviolabilité et la même protection que l'État accréditaire est tenu de leur accorder.

Les obligations des États tiers en vertu des paragraphes 1, 2 et 3 du présent article s'appliquent également aux personnes respectivement mentionnées dans ces paragraphes, ainsi qu'aux communications officielles et aux valises diplomatiques lorsque leur présence sur le territoire de l'État tiers est due à la force majeure.

Article 41.
Sans préjudice de leurs privilèges et immunités, toutes les personnes qui bénéficient de ces privilèges et immunités ont le devoir de respecter les lois et règlements de l'État accréditaire. Elles ont également le devoir de ne pas s'immiscer dans les affaires intérieures de cet État.

Toutes les affaires officielles traitées avec le ministère des Affaires étrangères de l'État accréditaire, confiées à la mission par l'État accréditant, doivent être traitées avec le ministère des Affaires Étrangères de l'État accréditaire ou par son intermédiaire ou avec tel autre ministère dont il aura été convenu.

Les locaux de la mission ne seront pas utilisés d'une manière incompatible avec les fonctions de la mission telles qu'elles sont énoncées dans la convention ou dans d'autres règles du droit international général ou dans les accords particuliers en vigueur entre l'État accréditant et l'État accréditaire.

Article 42.
L'agent diplomatique n'exercera pas dans l'État accréditaire une activité professionnelle ou commerciale en vue d'un gain personnel.

Article 43.
Les fonctions d'un agent diplomatique prennent fin notamment :
- par la notification de l'État accréditant à l'État accréditaire que les fonctions de l'agent diplomatique ont pris fin ;
- Par la notification de l'État accréditaire à l'État accréditant que, conformément au paragraphe 2 de l'article 9, cet État refuse de reconnaître l'agent diplomatique comme membre de la mission.

Article 44.
L'État accréditaire doit, même en cas de conflit armé, accorder des facilités pour permettre aux personnes bénéficiant des privilèges et immunités, autres que les ressortissants de l'État accréditaire, ainsi qu'aux membres de la famille de ces personnes, quelle que soit leur nationalité, de quitter son territoire dans les meilleurs délais. Ils doivent en particulier, si besoin est, mettre à leur disposition les moyens de transport nécessaires pour eux-mêmes et pour leurs biens.

Article 45.
En cas de rupture des relations diplomatiques entre deux États, ou si une mission est rappelée définitivement ou temporairement :
- l'État accréditaire est tenu, même en cas de conflit armé, de respecter et de protéger les locaux de la mission ainsi que ses biens et ses archives ;
- l'État accréditant peut confier la garde des locaux de la mission avec les biens qui qui s'y trouvent, ainsi que les archives, à un État tiers acceptable pour l'État accréditaire ;
- l'État accréditant peut confier la protection de ses intérêts et ceux de ses ressortissants à un État tiers acceptable pour l'État accréditaire.

Article 46.
Avec le consentement préalable de l'État accréditaire, et sur demande d'un État tiers non représenté dans cet État, l'État accréditant peut assumer la protection temporaire des intérêts de l'État tiers et de ses ressortissants.

Article 47.
En appliquant les dispositions de la présente Convention, l'État accréditaire ne fera pas de discrimination entre les États.

Toutefois, ne seront pas considérés comme discriminatoires :
- le fait pour l'État accréditaire d'appliquer respectivement l'une des dispositions de la présente Convention parce qu'elle est ainsi appliquée à sa mission dans l'État accréditant ;
- le fait pour des États de se faire mutuellement bénéficier par coutume ou par voie d'accord, d'un traitement plus favorable que ne le requièrent les dispositions de la présente Convention.

Article 48.
La présente Convention sera ouverte à la signature de tous les États membres de l'Organisation des Nations-Unies ou d'une institution spécialisée, ainsi que de tout État partie au statut de la cour internationale de justice et de tout autre État invité par l'assemblée générale de l'Organisation des Nations-Unies à devenir partie à la Convention, de la manière suivante : jusqu'au 31 mars 1961, au ministère fédéral des Affaires étrangères d'Autriche et ensuite, jusqu'au 31 mars 1962, au siège de l'Organisation des Nations-Unies à New-York.

Article 49.
La présente Convention sera ratifiée. Les instruments de ratification seront déposés auprès du secrétaire général de l'Organisation des Nations-Unies.

Article 50.
La présente Convention restera ouverte à l'adhésion de tout État appartenant à l'une des quatre catégories mentionnées à l'article 48. Les instruments d'adhésion seront déposés auprès du secrétaire général de l'Organisation des Nations-Unies.

Article 51
La présente Convention entrera en vigueur le trentième jour qui suivra la date du dépôt auprès du secrétaire général de l'Organisation des Nations-Unies du vingt-deuxième instrument de ratification ou d'adhésion.
Pour chacun des États qui ratifieront la Convention ou y adhéreront après le dépôt du vingt-deuxième instrument de ratification ou d'adhésion, la convention entrera en vigueur le trentième jour après le dépôt par cet État de son instrument de ratification ou d'adhésion.

Article 52.
Le secrétaire général de l'Organisation des Nations-Unies notifiera à tous les États appartenant à l'une des quatre catégories mentionnées à l'article 48, 49 et 50 la date à laquelle la présente Convention entrera en vigueur conformément à l'article 51.

Article 53.
L'original de la présente Convention, dont les textes anglais, chinois, espagnol, français et russe font également foi, sera déposé auprès du secrétaire général de l'Organisation des Nations-Unies, qui fera tenir copie certifiée conforme à tous les États appartenant à l'une des quatre catégories mentionnées à l'article 48.

En foi de quoi, les plénipotentiaires soussignés, dûment autorisés par leurs Gouvernements respectifs, ont signé la présente Convention.

Fait à Vienne, le 18 avril 1961.

ANNEXE 13

Blog association : idlo.centerblog.net/2-présentation-de-api-Cameroun

SÉMINAIRE SUR LA REPRÉSENTATION DE L'ÉTAT DEVANT LE PRÉTOIRE ÉTRANGER

Contexte et justification

Depuis 1983, date de sa création, l'IDLO/OIDD, organisation intergouvernementale œuvrant en faveur de la promotion de l'État de droit et de la bonne gouvernance dans les pays en développement, ceux en transition économique et ceux au sortir de conflits armés, a formé plus de 15 000 professionnels du droit provenant de 175 pays et les associations d'anciens participants sont présentes et actives dans 41 pays dont le Cameroun.

Ces associations se doivent de mener dans leurs pays respectifs des missions assignées à l'IDLO à travers des activités visant la promotion d'un État de droit ainsi que la vulgarisation des normes juridiques.

C'est dans ce cadre que l'API Cameroun entend organiser avec le concours des partenaires tels que la CPI basée à La Haye, l'IDLO à Rome et l'institut des Relations internationales du Cameroun (IRIC), un séminaire sur la défense des intérêts de l'État devant le prétoire étranger.

Les fondements de ce séminaire reposent donc clairement sur le principe selon lequel l'État doit être bien défendu, et qu'une bonne défense de l'État entraîne une meilleure préservation de ses intérêts, au premier rang desquels ses deniers publics.

L'association camerounaise des anciens participants de l'IDLO (API Cameroun) est en partenariat avec l'Organisation internationale de droit du Développement (IDLO/OIDD), la Cour pénale internationale (CPI) et l'Institut des Relations internationales du Cameroun (IRIC).

L'IDLO, sous l'égide de laquelle est organisé ce séminaire, est une organisation internationale et intergouvernementale qui œuvre pour la promotion de l'État de droit et de la bonne gouvernance afin d'assurer la sécurité des citoyens et de réduire leur pauvreté en garantissant le respect des droits fondamentaux, en soutenant l'activité économique et en renforçant les institutions judiciaires et locales. Cette institution offre une formation juridique continue aux décideurs actuels et futurs des pays en développement et en transition économique, conçue pour favoriser la mise en œuvre des stratégies de réduction de la pauvreté et de développement des pays.

Objet et intérêt

La défense des intérêts de l'État devant le prétoire étranger est une question d'une extrême importance dans le contexte actuel de la mondialisation, de multilatéralisation des échanges économiques, avec pour corollaire la sophistication et la complexification des montages juridiques y afférant, ainsi que la diversification des modes de règlement des différends éventuels qui surviennent à l'occasion de l'exécution de contrats internationaux.

Objectif du séminaire

Ce séminaire a pour objectif de donner aux différents participants, juristes impliqués dans la vie juridique et judiciaire nationale et étrangère des États et de ses démembrements, des grilles indispensables au renforcement des capacités et des compétences requises pour la défense des intérêts de l'État devant le prétoire étranger, par une meilleure maîtrise des procédures juridiques auxquelles sont confrontés les acteurs camerounais sur le plan international.

Public cible

Ce séminaire s'adresse prioritairement aux :

- magistrats ;
- avocats d'affaires ;
- services juridiques des ministères, à des organismes chargés de la gestion économique et financière de l'État, tels que la Société nationale des Hydrocarbures (SNH), la Société nationale des Investissements (SNI), la Caisse autonome d'Amortissement (CAA), la Société de Recouvrement des Créances (SRC), le Port autonome de Douala (PAD), etc. ;
- services juridiques des sociétés d'État ;
- sociétés privées et multinationales ;
- juristes.

Le séminaire s'adresse également aux autres protagonistes du prétoire étranger.

ANNEXE 14

Quotidien camerounais *Mutations*, n° 4362 du 27/04/2009

FORMATION : L'IRIC OUVRE DES PLAIDOYERS POUR LE CAMEROUN

Par

Joséphine ABIALA

Le campus de l'institut des Relations internationales du Cameroun a abrité un séminaire de formation sur le contentieux international.

« La défense des intérêts de l'État devant le prétoire étranger » est le thème du séminaire qui s'est achevé vendredi dernier 25 avril 2009 au campus de l'IRIC à Yaoundé. Une école qui en plus de la diplomatie, la communication, les finances, forme aux métiers du contentieux international. Pendant quatre jours, il a été question du renforcement des capacités des personnels fonctionnaires, avocats, militaires et civils impliqués dans la gestion des intérêts de l'État, au vu les exigences de la scène internationale en termes de connaissance à des procédures précises. Les 50 séminaristes ont ainsi étudié le cadre, le statut des juridictions internationales. Un accent a été mis sur la pratique de l'arbitrage commercial international. Les questions de rapatriement des fonds déposés dans les banques étrangères n'étaient pas en reste. À ce sujet, il a été question de l'identification des conventions multilatérales et bilatérales organisant les procédures de rapatriement des fonds. Des termes ont été abordés par des experts qui étaient entre autres, des Professeurs camerounais agrégés et des avocats nationaux et internationaux, un expert de la CPI et un autre de la cour de l'Union économique et monétaire ouest-africaine (UEMOA).

Apports

Intervenant au cours des travaux, *Thérèse Pulchérie Methe*, cheffe de service des accords et conventions de la division des affaires juridiques au ministère du Commerce précise : *c'est un atout supplémentaire de connaître les juridictions internationales et les procédures.*

Les Camerounais doivent être mieux outillés pour défendre les intérêts du pays, ajoute *Jean Claude Essono*, un autre participant. *Nous souhaitons que les responsables des structures juridiques et économiques soient permanemment formés afin de les rendre efficaces parce que l'État perd des procès devant les juridictions internationales.*

Pour sa part, *Pierre Célestin Menounga*, sous-directeur des finances extérieures à la direction générale du Trésor dit avoir obtenu *un certain nombre d'informations concernant l'environnement juridique international capables d'améliorer substantiellement [s] es connaissances en ce qui concerne divers aspects des juridictions internationales et aussi d'améliorer les connaissances des pratiques judiciaires impliquant l'État.*

Par ailleurs, une réflexion sur les décisions de justice rendues devant les juridictions étrangères a été également faite. Le séminaire s'est tenu dans le cadre des activités régionales de l'IDLO dont le siège se trouve à Rome en Italie. Il a été organisé par l'API-Cameroun.

Selon le président exécutif de cette association, ***Francis Zock Atara***, *il y a souvent des balbutiements concernant l'État, la plupart des jugements rendus étant des jugements par défaut, c'est-à-dire que l'autre partie était absente. En conséquence, le Cameroun se retrouvait en face des décisions ayant acquis l'autorité de la chose jugée, c'est-à-dire insusceptibles de faire l'objet d'une voie de recours. Désormais, il y a un meilleur suivi de l'organisation des équipes de défense.*

Francis Zock Atara recommande par ailleurs aux autres participants autant que faire se peut, de régler les différends à l'amiable pour induire très peu de coûts (environ onze mille dollars) par rapport aux frais élevés d'arbitrage qui eux, s'élèvent à des centaines de milliers de dollars lorsqu'on atteint une autre phase de règlement, à savoir le règlement arbitral. /.

ANNEXE 15

TYPOLOGIE DES JURIDICTIONS INTERNATIONALES ET RÉGIONALES

Par

Jacqueline Noëlle Soppo Ekame[404]

[404] Spécialiste des relations internationales et du contentieux international ; doctorante en Droit public international (université de Douala).

DÉSIGNATION	SIÈGE	COMPÉTENCE		INSTRUMENTS JURIDIQUES	OBSERVATIONS
		RATIONE PERSONAE/LOCI	RATIONE MATERIAE		
		JURIDICTIONS INTERNATIONALES			
Cour internationale de Justice (CIJ)	La Haye aux Pays-Bas	La juridiction de la CIJ est **universelle**. **Dans sa formation contentieuse,** elle est ouverte aux : - États parties au statut de la CIJ et membres de l'Organisation des Nations-Unies (ONU) (article 31 (1) du statut et article 93 de la Charte des Nations-Unies(CNU) ; - États non-membres de l'Organisation des Nations-Unies et parties au statut de la CIJ (article 93 (2) de la Charte des Nations-Unies ; - États non parties à son statut, mais pouvant être admis (article 35 (2) du statut de la Cour). **Dans sa formation consultative,** la cour est ouverte aux organes et institutions autorisés à demander un avis consultatif. L'art. 96 (1 et 2) de la CNU consacre comme organes des Nations-Unies : - L'Assemblée générale ; - Le Conseil de sécurité ; - Le Conseil économique et social ; - Le Conseil de tutelle ;	La cour dispose de deux compétences matérielles. **a) Une compétence contentieuse** Fondement de cette compétence de la cour **:** - Le compromis ; - Les cas prévus par les traités et conventions ; - l.es juridictions obligatoires sur les différends d'ordre juridique (la déclaration ; - L'acceptation de la juridiction obligatoire et les traités ; - Le forum prorogatum ; - La Cour se prononce sur sa propre compétence ; - Interprétation d'un arrêt ;	Les documents de base de la Cour sont : - la CNU ; - le statut de la CIJ ; - le règlement de la CIJ ; - les instructions de procédure ; - les traités et les conventions internationales ;	Les décisions de la Cour sont : - Les Arrêts qui ont une force obligatoire contraignante pour les parties ; - Les Avis consultatifs et les Ordonnances qui ont une valeur morale probante et l'autorité de la chose jugée ; ils sont en plus des instruments de diplomatie préventive et ont des vertus pacificatrices.

		- Et la Commission intérimaire de l'Assemblée générale. Par ailleurs, pour ce qui est des institutions spécialisées de l'ONU, il s'agit de : - l'Organisation internationale du Travail (OIT) ; - l'Organisation des Nations-Unies pour l'alimentation et l'agriculture (FAO) ; - l'Organisation des Nations-Unies pour l'Éducation, la Science et la Culture (UNESCO) ; - l'Organisation mondiale de la Santé (OMS) ; - la Banque internationale pour la Reconstruction et le Développement (BIRD) ; - la Société financière internationale (SFI) ; - l'Association internationale de Développement (AID) ; - le Fonds monétaire international (FMI) ; - l'Organisation de l'Aviation civile internationale (OACI) ; - l'Union internationale des Télécommunications (UIT) ; - l'Organisation météorologique mondiale (OMM) ; - l'Organisation maritime internationale	- Révision d'un arrêt. **b) Une compétence consultative** Le fondement de la compétence consultative de la cour sur les questions relatives à : - l'application ; - l'interprétation du droit international.		

		(OMI) ; - l'Organisation mondiale de la Propriété intellectuelle (OMPI) ; - le Fonds international de Développement agricole (FIDA) ; - l'Organisation des Nations-Unies pour le Développement industriel (ONUDI) ; - et l'organisation apparentée que représente l'Agence internationale de l'Énergie atomique(AIEA).			

DÉSIGNATION	SIÈGE	COMPÉTENCE		INSTRUMENTS JURIDIQUES	OBSERVATIONS
		RATIONE PERSONAE/LOCI	RATIONE MATERIAE		
		JURIDICTIONS INTERNATIONALES			
Tribunal international du Droit de la Mer (TIDM)	Hambourg en Allemagne	La juridiction du TIDM est internationale. Elle est ouverte aux États parties à la Convention des Nations-Unies sur le Droit de la Mer (CNUDM) (article 291 (1) de la Convention et article 20 (1) du statut du tribunal pour ce qui est de sa formation contentieuse. Elle est aussi ouverte aux organes de la Convention tels que l'assemblée ou le conseil de l'autorité internationale des fonds marins (Convention, articles 159 (10) et 191.	Le TIDM a une **double compétence matérielle**. Elle est contentieuse et consultative. Dans **sa formation contentieuse**, le TIDM connaît de (s) : a) tout différend relatif à l'application ou à l'interprétation de la Convention ; b) tout différend relatif à l'interprétation ou à l'application d'autres accords ; c) la compétence de la Chambre pour le règlement des différends relatifs aux fonds marins ; d) la décision du tribunal relative à toute question concernant sa compétence ; e) mesures conservatoires ;	Les instruments de base du TIDM sont : - le statut du TIDM annexé à la CNU sur le droit de la mer ; - le règlement du tribunal (ITLOS/B) tel qu'adopté le 28 octobre 1997 et amendé les 15 mars 2001, 21 septembre 2001, 17 mars 2009, 25 septembre 2018, 25 septembre 2020 et 21 mars 2021 ; - la résolution sur la pratique interne du tribunal en	Les décisions du Tribunal sont définitives et ont force obligatoire. Les procédures urgentes : - Qu'il s'agisse de la prescription de mesures conservatoires ou d'une prompte mainlevée, sont en général menées à leur terme dans un délai de 30 jours ; - alors que les arrêts dans des affaires au fond et les avis consultatifs sont habituellement rendus au bout d'environ deux ans.

			f) la prompte mainlevée de l'immobilisation du navire ou prompte libération de son équipage. Dans sa formation **consultative**, le TIDM donne des : a) avis consultatifs en vertu de la Convention ; b) avis consultatifs en vertu d'autres accords internationaux sur les questions juridiques ou des points de droit des accords internationaux se rapportant aux buts de la Convention.	matière judiciaire ; - les lignes directrices concernant la préparation et la présentation des affaires dont le tribunal est saisi ; - les accords sur les privilèges et immunités du TIDM ; - les Conventions des Nations-Unies sur le Droit de la Mer (CNUDM) du 10 décembre 1982.	

DÉSIGNATION	SIÈGE	COMPÉTENCE		INSTRUMENTS JURIDIQUES	OBSERVATIONS
		RATIONE PERSONAE/LOCI	RATIONE MATERIAE		
		JURIDICTION INTERNATIONALE			
Cour pénale internationale (CPI)	La Haye (Pays-Bas) La Cour dispose aussi : -d'un (01) bureau de liaison auprès des Nations-Unies à New - York et de sept bureaux extérieurs. Kinshasa et Bunia (République démocratique du Congo, « RDC ») ; Kampala (Ouganda) ; Bangui (République centrafricaine, « RCA ») Abidjan (Côte d'Ivoire) ; Tbilissi (Géorgie) ; -Bamako (Mali).	La juridiction pénale internationale permanente qu'est la CPI est universelle. La juridiction de la Cour est ouverte aux États parties au statut de Rome ou y ayant accédé. Elle est encore appelée l'assemblée des États parties.	La Cour pénale internationale a une compétence matérielle pour connaître principalement de quatre crimes que sont : - le crime de génocide ; - les crimes contre l'humanité ; - les crimes guerre ; - le crime d'agression.	Les documents de base de la CPI sont : a) le statut de Rome ; b) le règlement de procédure et de preuve ; c) les éléments de crimes ; d) le règlement de la cour ; e) le code d'éthique judiciaire.	En tant qu'institution judiciaire, la CPI ne dispose pas de forces de police ou de répression qui lui soient propres. Par conséquent, elle compte sur la coopération avec les pays du monde pour appuyer son travail, notamment pour : - Procéder aux arrestations ; - Transférer les personnes arrêtées au quartier pénitentiaire de la CPI à La Haye ; - Geler les avoirs des suspects ; - Et exécuter les peines. Bien que n'étant pas une organisation appartenant aux Nations Unies, la Cour a conclu un Accord de coopération avec les Nations Unies. Lorsqu'une situation ne relève pas de la compétence de la Cour, le Conseil de Sécurité des Nations Unies (CSNU) peut renvoyer la situation à la CPI lui accordant compétence, comme ce fut le cas de la situation au Darfour (Soudan) et la

				situation en Libye.	
DÉSIGNATION	**SIÈGE**	**COMPÉTENCE**		**INSTRUMENTS JURIDIQUES**	**OBSERVATIONS**
		RATIONE PERSONAE/LOCI	**RATIONE MATERIAE**		
		CENTRES D'ARBITRAGES INTERNATIONAUX			
Centre international pour Règlement des Différends relatifs aux Investissements (CIRDI)	Washington	Le CIRDI est une institution universelle dédiée au règlement des différends relatifs aux investissements internationaux entre États et investisseurs. Il est ouvert aux États membres à la convention, leurs ressortissants et aux investisseurs internationaux.	La compétence matérielle du CIRDI se rapporte aux procédures de conciliation, à l'arbitrage et/ou à la constatation des faits selon la convention CIRDI. Par ailleurs, elle a compétence pour connaître d'un mécanisme supplémentaire de conciliation, d'arbitrage ou de constatation des faits, pour les différends qui ne rentrent pas dans le champ de la convention CIRDI. Le Centre a compétence pour connaître : a) de sa propre compétence ; b) des omissions faisant l'objet de décisions supplémentaires ou de correction ; c) de l'interprétation des sentences du tribunal ; d) de la révision des sentences ; e) de l'annulation des sentences.	Les documents de base du CIRDI sont : - la convention CIRDI ; - le règlement d'introduction des instances selon la convention CIRDI ; - le règlement d'arbitrage selon la convention CIRDI ; - le règlement de conciliation selon le règlement CIRDI ; - le règlement financier et administratif ; - le règlement d'arbitrage du mécanisme supplémentaire du CIRDI ; - le règlement de conciliation du mécanisme supplémentaire du CIRDI ; - le règlement de constatation des faits du mécanisme supplémentaire.	Les sentences sont définitives et ont force obligatoire à l'égard des parties au différend. Elles peuvent faire l'objet des recours post-sentence limités, prévus par la Convention.

DÉSIGNATION	SIÈGE	COMPÉTENCE		INSTRUMENTS JURIDIQUES	OBSERVATIONS
		RATIONE PERSONAE/LOCI	RATIONE MATERIAE		
	CENTRES D'ARBITRAGES INTERNATIONAUX				
Cour internationale d'arbitrage (CIA) de la Chambre du Commerce international (CCI)	**Paris (France)**	La cour est un centre international d'arbitrage qui administre des différends relatifs au commerce international et l'investissement international. Sa juridiction est ouverte aux entreprises publiques et privées du monde sur la base d'une convention d'arbitrage ou d'un compromis (article 6 du règlement d'arbitrage de la CCI).	La Cour a la compétence matérielle pour connaître dans sa formation en : - tribunal institutionnalisé ; - tribunal ad hoc. De toute demande de règlement de litiges relatif au commerce international, à l'investissement international et des différends de la ceinture et de la route.	Les instruments juridiques de la cour sont : - le règlement d'arbitrage en vigueur depuis le 1er janvier 2021 ; - les lois nationales sur l'arbitrage ; - la convention de New-York de 1958 sur la reconnaissance et l'exécution des sentences arbitrales internationales ; - le règlement de la CPI en tant qu'autorité de nomination ; - le règlement de la commission des litiges de la CCI ; - les règles des experts de la CCI ; - les règles ICC DOCDEX ; - les règles ICC en tant qu'autorité de nomination.	Les sentences arbitrales de la CCI sont définitives et obligatoires (art. 30) du Règlement d'arbitrage.

DÉSIGNATION	SIÈGE	COMPÉTENCE		INSTRUMENTS JURIDIQUES	OBSERVATIONS
		RATIONE PERSONAE/LOCI	RATIONE MATERIAE		
		CENTRES D'ARBITRAGES INTERNATIONAUX			
Centre international d'ADR de la CCI	Paris (France)	Le centre international d'ADR de la CCI est un centre de médiation à vocation mondiale. Le Centre est ouvert aux entreprises publiques et privées.	Le Centre a une compétence matérielle pour connaître de : - la conciliation ; - la médiation ; - la consultation d'un tiers ; - tout autre mode de résolution à l'amiable ; Des différends relatifs au commerce international et aux investissements qui lui sont soumis.	Les instruments juridiques du Centre sont : le règlement de médiation entré en vigueur le 14 janvier 2014 ;	Les décisions du Centre sont appelées des Accords négociés qui produisent des effets entre les parties.

DÉSIGNATION	SIÈGE	COMPÉTENCE		INSTRUMENTS JURIDIQUES	OBSERVATIONS
		RATIONE PERSONAE/LOCI	RATIONE MATERIAE		
		JURIDICTION RÉGIONALE			
Cour africaine des Droits de l'Homme et des Peuples (CADHP)	Arusha (Tanzanie)	La juridiction de la cour est continentale et elle peut aussi être qualifiée de régionale. La Cour africaine des Droits de l'Homme et des Peuples est ouverte au sens de l'art. 5 de son Protocole : - à la Commission africaine des Droits de l'Homme et des peuples ; - aux États parties au Protocole de la cour ; - aux Organisations non-gouvernementales (ONG) africaines ; - aux Organisations non-gouvernementales dotées du statut d'observateur auprès de la Commission africaine des Droits de l'Homme et des Peuples ; - aux particuliers à condition que l'État qu'ils poursuivent ait déposé la déclaration de l'article 34 (6) reconnaissant la compétence de la cour pour accepter des affaires	La cour connaît des violations des droits de l'homme tels que consacrés par la Charte africaine des Droits de l'Homme et des Peuples (CADHP) ainsi que des instruments de protection des droits de l'homme ratifiés par les États parties. À cet effet, elle exerce une double compétence matérielle : contentieuse et consultative. **<u>Dans sa formation contentieuse</u>** : En vertu de l'article 3 du Protocole, la Cour a compétence pour connaître de : - toutes les affaires et de tous les différends dont elle est saisie concernant l'interpréta tion et l'application de la charte, du protocole	Les documents de base de la cour sont : a) la Charte africaine des droits de l'homme et des peuples ; b) le protocole portant création de la Cour africaine des Droits de l'Homme ; c) le règlement intérieur de la cour du 25 septembre 2020 ; d) les instructions de procédure ; les instructions de procédure relatives aux sessions virtuelles ; e) le protocole de la Cour de Justice de l'Union africaine (CJUA) ;	

		émanant de particuliers et d'ONG. Par ailleurs, à la demande d'(e) : - un État membre de l'Union africaine ; - l'Union africaine ; - tout organe de l'Union africaine ; - une organisation africaine reconnue par l'Union africaine, la Cour peut donner un avis (art. 4).	et de tout autre instrument pertinent relatif aux droits de l'homme et ratifié par les États concernés. **Dans sa formation consultative** : En vertu de l'article 4 du protocole, la cour peut, à la demande d'un État membre de l'Union africaine, de tout organe de l'Union africaine ou d'une organisation africaine reconnue par l'Union africaine, donner un avis sur toute question juridique concernant la charte ou tout instrument pertinent relatif aux droits de l'homme, à condition que l'objet de l'avis consultatif ne se rapporte pas à une requête pendante devant la commission.	f) le pacte de non-agression et défense commune de l'Union africaine ; g) la convention de Bamako sur l'interdiction d'importer des déchets ; h) La Charte africaine des Droits et du Bien-être de l'Enfant (CADBE) ; i) la convention de l'UA sur la lutte contre le terrorisme ; j) la convention de l'UA sur la lutte contre la corruption ; k) la convention régissant les problèmes des réfugiés en Afrique ;	

				l) la Charte africaine des Droits de l'Homme et des Peuples sur les Droits de la Femme en Afrique (CADHPDF) ; m) le protocole sur la libre circulation des personnes en Afrique ; n) le statut du fonds d'assistance judiciaire ; o) le règlement intérieur de la commission africaine des droits de l'homme et des peuples ; p) la charte africaine de la démocratie, des élections et de la bonne gouvernance (CADEG).	

DÉSIGNATION	SIÈGE	COMPÉTENCE		INSTRUMENTS JURIDIQUES	OBSERVATIONS
		RATIONE PERSONAE/LOCI	RATIONE MATERIAE		
		JURIDICTION RÉGIONALE			
Cour commune de justice et d'arbitrage de l'Organisation pour l'Harmonisation en Afrique du Droit de l'Arbitrage (CCJA-OHADA)	Abidjan (Côte-D'ivoire)	La juridiction de la cour **est régionale.** Elle est ouverte : - aux États parties ; - aux particuliers ; - aux personnes morales de droit public ; - aux juridictions nationales suprêmes.	La CCJA a une triple compétence matérielle. Elle est juridictionnelle, consultative et arbitrale. <u>Dans sa formation juridictionnelle, la cour</u> : a) juge en cassation les recours contre les décisions prises en droit harmonisé par les juridictions nationales, en premier ressort et en appel. À ce titre, elle est juge de cassation dans tout litige concernant les matières relevant de la législation de l'OHADA qui, selon le traité fondateur, couvrent actuellement neuf domaines des actes uniformes. b) Elle connaît aussi du contentieux : de sa propre compétence ; des rectifications et interprétations ; de l'exécution forcée ; des voies de recours extraordinaires ; du renvoi par le juge national ; du recours en	Les documents de base de la CCJA sont : - le traité révisé OHADA ; - le règlement d'arbitrage de la Cour commune de justice et d'arbitrage de l'OHADA du 18 avril 1996, révisé le 30/01/2014 à Ouagadougou et le 23 novembre 2017 à Conakry ; - l'Acte uniforme (AU) du 23 novembre 2017 relatif à la médiation ; - l'AU du	Les Décisions et les sentences arbitrales de la CCJA sont dotées de l'autorité la chose jugée et ont force obligatoire pour les parties à compter du jour de leur publication.

			annulation. Dans sa formation juridictionnelle, la Cour : c) Est habilitée à rendre des Avis consultatifs, à la demande de tout État Partie, du Conseil des Ministres ou d'une juridiction nationale saisie d'un litige relatif à l'OHADA et qui est encore pendant devant elle ; Dans sa formation arbitrale, la Cour : d) Assure des attributions d'administration des arbitrages pour le bon déroulement de l'arbitrage lorsque le litige est soumis à la procédure d'arbitrage CCJA ; e) Elle est par ailleurs seule compétente pour accorder ou refuser l'exequatur aux sentences arbitrales (art.25 du Traité OHADA).	23 novembre 2017 relatif au droit de l'arbitrage (AUA).	

DÉSIGNATION	SIÈGE	COMPÉTENCE		INSTRUMENTS JURIDIQUES	OBSERVATIONS
		RATIONE PERSONAE/LOCI	RATIONE MATERIAE		
		CENTRE D'ARBITRAGE RÉGIONAL			
Centre d'arbitrage de la CCJA	Abidjan (Côte d'Ivoire) Cependant, la cour peut siéger en cas de nécessité : - en tout autre lieu du siège ; - sur le territoire d'un État membre.	Le Centre a une compétence régionale. Il est ouvert aux États parties, aux particuliers et aux personnes morales de droit public et privé.	Le Centre a une compétence matérielle pour connaître de : - l'arbitrage interne, international et institutionnalisé ; et/ou - ad hoc.	Les documents de base du Centre sont : - l'AU relatif au droit de l'arbitrage ; - le règlement d'arbitrage de la CCJA ; - le règlement intérieur de la Cour commune de Justice et d'Arbitrage de l'OHADA en matière d'arbitrage ; - la décision portant fixation des frais personnels des arbitres et frais du tribunal arbitral ; - la décision fixant les modalités d'octroi d'avance sur les honoraires de l'arbitre ;	- Les sentences arbitrales rendues conformément aux dispositions du présent règlement ont l'autorité définitive de la chose jugée sur le territoire de chaque État-partie, au même titre que les décisions rendues par les juridictions de l'État. - Elles peuvent faire l'objet d'une exécution forcée sur le territoire de l'un

				- la décision fixant le délai de dépôt des demandes d'inscription sur la liste des arbitres de la CCJA-OHADA ; - la décision fixant le délai de règlement de la provision en matière d'arbitrage ; - la décision relative aux frais d'arbitrage ; - la clause type arbitrage CCJA-OHADA ; - le barème des frais administratifs et honoraires d'un arbitre ; - la liste des arbitres au titre de l'année 2017 ; - le guide de l'arbitrage CCJA – OHADA, 2è édition (mai 2018).	quelconque des États Parties (Art. 27 du Règlement d'arbitrage).

DÉSIGNATION	SIÈGE	COMPÉTENCE		INSTRUMENTS JURIDIQUES	OBSERVATIONS
		RATIONE PERSONAE/LOCI	RATIONE MATERIAE		
		JURIDICTION COMMUNAUTAIRE			
Cour de justice de la Communauté économique et monétaire des États de l'Afrique centrale (CEMAC) (CJ-CEMAC)	Ndjamena (Tchad) Cependant, la cour peut siéger en cas de nécessité : - en tout autre lieu du siège ; - sur le territoire d'un État membre.	La Cour de Justice de la CEMAC est une juridiction sous-régionale. Sa juridiction est ouverte : - aux États membres ; - aux institutions de la Communauté ; - aux organes de la Communauté ; - aux institutions spécialisées et aux personnes physiques ou morales qui bénéficient d'un intérêt certain et légitime (art. 24 de la convention révisée régissant la cour de justice).	La cour de justice de la CEMAC a une triple fonction matérielle : juridictionnelle, consultative et d'administration des arbitrages dans les matières relevant du respect, de l'interprétation et de l'application du traité révisé CEMAC et des textes subséquents (art. 22). Dans sa formation contentieuse, la cour connaît (art. 23) : - des recours en manquement des États membres, des obligations qui leur incombent en vertu du traité et des textes subséquents ; - des recours en carence des institutions, des organes et des institutions spécialisées, des obligations qui leur incombent en vertu des actes de la Communauté ; - des recours en annulation des règlements, des directives et décisions des institutions, organes, et institutions spécialisées ; - des litiges relatifs à la réparation des dommages causés par les institutions, les organes, les institutions spécialisées de la CEMAC ou par les fonctionnaires et/ou les agents contractuels de celle-ci ; - des litiges entre la CEMAC et ses fonctionnaires et /ou agents contractuels (art. 29) ; - des recours contre les sanctions prononcées par les organismes à fonction juridictionnelle de la Communauté ; - du contrôle de la légalité des actes juridiques déférés à sa censure ;	Les documents de base de la cour de justice de la CEMAC sont : - le traité révisé de la Communauté économique et monétaire de l'Afrique centrale ; - l'additif au traité de la CEMAC relatif au système institutionnel et juridique de la communauté ; - la convention régissant la cour de justice communautaire.	- La Cour rend en premier et en dernier des arrêts sur les cas de violation du Traité CEMAC et des textes subséquents ; - Ses décisions ont l'autorité de la chose jugée et force exécutoire (art. 24 et 30). - La Cour prononce la nullité partielle ou totale des actes entachés de vice de forme, d'incompétence, de détournement de pouvoir, de violation du Traité et des textes subséquents ou des Actes pris en application de ceux-ci (art. 25). - Les interprétations données par la Cour à

			- du statut à titre préjudiciel sur l'interprétation du traité CEMAC et des textes subséquents, sur la légalité et l'interprétation des actes des institutions, des organes et des institutions spécialisées quand une juridiction nationale ou un organisme à fonction juridictionnelle est appelé à connaître à l'occasion d'un litige (art. 26) ; - en premier et dernier ressort des recours formés contre les décisions rendues par les organismes à compétence juridictionnelle (art. 31) ; - des mesures provisoires et conservatoires nécessaires. Dans sa formation consultative, la cour connaît (art. 34) **:** - des avis sur la conformité des normes juridiques de la CEMAC ; Dans son rôle d'administration des arbitrages (art. 35) la cour connaît : - en application de son règlement d'arbitrage des différends qui lui sont soumis par les États membres, les institutions, les organes et les institutions spécialisées en vertu d'une clause compromissoire ou d'un compromis d'arbitrage.		titre préjudiciel s'imposent à toutes les autorités administratives et judiciaires dans l'ensemble des États membres ; - L'inobservation de ces interprétations donne lieu à un recours en manquement (art 26) ; - Les recours formés de la Cour n'ont pas d'effet suspensif. Mais peuvent bénéficier d'un sursis à exécution des actes contestés (art. 32). - La cour émet des Avis consultatifs (art. 32). - Dans sa formation en tribunal arbitral la Cour rend des sentences arbitrales.

DÉSIGNATION	SIÈGE	COMPÉTENCE		INSTRUMENTS JURIDIQUES	OBSERVATIONS
		RATIONE PERSONAE/LOCI	RATIONE MATERIAE		
		JURIDICTION SOUS-RÉGIONALE			
Cour de justice de la Communauté économique des États de l'Afrique de l'Ouest (CEDEAO) **(CJ-CEDEAO)**	Abuja (Nigéria)	La juridiction de la cour est sous-régionale. Elle est ouverte : - aux États membres ; - aux organes ; - aux institutions spécialisées et aux personnes physiques ou morales (art. 10).	La cour dans l'exercice de sa compétence matérielle vise à assurer le respect de la loi et des principes d'équité ainsi que l'interprétation et l'application des dispositions du traité révisé et de tous les autres instruments juridiques subsidiaires de la Communauté à travers une triple formation de sa compétence matérielle. Dans la formation de sa compétence contentieuse (art 9) : - la cour examine les cas de manquement des États membres à leurs obligations en vertu du droit communautaire ; - la cour est compétente pour statuer sur tout litige relatif à l'interprétation et à l'application d'actes de la Communauté ; - la cour statue sur les litiges entre les institutions de la Communauté et leurs fonctionnaires ; - la cour est compétente pour connaître des affaires concernant la responsabilité pour ou contre la Communauté ; - la cour est compétente pour connaître des cas de violation des droits de l'Homme dans tout État membre ;	Les documents de base de la cour sont : - le traité révisé 1993 ; - le protocole A/P1/7/91 ; - le protocole additionnel A/sp.1/01/05 ; - le règlement de procédures ; - les instructions pratiques de 2012 ; - les instructions pratiques de 2020.	- Les décisions de la Cour sont motivées, exécutoires et susceptibles d'aucun recours. Art. 20. - La Cour émet des avis consultatifs et des sentences arbitrales dans sa formation en tribunal d'arbitral.

			- la cour apprécie la légalité des règlements, directives, décisions et autres instruments juridiques subsidiaires adoptés par la CEDEAO. Dans la formation de sa compétence consultative, la cour : - en vertu de l'article 10 du protocole de 1991 de la cour, peut « émettre un avis juridique sur des questions nécessitant une interprétation des dispositions du Traité ». Il permet à la cour de jouer un rôle important dans la prévention des conflits ou des différends et d'interpréter les dispositions du traité. Dans la formation de sa compétence arbitrale, la cour **:** - conformément aux dispositions de l'article 9 (5) du protocole additionnel relatif à la cour, s'est vue confier le mandat d'agir en qualité d'arbitre en attendant la mise en place du tribunal d'arbitrage de la Communauté. Le projet de règlement d'arbitrage a été soumis au Conseil des Ministres pour examen et approbation. L'exécution de ce mandat devrait créer un environnement juridique propice à la réalisation de la Vision 2020 de la CEDEAO.		

DÉSIGNATION	SIÈGE	COMPÉTENCE		INSTRUMENTS JURIDIQUES	OBSERVATIONS
		RATIONE PERSONAE/LOCI	RATIONE MATERIAE		
		CENTRE D'ARBITRAGE NATIONAL			
Centre de médiation et d'arbitrage du Groupement inter -patronal du Cameroun (CMAG-GICAM)	Le siège du tribunal arbitral est librement fixé par la convention d'arbitrage ou par un accord entre les parties. À défaut, il est fixé à Douala dans les locaux de l'immeuble siège du GICAM.	Le Centre d'arbitrage du GICAM est un centre national. Sa saisine est ouverte aux personnes physiques et morales de droit privé.	Le Centre a une compétence matérielle pour connaître de (s) : - l'administration des arbitrages conformément aux règlements de procédure d'arbitrage ou de médiation et/ou de médiation ; - l'arbitrage lorsqu'un différend mettant en jeu des intérêts patrimoniaux lui est soumis par une partie en application d'une clause compromissoire ou d'un compromis ; - différends relatifs aux investissements, notamment un code des investissements ou un traité bilatéral ou multilatéral.	Les documents de bases du centre de médiation et d'arbitrage du GICAM (CMAG) sont : - le règlement d'arbitrage et ses trois annexes (charte éthique pour l'arbitrage, clauses types, frais de l'arbitrage) ; - le règlement de médiation et ses trois annexes : - charte éthique pour la médiation ; - clauses types, - frais de médiation ; - le règlement intérieur ; - le règlement du CMAG intervenant comme autorité de proposition ou de nomination en matière d'arbitrage et son annexe.	Les sentences sont réputées rendues au siège du Tribunal arbitral et au jour de leur signature. Les sentences arbitrales rendues en application du Règlement ne sont pas susceptibles de recours à l'exception de ceux expressément prévus par la loi applicable à l'arbitrage et auxquels les Parties n'auraient pas renoncé lorsqu'une telle renonciation est possible. Par la soumission de leur différend à l'arbitrage CMAG, les Parties s'engagent à exécuter spontanément toutes les décisions qui seront rendues par le Tribunal arbitral. Le Tribunal arbitral peut prononcer par décision motivée, s'il l'estime justifiée et sur demande d'une des Parties, l'exécution provisoire de la sentence.

DÉSIGNATION	SIÈGE	COMPÉTENCE		INSTRUMENTS JURIDIQUES	OBSERVATIONS
		RATIONE PERSONAE/LOCI	RATIONE MATERIAE		
		JURIDICTION RÉGIONALE			
Cour européenne des Droits de l'Homme (CEDH)	Strasbourg (France) Au palais des droits de l'homme	La Cour européenne des Droits de l'Homme (CEDH) est une juridiction internationale continentale encore qualifiée de régionale. La juridiction de la cour est ouverte aux États et aux individus alléguant des violations des droits civils et politiques énoncés par la Convention européenne des Droits de l'Homme (CEDH).	La compétence matérielle de la cour à connaître des violations des droits civils et politiques énoncés par la Convention européenne des droits de l'homme se décline en deux formations. Dans sa formation contentieuse, la cour connaît : - des requêtes individuelles et de celles des États ; - de l'interprétation et de l'application de la convention. Dans sa formation consultative, la cour : - rend des avis consultatifs sur les questions relatives à la convention et aux instruments juridiques connexes.	Les documents de la cour sont : - la Convention européenne des Droits de l'Homme (CEDH) ; - le règlement de la cour ; - le protocole n° 11 à la convention mettant en place la nouvelle cour (la réforme de la cour) ; - le protocole n° 14 à la convention, visant à garantir l'efficacité à long terme de la cour ; - le protocole n° 16 à la convention permettant à la cour de rendre des avis consultatifs ; - les demandes de	Les décisions et les arrêts de la Cour sont obligatoires pour les États concernés. Ils conduisent les gouvernements à modifier leur législation et leur pratique administratives dans de nombreux domaines. La Cour émet des Avis consultatifs.

				mesures provisoires (art. 39 du règlement de la cour) ; - l'introduction de l'instance (art. 34 de la convention) ; - les observations écrites ; - les demandes de satisfaction équitable (art. 41 de la convention) ; - l'envoi électronique sécurisé de documents par le Gouvernement ; - les demandes d'anonymat ; - l'envoi électronique de documents par le requérant.	

DÉSIGNATION	SIÈGE	COMPÉTENCE		INSTRUMENTS JURIDIQUES	OBSERVATIONS
		RATIONE PERSONAE/LOCI	RATIONE MATERIAE		
Cour de Justice de l'Union européenne (CJUE)	Luxembourg	La Cour de justice de l'Union européenne (CJUE) est une cour sous-régionale compétente au sein de l'Union européenne. La juridiction de la cour est ouverte : - aux États membres ; - aux institutions ; - aux organes ; - aux institutions spécialisées ; - aux particuliers.	La compétence matérielle de la cour se décline en deux juridictions : la Cour de justice de l'Union européenne et le tribunal. <u>La Cour de Justice de l'Union européenne</u> a pour mission d'assurer *le respect du droit dans l'interprétation et l'application* des traités. Dans le cadre de ses missions, la cour exerce une double compétence : juridictionnelle et consultative. La Cour connaît dans sa formation juridictionnelle : a) du renvoi préjudiciel ; b) du recours en manquement ; c) du recours en annulation ; d) du recours en carence ; e) du pourvoi ; f) de la violation des droits de l'homme ; g) de la réparation des dommages. Dans sa formation consultative, la cour connaît :	Les documents de bases de la cour sont : - le traité sur le fonctionnement de l'Union européenne ; - la charte de droits fondamentaux de l'Union européenne ; - le règlement (UE, Euratom) 2015/2422 du parlement européen et du Conseil du 16 décembre 2015 modifiant le protocole n° 3 sur le statut de la Cour de justice de	La Cour rend des décisions et des arrêts motivés qui ont la force exécutoire dans les États membres. Les décisions du Tribunal peuvent faire l'objet, dans un délai de deux mois, d'un pourvoi limité aux questions de droit devant la Cour de Justice.

			- de l'interprétation du droit de l'Union à la demande des institutions, organes, institutions spécialisées, des États membres. Le tribunal a compétence pour connaître : - des recours introduits par des personnes physiques ou morales visant à l'annulation d'actes des institutions, des organes ou des organismes de l'Union européenne dont elles sont les destinataires ou qui les concernent directement et individuellement, ainsi que contre les actes réglementaires qui les concernent directement et qui ne comportent pas de mesures d'exécution, et des recours formés par ces mêmes personnes visant à constater l'abstention de statuer de ces institutions, organes ou organismes ; - des recours formés par les États membres contre la Commission ; - des recours formés par les États membres contre le Conseil concernant les actes pris dans le domaine	l'Union européenne ; - le statut de la cour ; - le règlement intérieur de la cour.	

			des aides d'État, les mesures de défense commerciale (« dumping ») et les actes par lesquels il exerce des compétences d'exécution ; - des recours visant à obtenir réparation des dommages causés par les institutions ou par les organes ou organismes de l'Union européenne ou de leurs agents ; - des recours se fondant sur des contrats passés par l'Union européenne, qui prévoient expressément la compétence du tribunal ; - des recours dans le domaine de la propriété intellectuelle dirigés contre l'Office de l'Union européenne pour la Propriété intellectuelle (EUIPO) et contre l'Office communautaire des Variétés végétales (OCVV) ; - des litiges entre les institutions de l'Union européenne et leur personnel concernant les relations de travail ainsi que le régime de la sécurité		

			sociale.		
DÉSIGNATION	**SIÈGE**	**COMPÉTENCE**		**INSTRUMENTS JURIDIQUES**	**OBSERVATIONS**
		RATIONE PERSONAE/LOCI	**RATIONE MATERIAE**		
		JURIDICTION RÉGIONALE			
Cour interaméricaine des Droits de l'Homme (CIDH)	San José (Costa Rica)	La cour est une juridiction continentale, voire régionale. La saisine de la cour est réservée à la commission et aux États parties (art. 61). Les particuliers ne peuvent pas accéder directement à la cour, mais peuvent soumettre des pétitions à la commission.	La cour a la compétence matérielle pour connaître : - de l'interprétation la convention américaine des droits de l'homme ; - de tout autre texte américain relatif aux droits de l'homme et toutes questions relevant de la compétence des organes de l'Organisation des États américains (OEA), à la demande des États membres de l'OEA. En particulier, elle peut donner son avis sur la compatibilité des lois nationales avec les instruments de droits de l'homme aux États en faisant la demande. La compétence de la cour pour juger des violations	Les documents de bases de la cour sont : - la charte de l'Organisation des États américains ; - la charte démocratique interaméricaine (CDI) ; - les règles de fonctionnement du fonds d'aide juridique aux victimes de la cour interaméricaine des droits de l'homme ; - le règlement intérieur de la Commission interaméricaine des droits de l'homme ; - le règlement de procédure de la Cour	La Cour rend des arrêts obligatoires et sans appel, dont l'Assemblée générale de l'OEA surveille l'exécution (art. 67). Si la Cour décide qu'une violation des droits ou libertés protégés par la Convention américaine des droits de l'homme a été commise, elle ordonnera que soit garantie à la partie lésée la jouissance du droit ou de la liberté enfreinte. Elle peut également décider de la réparation des conséquences et du

			est facultative (art. 62). Les États ont la possibilité de l'accepter une fois pour toutes (art. 62,1). Ils ont également la possibilité de reconnaître cette compétence au cas par cas (art. 62,2).	interaméricaine des Droits de l'Homme ; - le règlement de la Commission interaméricaine des Droits de l'Homme sur le fonds d'assistance juridique du Système interaméricain des droits de l'homme ; - la charte sociale des Amériques (CSA) ; - le statut de la Commission interaméricaine des droits de l'homme ; - le statut de la Cour interaméricaine des droits de l'homme.	paiement d'une juste indemnité à la partie lésée (art. 63).

ÉLÉMENTS BIOBIBLIOGRAPHIQUES

SOPPO EKAME Jacqueline Noëlle

Doctorante en Droit public international à l'université de Douala ;

Master II en Relations internationales, option contentieux international de l'Institut des Relations internationales du Cameroun (IRIC) ;

Master II en Droit international public et communautaire (université de Yaoundé II) ;

Master I en Droit public fondamental (université de Yaoundé II) ;

Licence en Droit et administration publique (université de Yaoundé II).

Publications :

SOPPO EKAME Jacqueline Noëlle, *Protection des droits fondamentaux et intégration sous régionale en Afrique francophone subsaharienne*, Thèse de Doctorat/Ph. D en Droit public international sous la direction des Professeurs MOMO Franklin et PRISO-ESSAWE Samuel (en cours de rédaction).

SOPPO EKAME Jacqueline Noëlle, *Recherches sur les compétences de la Communauté économique et monétaire des États d'Afrique centrale (CEMAC)*, Mémoire de Master II sous la direction du Professeur Alain ONDOUA, Université de Yaoundé II, 2015, 180 p.

SOPPO EKAME Jacqueline Noëlle, *L'exécution des sentences arbitrales à l'épreuve des immunités des personnes publiques*, Mémoire de Master II en Relations internationales, Master en Relations internationales, option Contentieux international, sous la direction du Dr ZOCK ATARA et la supervision du Professeur Alain OLINGA, IRIC, 2020, 178 p.

SOPPO EKAME Jacqueline Noëlle, *La Conservation des Accords, conventions et des traités à la Division des Affaires juridiques et des Traités (DAJT) du Ministère des Relations extérieures du Cameroun (MINREX),* sous la supervision du Dr NYANID Serge Raoul Zacharie, Chef de la Division des Affaires juridiques et des Traités (DAJT), sous la coordination de M. TOUSSE DEADJUFO Juteau,

Chef de la Cellule des Accords, Convention et Documents solennels internationaux (CACDSI*)* et sous la direction de Mme PILO SELANGAÏ Carine, Secrétaire des affaires étrangères (CACDSI), 2017, 51 p.

Activités scientifiques

Colloque sur le thème : « Les enjeux de l'intégration en Afrique centrale au miroir de la signature des APE entre le Cameroun et l'Union européenne dans le contexte de mondialisation vers de nécessaires réformes », organisé sous le haut patronage du ministère de l'Économie, de la Planification et de l'Aménagement du Territoire (département de l'intégration et la coopération pour le développement) du Cameroun.

Colloque sur le thème : « Une diplomatie au service de l'émergence », organisé par l'Académie CREDIS.

Forum diplomatique sur le thème des relations bilatérales franco-camerounaises, organisé par l'Ambassade de France au Cameroun.

Webinar sur le thème : « Du local au régional : construire des industries efficientes en Afrique centrale », organisé par CEA-BSR Afrique centrale.

Forum diplomatique sur le thème : « Vivre ensemble : langue, culture et décentralisation. Dialogue entre le Cameroun et la Suisse », organisé par la Déléguée fédérale suisse au plurilinguisme, Madame Nicoletta MARIOLINI.

Forum diplomatique sur le thème : « l'accord de partenariat économique (APE) entre le Cameroun et l'Union européenne », organisé par la section *Commerce* de la Délégation de l'Union européenne à l'IRIC.

Conférence sur le thème : « La politique extérieure de l'Union européenne et de ses États membres en Afrique : défis et perspectives au regard des nouveaux enjeux de sécurité, de droit de l'homme, de commerce et de développement », organisée dans le cadre de la célébration de la journée de l'Europe au Cameroun.

Conférence sur le thème : « Réforme de l'Union africaine et Intégration continentale », organisée dans le cadre la visite officielle de S. E. Moussa FAKI MAHAMAT, président de la commission de l'Union africaine au Cameroun.

LISTE DES CONTRIBUTEURS

- Pr *Joseph-Marie Bipoun Woum*, Professeur titulaire des universités, membre du Conseil constitutionnel, président de la Chambre de conciliation et d'arbitrage du Comité national olympique (CNO) du Cameroun ;

- Pr *Marcellin Nguele Abada*, Agrégé de Droit et des Sciences politiques, Professeur titulaire des universités. Université de Yaoundé (Soa) ;

- Dr *Joseph Francis Zock Atara À Ngonn*, Docteur en Droit public (nouveau régime), spécialiste du contentieux international – arbitre à la CCJA, arbitre *ad hoc* – enseignant associé de Droit (IRIC - UCAC) ;

- Pr *Alain Didier Olinga*, Professeur titulaire des universités, chef de département de Droit international (IRIC). ;

- Dr *Martial Tchienzette*, Docteur en relations internationales, diplomate, internationaliste, ministère des Relations extérieures ;

- Pr *Boniface Banamba*, Maître de Conférences à l'université de Yaoundé II (Soa), Directeur juridique de la Caisse Autonome d'Amortissement (CAA) ;

- M. *Amady Ba*, Magistrat, bureau du Procureur, Cour pénale internationale (CPI) ;

- M. *Ibrahima Sambe*, Magistrat, auditeur à la cour de justice de l'Union économique monétaire ouest-africaine (UEMOA) ;

- Dr *Michel Mahouve*, Magistrat Hors-Hiérarchie – Docteur en Droit, ancien directeur des Droits de l'Homme, Directeur des Affaires juridiques non répressives et du Sceau – ministère de la Justice ;

- Maitre *Anne Yolande Ngo Minyogog*, avocate au Barreau du Cameroun, experte agréée en propriété intellectuelle ;

- Maître *Emmanuel Tang*, Docteur d'État en Droit des affaires, avocat au Barreau du Cameroun, ancien président de l'Assemblée générale des Avocats ;

- Mademoiselle *Annie Zang Tsila*, Master 2 en Relations internationales, option « Contentieux international » diplômée de l'IRIC, doctorante à l'université de Douala, avocate stagiaire, cabinet Me Georges Fleury Essimi Zibi, avocat au Barreau du Cameroun et membre du Barreau de Paris ;

- Monsieur *François Mballa Mekongo*, journaliste principal, juriste d'entreprise, directeur des affaires juridiques d'Électricité du Cameroun (EDC) ;

- Mlle *Jacqueline Noëlle Soppo Ekame,* master 2 en relations internationales, option contentieux international diplômée de l'IRIC, Doctorante en droit public Université de Douala.

LISTE DES PARTICIPANTS

API CAMEROUN

- M. Joseph OPKWAE OPKWAE, inspecteur principal des Impôts, président fondateur d'API-Cameroun,

- M. Joseph TCHANA, ancien Chargé d'Études, ancien chef de la division des Affaires juridiques, actuellement secrétaire général du ministère des Petites et Moyennes Entreprises et de l'Économie sociale (MINPMEESA). Email : jotchana@yahoo.fr ;

- Mme Marie YAP épse NJENG II, administrateur civil, direction générale du Trésor et de la Coopération financière et monétaire. Email : moniqueyap@yahoo.fr ;

- M. OTTI André, expert financier, président du Conseil d'Administration (PCA) d'API-Cameroun. Email : andrewotti@yahoo.fr ; mme

- Véronique ESSINDI, journaliste, chef de Service départemental de la Communication du Mfoundi. Email : essver@yahoo.fr.

MINISTÈRE DE L'AGRICULTURE ET DU DÉVELOPPEMENT RURAL

Division des Affaires juridiques

- M. Jean Daniel EBA, Chargé d'Études, cellule du contentieux. Email : jandany@yahoo.fr ;

- Mme Justine TAMUNGANG TAKA, chef de la cellule des Études et de la Réglementation.

MINISTÈRE DE L'ÉLEVAGE, DES PÊCHES ET DE L'INDUSTRIE ANIMALE

Division des Affaires juridiques

- M. Sixte TANG 1er, chef de la Cellule juridique, division des Affaires juridiques. Email : sixetang@yahoo.fr ;

- Dr Pierre Nicolasque MEKE SOUNG, chef de la Brigade de Contrôle et de Surveillance des Activités de Pêche, direction des Pêches et Agriculture. Email : pierremeke@yahoo.com ;

MINISTÈRE DU COMMERCE

Division des Affaires juridiques

- Mme Thérèse METHE, chef de la cellule des Accords et Conventions. Email : metherese@yahoo.fr ;

- M. Raphaël NDJIFOR, chef de la cellule du contentieux. Email : ndifor_raphael@yahoo.fr ;

- M. Basile NOUGA MAHOP, Chargé d'Études assistant. Email : nougama@yahoo.fr ;

- M. Jean Claude ESSONO, Chargé d'Études assistant ;

- M. BIPAN KWACHUH, Cadre. Email : gilbert_kwac@yahoo.fr ;

MINISTÈRE DE LA DÉFENSE

Direction des Affaires administratives et réglementaires (DAAR)

- Lt-Colonel Guy Roger BIKAÏ ;

- Lt-Colonel Elie OUDAM ;

- Lt-Colonel Pauline NGASKA, Email : pnkaska@yahoo.fr ;

- Lt-Colonel NJAKO Floribert ;

- M. Jacques Zélie MBAMZOMO, Email : jmamzomo@yahoo.fr ;

MINISTÈRE DES FINANCES

Cellule de la Communication

- Mme NGAH Rachel, journaliste, actuellement chef de la cellule de Communication de la Caisse autonome d'amortissement (CAA). Email : rachelngah2000@yahoo.fr.

Division des Affaires juridiques

- Dr Solange NGONO, ancien chef de la cellule du contentieux. Email : s.ngono@free.fr ;

- Dr Joseph Francis ZOCK ATARA à NGONN, ancien Chargé d'Études, enseignant associé de Droit (IRIC - UCAC). Email : franciszock@yahoo.com ;

- M. FONKA Ignatius, ancien Chargé d'Études, actuellement chef de la cellule du contentieux. Email : fonkaignatius@yahoo.com ;

- M. Jean NGASSU TCHEUGO, Chargé d'Études. Email : ngassu55@yahoo.fr ;

- M. Serge Pépin MIMBANG, ancien Chargé d'Études, chef de la cellule des Accords et Conventions. Email : mimbangserge@yahoo.fr ;

- M. François ABE NDZIE, ancien Chargé d'Études, chef de la cellule des Études et de la Réglementation. Email : josephabe@yahoo.fr ;

- M. Guillaume MBENGA, Chargé d'Études.

Division du Suivi

- M. NKE Dominique José, Chargé d'Études. Email : nkejose@yahoo.fr.

Direction générale du Trésor, de la Coopération financière et monétaire

- Mme Agnès MANDENG, ancien chef de la division des Études et des Finances extérieures, actuellement directrice générale de la Banque des petites et moyennes entreprises ;

- M. Pierre MENOUNGA, sous-directeur des Finances extérieures. Email : menoungapc@yahoo.fr.

Direction générale des Douanes

- M. Clément NKOO'O MFOULA, inspecteur principal des Douanes ;

- M. FOTSO KAMDEM, inspecteur des Douanes ;

- Mme Priscille OSSONO, inspecteur des douanes. Email : missmondage@yahoo.fr.

MINISTÈRE DE LA FORÊT ET DE LA FAUNE

Direction des Affaires juridiques

- M. John TUKU AKURI, Head of judicial unit. Email : jakuri@yahoo.co.uk ;

- Mme Raïssa Nadège NGONO, cadre d'appui à la cellule du contentieux. Email : raissa-nn@yahoo.fr ;

- Mme Mireille Mathieu ABE, cadre d'appui à la cellule juridique. Email : dodouni@yahoo.fr ;

- Mme Florence EBALE BENGONO, cadre d'appui à la cellule juridique. Email : yogamc@yahoo.fr ;

- Mme Florence NDOUNGLA épse WA, Chargé d'Études assistant. Email : indoungla@yahoo.fr ;

- Mme Honorine NKENYI NDOBEGANG, Chargé d'Études assistant. Email : ihenang@yahoo.fr ;

- M. SAMGWA Victor GWANMESIA, Cadre Judicial Unit.

MINISTÈRE DE LA JUSTICE

- M. ANABA MBO Alexandre, magistrat hors hiérarchie, président du tribunal administratif du Centre à Yaoundé. Email : aanabambo@yahoo.fr ;

- Mme BABILA Claudette, magistrate. Email : dette20061@yahoo.com.

MINISTÈRE DU TOURISME

Division des Affaires juridiques

- -Mme BAKAURA HALIMATOU, chef de la cellule du contentieux. Email : halimatououmarou@yahoo.fr ;

MINISTÈRE DES TRAVAUX PUBLICS

Cellule juridique

- M. Valeri Lesmont BAHOKEN, Chargé d'Études assistant ;

- M. Emmanuel BEKOLO BEKOLO, Cadre d'appui à la cellule juridique. Email : beebem2000@yahoo.fr.

PORT AUTONOME DE DOUALA

Direction générale

- M. HOUMAROU BELLO. Email : oumarou.bello@yahoo.fr ;

Division juridique

- M. MVA Jean René. Email : jeanrenemva@yahoo.fr ;

- Mme MOHAMADOU FATIMATOU. Email : mulafro@yahoo.fr ;

- M. Patrice NDJIKE. Email : ndjike@yahoo.com ;

- M. Jacques DICKA. Email : jacquesdicka2009@yahoo.fr.

TABLE DES MATIÈRES

DÉDICACE 7

REMERCIEMENTS 9

SOMMAIRE 13

ABRÉVIATIONS 15

PRÉFACE 21
Alain Didier Olinga 21

INTRODUCTION GÉNÉRALE
Joseph Francis Zock Atara à Ngonn 31

CHAPITRE PRÉLIMINAIRE : LE CADRE GÉNÉRAL DU CONTENTIEUX DE L'ÉTAT 41
Joseph-Marie Bipoun Woum 41

Section 1 : L'État sujet de droit et l'État de droit 42

Paragraphe 1er : L'État sujet de droit 42
Paragraphe 2 : L'État de droit 43

Section 2 : La représentation de droit public, cadre organique de la défense de l'État sur le plan international 44

Paragraphe 1er : La représentation en général 44
Paragraphe 2 : Illustration pratique : la représentation du Cameroun devant la CIJ dans l'affaire de la frontière terrestre et maritime entre le Cameroun et le Nigéria (1994-2002) 45
A. L'équipe 45
B. Composition de l'équipe 45
C. L'équipe proprement dite 45

Éléments biobibliographiques pertinents 46

PREMIÈRE PARTIE LES JURIDICTIONS INTERNATIONALES 105

CHAPITRE 1 : LES INSTANCES JURIDICTIONNELLES INTERNATIONALES
Marcellin Nguele Abada 107

Section 1 : Les juridictions arbitrales 109

Paragraphe 1 : Les sources du droit de l'arbitrage 110
A. Les sources d'origine étatique 110
B. Les sources d'origine privée 111
Paragraphe 2 : Le régime juridique de l'arbitrage 111
A. La classification de l'arbitrage 111

B. Le régime de l'arbitrage 111
C. Les règles spécifiques à la clause compromissoire 112
D. Les règles spécifiques au compromis 112
E. Le procès arbitral 112
F. Les pouvoirs des arbitres 113
G. La durée de la mission arbitrale 113
H. La procédure arbitrale 113
G. La sentence arbitrale et les voies de recours 114
I. Les voies de recours contre la sentence 114
Section 2 : Les juridictions judiciaires 116
Paragraphe 1er : Juridictions à la saisine restreinte 116
Paragraphe 2 : Juridictions à la saisine élargie 121
A. La Cour pénale internationale 121
B. La Cour africaine des droits de l'homme et des peuples 125
C. La compétence de la cour 128
D. Les garanties procédurales 131
Éléments biobibliographiques 134
CHAPITRE 2 : LES INSTANCES NON JURIDICTIONNELLES INTERNATIONALES
Joseph Francis Zock Atara à Ngonn 135
Introduction 135
I. Les fondements juridiques de l'arbitrage au Cameroun 138
A. Le cadre juridique multilatéral de l'arbitrage international au Cameroun 138
1. Le cadre juridique conventionnel de l'arbitrage au Cameroun 138
2. Le cadre juridique non conventionnel de l'arbitrage au Cameroun .. 143
B. Le cadre juridique bilatéral de l'arbitrage international au Cameroun.. 145
1. L'arbitrage dans les conventions bilatérales et les contrats d'affaires 146
2. L'arbitrage dans les accords de coopération judiciaire 147
II. Présentation des centres d'arbitrage devant lesquels le Cameroun este 149
A. Les arbitrages institutionnels devant le CIRDI et la cour internationale d'arbitrage 149
1. Le Centre international de règlement des différends relatifs à l'investissement (CIRDI) 149
2. La Cour internationale d'Arbitrage de la Chambre de Commerce internationale 155
3. La Cour commune de Justice et d'Arbitrage de l'OHADA 158
B. Le règlement amiable des différends 159
1. Les conventions bilatérales et multilatérales 159
2. Le régime juridique du règlement amiable des différends 163

Conclusion 174
Biobibliographie sommaire 176

CHAPITRE 3 : LA COUR PÉNALE INTERNATIONALE : ÉVOLUTION ET BILAN ACTUEL
Amady Ba 179

Introduction 179
Section 1 : structure et fonctionnement de la cour 181
Paragraphe 1er : Présentation des organes 181
I. La présidence 181
II. Les Chambres 181
III. Le bureau du procureur 183
IV. Le greffe 184
V. Le secrétariat du fonds au profit des victimes 184
VI. Saisie et procédures 185
VII. La nature complémentaire de la Cour pénale internationale 186
VIII. La participation des victimes 187
IX. Stratégie générale en matière de poursuite 188
Paragraphe 2 : Principes, procédures et stratégies 188
I. Saisine et procédures 188
II. La participation des victimes 190
III. Stratégie générale en matière de poursuite 190
Section 2 : Bilan d'étape 191
Paragraphe 1er : 2003 – 2006 : fonctionnalité des organes et démarrage des activités 191
I. Le greffe 191
II. Les chambres 193
III. Le bureau du procureur 194
Paragraphe 2 : 2007 – 2008 : la phase de croissance : l'action du procureur 214
I. Les quatre situations en cours 214
II. Les analyses en cours 222
Section 3 : Impact et stratégies 223
Paragraphe 1er : Les critiques 223
I. Les critiques statutaires : la faillite de la coopération internationale 224
II. Les critiques institutionnelles et juridiques 225
III. Les critiques judiciaires 225
Paragraphe 2 : Quelques éléments de réponse 228
I. Sur le plan statutaire 228
II. Sur le plan institutionnel 228
III. Sur le plan judiciaire 229
Paragraphe 3 : Défis et perspectives de la cour 231

I. La prise en compte des victimes 231
II. Le développement des procès *in situ* 232
III. Renforcement et coordination de la justice internationale 233
IV. Renforcement de la coopération internationale 234
Conclusion 237

DEUXIÈME PARTIE : LES ACTEURS DU PRÉTOIRE INTERNATIONAL . 239

CHAPITRE 4 : L'AGENT DIPLOMATIQUE ET LA REPRÉSENTATION DE L'ÉTAT CAMEROUNAIS DEVANT LE PRÉTOIRE INTERNATIONAL
Martial Tchienzette 241

Introduction 241
Section 1 : La question de la compétence de l'agent diplomatique en matière de représentation de l'État devant le prétoire international 243
A. Une compétence certes reconnue 243
B. Une compétence concurrence malgré tout 246
Section 2 : L'acteur diplomatique et la préparation de la représentation de l'État devant le prétoire international 249
A. L'acteur diplomatique et la préparation nationale de la représentation de l'État 249
B. L'agent diplomatique et la recherche des soutiens étatiques 252
Section III : L'acteur diplomatique et la phase contentieuse internationale .. 253
A. L'agent diplomatique, la procédure contentieuse et la matérialisation des actes du prétoire 253
B. La collaboration acteur diplomatique, acteur *administrativo*-technique et experts 257
C. L'acteur diplomatique et l'application de la décision issue du prétoire international 258
Conclusion 259
Bibliographie sommaire 259

CHAPITRE 5 : LES ACTEURS ADMINISTRATIFS, TECHNIQUES, JUDICIAIRES ET PARA JUDICIAIRES
Michel Mahouve 261

Introduction 261
I. La chaîne des intervenants dans la défense des intérêts de l'État devant les juridictions étatiques ou arbitrales étrangères 263
A. Dans la phase préparatoire 264
B. Dans la phase effective 264
II. La chaîne des intervenants devant les juridictions et quasi-juridictions internationales 266
A. Les acteurs de la défense devant la CIJ 266
1. L'assistance juridique et l'expertise technique 267

2. Le juge *ad hoc* et la fonction de représentation de l'État 268
B. Devant les instances internationales des droits de l'homme 269
Conclusion 273
Bref curriculum vitae du Dr Michel Mahouve..................273
TROISIÈME PARTIE : L'EXÉCUTION DES DÉCISIONS INTERNATIONALES 275
CHAPITRE 6 : LES IMMUNITÉS DE L'ÉTAT EN DROIT INTERNATIONAL
Alain Didier Olinga..................277
CHAPITRE 7 : L'EXÉCUTION DES DÉCISIONS DE JUSTICE ET DES SENTENCES ARBITRALES
Boniface Banamba 285
Section 1 : Les modalités classiques d'exécution des décisions de justice et des sentences arbitrales 285
I. Les interrogations de nature générale..................287
A. La détention d'un titre exécutoire 287
B. La question de détermination de la loi applicable à la mise en œuvre des mesures d'exécution forcée..................289
II. La question des immunités d'exécution..................290
A. Protection des créanciers assurée par le refus de l'immunité d'exécution..................290
B. Protection assurée par une extension du domaine des biens saisissables 293
Section 2 : Les négociations et transactions..................301
I. Les négociations, comme moyen de règlement de la dette 302
A. Avant tout procès 302
B. En cas de procès 304
II. Les résultats des négociations..................306
Brève présentation du Pr Banamba Boniface 308
QUATRIÈME PARTIE : LA PRATIQUE À L'INTERNATIONAL..................309
CHAPITRE 8 : LE RAPATRIEMENT DES FONDS D'ORIGINE ILLICITE GARDÉS DANS LES PAYS ÉTRANGERS
Ibrahima Sambe..................311
Introduction 311
I. Les instruments juridiques prévoyant le rapatriement des fonds d'origine illicite gardés dans les pays étrangers 315
A. La convention des Nations-Unies contre la criminalité transnationale organisée..................316
B. La convention de L'Union africaine sur la prévention et la lutte contre la corruption 317

C. La convention du conseil de l'Europe relative au blanchiment, au dépistage, à la saisie et à la confiscation des produits du crime et au financement du terrorisme 318
D. La convention des Nations-Unies contre la corruption 319
II. Les procédures de rapatriement des fonds d'origine illicite 321
A. La procédure de rapatriement des fonds d'origine illicite dans la convention des Nations-Unies contre la corruption 321
1. La procédure du recouvrement direct de biens 321
2. La procédure de recouvrement de biens par la coopération internationale aux fins de confiscation 322
B. La restitution et la disposition des avoirs confisqués 325
III. Les difficultés liées au rapatriement des fonds d'origine illicite 328
A. Les difficultés d'ordre juridique 329
B. Les difficultés d'ordre pratique 330
C. Les difficultés d'ordre politique 330
Conclusion 331
Bibliographie sommaire 332
CHAPITRE 9 : LA PRATIQUE DES ACTES DE JUSTICE
Emmanuel Tang et Anne Yolande Ngo Minyogog 333
CHAPITRE 10 : ACTE DE MISSION
Annie Laure Zang 337
Biobibliographie 346
CONCLUSION GÉNÉRALE 347
François Mballa Mekongo *347*
ANNEXES : 353
ANNEXE 15 TYPOLOGIE DES JURIDICTIONS INTERNATIONALES ET RÉGIONALES
Jacqueline Noëlle Soppo Ekame 387
LISTE DES CONTRIBUTEURS 419

Structures éditoriales du groupe L'Harmattan

L'Harmattan Italie
Via degli Artisti, 15
10124 Torino
harmattan.italia@gmail.com

L'Harmattan Hongrie
Kossuth l. u. 14-16.
1053 Budapest
harmattan@harmattan.hu

L'Harmattan Sénégal
10 VDN en face Mermoz
BP 45034 Dakar-Fann
senharmattan@gmail.com

L'Harmattan Cameroun
TSINGA/FECAFOOT
BP 11486 Yaoundé
inkoukam@gmail.com

L'Harmattan Burkina Faso
Achille Somé – tengnule@hotmail.fr

L'Harmattan Guinée
Almamya, rue KA 028 OKB Agency
BP 3470 Conakry
harmattanguinee@yahoo.fr

L'Harmattan RDC
185, avenue Nyangwe
Commune de Lingwala – Kinshasa
matangilamusadila@yahoo.fr

L'Harmattan Congo
219, avenue Nelson Mandela
BP 2874 Brazzaville
harmattan.congo@yahoo.fr

L'Harmattan Mali
ACI 2000 - Immeuble Mgr Jean Marie Cisse
Bureau 10
BP 145 Bamako-Mali
mali@harmattan.fr

L'Harmattan Togo
Djidjole – Lomé
Maison Amela
face EPP BATOME
ddamela@aol.com

L'Harmattan Côte d'Ivoire
Résidence Karl – Cité des Arts
Abidjan-Cocody
03 BP 1588 Abidjan
espace_harmattan.ci@hotmail.fr

Nos librairies en France

Librairie internationale
16, rue des Écoles
75005 Paris
librairie.internationale@harmattan.fr
01 40 46 79 11
www.librairieharmattan.com

Librairie des savoirs
21, rue des Écoles
75005 Paris
librairie.sh@harmattan.fr
01 46 34 13 71
www.librairieharmattansh.com

Librairie Le Lucernaire
53, rue Notre-Dame-des-Champs
75006 Paris
librairie@lucernaire.fr
01 42 22 67 13

www.ingramcontent.com/pod-product-compliance
Lightning Source LLC
LaVergne TN
LVHW021151061026
849535LV00002B/431
* 9 7 8 2 1 4 0 3 0 8 2 5 3 *